émile zola

* 이 도서의 국립중앙도서관 출판시도서목록(CIP)은 서지정보유통지원시스템 홈페이지(http://seoji.nl.go.kr)와 국가자료공동목록시스템(http://www.nl.go.kr/kolisnet)에서 이용하실 수 있습니다.
(CIP제어번호 : CIP2014008278)

에밀 졸라 전진하는 진실

박명숙 엮고 옮김

우리는 누군가의 영혼을 책임지듯 진실을 책임지고 있었다.
매일같이 조금씩 커져 가는 작은 불꽃을 우리 손에서 꺼뜨릴 수가 없었다.
진실은 폭풍우 속을 헤치고 운반해야 하는 신성한 작은 등불과도 같아서,
우리는 거짓에 열광하며 이성을 잃은 군중의 분노와 맞서
그 진실을 지켜 내야 했다.

_에밀 졸라, '정의' 중에서

여러분은 나를 단죄함으로써 나를 더 위대한 사람으로 만들 뿐입니다.
진실과 정의를 위해 고통받는 사람은
존엄하고 신성한 존재로 추앙받게 되기 때문입니다.

_에밀 졸라, '배심원들을 향한 최후진술' 중에서

차례

들어가는 말　　　　　　　　　　　　　　　　09

제1부
―
《루공-마카르》의 작가 에밀 졸라,
진실과 정의의 수호자가 되다

I - 《전진하는 진실》의 숨은 이야기　　　27

　01. 드레퓌스 사건은 어떻게 시작되었나?　　　29
02. 에두아르 드뤼몽, 프랑스 사회에 팽배했던 반유대주의에 불을 지피다　　35
　　　03. 1894년 드레퓌스의 유죄판결 이후　　　38
04. 악마도에 유배된 드레퓌스, 절망 속에서도 희망의 끈을 놓지 않다　　45
　　　05. 드레퓌스 사건의 또 다른 주역들 :　　　48
　　마티외 드레퓌스, 베르나르-라자르, 피카르 중령,
　　쉐레르-케스트네르 상원의원, 조르주 클레망소

드레퓌스 사건과 언론

　　　1. 당시 신문의 역할과 구성　　　66
　　　2. 당시 주요 신문 소개　　　72

II - 에밀 졸라의 《전진하는 진실》   81

서문   83
01. 무슈 쉐레르-케스트네르   87
02. 조합   101
03. 조서(調書)   116
04. 청년들에게 보내는 편지   132
05. 프랑스에 보내는 편지   150
06. '나는 고발한다…!' 공화국 대통령에게 보내는 편지   173
07. 배심원들을 향한 최후진술   217
08. 무슈 브리송에게 보내는 편지   241
09. 정의   263
10. 제5막   284
11. 알프레드 드레퓌스 부인에게 보내는 편지   305
12. 상원에 보내는 편지   328
13. 공화국 대통령, 무슈 루베에게 보내는 편지   356

III - 에밀 졸라의 인터뷰 기사들   389

드레퓌스 사건 상세 연보   464
드레퓌스 사건의 주요 등장인물 소개   500
드레퓌스 사건 관련 도판   523

제2부

죽음으로 지켜 낸 진실과 정의

I - 에밀 졸라의 죽음 : 535
사고인가, 타살인가?

II - 에밀 졸라의 장례식 : 549
진실과 정의의 수호자에게 바치는 경의

에밀 졸라의 죽음에 바치는 아나톨 프랑스의 조사 전문 557

III - 드레퓌스의 복권과 졸라의 팡테옹 이장 : 567
그래도 진실은 전진한다

에밀 졸라 연보 574
참고문헌 584

일러두기

1 이 책은 1901년 2월 16일 파스켈(Fasquelle) 출판사에서 펴낸 에밀 졸라의 《전진하는 진실(La Vérité en marche)》을 우리말로 옮기고, 옮긴이가 해설과 주를 단 것입니다.

2 이 책의 번역 대본으로는 Émile Zola, *L'Affaire Dreyfus : J'Accuse...! et autres textes*, éd. Henri Mitterand, Paris: Librairie Générale de Poche, 2010와 Émile Zola, *L'Affaire Dreyfus : Lettres et entretiens inédits*, éd. Alain Pagès, Paris: CNRS Éditions, 1994(에밀 졸라의 인터뷰 기사들)를 사용했음을 밝힙니다.

3 본문에 나오는 '민족주의'는 불어의 'nationalisme'의 역어임을 밝힙니다.

4 졸라의 《전진하는 진실》을 비롯하여 드레퓌스 사건과 관련된 책들에서는 조르주 피카르의 계급이 중령(lieutenant-colonel)과 대령(colonel)으로 혼용되고 있습니다. 그를 둘러싼 모든 정황과 사실에 근거하여 판단해 볼 때 이는 두 단어의 유사성에서 비롯된 부정확한 사용으로 생각됩니다. 조르주 피카르가 참모본부에 배속된 이후, 그리고 드레퓌스 사건에 휘말린 이후 어디에서도 그가 대령으로 진급했다는 기록을 찾을 수 없었으며, 정황상 그의 대령 승진은 가능성이 희박하다고 판단했습니다. 따라서 이 책에서는 '피카르 중령'으로 통일해 옮겼음을 밝힙니다. 이에 관한 오류의 책임은 전적으로 옮긴이에게 있음을 밝힙니다. 또한 뒤 파티 드 클람의 계급이 소령과 중령으로 혼용되고 있는 것은, 뒤 파티 드 클람이 드레퓌스 사건 발발 당시 소령이었다가 1897년 3월에 중령으로 진급했기 때문임을 일러둡니다.

들어가는 말

진실이 전진하고 있고, 그 무엇도 그 발걸음을 멈추게 하지 못하리라

1998년 1월 13일, 쥘 게드가 '세기의 가장 위대한 혁명적인 행위'로 규정지은 에밀 졸라의 '나는 고발한다…!' 발표 100주년을 맞이하여 1월과 2월, 파리의 팡테옹과 육군사관학교, 국회(부르봉 궁), 프랑스 국립도서관 곳곳에서는 뜻깊은 기념식이 열렸다. 당시 대통령이던 자크 시라크는 에밀 졸라와 드레퓌스의 후손들에게 보내는 공개서한을 발표했으며, 기념식에는 각각 리오넬 조스팽 총리, 프랑수아 라바댕스 '에밀 졸라의 친구들 문인협회' 사무국장, 알랭 리샤르 국방부 장관, 로랑 파비우스 국회의장, 카트린 트라우트만 문화공보부 장관 겸 정부 대변인 등이 참석해 기념연설을 했다.

자크 시라크 대통령은 단지 유대인이라는 이유 하나만으로 드레퓌스에게 국가 반역죄를 뒤집어씌웠던 부당하고 거짓된 공권력과 다수의 비열함과 불의에 맞서 분연히 일어나 진실과 정의의 회복을 외침으로써 행동하는 지성인의 표상이 된 작가 에밀 졸라와, 12년간 불명예와 고통스러운 유배생활로 몸과 마음 그리고 인간으로서의 존엄성에 크나큰 상처를 입었음에도 그를 향해 "드레퓌스 만세!"라고 외치는 군중에게 "아니, 프랑스 만세입니다!"라는 말로 자신에게 저질러졌던 증오와 불관용의 모든 죄악을 용서할 줄 알았던 드레퓌스 대위의 후손들에게 프랑스 국민과 인류의 이름으로 깊은 감사와 경의를 표했다.

또한 2013년 3월 9일자 〈동아일보〉에는 다음과 같은 기사가 실렸다.

국가가 지배 집단의 이익을 위해 사실을 은폐하려고 해도 결국 진실은 승리한다는 교훈을 남긴 프랑스 '드레퓌스 사건'. 이 사건을 다룬 비밀 군사파일이 1세기 만에 처음으로 인터넷에 공개됐다.
8일 인터내셔널헤럴드트리뷴(IHT)에 따르면 프랑스 국방역사국(SHD)이 스캔 작업을 거쳐 무료로 인터넷에 공개한 파일에는 당시 사건 조사기록, 증인진술서, 서한, 주요 인물의 보고, 외국 대사관에서 도난당한 서류 등 문서 470건과 서류철 84개가 포함됐다.
프랑스 제3공화정에 큰 얼룩을 남긴 이 사건을 둘러싼 군사파

일은 드레퓌스의 무죄가 확정된 1906년 기록보관소에 들어갔고, 전체가 한꺼번에 공개된 적은 없었다. …(후략)…

이는 모두 드레퓌스 대위의 비극이 있은 지 이미 한 세기가 지났지만 그 사건이 남긴 의미와 교훈은 여전히 많은 이들의 가슴속에 강력한 울림으로 남아 있으며, 아나톨 프랑스의 말대로, 졸라의 글과 행동이 모두에게 '인간적 양심의 위대한 한 순간'으로 기억되고 있음을 입증하는 것일 터이다. 다른 한편으로는, '드레퓌스 사건'이 여전히 현재진행형으로 남아 있음을 보여주면서 우리에게 경각심을 일깨우고 있다.

상원과 하원, 군부, 민간단체, 막강한 영향력을 지닌 대중지, 그들에게 오도된 여론 모두가 그에게 등을 돌리고 있을 때 작가 에밀 졸라는 오직 한 가지, 진실과 정의의 가치와 승리에 자신의 모든 것을 걸고 투쟁했다. 펜으로 작가로서의 명성과 명예, 물질적 부를 쌓아올렸던 졸라는 펜으로 그 모든 것과 목숨마저 잃을 위기에 처했고, 그는 그 사실을 충분히 예견하면서도 일말의 두려움도 없이 오직 진실과 정의의 승리를 향해 부단하게 전진했다. 반유대주의, 군국주의, 교권주의, 군 수뇌부와 위정자들의 출세욕과 위선, 국익우선주의, 비방을 일삼는 언론의 저열한 행태, 사악한 무리에게 놀아나는 군중의 어리석음, 그 모든 것과 의연하게 맞서며.

맹세코 드레퓌스는 결백합니다. 나는 내 목숨과 내 명예를 걸고 그가 무죄임을 말할 수 있습니다. 이 엄숙한 순간에, 인류의 정의를 대표하는 재판부 앞에서, 국가의 발현인 배심원 여러분 앞에서, 프랑스의 온 국민이 지켜보는 앞에서, 전 세계가 지켜보는 앞에서, 나는 드레퓌스가 결백하다는 것을 맹세합니다. 40년간의 내 작업과 그 노고가 내게 부여하는 권위로써 드레퓌스가 결백하다는 것을 맹세합니다. 내가 쟁취한 모든 것과 내가 얻은 명성과 프랑스 문학의 전파에 기여한 내 작품들을 걸고 드레퓌스가 결백하다는 것을 맹세합니다. 만약 드레퓌스에게 죄가 있다면, 이 모든 것이 무너져 내리고 내 작품들이 소멸해 버려도 좋습니다! 맹세코 드레퓌스는 무죄입니다.('배심원들을 향한 최후진술')

군부와 야합한 정치권이 땅속 깊이 꼭꼭 묻어두고자 했던 진실을 세상 밖으로 끌어내기 위해 스스로를 법정에 세우고자 〈로로르〉지에 '나는 고발한다…!'를 발표했던 졸라는 그런 자신의 행동을 '진실과 정의의 폭발을 앞당기기 위한 혁명적 수단'으로 규정지었다. 하지만 졸라는 정치가도 변호사도 사법관도 아닌 한 사람의 순수한 작가일 뿐인 자신이 어떤 정치적 이념이나 정당의 이익과는 아무 상관 없이 오직 정의의 실현과 인류애라는 보편적인 정당을 위해 행동했을 뿐임을 거듭 강조하며 이렇게 외쳤다.

절대적 정의는 정녕 정당의 이해가 시작되는 곳에서 끝나고 마는 것인가요? 아! 혼자라는 게 얼마나 다행한 일인지 모르겠습니다! 그 어떤 당파에도 속하지 않고 자신의 양심만을 따를 수 있다는 게 얼마나 고마운 일인지요!('공화국 대통령, 무슈 루베에게 보내는 편지')

평생을 충직한 공화주의자이자 청렴한 정치인으로 살아온 종신 상원의원이자 상원의 부의장이었던 쉐레르-케스트네르는 자신의 높은 지위와 재산과 행복을 포기하면서까지 그 진실을 밝히게 한 그의 의무에 관해 이야기하면서 이런 놀라운 말을 했다. "그러지 않았다면 나는 더 이상 살 수 없었을 것입니다."

졸라는 "나의 의무는 사실을 말하는 것이며, 나는 저들의 공범이 되고 싶은 생각이 추호도 없습니다. 진실을 말하지 않는다면, 나는 밤마다 자신이 저지르지도 않은 죄를 끔찍한 형벌로써 속죄하고 있는 무고한 이의 유령에게 시달리게 될 것입니다."('"나는 고발한다…!" 공화국 대통령에게 보내는 편지')라는 말로써 진실과 정의라는 가치가 그 무엇보다 소중한 가치임을 일깨워주었다.

진실과 정의는 그 무엇보다 지고한 가치들이다. 그 가치들만이 한 나라의 위대함을 지킬 수 있기 때문이다. 때로 정치적 이해관계가 그 가치들을 잠시 왜곡시킬 수도 있지만, 오늘날 자신들의 존재 이유를 그 가치들 위에 두지 않는 민족은 희망이 없는

민족이다.('무슈 쉐레르-케스트네르')

그는 그 오랜 투쟁의 시간 동안 온갖 고초를 겪으면서도 단 한 번도 진실과 정의의 승리를 의심하지 않았다. 국익우선주의를 내세우며 자신의 안녕만을 꾀하고자 했던 비겁한 정치인들을 매섭게 질타했으며("당신은 지금 프랑스의 이상을 살해한 것입니다. 그것은 명백한 죄악입니다. 그리고 모든 죄는 그 대가를 치르게 마련입니다. 당신 또한 벌을 받게 될 것입니다."〔'무슈 브리송에게 보내는 편지'〕 "여러분은 반역자입니다. 장관들도 반역자입니다. 공화국의 대통령도 반역자입니다. 여러분은 사면법에 투표하는 순간, 반역자들을 구하기 위한 반역자의 작품을 탄생시키는 것입니다. 그리하면 여러분은 사면이 행해진 다음 날, 살육의 춤을 출 야만인들이 보내는 박수갈채 속에서 흙탕물을 뒤집어쓴 채 그토록 갈구하던 평안함을 맛보게 될 것입니다."〔'상원에 보내는 편지'〕 "정치인들은 정말로 사람들의 영혼을 타락시키는 데 일가견이 있는 듯합니다."〔'공화국 대통령, 무슈 루베에게 보내는 편지'〕) 국방부 장관으로부터 명예훼손죄로 고소당해 재판정에 섰을 때에도 배심원들을 향해 당당한 태도로 이렇게 외쳤다.

나는 내 나라에 거짓과 불의라는 오명이 따라다니는 것을 원치 않았던 것뿐입니다. 그 때문에 여러분이 지금 이 자리에서 나를 단죄할 수도 있을 것입니다. 하지만 언젠가는 프랑스가 내게 나라의 명예를 지키는 데 기여한 것에 감사할 날이 반드시 올

것입니다.('배심원들을 향한 최후진술')

에밀 졸라를 비롯해 진실을 밝히고 정의를 실현하기 위해 기나긴 고통스러운 싸움에 뛰어들었던 수많은 이들이 지키고자 했던 것은 알프레드 드레퓌스라는 한 개인의 인권과 명예뿐만이 아니다. 그들 모두는 한 인간에게 가해진 부당함과 불의를 넘어서서 모든 인간에게 가해지는 부당함과 불의와 맞서 싸운 것이다.

1899년 9월, 렌의 군사법원에서 드레퓌스에게 또다시 유죄 판결이 내려지면서 정상참작과 함께 10년의 금고형이 선고된 후 당시 발데크-루소 내각이 드레퓌스파에게 대통령의 사면을 받아들일 것을 제안하자 조르주 클레망소는 이에 반대하며 이렇게 말했다.

"이 사건에서 드레퓌스는 하나의 상징적인 주역일 뿐입니다. 무고한 이들이 억울하게 탄압을 받는 일이 다시 일어나서는 안 됩니다. 그들을 구해 내는 것이 우리가 해야 할 일인 것입니다."

그는 대통령의 사면이 단행된 후 다시 이렇게 말했다.

"하지만 처음부터 밝혔듯이, 우리가 사법적 오판을 바로잡기 위해 투쟁하는 것은 무엇보다 프랑스의 안위를 염려하기 때문입니다. 1894년과 1899년의 재판은 드레퓌스 자신에게보다 우리의 조국 프랑스에 더 큰 해를 끼쳤음을 알아야 할 것입니다."

이미 작가로서 프랑스와 전 세계에서 명성을 얻고 물질적인 부와 노년의 안락함이 보장되어 있던 대작가 졸라는 그때까지 전혀 알지 못했던 생면부지의 한 사람을 위해(졸라는 드레퓌스를 1900년 12월 1일에, 그 가족은 12월 21일에 처음으로 만났다.) 그 모든 것을 거침없이 던져버렸다. 그리고 자신의 조국이 불의와 거짓으로 얼룩진 수치스러운 나라가 되는 것을 막고자 뛰어든 싸움에서 끊임없이 살해 위협과 신체적인 테러에 시달리고, 징역형을 선고받았으며, 그로 인해 쫓기듯 프랑스를 떠나 영국에서 홀로 11개월 동안 유배 생활을 해야만 했다. 또한 그사이 중단된 집필 활동과 엄청난 벌금 등으로 재정 상태가 악화되어 집의 살림살이마저 경매에 붙이는 수모를 겪어야 했으며, 무엇보다 1888년부터 1897년까지 열아홉 번이나 입후보했던 아카데미프랑세즈의 문이 영영 닫히는 것을 감수해야 했다(졸라는 아카데미프랑세즈에 입후보하는 것을 '문학적 투쟁'의 하나라고 생각했다). 그러면서도 함께 싸웠던 다른 동지들이 사면법과 타협할 때에도 그는 결코 포기하지 않고 계속 투쟁했다. 의문의 죽음이 그를 영영 침묵하게 할 때까지. 하지만 졸라는 그가 겪은 모든 시련에 대해 '바라는' 보상이 있다면 그건 다음과 같은 것뿐이라고 말했다.

이제 마땅히 해야 할 일을 다 한 지금 나는 어떤 찬사나 보상도 바라지 않는다. 사람들이 대의를 이루는 데 유용한 일꾼 중 하나였다고 나를 평가할지라도. 내가 칭찬을 들을 이유가 없기 때문이다. 우리를 투쟁으로 이끌었던 대의가 너무나도 아름답고 너무나도 인간적이었을 뿐이다! 진실이 승리했을 뿐이고, 그것은 지극히 당연한 귀결이었다. 나는 처음부터 승리에 대한 확신을 갖고, 어떠한 시련에도 굴하지 않고 당당하게 앞으로 나아갔다. 이 모든 것의 목표는 오직 한 가지였다. 이제 사람들이 내게 경의를 표하고 싶다면, 내가 어리석지도 나쁘지도 않았다고 말해 주기만을 바랄 뿐이다. 게다가 나는 이미 충분히 보상을 받았다. 4년 전부터 유배지에서 산 채로 죽어 가던 한 무고한 사람을 무덤에서 구해 내는 데 일조를 했다고 생각하는 것이야말로 내가 받은 최고의 보상인 셈이다. 아! 그가 돌아오고, 비로소 자유의 몸이 된 그와 악수를 할 수 있으리라는 생각만 해도 너무나도 가슴이 벅차오르면서 행복한 눈물이 날 것 같다. 그 순간이 오면, 그간의 어려움들을 모두 잊을 수 있을 것 같다. 그때야말로 나와 내 친구들, 우리 모두가 프랑스의 정직한 이들로부터 약간의 치하를 받아도 될 만한 옳은 일을 했다고 생각해도 될 것이다. 그런데 더 이상 뭘 또 바라겠는가? 우리를 사랑하는 한 가족, 우리를 축복해 줄 한 여인과 아이들, 우리로 인해 정의의 승리와 인간적인 연대의 화신이 된 한 남자가 바로 우리의 지고한 보상인 것을!('정의')

이 책을 펴내기 위해 자료를 모으고 번역을 하고 원고를 읽고 또 읽으면서 자꾸만 자꾸만 가슴이 벅차오르고 뜨거워지면서 눈가에 눈물이 맺혔다. 감동적이라는 말로도 그 심경을 표현하기에는 부족했다. 100여 년 전, 유럽의 한 나라에서 일어났던 일들이 어째서 지금 2014년을 사는 우리들의 이야기로 절절하게 다가오는지, 그 사실이 놀라우면서 또 한편으로는 마음이 아팠다. 그들이 자신의 모든 것을 걸고 그토록 치열하게 지켜 내고자 했던 진실과 정의라는 것이 어째서 100년도 더 지난 지금 이 순간에도 여전히 우리에게는 먼 이야기로 느껴지는 것일까? 정의란 무엇일까? 정의롭게 산다는 것은 어떻게 사는 것일까? 정의라는 것이 반드시 목숨까지 걸어야만 할 정도로 그렇게 무겁고 어렵고 힘겹기만 한 것일까? 아니, 결코 그렇지 않을 것이다. 정의는 아주, 지극히 상식적이고 일상적인 것이며, 그렇게 되어야만 할 것이다. 이 글을 쓰기 전에 우연히 〈부러진 화살〉이라는 영화를 보았고, 의식적으로 〈변호인〉이라는 영화를 보았다. 우연히 보았던 영화의 마지막 장면에서 변호사가 드레퓌스 사건을 언급하며 "재판은 이렇게 끝나겠지만 그 부끄러움은 계속될 것입니다."라고 말하는 것을 듣고는 소름이 끼쳤다. 의식적으로 보았던 영화에서는 변호인의 "이러면 안 되는 거잖아요."라는 말에 또 소름이 끼쳤다. 사실 변호인이 아닌 누구의 말이라도 상관없을 것이다. 졸라가 '나는 고발한다...!'에서 대통령에게 "대통령 각하, 진실은 이처럼 단순한 것입니다."라고 말한 것처럼, 정의란 이처럼 단순한 게 아닐까? 누군가와 자기 자신에게 부끄럽지 않게 살아가는 것! '이러면 안 되는 것'을 하지 않는 것! '이러면 안 되는 것'이 저질러질 때 수수방관하지 않는 것! '이러면 안 되는 것'이 저질러졌을 때 이를 바로잡기 위한 노력과 행동을 서슴지 않는 것! '결코 포기하지 않고!' 졸라가 100여 년의 시간을 뛰어넘어 오늘을 사는 우리에게 들려주고자 했던 말은 바로 그런 게 아니었을까? 그가 진정으로 바랐던 것은, 자신과 같은 '영웅'이 필요 없는, 진실과 정의가 당연한 상식이 되는 세상일 것이다.

나는 진실이 승리하는 날까지 글로써 투쟁을 계속할 것입니다. 그리고 어떤 어려움이 있더라도 결국에는 진실이 승리하게 될 것입니다. 나 홀로 모든 언론과 정부 그리고 여론에 맞서 싸우게 될지라도 말입니다. 게다가 그 결과에 대해서는 조금도 불안해하지 않습니다. 우리 시대에 진실이 영영 묻혀 버린다는 것은 있을 수 없는 일이기 때문입니다. 나는 드레퓌스 대위의 결백을 믿습니다. 저열한 언론이 내게 온갖 욕설을 퍼붓고 모욕을 주어도 나를 침묵하게 하지는 못할 것입니다.('무슈 졸라와의 대화 : 드레퓌스 소송에 관하여')

졸라는 이처럼 '결코 가볍지 않은 진실의 보따리'를 더없이 명료하고 장중하면서도 아름답고, 때로는 가슴이 후련해지게 하는, 또 때로는 가슴이 뜨끔해지게 하는 글로써 우리 앞에 활짝 펼쳐 보이고 있다. 《전진하는 진실》에 수록된 글들이 많은 사람에게 읽혔으면 하고 바라게 하는 또 하나의 이유이다.

불멸의 지성이라고 일컬어지는 아카데미프랑세즈의 회원 중에서 유일하게 드레퓌스에게 지지를 보낸 아나톨 프랑스는 졸라의 장례식에서 감동적인 추도사로 그를 기리며 깊은 경의를 표했다.

하지만 우리는 이제 되살아났습니다. 졸라는 사법적 오판을 고발했을 뿐만 아니라, 프랑스에서 사회정의와 공화국의 이념 그리고 자유로운 정신을 모두 말살시키려는 폭력적이고 억압적인 세력들의 음모를 만천하에 고발했습니다. 그의 용기 있는 발언이 우리 프랑스를 다시 일깨운 것입니다.

졸라의 영웅적 행위의 결과들은 감히 헤아리기조차 힘들 정도여서 지금도 강력한 힘과 위엄을 간직한 채 사방으로 끝없이 퍼져 나가고 있습니다. 그는 사회적 공정성에 대한 운동을 불러일으켰고, 그것은 결코 멈추지 않고 계속될 것입니다. 그리하여 모든 사람의 권리에 대한 더 깊은 자각과 더 나은 정의에 근거한 새로운 사회질서가 자리 잡게 될 것입니다. …(중략)… 그가 오랜 고통을 견뎌 내야 했음을 안타까워하지 맙시다.

그를 부러워합시다. 그는 어리석음과 무지와 사악함으로 이루어진 거대한 모욕의 더미 위에 모두가 우러러볼 높다란 영광의 탑을 우뚝 쌓아 올렸습니다.

그를 부러워합시다. 그는 거대한 작품 세계와 위대한 행위로써 조국과 세상을 영광스럽게 했습니다.

그를 부러워합시다. 그의 운명과 그의 용기는 그를 가장 위대한 사람으로 만들었습니다. 그는 인간적 양심의 위대한 한 순간 이었습니다.

또한 당시 총리였던 조르주 클레망소는 오랜 벗이자 동료였던 졸라를 기리며 다음과 같이 말했다.

역사적으로 강력한 왕에게 저항한 인물은 언제나 있어 왔습니다. 하지만 다수의 강력한 무리들과 맞서 싸운 인물은 극히 드뭅니다. '그렇습니다'를 말할 것을 요구받을 때 감히 고개를 똑바로 들어 '아니오'를 외칠 수 있는 사람 말입니다.

졸라는 그토록 염원하던 드레퓌스의 완전한 복권을 지켜보지 못하고 갑작스레 의문의 죽음을 맞이했다. 그리고 역사는 "진실이 전진하고 있고, 그 무엇도 그 발걸음을 멈추게 하지 못하리라."고 했던 그의 예언이 옳았음을 입증했다. 이제 그가 자신의 모든 것을 걸고 그토록 밝히고자 했던 진실은 밝혀졌지만, 졸라의 《진실(Vérité)》은 그의 죽음을 애도하는 검은 띠가 표지에 둘린 채 사후 출간되었다. 그리고 그가 작가로서의 마지막 열정을 쏟아 준비해오던 연작 소설 《네 복음서(Quatre Évangiles)》의 마지막 권 《정의(Justice)》는 영영 초안 상태로 남게 되었다. 오랜 꿈과 이상을 담아 펴내고자 했던 마지막 작품이 《진실》과 《정의》였다는 사실은 단순한 우연으로 치부하기에는 너무나도 가슴 저리게 다가온다. 《루공-마카르》의 작가이자 진실과 정의의 수호자였던 졸라는 자신이 끝내 보지 못했던 정의의 실현을 후세의 몫으로 남기고 떠난 것은 아니었을까. 드레퓌스 사건의 진실이 밝혀지고 정의의 승리가 명백해 보이는 가운데서도 12년간 한 나라와 온 국민을 혼란의 도가니로 몰아넣었던 '사법적 오판'에 대해 처벌받은 사람은 아무도 없었다는 사실을 우리는 잊지 말아야 할 것이다.

드레퓌스는 1906년 7월 12일, 반역자라는 누명을 떨쳐버리고 완전한 자유의 몸이 되었으며, 자신을 불명예스럽게 축출했던 군대에 다시 복귀했다. 그리고 1907년 8월 퇴역했다가, 1914년 제1차 세계대전이 발발하자 쉰다섯 살의 나이로 자신의 아들과 함께 참전해 전쟁이 끝날 때까지 싸웠다. 비록 졸라와 더불어 팡테옹에 안장되는 영광을 누리지는 못했지만, 드레퓌스의 이러한 삶의 역정은 우리 마음속에 깊은 울림을 주기에 충분하다.

드레퓌스 사건은 군사법원의 법정에서 시작된 사법적 사건에서 여론을 등에 업은 정치적 사건으로 비화하였으며, 더 나아가 전 세계를 뒤흔든 이념과 정신의 장(場)으로 확대되어 드레퓌스를 박해당하고 고통받은 인권, 마침내 승리한 진실과 정의의 상징이 되게 했다.

그리고 정의로운 한 지성인의 용기 있는 행동이 씻을 수 없는 치욕과 오명으로부터 한 나라를 구해냈으며, 후세 사람들로 하여금 숭고한 가치들에 대한 자각과, 인간에 대한 믿음과 자긍심을 갖게 해 주었다. 지금 우리에게는 그 어느 때보다도 그런 가치들에 대한 확고한 신념으로 행동하는 용기가 필요한 것 같다. 에밀 졸라와, 진실과 정의를 위해 함께 싸웠던 그리고 지금도 싸우고 있는 모든 이들에게 진심으로 경의를 표하고 싶다. 내 손끝에서 되살아난 졸라의 감동적인 글과 목소리에 많은 이들의 심장이 다시 뜨겁게 뛸 수 있다면 그보다 더 기쁘고 보람된 일은 없을 것이다. 진실의 전진에 힘을 실어 주신 은행나무와 박나리 편집자에게 감사드리며, 은행나무의 《위대한 생각》이 오래도록 굳건하게 뿌리내려 우리의 생각을 풍요롭게 살찌워주기를 기대한다.

2014년 3월, 진실의 힘찬 행보를 기원하며
박명숙

제1부

《루공-마카르》의 작가 에밀 졸라, 진실과 정의의 수호자가 되다

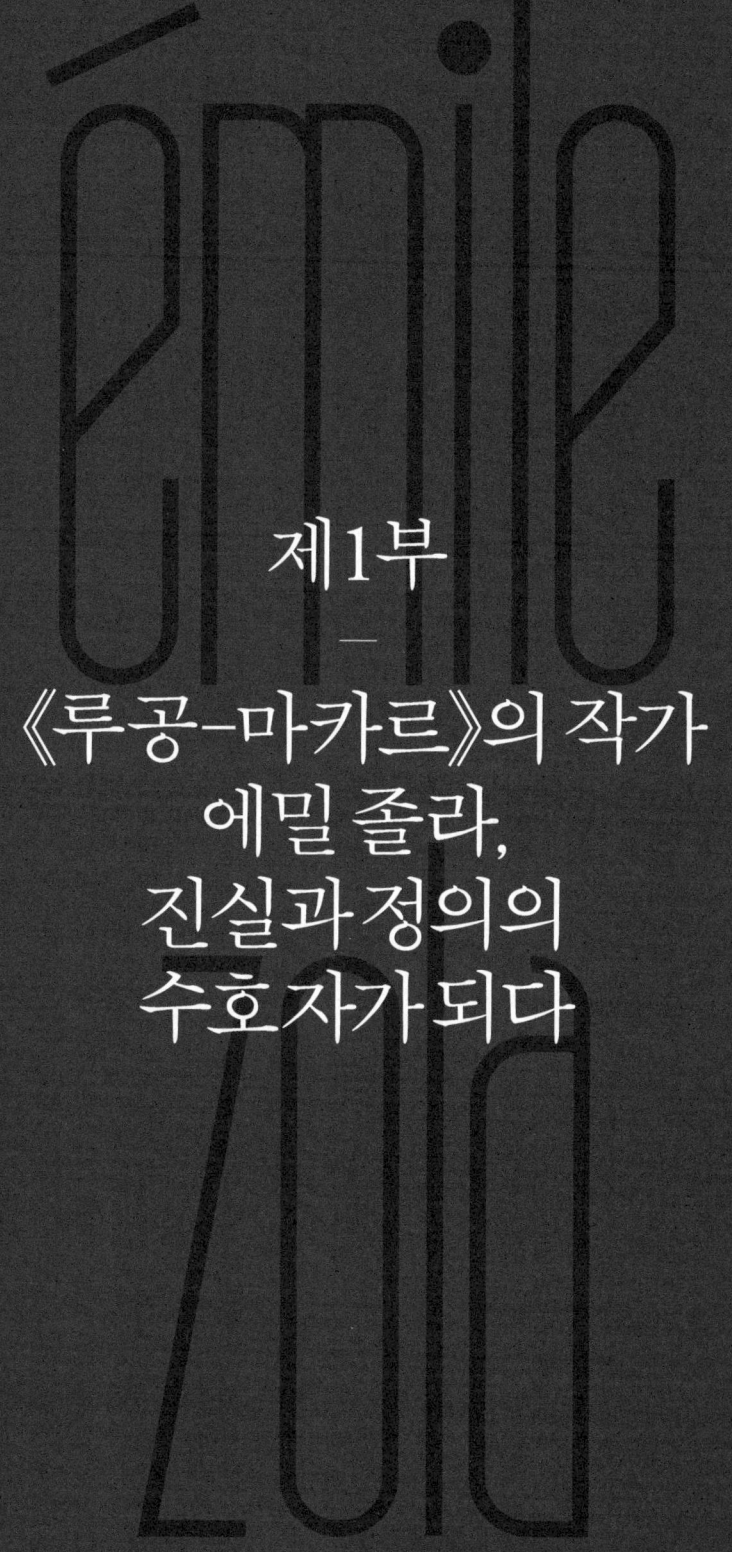

I

《전진하는 진실》의 숨은 이야기

01
드레퓌스 사건은 어떻게 시작되었나?

육군참모본부에서 수습장교로 근무하던 포병대 대위 알프레드 드레퓌스는 1894년 10월 15일에 국가반역죄로 체포되었다. 참모본부의 군 수뇌부는 파리에 있는 독일 대사관에서 발견된 '명세서'를 근거로 드레퓌스에게 독일 스파이라는 혐의를 씌웠다. 당시 국방부 장관이던 메르시에 장군의 지시로 드레퓌스를 조사한 반유대주의자 장교들은 명세서의 필체와 그의 필체가 비슷하다는 것과 그가 유대인이라는 이유로 단번에 그를 범인으로 지목했다. 그들의 보고를 받은 정보국 국장 상데르 대령(반유대주의자)은 이렇게 외쳤다. "왜 진작 그 생각을 못 했을까!" 메르시에는 참모본부의 수장인 드 부아데프르 장군으로부터 보고를 받자마자 즉시 드레퓌스의 유죄를 확신했다. 그는 이미 결론을 정해 놓은 채 부하들에게 드레퓌스가 반역자임을 밝히는 증거를 찾으라고 지시했다. 필적감정사들에게 두 필체의 대조를 지시한 것은 그에게는 단순히 형식적인 절차에 지나지 않았다. 메르시에 장군에게 드레퓌스는 이미 '절대적이고도 완전한' 유죄였다. 두 차례에 걸친 필적감정에서 필체가 서로 일치함을 확신할 수 없다는 결론이 나왔음에도 불구하고 메르시에는 애초 자신의 생각대로 일을 착착 진행시켰다. 드레퓌스를 독일 스파이로 만듦으로써 프로이센-프랑스 전쟁의 패배 이후 프랑스에 팽배해 있던 반독일 정서를 정치적으로 이용할 수 있으리라고 기대했던 것이다. 그는 당시 공화국 대통령이던 카지미르-페리에(Casimir-Perier)에게 이미 반역자가 밝혀졌다고 보고했으며, 국제적 분쟁이 일 것을 염려해 드레퓌스에 대한 수사를 중단할 것을 촉구하는 외무부 장관 가브리엘 아노토(Gabriel Hanotaux)에게는 오히려 그랬다가는 '스파이와 타협을 했다는 비난을 받을 것'이라는 반대 논리로 밀어붙였다. 메르시에의 지시에 따라 드 부아데프르 장군은 뒤 파티 드 클람 소령에게 드레퓌스의 체포를 명령했다.

뒤 파티 드 클람은 이미 잘 짜인 체포용 각본에 따라 드레퓌스에게 10월 15일 9시까지 민간인 복장으로 참모본부에 출두할 것을 명령했다. 뒤 파티 드 클람은 드레퓌스가 앉은 테이블 위에 권총을 놓아둔 채 그에게 편지 한 장을 받아쓰게 했다. 명세서에 등장하는 주요 용어들이 포함된 편지였다. 그리고 드레퓌스가 편지를 받아쓰는 동안 거울로 그의 표정 변화를 살펴보면서 동시에 그의 손이 떨리는지를 지켜보았다. 하지만 드레퓌스가 전혀 동요하지 않고 침착하게 편지를 받아쓰자 뒤 파티 드 클람은 국가반역죄로 그를 체포하겠다는 말과 함께 그에게 스스로 목숨을 끊을 것을 강요했다. 드레퓌스가 자살할 것을 거부하며 극구 혐의를 부인하자 뒤 파티 드 클람은 아무도 모르게 그를 셰르슈미디(le Cherche-Midi) 군사교도소로 데리고 가 수감시켰다. 그런 다음 드레퓌스의 집으로 달려가 경악하는 그의 아내 뤼시 드레퓌스가 보는 앞에서 가택수색을 실시했다. 하지만 아무런 증거도 찾을 수 없자 뒤 파티 드 클람은 뤼시 드레퓌스에게 남편의 체포소식을 알리며 아무에게도 말하지 말 것을 지시했다. 그는 한마디라도 했다가는 전쟁이 일어날 것이며, 남편의 소식과 함께 어찌 된 영문인지 묻는 그녀에게 대답 대신 '철가면을 생각하라'는 미스터리한 말만을 남기고 그곳을 떠났다. 군사교도소 소장이던 포르지네티 소령은 자신이 무슨 죄를 지었는지도 모르는 드레퓌스가 보름간 일곱 번의 신문을 당한 끝에 거의 미쳐 버릴 지경이었다고 전했다. 포르지네티 소령은 처음부터 드레퓌스의 결백을 믿었다는 이유로 후에 소장직에서 해임되었다.

그동안의 수사에서 아무런 성과를 얻지 못한 뒤 파티 드 클람 소령은 드 부아데프르 장군에게 드레퓌스가 결코 자백하지 않을 것이며, 그를 유죄로 만들 수 있는 증거가 너무 미약하므로 기소를 포기하는 게 낫지 않겠느냐고 말했다. 심지어 10월 31일, 메르시에 장군에게 제출한 보고서에서 결론을 내리지도 않은 채 그에게 뒷일을 일임했다.

드레퓌스에게서 어떤 범죄 동기도 찾을 수 없고, 필적감정사들의 결론마저 드레퓌스의 유죄를 입증하기에 불충분한 것으로 판명이 나자 메르시에는 잠시 머뭇거렸지만 이제 와서 뒤로 물러선다는 것은 있을 수 없는 일이었다. 게다가 발 빠른 언론으로 인해 이미 퇴로가 모두 막혀 버린 터였다. 뒤 파티 드 클람 소령이 보고서를 제출한 바로 그날, 10월 31일자 기사에서 한 육군 장교의 체포 소식을 전한 〈레클레르〉지를 필두로 〈르 수아르〉지와 〈라 파트리〉지가 드레퓌스의 이름을 포함한 기사를 냈다. 그러자 메르시에는 사건을 확대시키지 않기 위해 아바스 통신사[1]를 통해 서둘러 해명 기사를 발표했다. 그러면서도 드레퓌스의 이름을 언급하는 것은 피했다.

하지만 이미 너무 늦어 버린 처사였다. 다음 날 아침, 극렬한 반유대주의자인 에두아르 드뤼몽이 이끄는 〈라 리브르 파롤〉지의 11월 1일자 신문에 '유대인 장교 알프레드 드레퓌스, 국가반역죄로 체포되다'라는 자극적인 헤드라인을 붙인 기사가 커다랗게 실린 것이다. 드뤼몽은 '드레퓌스가 완전한 자백을 했으며' '그가 우리의 군사기밀들을 독일에 팔아넘긴' 사실을 입증하는 완벽한 증거가 있으며, 무엇보다 '그 장교가 유대인이라는 이유로 사건이 무마될 것'이라고 발표했다. 그리하여 그때부터 드레퓌스

---

[1] Agence Havas, 전직 은행가인 샤를-루이 아바스가 1832년 10월 22일에 설립한 아바스 통신사는 전 세계에서 가장 오래된 통신사이다. 1940년에 아바스 광고 그룹과 프랑스-프레스 통신사로 분리되었다.

는 아무런 증거도 없이 단죄된 채 온갖 거짓과 위협에 시달려야 했다. 드뤼몽으로 인해 반유대주의 언론 캠페인이 시작된 것이다. 오직 정부의 비공식 기관지인 〈르 탕〉지와 〈르 피가로〉지만이 드레퓌스의 이름을 언급하지 않으면서 그를 반역자로 규정짓는 것을 피했다. 내각의 각료들은 아침 신문을 보고서야 그 사실을 알게 되었고, 놀라고 분노한 레이몽 푸앵카레는 총리인 샤를 뒤퓌에게 전화를 걸어 즉시 정부 차원의 토의가 필요함을 역설했다. 자신들에게 미리 알리지 않은 것에 대해 추궁하는 장관들 앞에서 메르시에는 오직 드레퓌스만이 명세서에 열거된 서류들을 적들에게 넘겨줄 수 있었음을 강조했다. 또한 예의 편지 받아쓰기 실험에 관해 얘기하면서 드레퓌스가 극도의 두려움으로 인해 손과 필체가 몹시 흔들렸다고 보고했다. 하지만 훗날 푸앵카레는 "그는 우리에게 어떠한 문서도 보여 주지 않았으며, 어떤 증거도 제시하지 못했다"고 밝혔다. 메르시에는 야심이 많았던 드레퓌스가 자신의 처지를 비관한 끝에 저지른 범죄라고 둘러댔다. 전날과 마찬가지로 아무런 증거도 확보하지 못하고 있던 메르시에는 궁색한 변명을 둘러대기에 바빴다. 하지만 이미 드뤼몽이 모든 것을 터뜨려 버린 터였다. 메르시에는 어떻게든 그의 동료들에게 확신을 심어 주어야만 했다. 외무부 장관 아노토는 외국 대사관에서 훔친 문서에 근거한 드레퓌스의 기소에 계속해서 반대 의견을 표명했다. 하지만 다른 각료들은 평소 눈엣가시처럼 여기던 메르시에에게 새로운 사건의 책임을 떠맡길 수 있음을 오히려 기뻐하면서 더 이상 그 문제에 신경을 쓰지 않았다. 그들은 드레퓌스의 기소를 만장일치로 의결했다. 반유대주의자 드뤼몽이 드레퓌스 사건에 결정적으로 개입하면서 기소 쪽으로 저울을 기울게 했던 것이다.

02

에두아르 드뤼몽, 프랑스 사회에 팽배했던 반유대주의에 불을 지피다

드뤼몽은 프랑스 사회의 반유대주의가 결정적으로 정치적 입지를 굳힐 수 있도록 이 기회를 이용하고자 했다. 1886년 그의 《유대 프랑스》[2]가 엄청난 성공을 거둔 이후, 드뤼몽과 그에 동조하는 인물들은 프랑스 사회에서의 반유대주의 운동을 정치적 세력과 결부시키려는 야심을 품어 오던 터였다. 그들은 1880년대의 프랑스가 해묵은 가톨릭의 반유대주의와 더불어 정치적으로까

---

[2] La France juive. 1886년 4월에 출간된 이 책은 첫해에만 6만 2천 부가 팔렸고 단기간에 150판을 기록했다. 하지만 이 책은 저자에게 명성을 가져다준 것과 더불어 그로 하여금 많은 벌금과 두 번의 결투까지 치르게 하는 부작용을 낳기도 했다. 드뤼몽은 이 책에 그치지 않고 계속해서 반유대주의를 주창하는 일련의 책들을 펴냈으며, 1890년에는 '프랑스 반유대주의 국가 연맹(Ligue nationale antisémitique de France)'을 창립했다. 드뤼몽은 그가 옹호하는 민족주의(nationalisme)와 대립하는 유대 민족의 세계시민주의(cosmopolitisme)를 맹렬하게 비판했다.

지 확대될 수 있는 경제 사회적인 새로운 반유대주의의 유리한 토양이 될 수 있음을 간파했다. 새로운 반유대주의는 사회에 불만을 가진 모든 사람들을 한데 뭉치게 할 수 있을 터였다. 경제 위기로 파산 위험에 처한 소상인들로 하여금 유대인 경쟁자들에게로 비난의 화살을 돌리게 하고, 노동자들로 하여금 유대 자본가들을 원망하게 만드는 건 그다지 어려운 일이 아니었다. 다른 한편으로는, 금융과 은행 분야에서 유대인들과 경쟁하다가 1882년 뤼니옹 제네랄의 파산[3]으로 큰 타격을 입었거나 승승장구하는 공화파들에 의해 국가기관에서 밀려난 보수주의자들과 가톨릭 교도들 역시 그의 좋은 타깃이었다. 드뤼몽은 그들로 하여금 그 모든 문제의 책임이 유대인들에게 있다고 믿게 만들었다. 그때부터 유대인 금융자본가나 유대인 관리는 프랑스인들에게는 자신들의 나라를 빼앗아 가는 '유대인 침략'의 화신들로 여겨졌다. '프랑스를 프랑스인들에게(La France aux Français)!' 그것이 드뤼몽이 내세운 슬로건이었다.

거기에 더하여, 1881년부터 동유럽에서 자행된 집단적 유대인 박해(pogrome)를 피해 프랑스로 망명한 유대인들은 두드러진 이국적 특성으로 인해 더욱더 쉽게 반유대주의자들의 증오의 대상이 되었다. 그때부터 드뤼몽은 프랑스가 겪고 있는 모든 문제의 책임을 유대인들에게로 돌리면서 공화국에 반대하는 좌파와 우파의 정치적 동맹을 이끌어 내고자 했다. 사실 그때까지 프랑스에서의 반유대주의 운동은 정치적 세력을 등에 업지 못한 채 일관성 있게 이어지지 못하고 있는 상황이었다. 1892년 파나마운하 사건[4]의 진상을 폭로함으로써 그가 창간한 〈라 리브르 파롤〉지가 하루 만에 20만 부가 팔리며 한때 돌풍을 일으키긴 했지만, 처음 드레퓌스 사건이 터졌을 때는 반유대주의 운동이 교착 상태에 빠져 있었다. 드뤼몽 자신도 당국을 모욕한 죄로 브뤼셀로 도망가 있는 처지였다. 그런데 1894년에 발생한 드레퓌스의 체포는 꺼져 가던 반유대주의 정서를 다시 불붙게 할 수 있는 기막힌 기회를 제공했던 것이다. 참모본부의 한 유대인 장교의 반역은 본질적으로 배신자일 수밖에 없는 유대인의 이미지를 완벽하게 보여 주는 것으로 드뤼몽이 주창해 오던 반유대주의 운동의 이념과도 꼭 들어맞는 것이었다. 드레퓌스 사건이 진행되는 내내 반유대주의자들은 이러한 이미지를 철저하게 이용하는 것을 잊지 않았다.

3 뤼니옹 제네랄은 1875년 리옹에서 가톨릭 왕정주의자들에 의해 설립된 가톨릭계 은행으로 1882년 요란하게 파산을 했다. 뤼니옹 제네랄의 파산에는 로스차일드가가 대표하는 유대계 은행이 개입돼 있어서 이 사건은 오랫동안 프랑스 극우파의 반유대주의를 부추기는 결과를 낳았다.
4 제3공화정의 두 번째 위기를 초래한 사건으로, 수에즈운하를 건설했던 레셉스(Ferdinand de Lesseps)가 1880년에 파나마운하 건설을 위한 민간 회사를 설립한 데서 비롯되었다. 1881년에 운하 건설을 시작했지만 수많은 어려움에 봉착하여 1889년 회사가 파산하고 운하 건설은 중단되었다. 회사가 파산한 이후 정부의 조사 결과, 파나마운하 회사로부터 정부의 각료들과 국회의원들이 뇌물을 받은 사실이 밝혀졌고, 1892년 에두아르 드뤼몽이 이끄는 반유대계 신문 〈라 리브르 파롤〉지가 유대인 금융자본가들이 그 사건에 연루되었음을 폭로하면서 프랑스에서 반유대인 정서가 더욱더 확산되었다. 그리고 1894년 드레퓌스 사건이 터졌다.

03
1894년
드레퓌스의
유죄판결 이후

1894년 12월 22일, 드레퓌스 대위가 군사법원 재판부의 만장일치로 유죄선고를 받고 군적 박탈과 종신 유형의 형에 처해졌을 때 거의 대부분의 여론은 그와 같은 판결에 안도하며 기뻐하기까지 했다. 참모본부에 의해 완벽하게 짜인 각본대로 즉각적으로 전 언론에서 맹렬한 반드레퓌스, 반유대주의 캠페인이 펼쳐졌다. 훗날 드레퓌스의 형 마티외 드레퓌스는 당시 분위기에 관해 '저들이 퍼뜨리는 허위 사실과 터무니없는 거짓말에 대해 한마디 반박이나 항의 기사를 실을 수도 없었다'고 밝혔다.

게다가 당시는 1870년 프로이센-프랑스 전쟁[5]에서 프랑스가 패배한 이후 여론이 스파이 색출에 촉각을 곤두세우고 있었고, 특히 파나마운하 사건 이후 반유대주의 정서가 더욱더 맹렬하게 불타오르던 때였다. 따라서 부르주아 계층이나 사회주의 성향의 모든 언론들도 거의 만장일치로 군사법원의 판결을 환영했으며, 훗날 열렬한 드레퓌스파로 돌아선 장 조레스도 판결 다음 날 열린 의회의 대정부 질문에서 드레퓌스의 판결이 충분히 가혹하지 않다고 비난했을 정도였다. 또한 훗날 졸라와 함께 드레퓌스파의 투쟁을 적극적으로 이끌었던 조르주 클레망소[6]는 정부에서 드레퓌스를 총살형에 처하지 않고 야자수 아래에서 편안하게 쉬게 해 주었다며 분노했다. 당시 드레퓌스의 유죄판결에 의문을 제기한 프랑스인은 거의 없었다. 그럼 졸라는 어떤 태도를 보였을까? 그는 훗날 《전진하는 진실》에 한데 묶어 발표한 '무슈 쉐레르-케스트네르(1897년 11월 25일 발표)'를 설명하는 글에서 이렇게 밝힌 바 있다.

1894년, 드레퓌스 사건이 일어났을 때 나는 로마에 있었고

[5] 1870년 7월 14일, 프랑스의 선전포고로 발발한 프로이센-프랑스 전쟁(보불전쟁)은 프로이센의 지도하에 통일 독일을 이룩하려는 비스마르크의 정책과 그것을 저지하려는 나폴레옹 3세의 정책이 충돌해 일어난 전쟁이다. 이 전쟁에서 패배한 프랑스는 독일에 배상금 50억 프랑을 지불하고 알자스로렌 지방의 대부분을 할양했다. 이 전쟁의 패배로 나폴레옹 3세의 제2제정이 무너지고 제3공화국이 수립되었으며, 독일-프랑스 관계는 제2차 세계대전 종전 직후까지 적대적인 사이가 되었다.
[6] 클레망소는 졸라가 〈로로르〉지에 발표한 '공화국 대통령에게 보내는 편지'에 '나는 고발한다...!'라는 제목을 붙인 주인공이며, 1906년 내각의 총리가 된 인물이다. 처음 드레퓌스 사건이 일어났을 때 드레퓌스가 반역죄를 저지른 동기에 대한 의문이 여전히 풀리지 않자 사람들은 그를 흉악스런 괴물로 취급했다. 클레망소 또한 대부분의 사람들과 동조하며 다음과 같은 말로 분노를 토해 냈다. "인간의 탈을 쓰고 어떻게 그런 짓을 저지를 수 있단 말인가? 그는 부모도 자식도 없는 건가, 어떤 것을 사랑할 줄도 다른 사람을 사랑할 줄도 모른단 말인가?"

12월 15일경에야 그곳에서 돌아왔다. 자연스레 그곳에서는 프랑스 신문들을 읽을 기회가 적을 수밖에 없었다. 따라서 나는 오랫동안 이 사건에 관해 알지 못했고 무관심 상태에 놓여 있었다. 그러다 1897년 11월, 시골에서 돌아온 후에야 비로소 이 사건에 지대한 관심을 갖게 되었다.

심지어 유대인들조차 드레퓌스에게 내려진 판결이 정당하며 결정적인 것으로 여겼다. 충실한 공화주의자로서 열렬한 애국심을 표방하며 살아가던 유대인들은 드레퓌스의 일에 나섬으로써 자신들의 존재를 부각시키고 싶어 하지 않았다. 그들 대부분은 적들의 표적이 되지 않기를 바라면서 조용히 침묵 속으로 숨어들었다. 물론 독일은 드레퓌스와 아무런 관련이 없음을 공식적으로 선언했지만 그 말에는 아무도 귀를 기울이지 않았다.

1895년 1월 5일, 육군사관학교 연병장에서 드레퓌스 대위의 군적 박탈식이 거행되었다. 그곳에 모인 수많은 군중은 드레퓌스에게 거친 욕설과 야유를 보내면서 그의 죽음을 외쳤다. 수천 명의 군중 앞에서 끊임없이 자신의 결백을 외치는 드레퓌스를 보면서 테오도르 헤르츨,[7] 사라 베른하르트[8] 같은 이들과 몇몇 기자들의 마음속에 의문이 생겨났다. 하지만 정부가 원한 대로 곧 침묵이 자리를 잡았다. 드레퓌스 사건은 위험한 일이었다. 드레퓌스는 하루빨리 모두의 기억에서 잊혀야만 했다.

그날 저녁, 알퐁스 도데의 집에서 저녁을 먹던 중에 도데의 아들⁹로부터 그 이야기를 전해 들은 졸라는 드레퓌스가 아무리 죽을죄를 지었다고 해도 그토록 많은 사람들이 한 사람을 무자비하게 공격하며 가혹하게 다루는 것에 대해 분노와 함께 지극한 혐오감을 드러냈다. 하지만 연작소설인 《세 도시 이야기(*Les Trois Villes*)》의 두 번째 권 《로마》¹⁰의 집필로 바빴던 그는 인간 존중에 입각한 분노만을 드러냈을 뿐이었다. 그리고 그것조차 당시에는 무척 찾아보기 힘든 반응이었다. 군중의 광포한 행동과 폭력적인 반유대주의에 이의를 제기한 사람은 거의 찾아볼 수 없었다.

그 무렵 졸라는 《세 도시 이야기》에서 보여 주듯 그 시대의 정치와 사회 그리고 종교적인 중요한 문제들에 천착하고 있었다. 자신이 살고 있는 시대와 그 혁신에 언제나 많은 관심을 기울여 왔던 대작가 졸라는 종종 다양한 신문과 잡지 등에 시사 문제에 대

---

7 Theodor Herzl(1860~1904), 헝가리 출신의 유대계 오스트리아인 기자로 1894년에 발생한 드레퓌스 사건에 자극받아 1896년 2월에 《유대 국가(*L'État juif*)》를 출간했다. 이 책의 출판과 함께 그는 유대 국가를 건설하는 것을 목표로 하는 시온주의(시오니즘) 운동에 다시 불을 지피고자 했다.
8 Sarah Bernhardt(1844~1923). 19세기 말 주로 비극의 주인공을 연기했던 프랑스의 전설적인 여배우로 빅토르 위고로부터 '황금 목소리'라는 찬사를 받았다. 드레퓌스 사건 당시 에밀 졸라에게 지지를 보냈다.
9 알퐁스 도데의 아들인 레옹 도데는 맹렬한 반유대주의자이자 반드레퓌스파였다.
10 《로마》는 1895년 12월부터 1896년 5월까지 파리의 〈르 주르날〉지와 로마의 〈라 트리부나(La Tribuna)〉지에 동시에 연재된 후 1896년 5월 8일 단행본으로 출간되었다. 그리고 5월 16일 졸라는 〈르 피가로〉지에 당시 프랑스 사회에 팽배했던 반유대주의를 규탄하는 '유대인을 위하여'를 발표했다.

한 논평이나 자신의 문학관을 옹호하는 글들을 기고해 왔다. 그는 1895년 말, 두 번째로 〈르 피가로〉지에 글을 쓰기 시작했다.[11] 당시 그가 발표한 글들은 주로 저작권[12]과 문학 창작에 관한 것이었다. 하지만 어떤 글들은 반유대주의와 점점 커지는 언론의 힘이 야기하는 심각한 문제들을 다루고 있었다. 그중에서도 특히 '공화국의 덕성'(1895년 12월 24일), '엘리트와 정치'(1896년 5월 9일), '유대인을 위하여'(1896년 5월 16일) 등의 글은 머지않아 졸라로 하여금 드레퓌스를 옹호하게 만든 이유들을 엿보게 해 준다. 이러한 글들 속에서 졸라는 반동주의자[13]들과 반유대주의자들이 공화국과 유대인에 대항하여 전개하는 언론 캠페인의 문제점들을 날카롭게 지적하고 있다. 졸라 역시 얼마 후 군부를 공격하고 권력에 맞서면서 정의의 실현을 요구했다는 이유로 저열한 언론 캠페인에 선동된 군중의 거친 욕설과 비난에 직면하면서 끊임없이 죽음의 위협에 시달려야 했다. 그는 이미 1895년부터 언론과 그것을 이용하는 권력이 어떤 짓을 할 수 있는지를 정확히 꿰뚫고 있었던 것이다.

졸라는 '유대인을 위하여'라는 글에서 위에서 언급한 반유대주의 광풍의 위험과 문제점을 냉철하고 용기 있게 조목조목 짚어 나갔다. 당시 파리와 지방의 수많은 신문기자들은 유대인들을 프리메이슨, 공화주의자, 신교도와 마찬가지로 경계해야 하는 이방인들과 같은 존재로 여겨 왔다. 프랑스에서 유대인을 몰아내라고 외치는 무리와 맞서서 졸라는 용기 있고 명료하게 유대인 옹호론을 펼쳐 나갔다. 온 나라를 휩쓰는 반유대주의의 광풍 속에서 프랑스를 위협하는 위험의 심각성을 느꼈기 때문이었다. 졸라는 광신적인 반유대주의자 에두아르 드뤼몽을 정면으로 공격했다. 그리고 광신적인 가톨릭교도들과 '대중의 분노를 종교적인 열정의 도구로 이용하는' 자들, '먹을 것을 요구하는 불우한 이들 앞에 돈밖에 모르는 사람이라며 유대인을 먹잇감으로 던져 버리는' 자들을 향해 맹렬한 분노를 토해 냈다. 그러면서 모든 사람은 인종과 종교에 상관없이 법적으로 서로를 '평등한 형제로' 여겨야 하며 유대인들은 국가에 '흡수되어야' 한다는 주장을 강력하게 펼쳤다. 또한 1896년부터는 군부와 교회를 두 반동 세력으로 간주하는 내용의 글을 발표했으며, 사악한 권력과 영합하는 '쓰레기 같은 언론'의 언론 캠페인을 강도 높게 비난했다. 졸라는 자신의 행위로 인해 어떤 대가를 치르게 될지 이미 잘 알고 있었다. 그리고 그의 예상대로 드뤼몽은 1896년 5월 18일자 〈라 리브르 파롤〉지에서 졸라가 최근에 펴낸 소설들의 판매 부진을 언급함과 동시에 아카데미프랑세즈 회원이 되고 싶은 열망 때문에

---

11 졸라는 1881년에 소설 집필에 전념하기 위해 더 이상 신문 사설 등을 쓰지 않겠다고 선언한 바 있다.
12 졸라는 1891년부터 1900년까지 두 번 연속으로 문인협회 회장을 역임했다.
13 '정치적 반동'을 의미하는 반동주의(反動主義)는 구체제로 돌아가려는 정치 이념으로, 진보주의에 대한 반대 개념이다. 간혹 수구주의나 보수주의와 동일한 개념으로 취급되는 경우도 있다. 반동이라는 말은 프랑스혁명 후인 1795년 처음 사용되었고, 반동주의의 대표적인 예로는 프랑스혁명 이후 공화정에서 다시 왕정으로 회귀한 부르봉 왕정복고가 있다.

세간의 주목을 받으려고 그러는 것이라며 그를 맹렬하게 비난했다. 이처럼 졸라는 이미 유대인들에게 인간적인 연민을 느끼고 그들을 옹호하던 차였지만, 그때만 해도 머지않아 자신이 프랑스와 전 세계를 휩쓴 드레퓌스 사건의 광풍 속으로 뛰어들게 될 줄은 아마 졸라 본인도 전혀 짐작하지 못했을 것이다.

04

악마도에
유배된 드레퓌스,
절망 속에서도
희망의 끈을 놓지 않다

1895년 4월 14일, 드레퓌스는 왕도(île Royale)의 도형장에서 악마도(île du Diable)로 이감되었다. 악마도는 길이가 겨우 900미터밖에 되지 않는 화산암으로 된 바위섬으로 예전에 나병 환자들이 수용돼 있던 곳이었다. 그곳 바닷가에 특별히 드레퓌스를 위해 돌로 만들어진 감옥에는 바다조차 볼 수 없도록 높다란 담장이 둘러쳐져 있었다. 경비병들은 스물네 시간 교대로 그를 감시했다. 밤이면 꺼지지 않는 등잔불을 향해 수많은 벌레들이 몰려들었다. 절해고도를 비추는 뜨거운 태양에 아침 10시부터 달구어지기 시작하는 감방은 여름에는 섭씨 45도까지 올라갈 때도 있었다. 누구에게라도 말을 거는 것은 엄격히 금지되었다. 드레퓌스는 2년간 이중으로 된 쇠사슬에 묶여 지냈다. 밤이면 가족에 대한 그리움과 악몽에 시달리며 불면의 밤을 지새워야 했다.

악마도에서의 낮과 밤은 드레퓌스의 말처럼 '삶을 위한 투쟁'과 언제나 늦어지는 소식에 대한 기다림 속에서 끝없이 이어졌다. 하지만 그는 정신적으로나 육체적으로 결코 체념하지 않았다. 그는 아내 뤼시 드레퓌스에게 보내는 편지에서 이렇게 말했다. "나는 결코 포기하지 않을 것이오. 내 육체와 싸워 이길 것이며, 끝까지 살아남아서 이 모든 것의 끝을 보고야 말 것이오." 드레퓌스는 수시로 그를 괴롭히는 불면증과 열과 복통에 시달리면서도 강인한 의지로 영어 공부를 하고 셰익스피어와 프랑스와 러시아의 고전들을 읽었다. 또한 아내를 떠올리며 자신의 고통과 분노를 기록한 일기를 쓰기 시작했다.[14] 그 속에서 그는 이렇게 말했다. "육체가 고통스러운 것은 견딜 수 있소. 더 끔찍한 것은 마음의 고통이라오." 그는 일기에서 결코 자신이 유대인이라는 사실을 언급하지도 신을 찾지도 않았다. 다만 끊임없이 쇼펜하우어의 말을 인용할 뿐이었다. "신이 세상을 창조한 것이라면 나는 신이 되고 싶지 않소."

드레퓌스는 명예와 정의 그리고 진실만을 이야기했다. 스스로를 '명예를 무엇보다 중히 여기는 사람'이라고 규정한 그로서는 무엇보다 자신의 명예에 큰 타격을 입은 것을 괴로워했다. "이 세상에 정의가 존재한다면 언젠가는 잃어버린 내 명예를 되찾을 수 있을 것이오." "나는 완전한 진실이 밝혀지기를 원하오. 이 캄캄한 암흑에 환한 불을 밝혀 줄 수 있는 진실을."

그는 마지막까지 규율을 지키는 군인으로서 정의의 실현을 요구했다. 그러면서 단 한 번도 자신의 상관들의 도덕성을 의심하지 않았다. 그리고 공화국 대통령에게 매우 깍듯하게 정의의 집행을 요구하는 편지를 보냈다. 이 비극적인 사건의 진실을 밝혀내어 한 군인과 그 가족의 끔찍한 고통을 끝내 주기를 촉구했지만 어떤 답변도 듣지 못했다. 그리고 4년간 아내에게 보낸 편지에서 '할 수 있는 한 모든 방법을 동원해서' 진실을 밝혀 줄 것을 끊임없이 요청했다. 드레퓌스는 감옥의 담장 밖 세상에서 자신으로 인해 어떤 일이 일어나고 있는지 전혀 알지 못한 채 황량한 바위섬에서 오랫동안 침묵의 감옥에 갇혀 있었다. 불규칙적으로 전해지는 아내의 편지[15]에 의지해 열악한 환경과 극심한 정신적 고통을 이겨 내던 끝에 심신이 지칠 대로 지쳤을 무렵, 1898년 여름이 시작되던 어느 날, 한 간수가 그에게 몰래 다가와 프랑스에서 누군가가 그를 위해 싸우고 있다는 희망의 메시지를 전해 줄 때까지.

---

14 1901년, 알프레드 드레퓌스의 유배 생활에 관한 기록《내 삶의 5년간 : 1894~1899》이 출간되었다.
15 사본을 만들고 검열을 거친 후에야 그에게 전해졌다.

05

드레퓌스 사건의 또 다른 주역들 : 마티외 드레퓌스, 베르나르-라자르, 피카르 중령, 쉐레르-케스트네르 상원의원, 조르주 클레망소

알프레드 드레퓌스는 그가 교도소에 갇혀 있던 첫 주부터, 그가 기아나의 구원 제도(îles du Salut)에 도착하기도 전부터 그의 형 마티외가 그를 구하기 위해 헌신적인 노력으로 동분서주하고 있었음을 알지 못했다. 생업을 포기하면서까지 동생의 구명에 나선 마티외 드레퓌스는 공개적인 방식을 빌리지 않고 최대한 은밀하고 신중하게 행동하고자 하면서 기자들과 몇몇 정치가들에게 도움을 청했다. 하지만 마티외에게 동정을 표시한 이들 중에서도 선뜻 나서서 무거운 침묵을 깨고자 하는 사람은 아무도 없었다. 알프레드 드레퓌스를 반역자로 규정지은 여론의 거센 물살을 거스르면서 사태를 역전시키기 위해서는 진범을 찾아내야만 했다. 하지만 문제의 명세서를 쓴 장본인이 대체 누구란 말인가? 어디에서 그를 찾아낼 수 있을 것인가? 마티외 드레퓌스의 머릿속에는 온통 그 생각뿐이었지만 그는 아무런 단서도 찾을 수 없었다. 그러다 르 아브르에 사는 지베르(Gibert) 박사[16]가 그의 동생이 결백하다고 믿고 있음을 알게 되었다. 지베르 박사는 펠릭스 포르 대통령에게서 '드레퓌스가 명세서를 근거로 단죄된 것이 아니라, 피고나 변호인 측에는 알리지도 않은 채 은밀히 재판관들에게 건네진 비밀문서에 근거해 유죄판결을 받은 것'이라는 이야기를 전해 들었고 그 사실은 마티외 드레퓌스에게 전해졌다.[17]

마티외 드레퓌스는 비로소 동생의 결백을 밝힐 수 있는 근거가 되는 결정적인 정보를 손에 넣게 되었지만 언론이나 정계 인사의 도움이 없이는 자신이 알게 된 사실을 적절하게 활용할 수가 없었다.

당시 젊은 세대를 대표하는 문학평론가이자 작가와 기자로 활동하던 서른 살의 베르나르-라자르는 예술은 사회적이어야 한다는 소신에 따라 1894년, 드뤼몽의 반유대주의 캠페인에 대응하는 연구서 《반유대주의, 그 역사와 원인들》을 펴냈다. 그는 1894년 11월부터 드레퓌스 대위의 체포로 인해 반유대주의가 다

---

16 그는 새로 공화국 대통령이 된 펠릭스 포르의 주치의였다.
17 지베르 박사와 마티외 드레퓌스는 레오니(Léonie)라는 영매(靈媒)를 통해서, 진범은 국방부에 소속된 장교이며, 드레퓌스의 재판 당시 피고인 측 몰래 참모본부 측에서 군사법원의 재판관들에게 모종의 비밀문서를 건넸다는 이야기를 듣게 되었다. 당시에는 영매의 말이 무슨 뜻인지 이해하지 못했던 그들은 후에 지베르 박사가 대통령을 만나서 그 사실을 전해 듣고 비로소 진상을 파악하게 되었다.

시 기승을 부리는 것을 지켜보면서도 아직 드레퓌스 사건에는 개입할 생각을 하지 않았다. 드레퓌스의 집안은 부유하므로 만약 그가 결백하다면 자기들끼리 알아서 해결할 수 있으리라고 생각했기 때문이었다. 하지만 드레퓌스가 유죄판결을 받자 베르나르-라자르는 예의 사건이 뿌리 깊은 반유대주의 정서를 이용한 음모와 술책에서 비롯되었음을 깨달았다. 그리고 베르나르-라자르를 만난 마티외 드레퓌스는 그에게 그동안 자신이 수집한 정보와 자료를 바탕으로 드레퓌스의 결백을 밝히는 글을 써서 언론사와 문학계에 진실을 널리 알려 줄 것을 요청했다. 그리하여 베르나르-라자르는 즉시 드레퓌스의 결백을 주장하는 글을 썼지만 가족 간의 시도만으로는 대중을 설득하기에 부족하다는 에드가 드망주 변호사의 충고에 따라 글의 발표를 미루게 된다. 그리고 1896년 11월 6일, 브뤼셀에서 《사법적 오판. 드레퓌스 사건에 관한 진실》이라는 제목의 팸플릿을 펴내기까지 1년이 넘게 답보 상태로 인내하며 기다려야만 했다.

한편 병든 상데르 대령의 후임으로 1895년 7월 1일 참모본부의 정보국장으로 임명된 피카르 소령(1896년 4월 6일 소령에서 중령으로 진급)은 그에게 드레퓌스 사건에 관한 자료를 보강하라는 드 부아데프르 장군의 지시에 불안한 생각이 들었다. 드 부아데프르는 '드레퓌스 사건은 아직 끝난 게 아니며 이제 시작'이라는 의미가 아리송한 말과 함께 무엇보다 드레퓌스가 반역자가 된 동기에 대해 상세히 캘 것을 지시했다.

　41세의 조르주 피카르는 상관들의 총애를 한 몸에 받던 군인이었다. 모두에게 좋은 평판을 받았던 그는 상관들의 추천으로 젊은 나이에 군사대학의 교수이면서 정보국장의 자리에 올랐다. 드레퓌스와 쉐레르-케스트네르처럼 알자스 출신으로, 용기와 박식함을 갖추어 독일어, 영어, 이탈리아어, 스페인어를 구사할 줄 알았으며, 근무시간 외에는 독서와 예술에 심취했다. 그는 1894년에 열린 드레퓌스의 재판에 메르시에 장군과 드 부아데프르 장군의 보좌관 자격으로 참석했지만 드레퓌스에 대해 특별한 연민을 느끼지는 않았다. 하지만 앙리 소령의 (허위) 증언에 드레퓌스의 무죄 가능성을 점쳐 보기도 했다. 피카르는 드레퓌스의 유죄판결이 자신이 한 번도 본 적이 없는 비밀문서에 근거해 내려진 것으로 믿고 있었다. 그는 참모본부의 정보국장으로 임명된 후 드 부아데프르 장군의 지시로 계속해서 드레퓌스에 관한 정보를 수집하던 차에 독일 대사관의 무관 슈바르츠코펜이 에스테라지 소령에게 보낸 전보(일명 '푸른 엽서〔petit-bleu〕')를 입수하게 되었다. 처음에는 에스테라지를 두 번째 반역자나 드레퓌스의 공범쯤으로 여겼던 피카르 중령은 에스테라지의 방탕한 생활과 포병대에 대한 지나친 호기심에 대해 전해 듣게 되었고, 전향한 전직 독일 정보원으로부터 에스테라지와 거의 일치하는 인물이 독일 국방부에 정보를 팔아넘긴다는 사실을 알게 되었다. 하지만 결정적인 증거를 찾지 못하던 중에 에스테라지의 편지 두 통을 손에 넣게 되었고 그 필체가 명세서의 필체와 일치함을 알아냈다. 또한 에스테라지가 반역자일 수밖에 없는 이유들도 명백하게 드러난 터였다. 당연한 의혹에 사로잡힌 피카르 중령은 드레퓌스를 단죄하게 한 예의 그 비밀문서를 다시 살펴본 후 엄청난 당혹감을 감출 수 없었다. 국가에 충성했던 한 장교를 반역자로 단죄해 유배지로 보내게 한 '결정적인' 비밀문서는 아무런 내용도 없는, 아무에게나 적용될 수 있는 허황된 것이었기 때문이었다. 따라서 드레퓌스가 유죄임을 단정 지을 수 있는 근거는 어디에도 없음이 드러났던 것이다.

피카르는 1896년 8월 5일, 당시 참모총장이던 드 부아데프르 장군에게 그 사실을 알리면서 1894년의 사법적 오판을 바로잡아야 한다고 강조했다. 말없이 그의 말을 듣고 있던 드 부아데프르는 피카르가 비밀문서에 관해 질문하자 이렇게 말했을 뿐이었다. "어째서 그때 지시한 대로 진작 불태우지 않은 거지?" 피카르 중령이 경거망동할 것을 염려한 드 부아데프르는 그에게 참모차장인 공스 장군의 의견을 구하도록 지시했다. 피카르의 물음에 공스는 이렇게 반응했다. "그럼 우리가 틀렸다는 건가? 두 사건을 분리해서 생각해야 하네." 공스가 두려워한 것은 재심이 재개됨으로써 1894년의 드레퓌스 재판 당시 메르시에 장군이 저질렀던 불법성이 고스란히 세상에 밝혀지는 것이었다. 그리고 사태의 심각성을 반영하듯 한 영국 신문에 9월 2일자로 드레퓌스의 탈옥에 관한 기사가 실렸다. 마티외 드레퓌스를 소개받은 클리포드

밀리지라는 영국인 신문기자가 드레퓌스 사건에 대한 영국과 프랑스의 여론을 일깨우기 위해 드레퓌스의 탈옥 기사를 허위로 신자고 제안했다. 마티외 드레퓌스는 탈옥 소식이 너무나도 허황되어서 즉시 허위로 밝혀질 수 있게 하는 조건으로 그 제안을 수락했다.

그리고 비록 그 일로 인해 악마도에 유배된 드레퓌스가 이중의 쇠사슬로 묶인 채 더욱더 가혹한 감시를 받는 고통을 감수해야 했지만, 여론으로부터 그에 대한 관심을 이끌어 내고자 하는 소기의 목적은 어느 정도 달성된 듯 보였다. 〈르 피가로〉지와 〈르 주르〉, 〈로토리테〉지 등에 드레퓌스의 유죄에 대한 의문을 나타내는 기사 등이 실렸던 것이다. 그러자 민족주의자 하원의원인 카스틀랭은 드레퓌스와 그 일당의 행위에 대한 정부의 무관심에 분노를 표하며 의회에서 그 문제에 관한 대정부 질문을 하겠다고 선언했다. 마티외 드레퓌스에게는 이제 베르나르-라자르로 하여금 팸플릿을 공개하게 할 때가 온 것으로 보였다. 그런데 9월 15일, 참모본부의 대변지 역할을 하던 〈레클레르〉지는 1894년 드레퓌스 체포 당시의 이야기를 상세하게 전하면서 재판 당시 재판부에 은밀하게 전달된 비밀문서의 일부('이 망할 놈의 D가……' 라는 내용이 들어 있는)를 공개했다. 〈레클레르〉지는 드레퓌스와는 아무런 연관이 없는 D라는 이니셜 대신 드레퓌스의 이름을 넣어 기사를 작성했다. 그럼으로써 드레퓌스의 유죄판결이 바로 이 얼토당토않은 비밀문서에 근거한 것임을 만천하에 공개했던 것이다. 기사는 문제의 비밀문서가 피고 측에는 전달되지 않았음을, 즉 1894년의 재판에서 불법이 자행되었음을 스스로 밝힌 셈이었다. 그리고 그 어디에서도 그 기사의 내용을 부인하거나 그에 반박하는 발표를 찾아볼 수 없었다. 그리하여 정부에서 그 기사의 내용을 인정한 것일 뿐만 아니라, 드레퓌스 가족의 위험한 언론 캠페인을 중단시키려는 목적으로 정부가 나서서 언론을 부추긴 것일지도 모른다는 추측을 낳게 했다. 재판에서 저질러진 불법성에도 불구하고 정부의 권위에 기댄 언론의 허위 기사를 사실로 굳게 믿었던 대중은 더욱더 드레퓌스의 유죄에 대한 확신을 갖게 되었다. 〈레클레르〉지의 기사가 나간 후 위기감을 느낀 피카르 중령은 공스 장군에게 다음과 같이 편지를 썼다. "이대로 아무것도 하지 않는다면 사태는 더 이상 걷잡을 수 없게 될 것입니다. 하루속히 어떤 조치를 취하지 않으면 우리는 스스로를 변호할 수도 진실을 밝힐 수도 없을 것입니다."

그리고 피카르 중령의 증언에 따르면 그 9월 15일, 공스 장군과 그 사이에는 이런 대화가 오갔다.

"그런데 그 유대인이 악마도에 남아 있건 말건 그게 대체 자네하고 무슨 상관이 있다고 이러는 건가?"

"하지만 장군, 드레퓌스는 아무런 죄가 없습니다."

"그 사건을 다시 열어서는 안 되네. 거기에는 메르시에 장군과 소시에 장군이 연루돼 있단 말일세."

"하지만 드레퓌스는 결백합니다!"

공스 장군은 어깨를 으쓱해 보이면서 대꾸했다.

"지금 그런 게 중요한 게 아니야. 그가 죄가 있건 없건 그런 건 문제가 되지 않는단 말일세."

피카르는 드레퓌스의 가족이 그의 무고함을 증명하기 위해 어떤 일들을 벌이고 있는지를 상기시켰다.

"그의 가족이 진짜 반역자를 찾아내기라도 하면 그땐 어떤 일이 벌어질지 생각해 보셨습니까?"

"자네만 입을 다문다면 아무도 그 사실을 알 수 없을 거야."

"장군님이 어떻게 그런 끔찍한 말을 하실 수 있습니까? 지금 당장은 어떻게 해야 할지 잘 모르겠지만, 전 결코 이 비밀을 무덤까지 가져가진 않을 것입니다!"

공스 장군과 피카르 중령 사이에 위의 대화가 오간 후 앙리는 거짓말을 거듭하면서 예의 그 허위 문서('가짜 앙리')를 조작하기에 이르렀고, 드레퓌스의 무죄를 확신하면서 진실을 밝히고자 하는 피카르의 행보에 불안감을 느낀 참모본부의 수뇌부는 그를 프랑스 동부를 거쳐 아프리카의 튀니지 변방으로 쫓아 버렸다. 그 후 피카르 중령은 그 비밀을 무덤까지 가져가지 않은 대가로 체포되어 강제 퇴역을 당하고 11개월간의 옥고를 치러야만 했다. 그는 1906년 7월에야 비로소 다시 군대에 복귀할 수 있었다.

그 사이, 베르나르-라자르는 오랫동안 기다린 끝에 〈레클레르〉지의 기사에 관한 이야기를 첨부한 팸플릿을 다시 작성해 11월

6일 브뤼셀에서 3천5백 부를 발행했다. 그리고 그것을 드레퓌스 사건에 관심을 가질 것이라고 생각한 하원의원과 상원의원을 비롯한 인사들에게 배포했다. 드레퓌스 사건이 이대로 묻힐 것을 염려한 그는 언론과도 끊임없이 접촉을 시도했다. 하지만 이미 〈레클레르〉지의 기사에 세뇌되다시피 한 대중의 반응은 냉랭했으며 그에게 되돌아온 것은 모욕과 거친 욕설뿐이었다. 정부의 권위를 등에 업은 언론의 기사보다 유대인이자 무정부주의자인 젊은 작가의 말에 더 귀를 기울일 사람은 아무도 없었다. 심지어 유대인들조차 드레퓌스를 구명하는 것이 유대 민족 전체를 지키는 것이라고 믿었던 그에게 등을 돌렸고, 드레퓌스파들도 그의 생각대로 움직여 주지 않았다. 그리하여 베르나르-라자르는 침묵을 강요받다시피 하면서 사람들의 기억에서 금세 잊혔고 1903년에 쓸쓸하게 세상을 떠났다.

한편 1896년 11월 18일, 앞에서 언급한 대로 민족주의자 하원의원 카스틀랭은 의회의 대정부 질문에서 정부에 드레퓌스의 복권을 요구하는 자들의 책동을 강력하게 진압할 것을 촉구했다. 앙리가 조작해 건넨 허위 증거에 자신감을 되찾은 국방부 장관 비요는 대정부 질문이 시작되자마자 다음과 같은 말로 선수를 치면서 카스틀랭의 입을 막아 버렸다. "이 슬픈 사건은 2년 전 국방부의 나의 전임자에 의해 시작되었습니다. 그리고 그때 이미 정의가 집행되었습니다. 사건의 예심과 심리 그리고 판결이 군사법원의 규율에 따라 적법하게 진행되었습니다. …(중략)… 따라서 이미 판결이 내려졌으며, 그 누구도 그 판결에 이의를 제기하는 것을 허용할 수 없습니다." 정부는 필요하다면 드레퓌스 사건의 책임을 물을 누군가를 찾아내야만 했다. 하지만 의회는 더 이상 예의 사건에 관심을 보이지 않았고, 사건은 또다시 자연스레 묻혔다.

정부는 겨우 한숨을 돌렸지만 음모의 주모자들은 만일을 대비해 결정적으로 피카르의 입을 막아 버리기 위한 조직적인 캠페인을 벌이기로 공모했다. 앙리는 피카르를 유대인들의 공범으로 만드는 편지들을 조작했고, 〈르 마탱〉지에 명세서에 관한 정보를 누설한 것도 피카르라고 몰아세웠다. 공스 장군은 앙리의 농간에 장단을 맞추며 피카르를 위험 지역인 북아프리카의 튀니지 변방으로 보내 버렸다. 그리하여 그들에게 눈엣가시 같은 존재였던 피카르의 군인으로서의 삶은 이제 영영 끝난 듯 보였다.

하지만 피카르 중령은 그가 에스테라지를 모함했다는 악의적인 내용이 담긴 앙리의 협박 편지를 받은 후 마침내 그의 오랜 친구인 루이 르블루아 변호사에게 그동안 알아낸 것들을 알리기로 결심한다. 1897년 6월 21일, 잠시 파리로 돌아온 피카르는 르블루아에게 유언장이나 다름없는 봉인된 편지를 건네면서 자신의 유고 시에는 그것을 공화국 대통령에게 전해 줄 것을 부탁했다. 그와 동시에 드레퓌스의 가족이나 드망주 변호사와 접촉하거나 그들에게 에스테라지의 이름을 발설하는 것을 금했다.

하지만 피카르의 당부에도 불구하고 르블루아는 정부의 요직에 있는 인물에게 그 사실을 알리는 게 좋겠다고 생각했다. 물론 비밀을 지킨다는 조건과 함께였다. 르블루아가 염두에 둔 인물은 상원의 부의장인 오귀스트 쉐레르-케스트네르였다. 르블루아의 동료이자 파리 7구의 시장인 샤를 리슬레르는 쉐레르-케스트네르의 조카였다. 샤를 리슬레르는 르블루아에게 쉐레르-케스트네르 상원의원이 드레퓌스 사건에 대해 몹시 염려하고 있음을 알려 주었다. 리슬레르의 말에 르블루아는 상원의 부의장에게 모든 것을 털어놓기로 마음먹었다.

쉐레르-케스트네르는 제3공화국을 세운 인물 중 하나이며 레옹 강베타[18]와 조르주 클레망소의 막역한 친구였다. 1875년에 종신 상원의원이 된 그는 그로부터 20년 후에는 상원의 부의장이자 국회에 마지막 남은 알자스 출신 상원의원이었다. 국회에서도 제2제정 시절 공화주의를 위해 치열하게 투쟁했던 그의 애국심과 청렴함 그리고 도덕적 권위를 의심하는 사람은 아무도 없었다. 드레퓌스와 마찬가지로 알자스의 뮐루즈 출신 상원의원인 쉐레르-케스트네르는 1894년에 발생한 드레퓌스 사건으로 몹시 혼란스러워하고 있었다. 뮐루즈에 기반을 둔 드레퓌스의 집안과 그 배경을 잘 알고 있는 그로서는 드레퓌스가 무슨 이유로 그런 극

---

18 Léon Gambetta(1838~1882), 프랑스의 정치가, 변호사로 나폴레옹 3세의 전제에 반대한 것으로 유명하다. 공화주의연합(Union républicaine)을 이끌었고 〈라 레퓌블리크 프랑세즈(프랑스 공화국)〉지를 창간했다.

악한 범죄를 저질렀는지 도무지 이해가 되지 않았기 때문이었다.

하지만 그 역시 수많은 다른 사람들과 마찬가지로 1894년 재판부가 만장일치로 내린 판결을 믿을 수밖에 없었다. 그러다 드레퓌스의 군적 박탈식을 지켜보았던 조제프 레나크와 아르튀르 랑으로부터 끝끝내 결백을 외치던 드레퓌스의 모습을 보고 의문이 생겨났음을 전해 듣고, 그때부터 기회가 있을 때마다 사건의 진상을 파악하고자 애썼다. 하지만 화학자 출신으로 냉철한 이성과 신중함을 지닌 쉐레르-케스트네르는 동료들의 말만 듣고는 어떤 확신도 가질 수가 없었다. 게다가 쉐레르-케스트네르의 오랜 친구이자, 국회에서 이미 내려진 판결의 중요성을 역설했던 비요 장군이 그에게 드레퓌스에게 더 이상 관심을 두지 말 것을 강력하게 충고한 터였다.

1895년 2월, 자신을 찾아온 마티외 드레퓌스를 만난 쉐레르-케스트네르는 그를 향해 깊은 연민을 느끼면서도 직접적인 도움을 약속하지는 않은 채 격려의 말을 건넸을 뿐이었다. 그로부터 2년이 지난 1897년 5월, 쉐레르-케스트네르는 여전히 드레퓌스 문제로 혼란스러워하면서 좀 더 적극적인 방식으로 진실을 찾아 나설 것을 결심했다. 어느 날 저녁 그는 친구들과 함께 식사를 하던 중에 여전히 드레퓌스가 유죄라는 확신이 서지 않는다며 탄식했다. 그러자 드레퓌스의 예심에 참여했던 한 장교가 그의 유죄를 증명하는 것은 아주 쉽다고 하면서, 드레퓌스가 스파이 짓을 해서 번 돈으로 파리에 집을 살 수 있었던 게 그 증거라고 자신

있게 말했다. 그 이야기는 단순한 풍문인 것으로 밝혀졌지만, 쉐레르-케스트네르는 그동안 군의 장교들에게 가졌던 믿음이 사라지는 것을 느끼며 실망을 금치 못했다. 그는 당시의 심경을 이렇게 표현했다.

"나는 드레퓌스의 가족을 끌어들이지 않고 어떤 외부 세력의 영향에도 흔들리지 않은 채 홀로 조용히 조사를 진행하면서 그 어떤 것 앞에서도 물러서지 않고 기회가 있을 때마다 드레퓌스 대위에 관한 내 생각을 당당하게 밝히기로 마음먹었다. 감상주의에 빠지지 말자! 미리부터 연민이나 동정심을 갖지도 말자! 철저하게 예심을 하도록 하자. 내 지위가 그걸 가능하게 할 수도 있을 것이다. 정의와 진실을 밝히는 데 내 지위를 이용하도록 하자. 만약 드레퓌스가 유죄라면 나는 그 사실을 알게 될 것이다. 그가 만약 무죄라면 나는 그를 구해 낼 것이다. 공화주의와 자유와 토론을 중시하는 정부가 통치하는 이 19세기에 과거의 절대왕정 시대에나 있었을 법한 사악한 일들이 자행되는 것은 결코 용납될 수 없는 일이다."

그리고 1897년 7월 13일, 쉐레르-케스트네르를 방문한 르블루아가 피카르 중령으로부터 알게 된 것, 즉 이 사건에 있어서 에스테라지의 역할과 피카르 중령을 궁지에 빠뜨리려는 참모본부의 음모를 그에게 알리자 노 상원의원은 대경실색했다. 하지만 완전한 확신을 갖기 위해서는 그 사실들을 입증할 수 있는 '구체적인 증거자료'가 필요하다고 하자 르블루아는 피카르에게 보낸 공스 장군의 편지들을 보여 주었다. 그 편지들 속에서 공스는 피카르 중령이 에스테라지에 관해 알아낸 사실들을 함부로 발설하지 말 것을 이야기하고 있었다.

상원의 부의장은 그야말로 넋이 나갈 지경이었다. 그리고 다음 날 즉시 상원의 공화파 동료 의원들 앞에서 드레퓌스의 결백을 확신함을 알리면서 그의 복권을 추진하는 캠페인을 벌일 것을 선언했다. 하지만 상원의원들을 비롯해 펠릭스 포르 대통령, 비요 국방부 장관, 멜린 총리에게 재심의 당위성을 납득시키는 데는 실패했다. 그럼에도 불구하고 쉐레르-케스트네르는 여름 내내 정계와 문학계의 인사들에게 자신의 확신을 알리는 데 힘썼다. 또한 뤼시 드레퓌스에게 자신이 남편의 결백을 입증하는 증거를 갖고 있으며, 의회가 개회하는 즉시 드레퓌스의 재심이 열릴 수 있도록 노력할 것을 약속했다.

이렇게 해서 마침내 마티외 드레퓌스는 정부와 정계에 커다란 영향력을 발휘할 수 있는 막강한 지원군을 얻게 되었다. 하지만 안타깝게도 쉐레르-케스트네르는 피카르 중령의 증언을 공개하지 않겠다는 약속으로 인해 결정적인 증거를 공개적으로 제시할 수 없었다. 그 사실은 사사건건 그의 발목을 붙잡았고, 그가 벌이는 캠페인에 중대한 장애물로 작용했다. 민족주의 언론은 끊임없이 그 사실을 빌미 삼아 이 위대한 공화주의자를 세간의 웃음거리로 만드는 것을 서슴지 않았다. 쉐레르-케스트네르는 1897년 12월 7일 상원에서 "마지막에는 언제나 진실이 승리하기 마련입니다."라는 말로 재심 거부에 관한 대정부 질문을 했다. 하지만 그의 주장은 상원의원들의 지지를 얻지 못했고, 1898년 1월 13일 졸라의 '나는 고발한다…!'가 세상을 뒤흔들던 날 상원 부의장직의 재임에 실패했다. 그럼에도 불구하고 그는 결코 공화국 정부의 적법성과 정의에 대한 희망을 버리지 않았으며, 모두에게 인내와 신중함을 충고하면서 졸라의 도발적인 행위('나는 고발한다…!')에 우려를 표하기도 했다. 그는 병든 몸으로 드레퓌스의 재심을 지켜보다가 1899년 9월 19일, 에밀 루베 대통령이 드레퓌스의 사면장에 서명을 하던 날 세상을 떠났다.

1897년 당시 56세였던 조르주 클레망소는 투쟁은 자신의 존재 이유라고 스스로 밝힌 것처럼 평생 정의를 위해 투쟁해 온 인물이었다. 1871년 의회에 진출한 이래로 급진파 공화당원으로 활약하면서 쥘 페리 내각의 식민지 제국주의 정책을 강도 높게 비난했으며, 1885년 인도차이나의 통킹만 사건으로 쥘 페리를 실각시킨 바 있었다.

그는 유창하고 매서운 언변으로 이름난 타고난 웅변가이자 저돌적인 추진력을 갖춘 덕에 '호랑이' 또는 '승리의 아버지'라는 별명으로 불릴 만큼 모두가 두려워하는 정치인이었다. 특히 기회주의자들과 강경하게 맞섰던 그는 우파 의원들의 지지와 함께 연이어 내각을 실각시킨 것으로 유명하다(그 때문에 '내각의 탄핵자'라는 별명으로도 불렀다). 그러다 1893년 파나마운하 사건에 연루되어 잠시 정계를 떠나 있기도 했다.

그는 지금으로서는 글 쓰는 일에만 전념하면서 1897년 10월 1일 에르네스트 보강이 창간한 〈로로르〉 지에 필진으로 참여하고 있었다. 하지만 타고난 투사인 그에게는 글을 쓰는 것만으로는 부족했다. 행동과 투쟁의 기회를 기다리고 있던 그에게 드레퓌스 사건은 싸울 수 있는 더없이 좋은 기회였다. 1894년 드레퓌스가 유죄판결을 받았을 때 클레망소는 그를 총살형에 처하지 않는다고 분노한 바 있다(앞의 '1894년 드레퓌스의 유죄판결 이후' 참조).

클레망소는 1897년 10월 말에 아르튀르 랑을 만난 자리에서 또다시 베르나르-라자르의 이름을 듣고는 이렇게 외쳤다.

"이런, 그 친구 이름을 또 듣게 되다니. 우리 모두 그의 재능을 인정하지만 그 드레퓌스 타령은 좀 그만했으면 좋겠다는 생각이 드는군요."

"아니, 그대는 드레퓌스가 결백하다는 것을 아직 모른단 말이오?"

"그게 무슨 말입니까?"

"난 지금 사실을 말하고 있는 거요. 무슈 쉐레르-케스트네르가 확실한 증거들을 갖고 있소. 그를 찾아가면 그 증거들을 보여 줄 거요."

"그게 사실이라면 이건 희대의 흉악한 범죄가 아닙니까."

클레망소는 랑의 말대로 즉시 쉐레르-케스트네르를 찾아갔고, 드레퓌스의 결백과 더불어 1894년의 재판에서 불법이 자행되었다는 확신을 갖게 되었다. 그는 11월 2일부터 〈로로르〉지에 정부에 진실을 밝힐 것을 촉구하는 글을 발표하기 시작했다. 그가 3년간 드레퓌스의 결백을 밝히기 위해 쓴 글은 무려 650여 편에 달했다.

1899년 9월, 렌의 군사법원에서 드레퓌스에게 또다시 유죄판결이 내려지면서 정상참작과 함께 10년의 금고형이 선고되자, 당시 총리이던 발데크-루소는 드레퓌스파에게 알렉상드르 밀랑 장관을 보내 대통령의 사면을 받아들일 것을 제안했다. 드레퓌스의 사면에 반대하지 않았던 장 조레스[19]와는 달리 클레망소는 관용의 행위보다는 드레퓌스의 결백을 법적으로 인정받음으로써 정의를 실현하는 것이 더 중요하다고 역설했다. 그는 라보리 변호사에게 보낸 편지에서 다음과 같이 주장했다.

"이 사건에서 드레퓌스는 하나의 상징적인 주역일 뿐입니다. 무고한 이들이 억울하게 탄압을 받는 일이 다시 일어나서는 안 됩니다. 그들을 구해 내는 것이 우리가 해야 할 일인 것입니다."

그리고 대통령의 사면이 단행되고 닷새 후 클레망소는 다시 이렇게 말했다.

"물론 파기원[20]의 법정에서 드레퓌스의 복권을 위해 다시 싸우게 되리라는 걸 모르는 바는 아닙니다. …(중략)… 하지만 처음부터 밝혔듯이, 우리가 사법적 오판을 바로잡기 위해 투쟁하는 것은 무엇보다 프랑스의 안위를 염려하기 때문입니다. 1894년과

1899년의 재판은 드레퓌스 자신에게보다 우리의 조국 프랑스에 더 큰 해를 끼쳤음을 알아야 할 것입니다."

19 조레스를 비롯해 발데크-루소가 이끄는 공화국 방위 내각을 지지했던 의원들은 사면법이 통과되지 않음으로써 내각이 무너질 것을 염려했다. 그들이 보기에는 드레퓌스의 복권보다 더 시급한 사안들이 있었기 때문이다.

20 잘못 내려진 하급심 판결을 파기하거나 무효화할 수 있는 권한을 가진 프랑스의 민사 및 형사상의 최고 상급법원. 파기원은 하급법원이 법을 제대로 적용했느냐 하는 관점에서만 판결을 고려하고 사건의 사실문제를 다루거나 사건의 재심을 맡지는 않는다. 파기원은 프랑스에 있는 모든 법원이 법 해석상의 통일을 기하도록 하는 데 그 목적이 있으며, 한 개의 형사부와 다섯 개의 민사부로 구성돼 있다.

드레퓌스 사건과
 언론

1. 당시 신문의 역할과 구성

애초에는 정치적이고 도덕적인 논쟁으로 시작된 드레퓌스 사건은 언론의 매개로 인해 여론이 형성됨으로써 공론화되었다. 사건의 추이를 관심 있게 지켜보는 열렬한 관객인 독자들 앞에서 수많은 논평과 분석이 서로 뒤섞이고 교차하고 대립했던 것이다. 영향력 있는 목소리와 필력을 갖춘 언론인들과 문인들은 오랫동안 이어진 싸움판에서 매우 중요한 역할을 담당했다. 드레퓌스 사건에서 이 모든 요소들이 서로 어떻게 작용했는지를 이해하기 위해서는 간략하게나마 당시 언론의 상황이 어떠했는지를 살펴보는 게 필요할 듯하다.

드레퓌스 사건이 발생했던 19세기 말, 프랑스인들의 지적인 삶에서 수치로 평가해 본 신문의 물리적 영향력은 실로 엄청난 것이었다. 1897년 12월, 앙리 베랑제(Henry Béranger)는 〈라 르뷔 블뢰(La Revue Bleue)〉에 '현대 언론의 책임들'에 관한 매우 흥미로운 조사 결과를 발표했다.

지금 이 글을 쓰는 때를 기준으로, 파리에는 2401개의 정기간행물이, 지방에는 3386개의 정기간행물이 존재한다. 그중 대부분은 일간지이며, 그 가격은 5센트에서 20센트 사이이다. 신문은 어디에나 존재하며 프랑스인들의 삶 속에 깊숙이 파고들어가 있다. 어떤 신문들은 10만 부 이상을 찍기도 하며 대부분은 1만 부 이상을 펴낸다. 프랑스인이라면 남녀 가릴 것 없이 매일같이, 하층민들조차도 적어도 한 개 그리고 종종 두 개나 심지어 서너 개씩의 신문을 읽기도 한다. 혼자 있는 사람에게 신문은 말동무이자 친구를 대신한다. 사람들은 아침 식사 시간이나 잠자리에서도 신문을 읽는다. 가족과 함께 있거나, 카페나 사교 모임처럼 사람이 모이는 곳이면 어디에서든지 신문은 빼놓을 수 없는 화젯거리를 제공하기 때문이다. 누구도 신문의 영향력을 벗어나지 못한다. 신문은 마치 먼지나 바람처럼 꼭꼭 닫힌 사람들의 마음속까지 스며들며 …(중략)… 그 누구도 자유로울 수 없는 사회적 분위기를 조성하기 때문이다.

이렇게 엄청난 물량 공세 속에서 신문의 발행 부수를 놓고 볼 때 드레퓌스파 진영에 섰던 신문들의 상대적인 열세를 금세 알 수 있다. 〈르 시에클〉, 〈로로르〉, 〈르 라펠〉, 〈르 라디칼〉지는 평균 3만 부 정도를 찍었을 뿐이다. 〈라 프롱드〉지(12월 9일에 창간호를 펴냈다)는 조촐하게 오륙천 부 정도로 시작을 했다. 그에 비하면 가장 맹렬한 반드레퓌스파(반드레퓌스파이자 반유대주의를 표방했다)의 기관지 역할을 했던 〈라 리브르 파롤〉, 〈랭트랑지장〉, 〈라 파트리〉, 〈레클레르〉지는 평균 8만~10만 부를 찍었다. 앞서 언급한 몇몇 신문들을 제외하고는 거의 대부분이 반드레퓌스파에 속했으며, 그중에는 엄청난 발행 부수를 자랑하는 대중적인 신문들도 여럿 있었다. 백만 부가 넘는 발행 부수를 내세우는 〈르 프티 주르날〉, 각각 70만 부와 45만 부를 발행하는 〈르 프티 파리지앵〉과 〈르 주르날〉지 등……. 지방의 신문들에 대해서는 굳이 애써 구분할 필요조차 없었다. 거의 모든 신문이 만장일치로 드레퓌스파의 주장에 반대하는 입장을 취하고 있었기 때문이다. 이미 드레퓌스에게 유죄판결이 내려졌으며 군사법원의 판결에 대해 왈가왈부할 필요가 없다는 이유에서였다. 또한 〈라 랑테른〉과 특히 〈라 프티트 레퓌블리크〉지(10만 부의 발행 부수)가 대표하는 사회당 기관지들은 드레퓌스 사건에 무관심하거나 적대적이기까지 했다. 하지만 드레퓌스파로 돌아선 조레스로 인해 1898년 2월부터 반대 노선을 취하게 된다.

그런데 신문의 발행 부수가 나타내는 수치는 사실 당시 현실의 일부만을 반영하는 것이었다. 당시 드레퓌스파 진영에 섰다는 이유로 판매 부수가 지속적으로 감소했던(1880년 10만 부에서

1897년 4만 부로) 〈르 피가로〉지는 1897년의 언론 연감에 여전히 '프랑스에서 정치적으로 가장 영향력 있는 신문이며 …(중략)… 가장 인기 있고 믿을 만하다고 여겨지는 광고를 싣는 신문'으로 기록되고 있다. 여기서 우리가 알아야 할 점은, 당시의 주요 정치적 또는 문학적 토론들이 신문의 발행 부수만큼이나 중요한 높은 인지도를 지닌 몇몇 논설위원들이 이끌어 가는 지극히 제한적인 세계 속에서 행해졌다는 사실이다. 물론 정부의 공식 발표가 있기 전에 드뤼몽이 〈라 리브르 파롤〉지에 드레퓌스의 이름을 폭로한 것이나, 쥐데가 〈르 프티 주르날〉지에 졸라의 아버지 프랑수아 졸라(François Zola)를 비방하는 기사를 낸 것 등은 높은 판매 부수를 등에 업고 한 일이었다. 하지만 〈로로르〉지(1897년 10월에 창간된 신생 신문사였다)에서 클레망소 같은 이가 내는 목소리는 그들에게 맞설 수 있는 충분한 힘을 지니고 있었고, 대중은 그의 말에 귀를 기울였다. 그리하여 드레퓌스파와 반드레퓌스파 사이에 격렬한 논쟁이 하나의 운동처럼 자리를 잡으면서 끊임없이 논평을 양산해 냈다. 더구나 대부분의 신문들이 마치 공명상자처럼 다른 신문에서 막 이야기한 것을 다시 인용하는 일이 다반사였다. 당시 '신문 기사의 요약 소개'는 매우 흔한 일로, 많은 수의 신문들은 다른 데서 이미 소개된 기사를 상당히 객관적인 시각으로 재편집하여 다시 싣곤 했다. 특히 지방 신문들은 파리에서 발행되는 신문의 사설을 반복하는 것을 당연하게 여겼다. 의견 표명은 어떤 사건과 마찬가지로 하나의 정보처럼 인식

되었기 때문이다. 19세기 말에는 신문이 여전히 과거에 담당했던 기능의 일부를 간직하고 있었다. 즉, 인쇄 기술 보급 이전의 수서(手書) 신문처럼 편지나 짤막한 편지 또는 비밀 이야기를 전하는 것 또한 신문의 역할에 속했다.

거기에 더하여 신문 기사의 배치 방식 또한 오늘날 우리가 보는 것과는 아주 달랐다. 지금으로부터 116년 전(졸라의 '나는 고발한다…!'가 발표된 해를 기준으로 볼 때)의 신문은 지금의 신문보다 훨씬 제한된 지면으로 제작되었다. 당시 대부분의 신문은 네 페이지(아주 드물게 여덟 페이지짜리도 있었다)의 지면으로 구성돼 있었고, 신문의 정치 성향이 어떠하든 간에 거의 불변의 순서대로 기사를 배치했다. 1면에는 가십란 옆에 그날의 주요 기사, 2면에는 외국이나 지방에서 전해 오는 소식들, 3면에는 사회적이나 문학적 성격의 전문적인 기사들 그리고 마지막으로 4면에는 공연 프로그램이나 광고를 싣는 식이었다. 그러한 판면 구성 속에서는 신문의 주요 기사가 오늘날의 신문에서보다 훨씬 더 눈에 잘 띌 수밖에 없었다. 때로는 주요 기사 하나가 독자들의 모든 관심을 집중시키면서 그날의 유일한 화젯거리가 되기도 했다. 졸라가 1897년 11월 말에서 12월 초 사이에 〈르 피가로〉지에 세 번에 걸쳐 발표한 드레퓌스 사건 관련 기고문의 경우가 그러했다. 졸라의 글은 매번 신문의 1면에 삼사 단에 걸쳐 실리면서 그날의 주요 쟁점을 다루는 논설처럼 소개되었다. 그리하여 독자들은 오늘날의 신문에서처럼 복잡한 구성 속에서 관심이 분산되는 것과는 달리 정돈된 공간에 세심하게 배치된 글을 한눈에 쉽게 파악할 수 있었다. 또한 그렇게 배열된 기사는 시간적 연속성 속에서 편안하게 읽힐 수 있었다. 신문 연재소설에 길들여진 독자들[21]은 매일매일 전해 오는 소식을 따라가면서 그 추이를 파악하고, 그 일이 여기저기에 어떤 반향을 불러일으키는지를 가늠해 볼 수 있었다. 주로 총칭적이면서 내용 분류에 도움이 되는 기사 제목들('드레퓌스 사건', '에스테라지 사건', '마티외 드레퓌스 사건'……)은 앞서 나간 기사를 상기시키면서 독자의 수고를 덜어 주었다.

매우 중요한 사건이 일어났을 때는 신문의 모든 지면이 그 사건을 중심으로 편성되면서 상세한 설명과 함께 다양한 분석과 보완적인 관점으로 이루어진 논평이 곁들여지곤 했다. 1898년 2월, 졸라의 재판이 열렸을 때 파리의 거의 모든 신문은 그런 방식으로 보도를 했다.

그런데 〈로로르〉지에서는 이미 1897년 가을부터 드레퓌스 사건에 점점 더 깊이 개입함에 따라 그런 식의 보도를 수시로 접할 수 있었다. 하지만 보강과 클레망소의 작고 급진적인 신문은 처음에는 오히려 소극적이고 과묵한 입장을 취하는 편이었다. 그들

---

21 당시 대부분의 소설들처럼 졸라의 《루공-마카르》 총서에 속한 작품들도 먼저 신문에 연재된 다음에 단행본으로 출간되었다.

이 10월에 베르나르-라자르를 편집진으로 영입한 것도 드레퓌스 대위에 관해 이야기하지 않겠다는 조건을 달고서였다! 그랬던 신문이 호를 거듭함에 따라 사건의 우여곡절을 함께하며 그 일에 온통 정신을 빼앗긴 듯 드레퓌스 사건 속으로 풍덩 뛰어들게 되었던 것이다! 1897년과 1898년 사이에 〈로로르〉지의 지면은 온통 그 사건으로 도배가 되었다고 해도 과언이 아니었다. 신문 전체 지면의 25퍼센트, 50퍼센트, 때로는 지면 전체가 드레퓌스 사건만을 다룰 때도 있었다.

당시 드레퓌스 사건에 열광하던 이들은 〈로로르〉지를 정기적으로 사 모았다. 그들은 신문을 소중히 간직하면서 자신만의 컬렉션을 만들어 나갔다. 그러면서 매일매일, 삶이 그들에게 선사하는 예측 불가능한 다양한 사건들로 이루어진 아주 특별한 책의 페이지를 모으고 있다는 느낌을 받았다.

하지만 그 누구도 다음에 이어질 장의 내용이나 머지않아 그 속에 들어가게 될 획기적인 페이지가 어떤 것일지를 예측하지는 못했다.

2. 당시 주요 신문 소개

로로르(L'Aurore, 여명, 새벽) 1897년 10월 1일 에르네스트 보강이 창간한 좌파 성향의 공화주의 신문. 조르주 클레망소, 베르나르-라자르, 뤼시앵 데카브, 졸라 등이 필진으로 활약했다. 그 후 드레퓌스파의 주요 인물들이 〈로로르〉지에 글을 발표했다. 〈로로르〉지는 공공연하게 드레퓌스파를 표방한 파리의 몇 안 되는 일간지 중 하나로 1914년 8월에 폐간될 때까지 진보적 입장을 고수했다. '나는 고발한다...!'의 대성공으로 몇 달간 10만 부가 넘는 판매 부수를 유지했다.

로토리테(L'Autorité, 권위, 권한)   1886년 폴 드 카사냑이 창간한 보수파 신문으로 반공화주의, 군국주의를 내세우며 성직자들과 불랑제 장군을 지지했다. 드레퓌스 사건 동안 명백한 반드레퓌스파 노선을 택했으면서도 드레퓌스의 유죄에 대한 의문을 표명하면서 재심에 우호적이었다.

라 크루아(La Croix, 십자가)   1880년 라 메종 드 라 본 프레스(la Maison de la Bonne Presse)에 의해 창간된 가톨릭 신문. 반드레퓌스파, 반유대주의 신문으로 드레퓌스의 재심에 맹렬하게 반대하는 캠페인을 진행했다.

르 디즈-뇌비엠 시에클(Le XIXe Siècle, 19세기)   1871년 귀스타브 샤되유가 창간하고 에드몽 아부가 이끈 공화파 신문.

레코 드 파리(L'Écho de Paris, 파리의 메아리, 풍문)   1884년 발랑탱 시몽이 창간한 우파 성향의 일간지. 모리스 바레스, 폴 부르제(Paul Bourget), 아나톨 프랑스를 비롯한 다수의 유명한 문인들이 필진으로 참여했다. 드레퓌스 사건이 진행되는 동안 주요 반드레퓌스파 신문 중 하나가 되었으며, '애국자 연맹(Ligue des Patriotes)'의 기관지로 〈르 피가로〉지를 떠난 구독자의 대부분을 흡수했다.

그로 인해 판매가 급속히 증가하여 19세기 말에는 발행 부수가 10만 부를 넘어섰다.

레클레르(L'Éclair, 번개) 1888년 데쉐노가 창간했으며 1897년 이후 기욤 사바티에가 이끌었다. 처음에는 절대적인 자율성을 표방했지만 후에 격렬한 반드레퓌스파 노선을 걸었다. 몇몇 재심 찬성파 인사들이 필진으로 참여했다가 떠난 후에는 에르네스트 쥐데(Ernest Judet)와 루이 퀴네를 비롯한 맹렬한 반유대주의 및 반드레퓌스파 인물들이 필진으로 활약했다. 〈레클레르〉지는 1896년 9월 15일자 신문에 1894년 드레퓌스 재판 당시 재판부에 불법적으로 비밀문서가 전달되었음을 밝힘으로써 의도하지 않게 재판의 불법성을 처음으로 세상에 알린 셈이 되었다.

레벤느망(L'Événement, 사건) 1872년 오귀스트 드뤼몽과 에드몽 마니에가 창간한 신문. 폴 브뢸라, 앙리 세아르, 생-조르주 드 부엘리에 등이 필진으로 참여했다.

르 피가로(Le Figaro, 〈세비야의 이발사〉에 나오는 재치 있는 이발사 이름) 프랑스에서 가장 오래된 일간지로 1826년에 창간되었다. 중도우파 성향의 보수계 신문으로 세계 10대 신문 중 하나이다. 〈르 피가로〉지의 발행인이자 주필인 페르낭 르 로데는 1897년 10월부터 대의에 동참해 드레퓌스의 편에 섰지만 보수적인 독자들의 항의와 구독 철회에 굴복해 싸움을 포기해야만 했다. 하지만 그 후에도 〈르 피가로〉지는 반드레퓌스파로 돌아서지 않았다. 그사이 신문의 판매 부수는 1901년에 2만 부까지 급감했다.

라 프롱드(La Fronde, 프롱드의 난, 반항 정신을 가리킴) 1897년 12월 마르그리트 뒤랑이 창간한 신문으로 경영진과 필진 모두가 여성들로만 구성되었다. 드레퓌스를 지지했으며, 마담 카튈 멘데스, 쥐디트 클라델, 마리아 마르탱 등이 필진으로 활약했다.

질 블라스(Gil Blas, 《질 블라스 이야기》의 주인공 이름) 1879년 오귀스트 드 뒤몽이 창간한 신문. 모파상과 멘데스가 필진으로 활약했으며, 외설적이고 노골적인 면 때문에 큰 성공을 거두었다.

랭트랑지장(L'Intransigeant, 비타협적인, 강경한) 1880년 앙리 로슈포르가 대중적인 독자를 겨냥하고 창간한 신문이다. 불랑제 장군을 지지하는 민족주의 노선을 지향했으며, 드레퓌스 사건 동안 반드레퓌스파와 명백한 반유대주의를 표명했다. 종종 드 부아데프르 장군의 측근으로부터 제공받은 정보를 근거로 격렬한 반드레퓌스 캠페인을 벌였다.

르 주르(Le Jour, 하루, 날, 낮) 1890년에 창간된 진보적 민주 공화파 신문. 앙드레 베르부르가 이끌었으며, 에드몽 데숌, H. 갈리, 레옹 마제 등이 필진으로 참여했다.

르 주르날(Le Journal, 일기, 신문, 뉴스) 1892년에 페르낭 조에 의해 창간된 문학지(일간지)로 에밀 졸라와 옥타브 미르보, 쥘 르나르, 모리스 바레스를 비롯한 당대의 저명한 문인들이 편집진으로 활약했다(고료가 매우 높았다고 한다).

라 랑테른(La Lanterne, 초롱, 등) 1877년 외젠 마이에가 창간한 사회주의 공화파 신문. 당시 졸라도 필진으로 참여했다.

라 리브르 파롤(La Libre Parole, 자유로운 말, 발언) 1892년《유대 프랑스》의 저자인 에두아르 드뤼몽이 반유대주의 선전용으로 창간한 신문. 신문의 모토는 '프랑스를 프랑스인들에게!'였다. 1892년 군대 내 유대인이 들어 있는 것에 반대하는 캠페인을 벌인 것도, 드레퓌스의 체포 사실을 제일 먼저 대중에게 공개한 것도 모두〈라 리브르 파롤〉지였다.

라 뤼미에르(La Lumière, 빛) 1898년 2월에 드레퓌스파를 지지하기 위한 목적으로 창간된 신문. 폴 브륄라와 생-조르주 드 부엘리에 등이 필진으로 활약했다.

르 마탱(Le Matin, 아침) 1884년 2월에 미국인 새뮤얼 챔벌레인이 창간한 신문으로, 1882년부터 프랑스에서 발행되던 영어 일간지〈더 모닝 뉴스(The Morning News)〉의 프랑스어 버전이다. 비즈니스 업계를 겨냥한〈더 모닝 뉴스〉와 같은 맥락에서 국제 시사 문제를 전하면서 큰 성공을 거두었다.〈르 마탱〉지는 1896년 11월 10일, 드레퓌스를 반역자로 만든 문제의 명세서의 복사본을 공개했다. 초기에는 반드레퓌스 캠페인에 중요한 역할을 했으나 1897년 말부터 드레퓌스에게 유리한 기사를 발표하면서 점차적으로 노선을 바꾸었다.

라 파트리(La Patrie, 조국) 1842년에 창간된 수베랑 그룹의 신문으로 1892년 프랭탕 백화점의 소유주인 잘뤼조가 사들였다. 드레퓌스 사건 동안 반드레퓌스파를 적극 지지했다.

르 프티 주르날(Le Petit Journal, 작은 신문) 1863년 이폴리트 마리노니가 창간한 1수짜리 대중적 일간지로 1890년에는 발행 부수가 1백만 부에 달했다. 정치적으로 중립을 지키는 정보지로 출발했으나 민족주의, 군국주의를 표방했던 에르네스트 쥐데가 주필을 맡아 사실상 신문을 이끌었다. 쥐데가 1898년 5월 신문에 졸라의 아버지 프랑수아 졸라를 비방하는 기사를 발표하여 졸라에게 명예훼손죄로 고소당함에 따라 그 여파로 신문의 판매 부수가 감소했다.

라 프티트 레퓌블리크(La Petite République, 작은 공화국) 1876년 4월 사회주의 정보지를 표방하며 〈라 프티트 레퓌블리크 프랑세즈〉라는 이름으로 창간된 신문은 1893년 11월에 〈라 프티트 레퓌블리크〉가 되었다가 1898년 12월에 〈라 프티트 레퓌블리크 소시알리스트(La Petite République socialiste)〉로 다시 이름이 바뀌었다. 신문의 공동 발행인이며 편집진으로 활약하던 장 조레스는 1898년 8월 10일부터 〈라 프티트 레퓌블리크〉지에 '증거들(Les Preuves)'이라는 제목하에 일련의 기고문을 발표하면서 드레퓌스의 무죄를 주장함으로써 신문의 명성을 드높였다. 19세기 말, 〈라 프티트 레퓌블리크 소시알리스트〉지는 10만 부가 넘는 발행 부수를 자랑했다.

르 라펠(Le Rappel, 소환, 소집, 환기) 제2제정 말기인 1869년 5월 빅토르 위고와 오귀스트 바크리, 폴 뫼리스 등이 창간한 일간지로 급진적인 공화파를 표방하며 반교권주의를 옹호했다. 노동운동가들과 학생들의 높은 지지를 받았으며, 1870년대에는 발행 부수가 4만 부에 이르렀으나 1895년 바크리가 사망한 후 〈르 디즈-뇌비엠 시에클〉지와 합쳐졌다.

라 레퓌블리크 프랑세즈(La République Française, 프랑스 공화국) 1871년 강베타가 창간한 신문. 1876년부터 쉐레르-케스트네르가 이사회 의장을 역임했다. 그 후 조제프 레나크를 거쳐 1893년부터는 쥘 멜린(Jules Méline)이 신문을 이끌었다.

르 시에클(Le Siècle, 세기, 시대) 1836년에 창간된 공화파 신문으로 1892년부터 이브 기요가 신문을 이끌었다. 드레퓌스 사건 동안 '프랑스 인권 보호 연맹(Ligue pour la défense des droits de l'homme et du citoyen)'의 비공식 기관지 역할을 했다.

르 수아르(Le Soir, 저녁) 1867년 은행가인 메르통이 창간한 신문으로 그 후 여러 번 주인이 바뀌었다. 1895년부터는 에드몽 블랑이 신문을 이끌었다. 주필인 가스통 폴로네는 후에 맹렬한 반드레퓌스파가 되었다.

르 탕(Le Temps, 시간, 시대) 1861년 오귀스트 네프체르에 의해 창간되었으며, 정치적으로 중도를 지향했다. 오랫동안 신문의 자율성을 지킴으로써 신문의 권위를 인정받았다. 〈르 탕〉지는 오랫동안 사태를 관망한 끝에 뒤늦게 드레퓌스파에 대한 지지를 표명하면서도 종종 전설적인 객관성을 유지하며 신중한 입장을 취하곤 했다. 하지만 발데크-루소 내각에는 흔들림 없는 지지를 보냈다. 〈르 탕〉지는 1942년 11월 30일 폐간될 때까지 파리에서 가장 중요한 일간지 중 하나였다. 그 후 프랑스에 세계를 겨냥한 영향력 있는 신문을 갖추게 하고 싶다는 드골 장군의 요청으로〈르 탕〉지를 잇는 신문〈르 몽드〉지가 1944년 11월 19일 창간되었다.〈르 몽드〉지는〈르 탕〉지의 레이아웃과 활자체를 그대로 물려받았다.

II

에밀 졸라의 《전진하는 진실》

PRÉFACE À LA VÉRITÉ EN MARCHE

서문
《전진하는 진실》에 부치는 서문

나는 1897년 12월부터 1900년 12월까지 3년간 드레퓌스 사건이 진행됨에 따라 발표했던 몇 편의 글들을 한데 모을 필요가 있다고 생각했다. 이 책은 그러한 노력의 결과물이다. 한 사람의 작가로서 이토록 엄청난 파장을 몰고 온 중대한 사건에 개입하여 어떤 판단을 내리고 책임을 지게 되는 경우, 그에게는 자신의 모든 역할과 진짜 자료들을 대중 앞에 반드시 공개해야 하는 의무가 있다. 그런 것들만이 후세의 평가를 위한 근거가 될 수 있기 때문이다. 그리하면 지금 당장은 그를 위한 정의가 실현되지 않는다고 해도 편안한 마음으로 기다릴 수 있을 것이다. 머지않아 언젠가 진실을 밝히는 데에 충분한 자료가 확보될 수 있을 것이므로.

하지만 나는 서둘러 이 책을 내겠다는 조급한 마음을 먹지는 않았다. 우선, 자료가 충분히 갖추어지기를 원했고, 사건[1]의 한 시기가 확실히 끝나기를 기다렸다. 따라서 적어도 일시적인 결말을 대신해 사면법이 그 시기를 종결할 때까지 기다려야만 했다. 그다음으로는, 행여 사람들이 이와 같은 사회적 투쟁을 전개하는 과정에서 내가 어떤 이득을 바라거나 나 자신을 광고하려고 혈안이 돼 있다고 생각할지도 모른다는 사실이 몹시 마음에 걸렸다. 나는 한 사람의 문인이자 직업인으로서 그 속에서 어떤 권리도 주장한 적이 없으며, 지금까지 온갖 제안을 거절했고, 사건을 소재로 어떤 소설이나 극(劇)을 쓴 적도 없다. 따라서 부디 내게 인류 전체에 커다란 충격을 안겨 준 비장한 드라마를 이용해 어떤 경제적 이익을 취하고자 했다는 비난은 하지 말아 주길 바란다.

나는 다만 훗날 그동안의 메모들을 모아 두 권의 책으로 펴낼 생각을 하고 있다. 우선, 《법정 감상기(*Impressions d'audiences*)》라는 제목하에 파리와 베르사유에서 열렸던 내 재판에 관한 이야기를 하고 싶다. 재판의 진행 과정과, 그곳에서 내가 목격한 어처구니없는 일들과 기이한 인물들에 관해 들려줄 생각이다. 그리고 《망명 시대의 기록들(*Pages d'exil*)》이라는 제목하에 11개월간의 영국 생활에 관한 이야기를 들려주고 싶다. 프랑스에서 절망적인 전보가 도착할 때마다 내 마음속에 울려 퍼지던 비통한 울림, 조

---

[1] 볼드체로 표기한 '사건'은 드레퓌스 사건을 말한다.

국에서 멀리 떨어져 철저한 고독으로 둘러싸인 채 겪었던 모든 일과 사람들에 대해 이야기하고 싶다. 하지만 이 모든 것은 나의 바람이자 막연한 계획일 뿐이다. 예기치 못한 어떤 상황이나 삶의 변수로 그 계획들을 실행에 옮기지 못할 수도 있는 것이다.

게다가 이 모음집은 드레퓌스 사건의 완전한 역사를 담고 있지 않다는 점을 분명히 밝혀 두는 바이다. 지금처럼 과열된 분위기 속에서는 아직 우리에게 부족한 문서들이 모두 확보되지 않는 한 이 이야기를 제대로 쓴다는 것은 불가능하기 때문이다. 우리가 해야 할 일은, 뒤로 한발 물러서서 우리 앞에 펼쳐질 거대한 자료의 숲을 헤치고 나아가 사심 없는 객관적인 연구를 하는 것이다. 나는 단지, 내가 직접 참여했던 사건의 한 모퉁이에서 보고 듣고 알게 된 것을 이야기하고 그에 관한 생생한 증언을 남김으로써 그 거대한 작업에 약간의 기여를 하는 것뿐이다.

따라서 나는 지금으로서는 훗날을 기약하면서 그동안 발표했던 글들을 모아 한 권의 책으로 펴내는 데 만족하고자 한다. 물론 나는 그 속에서 한 글자도 바꾸지 않았으며, 종종 열기에 들떠 내리 글을 쓰느라 거침없이 생경하게 표현된 부분들과 반복해서 등장하는 대목들도 모두 그대로 놔두었다. 다만 소제목들의 이면에 필요하다고 생각되는 설명들을 간략하게 덧붙였을 뿐이다. 나로 하여금 그 글을 쓰게 만든 상황을 밝힘으로써 이 책에 실린 글들이 서로 연관되어 있음을 보여 주기 위해서였다. 그렇게 해서 연대순으로 배치된 글들은 사건이 야기한 엄청난 충격 속에서 각자의 자리를 잡아 나갈 수 있었고, 망명으로 인한 나의 오랜 침묵에도 불구하고 논리적으로 명확한 하나의 전체를 이룰 수 있었다.

  거듭 말하지만, 나는 이 글들을 통해 앞으로 더 보완되어야 할 드레퓌스 사건 관련 자료 구축에 약간의 기여를 했을 뿐이다. 또한 사건과 관련한 내 개인적인 행보의 기록을 한데 모은 이 책을 후세가 써 내려갈 역사와 심판에 맡기고자 한다.

                                      1901년 2월 1일, 파리에서
                                                     에밀 졸라

01
무슈 쉐레르-케스트네르

쉐레르-케스트네르는 드레퓌스의 무죄를 확신하면서도 피카르의 증언에 대해 함구하겠다는 르블루아와의 약속 때문에 아무런 증거도 제시하지 못한 채 엄청난 비난과 모욕을 고스란히 견뎌야 했다. 그사이 마티외 드레퓌스가 〈르 마탱〉지에 명세서의 사본과 드레퓌스의 편지들을 공개한 것이 그 결실을 거두었다. 역시 진실은 언젠가는 밝혀지고 마는 것인가! 1897년 11월 7일, 신문에 공개된 명세서에서 자신의 고객인 에스테라지의 필체를 알아본 은행가 드 카스트로가 마티외 드레퓌스에게 그 사실을 알렸다. 이제 모든 사실이 한군데로 모이고 있었고, 드디어 공개적으로 진실을 밝힐 수 있는 증거가 손에 들어온 것이다. 마침내 비밀을 지키겠다는 약속에서 해방된 쉐레르-케스트네르는 마티외 드레퓌스에게 에스테라지가 진범임을 확언해 줄 수 있었다.

쉐레르-케스트네르와 르블루아는 여론을 움직이기 위해서는 대중에게 널리 알려진 힘 있고 영향력 있는 목소리가 필요하다는 결론에 도달했다. 어떤 파당에도 속하지 않고 독립적으로 행동하며 그 무엇도 두려워하지 않는 사람. 모든 형태의 자유를 위해 모든 비열함에 대항하여 투쟁할 줄 아는 용기를 입증해 보인 인물. 무엇보다 오래전부터 반유대주의의 광풍에 맞서며 그 위험을 경고한 바 있고, 유창하고 설득력 있는 언변까지 갖춘 사람. 이 모든 기준에 부합하는 인물은 졸라 외에는 아무도 없었다. 그가 드레퓌스를 위해 말할 것을 수락한다면 재심 캠페인은 그 차원이 달라질 수 있을 터였다.

1897년 11월 13일, 쉐레르-케스트네르는 르블루아, 마르셀 프레보(Marcel Prévost)와 함께 졸라를 자신의 집으로 초대했다. 이제 하루라도 빨리 서둘러야 했다. 그 자리에서 새로운 사실을 알게 된 졸라는 아무것도 약속하지 않고 집으로 돌아갔다. 그는 일주일 내내 생각하고 또 생각했다. 그는 자신이 행동에 나선다면 앞으로 어떤 자들을 상대해야 할지 누구보다 잘 알고 있었다. 거짓과 위선, 파렴치함과 증오로 똘똘 뭉친 무리들과 정면으로 맞서야만 할 터였다. 하지만 그는 두 명의 경찰관에게 보호받아야 할 정도로 무지한 군중의 욕설과 신체적 위협과 공격을 고스란히 감당하고 있는 노 상원의원을 보며 그러한 망설임을 깡그리 떨쳐 버릴 수 있었다. 졸라는 11월 20일, 쉐레르-케스트네르에게 경의를 표하며 자신의 지지를 약속하는 진심 어린 편지를 보냈다.

온갖 위협과 추잡한 욕설로 모욕을 당하면서도 그토록 침착하고 의연한 모습을 보여 준 당신의 놀라운 태도에 무한한 존경을 보냅니다. 어떤 일이 있어도 당신의 역할보다 더 아름다운 역할은 없을 것입니다. 나는 진정 당신이 부럽습니다. …(중략)… 이것은 진실을 위한 싸움입니다. 유일하게 선하며, 유일하게 위대한 싸움이지요. 지금은 패배한 것처럼 보일지라도 종국에는 반드시 진실이 승리하게 될 것입니다.

그리고 당시 이탈리아에 머무르고 있던 아내 알렉상드린에게 다음과 같은 편지를 보냈다.

내가 지금 무슨 일을 했는지 아시오? 무슈 쉐레르-케스트네르와 드레퓌스 사건에 관한 글을 신들린 것처럼 단숨에 써 내려갔다오. 그를 만나고 온 후부터 난 더 이상 잠을 이룰 수 없었소. 그래서 마음의 짐을 덜어 내야만 했소. 침묵하는 것은 비겁하다고 생각했기 때문이오. 그 결과가 어떠하든 난 개의치 않을 것이오. 나는 아직 충분히 강하고, 내겐 모든 것과 맞서 싸울 수 있는 의지가 있으니까 말이오. 내가 쓴 글은 내일 〈르 피가로〉지에 발표될 것이오.

졸라는 이제 그의 운명과 이미지를 바꾸어 놓을 중대한 삶의 전환점에 서게 된 것이다.

무슈 쉐레르-케스트네르

이 글은 1897년 11월 25일자 〈르 피가로〉지에 실린 것이다.

1894년, 드레퓌스 사건이 일어났을 때 나는 로마에 있었고 12월 15일경에야 그곳에서 돌아왔다. 자연스레 그곳에서는 프랑스 신문들을 읽을 기회가 적을 수밖에 없었다. 따라서 나는 오랫동안 이 사건에 관해 알지 못했고 무관심 상태에 놓여 있었다. 그러다 1897년 11월, 시골[2]에서 돌아온 후에야 비로소 이 사건에 지대한 관심을 갖게 되었다. 일련의 상황들이 나로 하여금 그에 관한 사실들과 훗날 공개된 문서들 중 일부의 존재를 알게 해 주었기 때

---

[2] 졸라의 별장이 있는 메당(Médan)을 의미한다. 졸라는 1878년 《목로주점》의 대성공으로 메당에 저택을 구입한 이후부터는 파리와 메당을 오가며 대부분의 작품을 그곳에서 집필했다.

문이다. 그 모든 것은 내게 절대적이고 흔들림 없는 확신을 심어 주기에 충분했다. 하지만 문제의 사건과 관련하여 처음 이 글을 쓸 무렵의 나는 무엇보다 한 사람의 직업인이자 소설가로서 그처럼 비극적인 사건에 매료되고 흥분돼 있었던 게 사실이다. 연민과 신념 그리고 진실과 정의를 위한 열정은 그다음에 나를 찾아왔다.

참으로 비통한 한 편의 드라마에, 참으로 놀라운 등장인물들이 아닌가! 삶이 우리 앞에 펼쳐 보이는 이토록 비극적인 아름다움을 지닌 기록 앞에서 나는 한 사람의 소설가로서 엄청난 흥분과 감탄을 느끼며 가슴이 두근거렸다. 나는 지금까지 이보다 더 고귀한 인간 드라마를 경험한 적이 없다.

내가 이 글을 쓰는 이유는 문제의 사건에 관해 이야기하려는 게 아니다. 여러 가지 정황들이 나로 하여금 그 일을 자세히 살피고 확신을 갖게 했지만, 아직 조사가 진행 중인 데다 사건이 법원에 제소돼 있는 상황에서 정직한 시민으로서 할 수 있는 일은, 이토록 명확하고 단순한 문제의 본질을 흐리는 추악한 비방과 험담에 보탬이 되는 일이 없도록 차분히 기다리는 것뿐이라고 생각하기 때문이다.

하지만 눈을 크게 뜨고 삶을 관찰하며 지나가던 한 행인에 불과하던 나는 오늘 이 시간부터 그 속의 등장인물들에 대해 관심을 갖기로 마음먹었다. 법의 정당한 판결이 내려지기 전까지는,

3년 전에 유죄판결을 받은 사람과 이번에 새롭게 고발을 당한 사람 모두에 관해 섣불리 어떤 판단을 내려서는 안 될 것이다. 또한 이번에 새롭게 고발을 한 인물인 이 드라마의 세 번째 주인공에 대해서도 정직하고 당당하게 말할 수 있는 것 외에는 그 어떤 말도 함부로 하지 말아야 할 것이다.

따라서 이 글은 내 눈에 비친 무슈 쉐레르-케스트네르와, 그에 관해 내가 생각하고 단언할 수 있는 것만을 쓴 것이다. 어쩌면 훗날, 상황이 허락된다면 다른 두 사람[3]에 관해서도 얘기하게 될지 모르겠지만.

수정처럼 티 없이 맑고 올곧은 삶. 어떠한 결점도 과오도 없는 삶. 전투적인 야심과는 거리가 먼, 늘 변함없이 똑같은 소신으로 일관된 삶. 오직 동료들의 존경심과 공감을 바탕으로 높은 지위에 오른 정치인.[4]

또한 그는 몽상가도, 유토피아를 꿈꾸는 공상가도 아니다. 그는 대규모의 기업을 운영해야 하는 바쁜 일상에 더하여 자신의 실험실에만 틀어박힌 채 특수한 연구에 몰두하며 살아가던 실업가[5]였다.

다시 한 번 반복해 말하겠다. 그는 모든 면에서 유복하고 고귀한 삶을 살아온 사람이다. 많은 부와 모든 영예와 행복으로 둘러싸인 채 오로지 일과 나라에 대한 충성심만을 중히 여기며 살아온 더없이 아름다운 삶. 이처럼 기쁨과 명성으로 충만한 삶을 살아오면서, 그 모든 것에 걸맞게 생을 마감하고 싶다는 것 외에는 다른 어떤 욕망도 가져 보지 않은 사람.

이 모든 것이 내가 아는 무슈 쉐레르-케스트네르이다. 모두가 그를 잘 알고 있고, 그 누구도 내 말이 틀렸다고 반박하지 못할 것이다. 그런데 바로 그의 안에서 가장 비극적이며 가장 흥미진진한 인간 드라마가 펼쳐지게 된다. 어느 날, 한 가지 의문이 그의 머릿속으로 들어왔다. 이미 널리 퍼져 있으면서, 여러 사람의 양심에 혼란을 야기한 바 있는 의문이었다. 군사법원은 어쩌면 아무 죄가 없을지도 모르는 한 포병 대위에게 반역죄를 선고했다. 그에 대한 벌은 가혹하기 짝이 없었다. 공개적인 군적 박탈, 먼 곳으로 유형 보내기, 불쌍한 이를 바닥까지 끌어내리며 집요하게 공격해 오는 민중의 증오. 그런데 만약 그가 결백하다면, 오 맙소사! 그에 대한 엄청난 연민으로 온몸이 떨려 온다! 그 모든 것을 결코 되돌릴 수 없을 거라는 생각만으로도 온몸을 얼어붙게 만드는 서늘한 공포가 느껴진다!

그렇게 무슈 쉐레르-케스트네르의 머릿속에 의문이 생겨났다. 그가 밝혔듯이, 그때부터 그의 고통이 시작되었고, 그는 진실을 알게 되면서부터 끊임없이 강박관념에 시달렸다. 채워지지 않

---

3 알프레드 드레퓌스 대위와, 드레퓌스의 형 마티외 드레퓌스에 의해 진정한 반역자로 고발당한 에스테라지 소령을 가리킨다.
4 당시 쉐레르-케스트네르는 상원의 부의장이었다.
5 쉐레르-케스트네르는 정치가이기 전에 화학자이자 산업가였다.

는 진실에의 욕구가 점차 견고하고 논리적인 지성을 앞서게 되었던 것이다. 이보다 더 고귀하고 숭고한 것은 없다. 그의 안에서 일어난 것은 한 편의 멋진 공연처럼 나를 열광시켰다. 인간의 양심을 들여다보고 관찰하는 것을 직업으로 삼고 있는 나를 말이다. 정의를 구현하기 위해 진실을 논하는 것, 그보다 더 영웅적인 투쟁은 없을 것이다.

간단하게 요약해서 말하겠다. 무슈 쉐레르-케스트네르는 마침내 확신을 갖게 되었다. 이제 진실이 그의 손에 들어와 있으며, 그는 정의를 실현하려 하고 있다. 참으로 두려운 순간이 닥친 것이다. 그처럼 올곧은 정신을 지닌 이에게 그런 순간이 얼마나 두려운 시간이었을지 짐작이 되고도 남는다. 그는 자신이 불러일으킬 파장이 얼마나 클지 잘 알고 있었다. 하지만 진실과 정의는 그 무엇보다 지고한 가치들이다. 그 가치들만이 한 나라의 위대함을 지킬 수 있기 때문이다. 때로 정치적 이해관계가 그 가치들을 잠시 왜곡시킬 수도 있지만, 오늘날 자신들의 존재 이유를 그 가치들 위에 두지 않는 민족은 희망이 없는 민족이다.

진실을 알리는 것은 좋은 일이다. 하지만 사람들은 진실을 이용해 자신의 명예를 드높이고자 하는 야망을 갖기도 한다. 어떤 이들은 진실을 거래의 대상으로 삼기도 하고, 또 어떤 이들은 적어도 진실을 말한다는 사실로부터 어떤 이득을 취하고자 하기도 한다.

무슈 쉐레르-케스트네르가 바란 것은, 자신이 해야 할 일을 한 다음 뒤로 조용히 물러나는 것이었다. 그는 정부에 이렇게 말하고자 했다. "이것이 있는 그대로의 사실입니다. 이제 이 사건을 맡아 잘못[6]을 바로잡음으로써 그대들이 스스로 공정해질 수 있기를 바랍니다. 모든 정의의 끝에는 승리가 있습니다." 하지만 여기서 언급하고 싶지 않은 일련의 상황들로 인해 저들은 그의 말을 들으려고 하지 않았다.

그 순간부터 무슈 쉐레르-케스트네르는 이미 수 주 전부터 겪고 있던 것보다 더 혹독한 시련을 감당해야 했다. 그가 진실을 확보하고 있다는 소문이 이미 세간에 나돌고 있는 터였다. 진실을 손에 쥐고 있으면서도 세상에 알리지 않는 것이 그가 공공의 적이라는 증거가 아니고 뭐겠는가? 그는 처음에는, 기나긴 보름 동안 의연하게 비밀을 발설하지 않겠다는 약속에 충실했다. 그가 직접 행동에 나서야 하는 일이 없기를 간절히 바라면서. 그 보름간 수많은 욕설과 위협이 그에게로 빗발쳤고, 그는 온갖 추잡한 비난 세례에도 고개를 꼿꼿이 든 채 냉정을 유지할 줄 알았다. 그는 왜 침묵했던 것일까? 어째서 자신이 가지고 있는 관련 자료를 아무에게나 보여 주지 않은 걸까? 무슨 이유로 다른 사람들이 그러하듯 자신이 알고 있는 비밀을 언론에 폭로하지 않은 걸까?

---

[6] 《전진하는 진실》을 관통하는 핵심 키워드인 '사법적 오판, 오심(une erreur judiciaire)'을 가리킨다.

아! 위대하고 현명한 그의 처사 앞에서 고개를 숙이지 않을 수 없다! 무슈 쉐레르-케스트네르가 침묵을 지킨 것은, 그가 한 약속과는 별개로 그가 진실을 책임지고 있기 때문이었다. 모두에게 매도당해 벌거벗은 채 떨고 있는 가엾은 진실. 자신의 이익을 지키기 위해 모두가 목을 죄어 죽이고자 하는 진실. 그는 엄청난 광기와 분노에 맞서 그 진실을 보호하고자 했을 뿐이다. 그는 결코 진실을 은폐하지 않겠다고 스스로에게 맹세했다. 그리고 그 진실이 반드시 승리할 수 있게 하기 위한 시기와 방법을 모색하고 있었던 것이다. 이런 그의 태도는 지극히 당연한 것이며 칭송받아 마땅하다. 나는 무슈 쉐레르-케스트네르의 침묵보다 더 고귀하고 아름다운 침묵을 본 적이 없다. 3주 전부터 광분한 사람들이 그에게 어떤 의혹의 눈길을 보내고 모욕적인 언사를 퍼부었는지를 돌이켜 보라. 제안하건대 소설가들이여, 그를 주인공으로 하는 소설을 써 보시라! 수많은 사람들을 열광케 할 영웅의 등장이 될 테니!

가장 온건한 사람들조차 그의 정신 상태에 대한 의문을 제기했다. 이는 퇴행성 치매에 걸린 나약한 늙은이의 행태가 아니고 뭐란 말인가? 노망 초기 상태여서 남의 말을 무조건 쉽게 믿는 게 아닌가? 과격하고 무뢰한 또 다른 무리들은 그가 '거액의 돈'을 받았다고 대놓고 비난했다. 간단한 논리였다. 유대인들이 비양심적인 침묵의 대가로 그에게 거금을 지불했다는 것이다. 그리고 그런 말도 안 되는 소리에도 그는 여전히 침묵으로 일관했다!

무슈 쉐레르-케스트네르는 수정 같은 삶 속에서 꿋꿋하게 그 모든 것을 견뎌 나갔다. 그를 비난하고 욕하는 사람들을 그와 대면하게 하라. 그리고 판단하기를. 그대들은 그와 저들 사이에서 선택을 해야만 할 것이다. 진실과 정의를 추구하는 고귀한 열망 외에 그를 움직일 수 있는 다른 이유를 찾아보라. 욕설 세례에 파묻히고 영혼이 갈기갈기 찢기며, 자신의 높은 지위마저 흔들리는 것을 느끼면서도 그는 자신에게 주어진 영웅적인 임무를 완수하기 위해 모든 것을 희생할 각오가 된 채 침묵하며 기다리고 있는 것이다. 이 모두가 더없이 고귀한 위대함에서 비롯된 행동이 아니고 무엇이겠는가.

앞서 말했듯이, 나는 사건 자체에는 관여할 생각이 없다.[7] 그런데도 거듭 말할 수밖에 없다. 이 사건을 있는 그대로 보고자 한다면, 그것이 더없이 단순하고 명확하다는 것을 알 수 있을 것이다.

사법적 오판은 매우 유감스러운 일이지만 언제라도 일어날 수 있는 것이다. 법관들이 잘못된 판결을 내릴 수도 있고, 군인들이 잘못된 판단을 할 수도 있다. 그런데 어째서 이 일이 군대의 명예

---

[7] "나는 사건 자체에는 관여할 생각이 없다"는 말은 졸라가 여전히 망설이고 있음을 보여 준다. 하지만 그 망설임은 오래가지 않았다. 그는 11월 29일, 그의 아내 알렉상드린 졸라에게 보낸 편지에서 이렇게 말했다. "이 드레퓌스 사건은 손이 부들부들 떨릴 정도로 나를 분노케 하고 있소. …(중략)… 나는 사건을 확대시켜 인류애와 정의를 위한 거대한 논쟁의 장으로 만들 생각이오."

를 실추시킨다고 생각하는 것일까? 그들이 만약 어떤 실수를 저질렀음을 알게 된다면, 즉시 그 잘못을 바로잡는 것만이 그들이 당당해질 수 있는 유일한 길이다. 결정적인 증거들 앞에서조차 자신들이 틀렸다는 것을 인정하지 않으려고 고집을 부린다면 그때는 영영 잘못된 길로 들어서고 말 것이다. 그건 사실 특별히 어려운 일도 아니다. 자신들이 실수를 저질렀을 수도 있으며, 그 사실을 인정하기가 힘들어 잠시 머뭇거렸음을 솔직히 말한다면 모든 건 원만히 해결될 수 있다. 이 사건의 전모를 알고 있는 사람들은 내 얘기를 충분히 이해하리라 생각한다.

저들이 내세우는 외교적 분쟁에 대한 우려는 방해꾼들을 쫓기 위해 내세우는 허수아비와 같은 것이다.[8] 이 사건은 인접한 강대국들 중 그 어떤 나라와도 관련이 없다는 것을 분명히 밝혀야 할 것이다. 우리는 지금 아주 지저분한 언론 캠페인에 의해 오도되고 격앙된 여론을 보고 있다. 언론은 물론 필요한 힘이다. 나는 근본적으로 언론이 부정적인 역할보다는 긍정적인 역할을 더 많이 한다고 믿고 있다. 하지만 어떤 신문들은 판매 부수를 늘리려는 목적으로 스캔들을 부추겨 사람들을 불안하게 하고 공포에 떨게 함으로써 비난받아 마땅한 잘못을 저질렀다. 편협한 반유대주의가 이러한 광란 상태를 조장한 것이다. 사방에서 밀고가 횡행하고, 가장 순수하고 용감한 사람들까지도 흙탕물을 뒤집어쓰게 될까 봐 자신의 의무를 다할 엄두를 내지 못하고 있는 실정이다.[9]

그 결과, 지금 우리 앞에는 더없이 끔찍한 혼란상이 펼쳐지게 되었다. 모든 감정이 왜곡당하고, 노망이 났다거나 매수를 당했다는 오명을 쓰지 않고는 정의를 행할 수 없게 된 것이다. 거짓말이 넘쳐나고, 어리석기 짝이 없는 이야기들이 진지한 신문들에 의해 심각하게 재생산되며, 나라 전체가 광기에 휘둘리고 있다. 약간의 양식만 있다면 이 모든 것들을 당장 제자리로 돌려놓을 수 있으련만. 아! 거듭 말하지만, 이 나라를 이끄는 이들이 선동된 군중에 맞서 정직성과 용기를 보여 준다면 이 모든 건 간단하게 해결될 수 있을 것이다!

나는 무슈 쉐레르-케스트네르의 고귀한 침묵 속에는, 각자가 행동하기 전에 스스로의 양심에 따라 사실을 들여다볼 때까지 기다리고자 하는 바람이 포함돼 있다고 생각한다. 그는 진실을 알자마자 자신의 높은 지위와 재산과 행복을 포기하면서까지 그 진실을 밝히게 한 그의 의무에 대해 이야기하면서 이런 놀라운 말을 했다. "그러지 않았다면 나는 더 이상 살 수 없었을 것입니다." 그렇다! 이 사건에 개입하게 된 양식 있는 이들은 모두가 그렇게 생각했을 것이다. 정의를 행하지 못한다면 그들은 더 이상 살 수 없었을 것이라고!

---

8 재심 반대파들은 드레퓌스 대위를 단죄하는 데 사용된 비밀문서를 공개하게 되면 독일과의 외교적 관계가 악화될 것이며, 그로 인해 전쟁이 일어날 수도 있다는 위협과 함께 교묘하게 대중을 겁주면서 공포 분위기를 조성했다.
9 가장 과격한 반드레퓌스파 신문으로는 〈레코 드 파리〉, 〈르 마탱〉, 〈랭트랑지장〉, 〈라 리브르 파롤〉, 〈라 크루아〉, 〈르 펠르랭(Le Pèlerin)〉, 〈레클레르〉, 〈르 프티 주르날〉 등이 있었다.

만약 정치적인 이유들을 내세워 정의의 집행을 늦춘다면, 그것은 또다시 새로운 과오를 저지르는 것이며, 필연적인 결말을 더 늦어지게 하면서 사태를 더욱더 악화시키게 될 것이다.

진실이 전진하고 있고, 그 무엇도 그 발걸음을 멈추게 하지 못하리라.

02
조합

참모본부는 1896년 11월, 피카르 중령을 멀리 보내 버렸다. 그로부터 1년 후, 국방부 장관인 드 펠리외 장군, 참모총장 드 부아데프르 장군, 참모차장 공스 장군, 뒤 파티 드 클람 중령과 앙리 소령은 서로 결탁해 에스테라지를 보호함으로써 재심 캠페인이 열리는 것을 차단하기로 했다. 하지만 군 수뇌부는 거기서 한발 더 나아가 반유대주의 신문들과 에스테라지와 함께 에스테라지를 '드레퓌스 조합'이 꾸민 음모의 희생자로 소개하기로 공모했다. 마티외 드레퓌스에게 고발당한 에스테라지 사건의 수사를 맡은 드 펠리외 장군은 에스테라지의 면소(免訴)[10] 판결이나 완전한 무죄판결을 겨냥해 일을 꾸며 나갔다.

[10] 형사 소송에서 공소권이 없어져 기소를 면하는 일을 가리킨다.

졸라는 〈르 피가로〉지의 발행인인 페르낭 드 로데와 이제부터 '드레퓌스 사건'이 된 사건의 추이에 관한 일련의 기고문을 신문에 발표하기로 뜻을 모았다. 졸라의 첫 번째 기고문이 발표되자마자 벌써부터 드레퓌스의 옹호자들은 그의 합류에 천군만마를 얻은 듯했다. 졸라는 여론을 자극해 사람들이 드레퓌스의 운명에 지속적으로 관심을 가질 수 있도록 연이어 기고문을 발표했다. 반어적으로 '조합'이라는 제목을 붙인 두 번째 기고문에서 졸라는 드뤼몽과 그 추종자들이 조작하여 퍼뜨린 유대인에 관한 낭설을 신랄하게 비판하면서 프랑스의 유대인들이 드레퓌스의 가족을 향해 느끼는 연대감을 옹호했다. 그것은 종교적 공동체를 훨씬 넘어서는 인간적인 연대감이기 때문이다. 게다가 '쓰레기 같은 언론'에 의해 오도된 여론을 일깨우고 참모본부의 술책을 저지하기 위해 용기 있고 정직한 이들의 '조합'은 필요할 터였다. 졸라는 자신의 믿음과 필력이 강력한 힘을 발휘할 수 있음을 잘 알고 있었다. 하지만 집단행동만이 여론을 움직임으로써 재심 캠페인을 성공적으로 이끌 수 있을 것이라고 판단했다. '비록 앞으로 수년간을 더 투쟁하게 되더라도.' 마지막으로 졸라는 '마침내 진실이 밝혀져서 정의가 실현될 수 있도록 캠페인을 벌이기 위한 조합'이라면 자신도 얼마든지 그 조합에 동참하겠다고 선언했다.

LE SYNDICAT

조합

이 글은 1897년 12월 1일자 〈르 피가로〉지에 실린 것이다.

그때부터 나는 이 신문에 드레퓌스 사건에 관한 일련의 글들을 싣기로 마음먹었다. 사건이 어떻게 전개되는지를 지켜보면서 그에 관한 언론 캠페인을 벌이기로 한 것이다. 나는 산책을 하던 중에 우연히 〈르 피가로〉지의 발행인인 무슈 페르낭 드 로데(Fernand de Rodays)를 만나게 되었다. 우리는 행인들이 지나다니는 거리에서 함께 이런저런 얘기를 나누었다. 그리고 그가 나와 같은 생각을 하고 있음을 느끼고는 불쑥 그에게 글을 기고하고 싶다는 뜻을 밝혔다. 그렇게 해서 나는 미리 계획한 바 없이 이 사건에 뛰어들게 되었다. 덧붙여 말하자면, 어쨌거나 나는 조만간 얘기를 하고 말았을 것이다. 이런 일에 더 이상 침묵한다는 것은 불가능하기 때문이다. 우리 모두는 〈르 피가로〉지가 얼마나 열정적으로 이 일에 뛰어들어 맹렬하게 투쟁을 해 나갔는지 잘 알고 있다.

우리는 저들이 '조합'이라는 말에 어떤 의미를 부여하고 있는지 잘 알고 있다. 그 의미를 살펴보면 그 말을 만들어 낸 사람들과 꼭 어울리는, 야비하고 어리석으며 단순하기 짝이 없는 것임을 알 수 있다.

드레퓌스 대위는 군사법원에서 반역죄로 종신 유배형을 선고받았다. 그 순간부터 그는 배신자로 낙인이 찍혔다. 더 이상 한 인간이 아니라, 조국의 목을 죄어 승전국인 적국[11]에 팔아넘긴 추상적인 개념의 배신자로 각인된 것이다. 그가 상징하는 것은 현재와 미래의 배신뿐만이 아니었다. 그는 과거의 배신까지 대표하는 인물이 된 것이다. 사람들은 오직 배신행위만이 프랑스를 패배로 몰고 갈 수 있었다는 고집스러운 생각 속에서 그에게 과거의 패배에 대한 죄를 뒤집어씌웠다.

그는 이제 음흉한 영혼과 흉측한 모습을 지닌 채 군대의 수치로 남게 될 터였다. 과거에 자신의 신을 팔아넘겼던 유다처럼 자신의 형제들을 팔아먹는 악당과 다를 바 없는 존재로. 그리고 단지 그가 유대인이라는 이유로, 나라도 없이 떠돌아다니던 부유

---

11 프로이센, 즉 프랑스에서 승전국이 된 독일을 가리킨다.

하고 강력한 힘을 지닌 유대인들이 그들의 엄청난 돈으로 그를 이 일에서 빼내기 위해 은밀한 작업을 벌이게 될 것이었다. 범죄자를 복권시키기 위해 돈으로 양심을 매수하고 프랑스 전체를 가증스런 음모 속으로 몰아넣으면서. 심지어는 아무 죄 없는 사람을 그 대신 죄인으로 몰아갈 생각까지도 하면서. 당연히 그와 마찬가지로 유대인인 반역자의 가족 역시 이 사건에 개입하게 되었다. 이것은 분명 일대 사건이었다. 엄청난 돈으로 정의를 기만하고, 거짓을 강요하며, 지극히 파렴치한 언론 캠페인으로 민중을 오도하려 하기 때문이었다. 이 모든 건 한 유대인을 불명예로부터 구해 내고 그의 자리를 선량한 기독교인으로 대체하기 위한 것이었다.

그리하여 그를 위한 조합이 형성되었다. 그 말은 즉, 은행가들이 공동의 기금을 마련하여 대중의 맹신을 이용하려는 목적으로 한데 힘을 모은다는 의미이다. 어딘가에 진흙탕을 휘젓는 대가를 지불하는 금고가 있다는 얘기인 것이다. 그들이 하는 짓은 거대한 암흑의 기업이 자행하는 것과 다를 바가 없다. 정체불명의 수상한 사람들의 등장, 밤에 다리 밑에서 남몰래 낯선 사람들에게 거금을 건네주기, 높은 지위의 인사들에게 엄청난 뇌물 공세를 폄으로써 오랫동안 지켜 온 정직성을 매수하기.

그리고 조합이 점차 커져서 마침내 하나의 강력한 조직을 형성하게 된다. 어둠 속에서 활동하고, 반역자의 영광을 드높이며, 프랑스를 치욕의 수렁에 빠뜨리는 파렴치한 음모를 자행하기 위해.

이제 그 조합[12]이 어떤 것인지 살펴보도록 하자.

유대인들은 돈을 많이 벌었다. 그리고 그들은 공범들의 명예를 지켜 주기 위해 망설임 없이 돈을 지불한다. 맙소사! 나는 그들이 그동안 돈을 얼마나 썼는지 알지 못한다. 하지만 천만 프랑 정도라면 그들이 설령 그 돈을 누군가에게 주었다고 해도 나는 충분히 이해할 수 있다. 이건 바로, 우리와 똑같은 프랑스 시민이자 우리의 형제인 그들을 매일같이 진흙탕 속에 빠뜨리고자 하는 어리석은 반유대주의로 인해 일어난 일이기 때문이다.[13] 사람들은 드레퓌스 대위와 함께 그들 모두를 끝장내고자 하면서, 그들 중 한 개인이 저지른 죄를 인종 전체의 죄악으로 몰아가려 하고 있다. 유대인 모두가 반역자이며 매국노이며 범죄자인 것이다. 그래 놓고서도 그들이 분개하며 들고일어나 누명을 벗고, 자신들을 절멸시키려는 전쟁에서 반격을 가하려는 것을 용납할 수 없다고 하다니! 그들이 동족의 결백이 밝혀지기를 간절히 바라는 것은 지극히 당연한 것이다. 그의 복권이 가능하다고 여겨진다면, 아! 그들은 분명 한마음으로 기꺼이 그 일에 뛰어들 것임은 의심할 여지가 없다!

내가 도무지 이해할 수 없는 것은, 어딘가에 그들만의 비밀 금고가 존재한다고 치더라도 그들의 조합원 중에 확인된 공모자가 존재하지 않는다는 것이다. 어디 한번 솔직히 얘기해 보자. 그대들은 유대인들과 공모한 것으로 세간에 오르내리는 이름들을 잘 알고 있을 것이다. 그런데 그들 중 그 누구도 옳지 못한 행동을 했다고 흠잡힐 만한 사람이 없다는 게 이상하지 않은가? 참으로 기이한 것은, 유대인들에게 매수당한 것으로 의심받는 사람들은 하나같이 청렴하기로 소문난 인물들이라는 점이다. 어쩌면 유대인들이 옷을 잘 차려입고, 값지고 귀한 물건들을 소유하고 있다는 게 사실일지도 모른다. 하지만 그들이 비밀 금고를 감춰 두고 있다는 추측에는 선뜻 동의할 수 없다. 게다가 궁지에 몰린 유대인들이 자신들이 가진 돈으로 스스로를 지키고자 하는 것은 얼마든지 이해할 수 있는 일이다. 누구든지 생명의 위협을 느낄 때에는 자신이 가진 것으로 스스로를 지키게 마련이 아닌가. 분명히 말하지만, 나는 공정한 마음으로 그들에 관해 말할 수 있다. 내게는 유대인들을 특별히 좋아할 이유도 특별히 싫어할 이유도 없기 때문이다. 또한 그들 중에 나와 특별히 가까운 친구도 없다. 그들은 내게는 우리와 똑같은 인간일 뿐이며, 그것으로 충분하다.

하지만 드레퓌스 대위의 가족이라면 얘기가 달라진다. 냉혈한이 아니라면 그 점을 이해하고 수긍할 수 있을 것이다. 그렇지 않은가! 가족은 자신의 피붙이가 결백하다고 믿으면 자신이 가진

---

12 여기서 '조합'이라는 말은 오늘날 흔히 쓰이는 의미(노동조건이나 임금 인상과 같은 공동의 이해를 위해 동종의 직업을 행하는 사람들이 만든 지속적인 단체)가 아닌 좀 더 오래된 의미로 쓰였다. 즉, 특별한 목적을 이루기 위한 기금 마련을 위해 일시적으로 결성된 모임을 가리킨다.

13 졸라는 이미 1896년 5월 16일, 〈르 피가로〉지에 프랑스 국민들 사이에 퍼져 있는 광신적이고 역겨운 반유대주의를 규탄하는 '유대인을 위하여'라는 글을 발표한 바 있다. 이 책에 언급된 '유대인을 위하여'를 읽어 보면 이 글을 쓰는 졸라의 비통하고 안타까운 심경을 더 잘 공감할 수 있을 것이다.

모든 재물과 목숨까지도 기꺼이 내놓을 수 있으며, 그래야만 할 의무가 있다. 가족이라는 신성한 울타리를 더럽힐 수 있는 권리는 그 누구에게도 없다. 깊은 슬픔에 잠겨 눈물 흘리는 아내와 형제들과 부모가 있는 집에 들어갈 때는 모자를 벗어 들고 예의를 표하는 게 인간의 도리이다. 오직 무뢰한들만이 큰 소리로 떠들면서 무례함을 범할 수 있을 것이다. 반역자의 형! 그들은 드레퓌스 대위의 형제의 면전에 대고 그렇게 모욕적으로 외쳐 댔다. 어떻게 이런 일이 있을 수 있는가? 한 사람의 잘못 때문에 온 식구를 매도해도 된다고 생각하는 것인가? 이런 시대에 과연 도덕성이라는 것이 존재하며, 우리는 어떤 신을 섬기며 살고 있는 것인지 묻지 않을 수 없다. 이처럼 비열한 짓거리들 앞에서 우리의 문화와 관대함을 운운하기가 부끄러울 지경이다. 드레퓌스 대위의 형이 그의 의무를 다한다고 해서 그를 비난하는 신문들은 프랑스 언론의 수치인 것이다.

그가 아니라면 대체 누가 그렇게 말할 수 있단 말인가? 그는 자신의 역할을 충실히 수행했다. 그가 정의를 요구하면서 목소리를 높이자 다른 누구도 더 이상 개입할 필요가 없었고, 모두가 입을 다물었다. 오직 그만이 사법적 오판의 가능성에 대한 엄청난 의문을 제기하고 밝혀야 할 진실이 있음을 주장할 수 있는 자격을 갖추고 있었다. 아무리 그를 비난하고 모욕해도, 유배 중인 사람을 변호하는 것은 그 사람에 대한 희망과 믿음의 끈을 놓지 않은 그 사람의 가족이 해야 할 일이라는 사실을 달라지게 하지는 못할 것이다. 드레퓌스 대위의 결백을 뒷받침하는 가장 강력한 정신적 증거 또한, 흠잡을 데 없는 정직성과 애국심을 지닌 영예로운 한 가족의 굳건한 신념인 것이다.

조합을 설립한 유대인들과 그것을 주도하는 가족 다음으로는 그들이 돈으로 매수했다는 조합의 개인 회원들의 이름이 거론되었다. 가장 오래된 회원들 중에는 베르나르-라자르와 포르지네티 소령이 포함돼 있다. 그다음에는 무슈 쉐레르-케스트네르와 무슈 모노가 등장했고, 최근에는 피카르 중령과 무슈 르블루아가 그 대열에 합류했다. 그리고 나 또한, 처음으로 이 사건과 관련된 글을 쓴 이후로 그 무리에 합류할 수 있기를 간절히 바라고 있다. 게다가 사법적 오판의 가능성에 분노하면서 정의의 이름으로 진실이 밝혀지기를 바라는 사람은 누구든지 문제의 조합원이자 악당이 될 수 있고, 돈으로 매수당한 사람이 되는 것이다.

하지만 애초부터 문제의 조합을 상상해 내고 만들어 낸 사람들은 바로 이 끔찍한 혼란을 일으킨 장본인들인 사이비 애국자들, 요란한 반유대주의자들, 대중을 선동하는 것을 직업으로 먹고사는 사람들, 그대들 모두인 것이다!

이토록 명백한 증거 앞에서 아직도 더 필요한 게 있는가? 만약 그대들이 주장하는 조합이라는 것이 정말로 존재한다면, 어떤 합의 또한 존재해야 할 터였다. 그런데 대체 그 합의는 어디에 있는 것인가? 드레퓌스 대위가 유죄판결을 받은 다음 날부터, 모두에게 자신의 결백을 부르짖는 가엾은 한 남자를 지켜보던 몇몇 지각 있는 사람들의 마음속에는 합의가 아닌 불편함과 의문이 존재했을 뿐이다. 지금 우리가 지켜보고 있는 끔찍한 위기와 대중의 광기는 분명 그들의 마음속에 남아 있던 가벼운 전율에서 비롯되었을 것이다. 그리고 수많은 이들처럼 그 전율을 느꼈던 사람 중에 포르지네티 소령이 있었고, 그는 우리에게 비통한 심정으로 그 이야기를 들려주었다.

그리고 무슈 베르나르-라자르가 있다. 의문에 사로잡힌 그는 진실을 밝히기 위해 노력했다. 게다가 그는 앞이 보이지 않는 캄캄한 어둠 속에서 홀로 조사를 계속해 왔다. 그러면서 팸플릿을 발행하고, 얼마 전 사건과 관련된 사실들이 밝혀지기 직전에 두 번째 팸플릿을 펴냈다. 그가 홀로 조사를 해 왔으며, 문제의 조합의 다른 회원들 그 누구와도 알고 지내지 않았음을 입증하는 것은, 그가 진짜 진실에 관해서 아무것도 아는 게 없었고, 아무것도 말할 수 없었다는 사실이다. 조합원들끼리도 서로를 알지 못하다니, 참으로 희한한 조합이 아닌가!

이번에는 무슈 쉐레르-케스트네르의 경우를 살펴보자. 그 역시 진실과 정의에 대한 갈망으로 괴로워하면서 무언가 확실한 증거를 찾기 위해 애쓰고 있었다. 하지만 무슈 쉐레르-케스트네르는 참모본부의 정보국에 배속된 피카르 중령이 그와 같은 시기에 그 사건에 관해 '공식적'인 조사를 하고 있다는 것을 전혀 알지 못했다. 나중에 알게 된 것처럼, 서로에 대해 아무것도 알지 못한 채 각자 똑같은 일을 위해 애쓰고 있던 두 사람을 만나게 해 준 것은 어떤 우연이었다. 그리하여 마지막 순간에 만난 그들은 서로 한마음으로 나란히 걸어가게 되었다.

그대들이 주장하는 조합의 실체는 바로 이런 것이다. 선의와 진실, 공정성을 중히 여기는 사람들이 사방에서 모여들었다. 그들은 서로 멀리 떨어져 있어 서로를 알지 못했지만, 다양한 방법으로 똑같은 목표를 향해 암중모색하던 끝에 어느 날 아침 똑같은 지점에 이르렀다. 그들은 진실이 만나는 교차점, 정의의 실현을 위한 결정적인 만남[14]에서 운명적으로 한데 모여 서로 손을 맞잡게 된 것이다.

그대들은 이제, 그들을 한데 모이게 해서 서로 긴밀한 협조 관계를 이어 가게 만든 것이 바로 그대들 자신이라는 사실을 잘 알았을 것이다. 그대들이 온갖 욕설과 흉흉한 음모론으로 괴롭혀 온 그들은 건전하고 올곧은 하나의 목표를 위해 애썼을 뿐이다. 그들이 바라는 단 한 가지는 진실을 밝혀내어 정의를 바로잡는 것뿐이었다.

그런데도 다양한 이해관계와 온갖 편견들이 난무하는 열 개, 스무 개의 신문들, 그 속에 실린 기사를 읽을 때마다 분노로 심장

---

[14] 피카르 중령과 가까운 친구였던 변호사 루이 르블루아는 1897년 7월 13일, 무슈 쉐레르-케스트네르와의 저녁 식사 중에 피카르 중령이 진짜 반역자가 누구인지를 알아냈음을 알렸다. 무슈 쉐레르-케스트네르는 그다음 날 즉시 상원의 동료 의원들에게 자신이 드레퓌스 대위의 결백을 확신하고 있음을 알렸다.

이 끓어오르게 만드는 추잡한 언론은 유대인 조합이 엄청난 돈으로 지각 있는 사람들을 매수하면서 가증스런 음모를 꾸미는 데 몰두하고 있다는 거짓말을 끊임없이 대중에게 주입하고 있다. 우선 문제의 조합이 배신자를 풀려나게 한 다음, 다른 무고한 인물로 그를 대신하게 하려 했다는 것이다. 그것은 곧 군대의 명예를 실추시키고, 1870년에 그랬던 것처럼 프랑스를 팔아먹는 행위와 다를 바 없었다. 그들이 유대인 조합의 작품이라고 주장하는, 황당무계하기 짝이 없는 음흉한 술책의 세세한 내용은 여기서 더 이상 언급하지 않겠다.

그리고 안타깝게도 대중은 저들의 주장을 대부분 사실인 것처럼 그대로 받아들이고 있는 실정이다. 일주일 전부터 얼마나 많은 평범한 시민들이 놀란 표정으로 내게 다가와 물었는지 모른다. "아니! 무슈 쉐레르-케스트네르가 그 배신자하고 한통속이 아니란 말입니까? 무슈 졸라가 어떻게 그런 나쁜 사람들 편을 들 수가 있는 겁니까? 그 사람들이 프랑스를 팔아먹었다는 걸 정말 모른단 말입니까?" 나는 두려움으로 가슴이 죄어 오는 것 같았다. 그처럼 여론을 왜곡하는 행위는 진실을 기만하고 호도하는 것을 가능하게 하기 때문이다. 하지만 그보다 더 큰 문제는, 어려움에 맞서 싸워야 할 때에는 선뜻 그 일을 하고자 나서는 용기 있는 사람들을 찾기가 더욱더 힘들어진다는 사실이다. 다른 사람의 귀에 대고 드레퓌스 대위의 결백을 확신한다고 속삭이면서도, 자신의 처지를 위태롭게 하는 위험한 분쟁에는 말려들고 싶지 않다는 사람들이 얼마나 많은가 말이다!

　이런 여론 몰이 뒤에는 분명 그 여론에 기대 문제를 해결하려고 하는 국방부의 참모본부가 숨어 있을 것이다. 하지만 지금은 그에 관해서는 자세히 얘기하지 않으려 한다. 나는 여전히 정의가 행해지기를 희망하고 있기 때문이다. 하지만 지금 우리가 상대하고 있는 것은 아주 악의적이면서도 집요한 무리라는 것을 모두가 짐작하고 있을 것이다. 그들은 자신들이 실수, 좀 더 정확히 말하면 법률적 '과오'를 저질렀음을 솔직히 고백하기를 거부하고 있다. 그러면서 거기에 연루된 인물들의 죄를 덮기 위해 모든 수단과 방법을 가리지 않는다. 그로 인해 수많은 사람이 처벌을 받게 될 것이 두렵기 때문일 것이다. 이는 매우 심각한 상황으로, 심지어 진실을 알고 있어서 그 사실을 밝혀 줄 것을 강력하게 요청받는 사람들마저 그것을 공개적으로 밝히기를 꺼리고 있는 실정이다. 진실이 저절로 밝혀져서, 그들의 입으로 그것을 직접 공개해야 하는 고통스러운 상황을 피할 수 있기를 바라면서.

　하지만 적어도 오늘 이 순간부터 나는 프랑스 전체를 향해 한 가지 진실을 소리쳐 외치고자 한다. 저들은 공정하고 관대한 프랑스로 하여금 추악한 범죄를 저지르게 하고 있다. 이제 프랑스는 더 이상 우리가 알던 프랑스가 아니다. 작당한 무리들이 이 나라를 이렇게까지 기만하면서, 3년 전부터 끔찍한 여건 속에서 자신이 저지르지도 않은 죄를 속죄하고 있는 한 불행한 사람과 맞서서 나라 전체가 광분하게 만들다니! 그렇다, 아득히 멀리 떨어진 곳의 한 외딴 섬에서 뜨거운 태양 아래 인간들로부터 격리된 채 살아가는 한 남자가 있다. 그곳에서는 너른 바다가 그를 외부 세계와 고립시킬 뿐만 아니라, 열한 명의 간수들이 살아 있는 담장처럼 그를 둘러싼 채 밤낮으로 그를 감시하고 있다. 한 사람을 감시하기 위해 열한 명을 동원하다니, 어떤 살인자나 미치광이라 할지라도 이렇게까지 철저하게 격리시킨 적은 없었다.[15] 영원히 이어질 것 같은 침묵 속에서, 온 국민의 증오를 온몸으로 견디며 서서히 죽어 가야 하다니! 그런데 당신이라면 이제 와서 감히 이 남자가 아무런 죄가 없다고 말할 수 있겠는가?

그렇다! 그것이 바로 우리가, 조합의 회원들이라고 질타를 받는 우리가 말하고 있는 것이다. 그리고 우리는 프랑스 전체를 향해 큰 소리로 그 말을 외치려 한다. 프랑스가 우리의 말에 귀 기울이기를 간절히 희망하면서. 프랑스는 언제나 정당하고 아름다운 대의를 위해 불타올랐음을 기억하고 있기 때문이다. 우리는 군대의 명예와 국가의 위대함을 바라고 있음을 말하고자 한다. 사법적 오판이 저질러졌으므로, 그것을 바로잡지 않는 한 프랑스는 차츰 몸 전체를 좀먹어 가는 만성적인 암에 걸린 것처럼 병들어 고통받게 될 것이다. 나라가 다시 건강을 되찾기 위해서 병든 수족의 일부를 잘라 내야 한다면, 망설임 없이 잘라 낼 수 있기를!

추잡한 언론에 휘둘려 광기에 빠진 여론을 치유하고, 그 여론에 영향을 미쳐서, 오랫동안 간직해 온 예전의 자긍심과 관대함을 되찾게 하기 위한 조합. 이 일과 우리의 외교적 관계는 아무런 상관이 없으며, 군대의 명예 또한 아무런 문제가 되지 않고, 오직 몇몇 개인들만이 그 영향을 받을 것이라고 매일 아침마다 반복해 말하기 위한 조합. 모든 사법적 오판은 다시 바로잡을 수 있음을 보여 주면서, 군사법원은 결코 잘못된 판단을 하지 않는다는 핑계로 이런 종류의 과오를 고집하는 것은 가장 흉측하고 무서운 아집과 집착이라는 것을 입증하기 위한 조합. 어떤 장애물이 있더라도, 앞으로도 수년간 더 투쟁할 것을 각오하면서까지 마침내 진실이 밝혀져서 정의가 실현될 수 있도록 캠페인을 벌이기 위한 조합.

그런 조합이라면, 오! 물론, 나는 기꺼이 그 조합원이 될 것이다. 프랑스의 모든 용기 있는 이들 또한 그에 동참할 수 있기를 간절히 희망하면서![16]

---

15 드레퓌스 대위는 졸라가 말한 것 이상의 가혹한 취급을 받았다. 그는 1896년 9월부터 2년간 이중으로 된 쇠사슬에 묶여 있었으며, 있을 법하지 않은 탈주를 방지하기 위한 명목으로 그의 외딴 처소에는 바다조차 볼 수 없게 하는 높다란 울타리가 둘러쳐져 있었다.

16 이 기사가 신문에 발표된 다음 날 졸라는 그의 아내에게 다음과 같은 편지를 썼다. "지금 나를 둘러싸고 어떤 움직임이 일어나고 있소. …(중략)… 혈기왕성한 젊은이들과 …(중략)… 격한 감동으로 다시 나와 뜻을 같이하기로 한 문단의 경쟁자들, …(중략)… 드레퓌스의 가족들, …(중략)… 내 걱정은 하지 말길 바라오. 나는 지금 내 인생의 가장 아름다운 페이지를 쓰고 있는 중이라오. 내겐 이보다 더 큰 행복과 영광은 없을 것이오."

03
조서(調書)

처음 두 개의 기고문이 신문에 나간 후 졸라의 집에는 비난과 찬사로 나누어지는 수많은 편지가 답지했다. 평소 알던 친구들이 그에게서 멀어졌으며, 그를 존경하고 따르는 이들이 그의 주위로 모여들었다. 샤르팡티에, 파스켈, 브뤼노, 데뮬랭, 알렉시스, 귀스타브 칸, 미르보……. 졸라는 12월 2일 아내에게 다음과 같은 편지를 보냈다. "나는 며칠 후 필요하다고 판단될 때에만 다시 개입할 생각이오." 그리고 그는 즉시 다시 펜을 잡았다.

마티외 드레퓌스가 에스테라지를 명세서의 장본인으로 고발했음에도 불구하고 드 펠리외 장군은 지금까지 명세서의 필체와 에스테라지의 필체를 감정하는 것을 거부해 왔다. 에스테라지는 자신을 수사하는 군 수뇌부에게 자신을 군사법원으로 이송해 줄 것을 요청했다. 면소 판결보다는 서로에게 피차 유리한 완전한 무죄판결을 이끌어 내려는 속셈이었다. 그들이 믿는 것은 '기왕의 판결'이었다. 이미 내려진 판결을 번복할 수는 없었다. 12월 3일, 언론은 에스테라지의 용기에 찬사를 보냈다. 12월 4일, 총리인 쥘 멜린은 의회에서 다음과 같이 선언했다. "드레퓌스 사건은 존재하지 않습니다. 지금도 그렇고 앞으로도 그럴 것입니다." 그리고 국방부 장관인 비요는 다음과 같이 덧붙였다. "나는 군부의 수장이자 군인으로서 양심에 맹세코 (1894년의) 군사법원의 판결이 정당하게 내려졌으며 드레퓌스가 유죄임을 굳게 믿고 있음을 선언합니다." 의회는 '기왕의 판결의 권위'를 강조하며 토론을 끝마쳤다.

'조서'에서 졸라는 앞서 발표한 두 개의 기고문에서와는 달리 적을 직접적으로 공격하는 방식을 택했다. 쉐레르-케스트네르나 드레퓌스 옹호자들의 조합을 변호하는 것과 같은 변론이 아니라 논고의 형식을 택한 것이다. 이 글은 '나는 고발한다…!'를 향한 첫걸음이나 다름없었다. 하지만 졸라는 아직 에스테라지의 재판이 군 수뇌부에 의해 조종되고 있음을 알지 못한 채 그 판결에 일말의 희망을 걸고 있었다. 이 기고문은 12월 4일 의회가 열리기 전에 쓰인 것이다. 따라서 졸라는 아직 불의가 자행되는 데 자신들의 지위와 권력을 이용할 것을 공공연하게 선언한 멜린과 비요의 연설에 관해 알지 못했다. 12월 4일에 열린 프랑스 의회는 졸라를 비롯하여 드레퓌스의 편에 선 이들을 '가증스러운 캠페인을 주도함으로써 공공의 양심에 혼란을 조장하는 선동가들'로 규정하고 그들을 규탄하는 의사일정을 확정했다.

하지만 '선동가' 졸라는 아직까지는 음모의 핵심 세력인 군 수뇌부와 정치권력을 공격하는 대신 특정되지 않은 적인 언론과 여론 그리고 그 여론을 대표하는 국회와 정당만을 공격 대상으로 삼았을 뿐이다. 그리고 반유대주의와 민족주의를 내세우는 프로파간다에 세뇌되다시피 한 보수적인 신문의 독자들은 그러한 졸라에게 등을 돌리며 신문 구독을 철회하기 시작했다. 졸라는 더 이상의 출혈을 막기 위해 아무런 반론을 제기하지 않고 다른 경로를 통해 대중을 만나기로 결심했다. 이제 모든 것은 에스테라지 사건의 결론이 어떻게 나는지에 달려 있었다.

PROCÈS-VERBAL

조서

이 글은 1897년 12월 5일자 〈르 피가로〉지에 실린 것이다.

이 글은 〈르 피가로〉지에 싣는 나의 세 번째이자 마지막 기고문이 될 것이다. 사실 이 글을 신문에 싣는 데에도 약간의 어려움이 있었다. 이제 곧 알게 되겠지만, 나는 이쯤에서 독자들에게 작별 인사를 하는 것이 좋겠다고 생각했다. 신문의 정기 구독자들이 내가 벌이는 언론 캠페인에 불만을 표하는 마당에 더 이상 글을 기고하는 것이 불가능하다고 판단되었기 때문이다. 나 또한 독자들의 성향과 관심사를 고려하지 않을 수 없는 신문의 입장에 누구보다도 공감하는 바이다. 따라서 매번 이런 식으로 글을 중단하게 될 때마다 나는 나 자신만을 탓했고, 내가 치르는 싸움의 상황과 전쟁터에 대해 충분히 생각하지 못했음을 반성하곤 했다.

―그리고 〈르 피가로〉지가 나의 글 세 편을 기꺼이 게재함으로써 용기 있는 신문임을 보여 준 것에 대해 이 자리를 빌려 깊은 감사의 마음을 전하는 바이다.

아! 지난 3주 동안 우리는 참으로 놀라운 광경을 목도했으며, 결코 잊지 못할 비극적인 시간들을 보냈다! 지금까지 그 어떤 것도 이보다 더 내 안에 뜨거운 인류애와 깊은 두려움과 고결한 분노를 불러일으킨 적은 없었다. 나는 어리석음과 악의에 대한 증오와 진실과 정의에의 갈망 속에서 몹시 격앙된 상태로 지내 오면서, 극심한 마음의 요동침이 평온한 삶을 살던 한 시민을 순교자로 만들 수도 있음을 깨닫게 되었다.

지금 우리 눈앞에 펼쳐지는 광경은 전대미문의 것으로, 그 난폭함과 뻔뻔스러움 그리고 역겨운 고백에 있어서 그동안 짐승만도 못한 인간들이 보여 주었던 본능적이고 비열한 짓거리의 정도를 훨씬 넘어서는 것이었다. 군중의 사악함과 광기로 말하자면 역사에서도 이런 전례를 찾아보기가 힘들 정도이다. 어쩌면 그래서 내가 인간적인 분노를 넘어서서 한 사람의 소설가이자 극작가로서 이토록 이 일에 열광하게 되었는지도 모르겠다. 이토록 끔찍한 아름다움을 배태한 사건 앞에서 어떻게 흥분과 혼란스러움을 느끼지 않을 수 있겠는가.

이제 사건은 우리가 그동안 줄기차게 요구하고 바랐던 대로 적법하고 논리적인 국면으로 접어들었다. 사건이 군사법원에 제소되었고, 우리는 그 새로운 소송의 끝에 진실이 기다리고 있음을 확신하고 있다. 분명히 말하지만 우리는 결코 다른 것을 바란 적이 없다. 이제 우리가 할 일은 침묵하면서 기다리는 것뿐이다. 왜냐하면, 거듭 말하지만 진실을 말해야 하는 것은 우리가 아니기 때문이다. 진실을 명명백백하게 밝히는 것은 군사법원이 해야 할 일인 것이다. 우리는 그 진실이 완전하게 밝혀지지 않을 경우에만 또다시 개입하게 될 것이다. 게다가 그런 일이 일어난다는 가정은 받아들일 수 없다.

하지만 완전한 암흑으로 뒤덮인 혼란과, 수많은 사람들의 추한 모습이 적나라하게 드러났던 스캔들로 이루어진 첫 번째 단계가 끝났으니, 이제 그에 관한 조서를 작성하여 결론을 내려야 할 때가 된 것 같다. 이 모든 것들을 지켜보면서 느껴지는 깊은 슬픔 속에는 상처가 곪지 않도록 그 상처를 태우는 뜨거운 쇠와 같은 강력한 교훈이 깃들어 있기 때문이다. 우리 모두 이 사건이 우리에게 주는 교훈에 대해 함께 생각해 보도록 하자. 우리 스스로가 까발린 끔찍한 우리의 자화상이 우리 모두를 치유해 줄 수 있기를 바라면서.

먼저, 언론에 관해 이야기해 보도록 하자.

우리는 마치 발정이라도 난 것 같은 저열한 언론이 그들의 추잡스런 신문을 팔기 위해 대중의 판단력을 흐리게 만들고, 그들의 불건전한 호기심을 자극해 돈을 벌기에 혈안이 되었던 것을 똑똑히 보아 왔다. 그런 신문들은 나라가 평온하며 건전하고 강해지는 즉시 대중으로부터 외면당하기 십상이다. 주로 밤거리에서 호객을 하듯, 커다란 활자체의 제목으로 행인들의 시선을 붙잡으며 그들을 방탕한 길로 이끄는 공창(公娼)과도 같은 신문들이다. 따라서 그들이 그러는 것이 새삼스러울 일도 아니지만, 이번에는 더욱더 두드러지는 파렴치한 짓거리들을 서슴지 않았던 것이다.

우리는 앞서 신문의 등급을 논하던 중에 1수짜리 염가판 신문들, 즉 가장 많은 수의 독자들을 대상으로 하면서 대중의 여론을 만들어 가는 대중적인 신문들에 대해 얘기한 적이 있다. 우리는 그들이 과격한 당파적인 언론 캠페인을 주도하고 독자들에게 광기 어린 주장들을 주입시킴으로써 소중한 우리 프랑스 민중에게서 그들이 지닌 관대함과 진실과 정의에의 열망을 말살하는 것을 똑똑히 지켜보았다. 나는 그들의 선의를 믿고 싶다. 하지만 고리타분한 논쟁가, 광적인 선동가, 편협한 애국자 들이 사람들을 조종하면서, 대중의 양심을 더럽히고 민중 전체의 판단을 흐리게 만드는 더없이 흉악한 범죄를 저지르는 것을 지켜보아야 하다니 내 어찌 통탄하지 않을 수 있겠는가! 그들이 저지르는 범죄행위가 더욱더 혐오스러운 것은, 몇몇 신문들에서는 우리 시대의 최악의 수치로 남게 될 치졸한 수단 방법과 거짓말, 중상모략 그리고 밀고 등을 습관적으로 사용한다는 데 있다.

우리는 또한 진지하고 정직한 언론으로 불리던 주요 신문들이 너무나도 태연자약하게 이와 같은 사태를 관망하는 것을 지켜보았다. 그들의 태도는 아연실색할 정도로 평온하고도 차분했다. 소위 올바른 의식을 지닌 것으로 알려진 신문들이 지극히 조심스럽게 진실과 과오를 똑같이 기사화하는 것으로 그친 것이다. 그들은 저급한 말은 한마디도 내뱉지 않았지만, 그들의 신문에는 독물이 섞인 강물이 넘쳐흘렀다. 어쩌면 그런 게 공정성을 보여 주는 건지도 모르겠다. 그런데 정말 그런 걸까? 여기저기에 찔끔찔끔 소심한 평을 하는 것으로 그치면서, 고귀한 가치를 소리 높여 외치는 목소리는 그 어디에서도 들려오지 않다니, 단 한마디도! 평소 올바른 말을 한다는 평을 듣던 신문에서, 무참하게 짓밟힌 인간성과 공정함의 편에 서기 위해 외치는 어떤 목소리도 들려오지 않다니!

그리고 우리는 무엇보다 다음과 같은 것을 목도했다. 언론이 저지른 수많은 죄악들 중에서 가장 역겨운 것은 아마도 이것이리라. 우리는 비열한 언론이 군대를 모욕하고 국가에 침을 뱉은 한 프랑스인 장교[17]를 계속 옹호하는 것을 똑똑히 지켜보았다. 어떤 신문들은 그를 변명하고, 또 어떤 신문들은 그를 부분적으로 비난했을 뿐이다. 어떻게 이런 일이 있을 수 있는가! 한마음으로 분

---

17   1897년 11월 28일, 〈르 피가로〉지는 에스테라지가 1881년에서 1884년 사이에 그의 정부였던 드 불랑시(de Boulancy) 부인에게 보낸 편지들(일명 '울란의 편지들')을 공개했다. 그 속에서 그는 프랑스인들을 향한 노골적인 경멸과 강한 적개심을 드러내며, 프랑스인들을 죽이는 일이라면 언제라도 울란의 전사처럼 용맹하게 앞장설 것이라고 얘기했다. '울란(uhlan)'은 나폴레옹 전쟁 시대에 활약했던 폴란드·독일·오스트리아의 창기병(槍騎兵)을 가리킨다.

노를 토해 내면서 잘못된 것을 바로잡고자 외치는 목소리를 어디에서도 들을 수 없다니! 다른 때 같았으면 대중의 양심을 분노케 하여 즉각적이고도 강력한 처벌의 요구 대상이 되었을 범죄행위가 어찌하여 정상참작이라는 혜택의 대상이 될 수 있었던 걸까? 그것도 평소 반역과 배신이라는 문제를 극도로 민감하게 다루었던 신문들에서?

우리는 이 모든 것을 똑똑히 지켜보았다. 그리고 나로서는 그러한 징후가 다른 구경꾼들에게 어떤 반응을 불러일으켰는지 알 방법이 없다. 그 누구도 말하지도, 분노하지도 않기 때문이다. 하지만 그것은 나를 두려움으로 전율하게 했다. 그 징후는 우리 모두가 앓고 있던 질병을 예기치 못했던 강력한 방식으로 깨닫게 해 주었기 때문이다. 추한 모습의 언론은 온 나라를 집어삼키기에 이르렀으며, 그 언론이 조장하여 나라 전체로 퍼뜨린 도덕의 타락과 사악함은 우리 몸속에 깊숙이 감추어져 있던 암종(癌腫)을 만천하에 드러내 보이게 했던 것이다.

이번에는 반유대주의에 대해 이야기해 보자.

반유대주의는 죄악이다. 나는 우리를 천 년이나 퇴보하게 만드는 이 야만스런 캠페인이 형제애를 갈망하고, 인류의 해방과 관용을 추구하는 나를 얼마나 분노케 했는지를 이미 말한 바 있다. 종교전쟁의 시대로 다시 돌아가고, 종교적 박해를 다시 시작하고, 종족들끼리 서로를 말살하려 하는 것. 이 모든 것은 해방의 세기인 이 시대에 일어나서는 안 될 난센스로, 내게는 그러한 시도조차 어리석고 우스꽝스러워 보인다. 그러한 시도는 정신이 오락가락하고 수상쩍은 신자의 머릿속에서 나온 것이거나, 오랫동안 무명으로 있다가 어떻게 해서든지 세간의 주목을 끌기 위해 추악한 짓이라도 불사하고자 하는 허영기 가득한 작가에게서 비롯되었을 법하다. 하지만 나는 그런 말도 안 되는 운동이 프랑스에서 이토록 결정적인 중요성을 띨 수 있다는 사실을 결코 받아들일 수가 없다. 자유로운 정신과 형제애의 선함과 명철한 이성의 나라로 알려진 프랑스에서!

하지만 불행하게도 이미 끔찍한 악행들이 저질러졌다. 그리고 그 악의 씨앗은 이미 너무나도 널리 퍼져 있다. 프랑스 국민 전체가 중독된 것은 아니라고 해도, 이미 그 독이 국민들 속으로 깊이 스며들어 있는 실정이다. 파나마운하 사건이 우리들 사이로 퍼뜨린 강력한 독성 또한 반유대주의에서 비롯된 것이며, 통탄할 문제의 드레퓌스 사건 또한 반유대주의의 산물인 것이다. 사법적 오판을 가능하게 한 것도 반유대주의이며, 오늘날 군중을 미쳐 날뛰게 만들고, 우리의 정신 건강과 좋은 평판을 위해 예의 사법적 오판이 저질러졌음을 차분하고 당당하게 인정하는 것을 가로막은 것도 다름 아닌 반유대주의였다. 처음 진지한 의문이 들었을 때 진실을 밝히고자 하는 것보다 더 간단하고 당연한 일이 어디 있을까. 게다가 작금에 판을 치는 광분한 군중을 지켜보면서 어딘가에 우리 모두를 미치게 만든 독이 숨겨져 있을 거라는 생각이 들지 않는가?

 그 독은 다름 아닌 유대인들에 대한 광적인 증오심이다. 누군가가 수년 전부터 매일 아침 국민들의 몸속으로 그 독을 주입시키고 있는 것이다. 그 독을 퍼뜨리는 것을 직업처럼 행하는 무리가 있을 뿐만 아니라, 무엇보다 기막힌 것은, 자신들이 복수를 하고 정의를 행하는 심판자라도 된 양 도덕과 그리스도의 이름으로 그 일을 한다고 주장한다는 사실이다. 군사법원이 문제의 사건을 심리할 때 이런 사회적 분위기가 어떤 영향을 미쳤으리라는 것을 누가 부인할 수 있을까? 자신의 나라를 팔아먹는 반역자 유대인, 그건 너무나도 당연한 것이었다. 부자이고 온건하며 성실하고 다른 어떤 야심도 없이 흠잡을 데 없는 삶을 살아가는 그의 범죄행위를 뒷받침하는 다른 어떤 인간적인 이유를 찾을 수 없다면, 그가 유대인이라는 사실만으로도 그를 단죄하기에 충분하지 않은가!

 우리가 진실을 밝혀 줄 것을 요구한 이후 반유대주의는 더욱더 그 위세를 떨치고 있고, 우리에게 더 많은 것을 시사해 주고 있다. 이제 법정에서 드레퓌스 대위의 사건을 심리할 것이고, 그리하여 유대인의 결백이 명백하게 밝혀진다면 반유대주의자들에게는 그보다 더 큰 치명타가 없을 것이다! 아니, 결백한 유대인이 있을 수 있다니? 그리고 그동안 쌓아 올렸던 거짓말의 탑이 무너져 내리는 소리가 들려오고, 욕설과 파렴치한 중상모략으로 순박한 군중을 기만했던 종파주의자들의 몰락이 찾아올 것이다. 그리고 또다시 깨끗한 공기와 선의와 공정성이 지배하는 세상이 될 것이다.

우리는 또한 공공의 악행을 저지르던 자들이 진실이 밝혀질지도 모른다는 생각에 광분하여 날뛰는 것을 보았다. 그리고 안타깝게도, 그들이 잘못된 길로 이끌었던 군중이 당혹스러워하는 모습도 지켜보았다. 여론이 길을 잃고 헤매던 것과, 순박한 하층민들과 서민들이 유대인 배척에 앞장서는 것도 똑똑히 지켜보았다. 하지만 어떤 정직한 한 사람이 정의라는 신성한 불로써 그들을 불타오르게 할 수 있다면, 그들은 내일 당장 드레퓌스 대위가 자유의 몸이 될 수 있게 하는 혁명의 불꽃을 지피게 될 것이다.

마지막으로 구경꾼들과 배우들 그리고 그대들과 나, 우리 모두에 관해 이야기해 보자.

날이 갈수록 점점 더 진흙탕 물이 불어나면서 모든 게 엉망이 되어 갔다! 온갖 이해관계와 편견이 한데 뒤엉킨 채 나날이 가열되고, 터무니없는 이야기, 부끄러운 비방, 더없이 뻔뻔하게 부인하기, 매일 아침 모욕당하는 순박한 양식, 박수갈채를 받는 악덕과 야유당하는 미덕, 삶을 영예롭고 즐겁게 만드는 것들의 종말. 그리고 마침내 사람들은 이 모든 것이 추악하다는 생각을 하게 되었다. 정말 그렇다! 그런데 대체 누가 이 일을 이렇게 질질 끌게 만들었는가? 우리의 지도자들, 벌써 1년도 넘게 그 일에 대해 알고 있으면서도 아무것도 할 생각을 하지 않았던 우리의 지도자들이 그 장본인들이다. 우리는 그들에게 무서운 폭풍우가 몰려올 것을 경고하면서 수차례 간청을 했다. 조사? 물론 그들은 조사를 했다. 필요한 문서? 그들은 그것을 확보해 가지고 있었다. 그런데 애국심에서 우러나오는 우리의 간절한 부탁에도 불구하고, 그들은 문제의 사건을 직접 맡아서 수사하기는커녕 사건을 축소시키기 위해 마지막 순간까지 아무것도 하지 않는 것을 택했다. 사건과 관련된 사람들을 즉각 희생시키면서까지. 그리하여 이미 예고한 대로 진흙탕으로 범벅이 된 강물이 넘쳐흐르고 말았다. 그리고 그건 그들의 잘못 때문이다.

우리는 무뢰한들이 진실을 알고 있다고 말하는 이들에게 진실을 밝히기를 강요함으로써 승리를 거두는 것을 보았다. 하지만 조사가 진행되는 동안은 원칙적으로 그 누구도 진실을 밝힐 수 없게 되어 있다. 진실은 사건의 조사를 맡고 있는 장군에게로 전달되었고, 오직 그만이 그 진실을 밝힐 임무를 띠고 있었다.[18] 또한 그 진실은 예심판사에게로 전달되어야 할 터였다. 오직 그만이 그 진실을 전해 들을 자격이 있고, 그는 그 진실 위에서 정의로운 판결을 내리게 될 것이었다. 진실이라고! 오래된 조직을 송두리째 뒤흔드는 이런 중대 사건에서 진실이 대체 무엇이라고 생각하는가? 진실이 한낱 조약돌이나 사과처럼 기분 내키는 대로 이 손에서 저 손으로 건넬 수 있는, 자기 마음대로 쥐락펴락할 수 있

---

[18] 드펠리외 장군을 가리킨다.

는 하찮은 물건쯤 되는 줄 아는 건가? 증거? 아! 그렇지, 당장 증거를 가지고 오라고 했지. 마치 지나가는 바람을 보여 달라고 억지를 부리는 아이들처럼. 인내를 가지고 기다리기를, 머지않아 진실이 밝혀질 것이니! 아무리 그렇더라도 지혜롭게 양심적으로 일을 처리해야 하지 않겠는가.

우리는 또한 비열한 짓거리에 애국심을 이용하는 무리들을 보아 왔다. 그들은 프랑스인 가족의 명예하고만 관련이 있는 사건에 외국인의 망령을 끌어들였다. 과격하기 짝이 없는 무리들은 우리가 군대와 그 수장들을 모욕했다고 주장했다. 그러지 않아도 마침, 저들이 아무 탈 없이 고고하게 살아가도록 내버려 두지 않을 생각이었는데 말이다. 이처럼 대중을 선동하는 무리들과 여론을 부추기는 몇몇 언론을 지켜보며 사람들은 두려움을 느끼게 되었다. 프랑스 의회의 그 누구도 소신을 가지고 발언을 한 적이 없으며, 모두들 하나같이 굳게 입을 다문 채 머뭇거리면서 자신들이 속한 그룹의 눈치를 보기에 바빴다. 분명 다음 번 선거 결과를 걱정하느라 여론을 두려워하기 때문일 터였다. 온건파, 급진주의자, 사회주의자 그 누구를 막론하고 분연히 일어나 자신의 양심에 따라 정의를 바로잡을 것을 외친 이는 단 한 명도 없었다. 스스로를 국민의 지도자라고 칭하는 사람들이 편협한 정치적 전략에 따라, 또는 일신상의 안위를 해치게 될 것이 두려워 침묵하는 길을 택한다면, 앞으로 커다란 혼란이 닥쳤을 때 이 나라가 어떻게 제대로 길을 찾아갈 수 있겠는가?[19]

우리 눈앞에서 너무도 비통하고 우리의 자존심에 지극히 잔인하게 커다란 타격을 입히는 일들이 일어나다 보니 내 주위에서도 이런 말이 종종 들려오는 실정이다. "이렇게 많은 사람들이 미쳐 날뛰는 걸 보면 프랑스가 중병이 걸린 게 분명해." 아니, 결코 그렇지 않다! 프랑스는 본연의 선함과 번득이는 이성에서 잠시 벗어나 길을 헤매고 있을 뿐이다. 프랑스를 향해 인류애와 정의를 소리 높여 외친다면, 이 나라는 전설적인 관대함을 되찾으며 다시 우뚝 서게 될 것이다.

이제 제1막이 끝나고, 끔찍한 광경을 마지막으로 커튼이 내려졌다. 내일 우리가 보게 될 광경은 우리 모두에게 용기를 되돌려 주고 우리를 위로해 줄 수 있기를 기대하자!

나는 "진실이 전진하고 있고, 그 무엇도 그 발걸음을 멈추게 하지 못하리라"고 말한 바 있다. 이제 첫걸음을 떼었으니 또 한 걸음

---

19 1894~1895년, 정치권은 드레퓌스의 유죄판결에 아무런 관심을 보이지 않았다. 1896~1898년, 멜린이 이끄는 내각은 "드레퓌스 사건은 존재하지 않는다"고 천명한 바 있다. 프랑스 외무부는 외국 정부 요인들 앞에서 반드레퓌스파를 표방하는 공식 연설을 했다. 국방부 장관과 법무부 장관은 쉐레르-케스트네르의 말을 들으려고 하지 않았다. 사회주의자들은 오랫동안 드레퓌스 사건에 무관심했다. 졸라의 '나는 고발한다…!'는 하원의원들의 대부분을 분노케 했다. 1898년 1월 13일, 의회는 312 대 122로 졸라를 고발하기로 의결했으며, 상원은 드레퓌스 사건의 재심의 필요성을 주장한 쉐레르-케스트네르를 상원의 부의장직에서 몰아냈다. 상원은 사건에 거의 관여하지 않았으며, 어떤 경우에도 정부의 편에 섰다. 하지만 상원의원들 중에서 아르튀르 랑, 트라리외, 발데크-루소를 포함한 상당수가 다소 뒤늦게 드레퓌스나 쉐레르-케스트네르의 편에 서기도 했다. 사실, 간접선거로 선출되는 상원은 선거의 영향을 덜 받는 편이었다.

그리고 또 한 걸음을 내딛게 될 것이며, 언젠가는 결정적인 마지막 걸음을 내딛게 될 것이다. 그것은 불을 보듯 분명한 사실이다.

지금으로서는, 군사법원의 결정을 기다리는 동안 내 역할은 끝난 셈이다. 그리고 조만간 진실이 밝혀지고 정의가 행해져서 내가 더 이상 진실과 정의를 위해 투쟁할 일이 없기를 간절히 바란다.

04

청년들에게 보내는 편지

〈르 피가로〉지의 지면이 아닌 팸플릿으로 발표된 이 기고문의 원고는 12월 10일에 편집자에게로 넘겨졌다. 졸라는 12월 7일, 쉐레르-케스트네르가 상원에서 드레퓌스 사건에 관한 대정부 질문을 한 직후에 이 글을 썼다. 상원의 부의장은, 졸라의 표현대로 '정의의 실현을 위해 자신의 영예와 노년의 안락한 삶을 위태롭게 한 대가로 3주 전부터 매일같이 진흙탕 속에 내동댕이쳐지면서도' 적대적인 반응을 보이는 동료 의원들 앞에서 자신의 소신을 굽히지 않고 꿋꿋하게 드레퓌스의 결백을 주장했다.

졸라는 가장 순수하고 순박한 마음으로 누구보다도 불의와 부당함과 독재 그리고 프랑스 사회를 병들게 하는 반유대주의에 맞서 싸워야 할 청년들이 쉐레르-케스트네르 같은 자유와 정의의 수호자에게 야유를 보내는 것을 보고 비통한 마음으로 이렇게 외쳤다. 젊은이들이 너그럽고 자유로운 정신으로 사고하며 다음 세대를 준비할 수 있기를! 자유를 쟁취하기 위한 이전 세대의 치열했던 투쟁을 오래도록 기억하기를! 언제나 정의의 편에 서기를! 인간애와 관대함을 겸비한 젊은이들이 되기를!

청년들에게 보내는 편지
샤르팡티에-파스켈 판

이 글은 팸플릿으로 제작돼 1897년 12월 14일에 판매된 것이다.

어떤 신문도 내 기고문을 싣기를 원하지 않는 것을 보면서, 그리고 무엇보다 향후 거취에서 자유로울 수 있도록 나는 일련의 팸플릿을 이용해 내 캠페인을 이어 나가려는 계획을 세웠다. 그리하여 처음에는 일주일에 한 번씩 정해진 요일에 규칙적으로 팸플릿을 발간할 생각이었다. 그러다가 발간 날짜까지도 내 의지대로 하고 싶다는 생각에 그 시간마저 내가 선택하기로 했다. 또한 내가 필요하다고 생각되는 주제와 날짜에만 개입하기로 마음먹었다.

청년들이여, 그대들은 지금 어디로 가고 있는가? 학생들이여, 그대들은 지금 어디로 향하고 있는가? 분노한 양심의 소리를 만천하에 외치고자 하는 갈망에 휩싸인 채, 분노와 열정의 이름으로 시위를 하는 그대들은 무리를 지어 지금 어디로 달려가고 있는 것인가?

누군가가 권력을 남용한 데 대한 항의를 하러 가는 것인가? 삶의 일상적인 비겁함과 정치적 타협에 대해 아무것도 모르는 채 순수하기만 한 그대들의 마음속에서 아직 불타오르는 진실과 공정성에의 갈망을 그네들이 모욕했기 때문인가?

사회가 저지른 잘못을 바로잡고, 행복한 사람과 불우한 사람의 운명의 무게를 그릇되게 재는 세상의 불공평한 저울 위에 그대들의 뜨거운 젊음에서 우러나오는 항의를 올려놓기 위해서인가?

혹은, 과학의 붕괴를 선언하면서 그대들의 자유로운 영혼을 오류투성이의 과거로 되돌리려고 하는 편협한 광신자들에게 야유를 보내고, 인류의 관대함과 자주성을 소리 높여 외치러 달려가는 것인가?

아니면 비겁하고 위선적인 인물의 창문 아래에서, 다음 세기의 미래에 대한 불굴의 믿음을, 정의와 사랑의 이름으로 세상의 평화를 실현하게 될 그대들의 믿음을 큰 소리로 외치기 위해서 달려가는 것인가?

—아니, 아니, 그런 게 아니오! 우리는 어떤 사람에게 야유를 퍼부으러 몰려가는 것이오. 평생 동안 국가에 대한 충성심으로 몸 바쳐 일해 온 끝에 고귀한 대의를 당당하게 지지할 수 있다고 생각하면서, 조국 프랑스의 영예를 위해 진실이 밝혀져 과오가

바로잡히기를 바라는 어떤 노인에게 항의하러 가는 것이오![20]

아! 나도 젊었을 때 그대들의 카르티에라탱[21]을 본 적이 있다. 젊음의 자랑스러운 열정과 자유에 대한 열망, 이성을 짓누르고 영혼을 억압하는 무지한 폭력에 대한 증오로 요동치던 그곳! 제정하에서는 권력에 맞서며—때로는 부당하게 행동할 때도 있었지만—언제나 자유로운 해방 정신에의 추구로 넘쳐나던 그곳! 그곳의 젊은이들은 튈르리 궁[22]에 아부하던 작가들에게 야유를 보냈고, 수상쩍은 교육을 하던 교수들에게는 혹평을 서슴지 않았다. 또한 암흑과 독재의 편에 서는 사람이면 누구든지 분연히 일어서 맞서 싸울 줄 알았다. 모든 희망이 현실이 되고, 내일은 반드시 이상적인 국가의 승리가 찾아오리라고 생각하던 스무 살, 그 시절에 지녔던 아름다운 열정의 신성한 불길이 타오르던 곳도 바로 그곳이었다.

학생들을 들고일어나게 했던 고귀한 열정들의 역사를 거슬러 올라가 보면, 청년들은 언제나 불의에 분노하며, 흉포하고 강한 자들과 맞서서 가난하고 버림받은 사람들과 박해받은 이들을 위해 싸웠음을 알 수 있을 것이다. 그들은 압제에 시달리는 민족을 위해 다 함께 거리로 나섰다. 폴란드를 위해 그렇게 했고, 그리스를 위해 그렇게 했다. 청년들은 무지한 군중이나 무자비한 독재자의 폭력 아래 고통받고 신음하는 모든 사람들을 위해 들고일어났다. 카르티에라탱이 불타오른다고 할 때면, 언제나 그 뒤에는 오직 패기와 열정만으로 젊은 정의의 횃불을 피워 올리는 청년들이 있는 것이다. 그들은 언제라도 망설임 없이 즉각적으로 마치 강물이 흘러넘치듯 너도나도 거리로 쏟아져 나왔다!

나는 오늘날 청년들이 들고일어나는 이유가, 반역자 무리에 의해 위협받는 조국, 그 조국이 승전국인 적국에 까발려졌다는 위기감 때문이라는 것을 잘 알고 있다. 하지만 젊은이들에게 묻고 싶다. 사물에 대한 예리한 직관, 진실한 것과 정의로운 것을 본능적으로 구분할 줄 아는 감각을 순수한 영혼을 지닌 그대 청년들에게서 찾지 않는다면 그 누구에게서 찾을 수 있겠는가? 그대들은 정치적 삶에 처음 눈뜨기 시작했으며, 아직 그 어떤 것에 의해서도 더럽혀지지 않은 올곧고 선한 이성을 지닌 젊은이들이 아닌가. 오랜 음모와 술책으로 타락한 정치인들, 직업을 핑계로 온갖

---

20 1897년 10월 31일부터 비열한 언론은 쉐레르-케스트네르를 '반역자의 배후 인물', '독일인들의 종', '시궁창에 처넣어야 할 쓰레기'로 취급하는 기사를 연일 내보냈다. 그런데도 그는 내각을 상대로 진실을 위한 싸움을 멈추지 않았다. 11월 16일, 마티외 드레퓌스가 에스테라지 소령이 진범임을 공개하자, 알자스 출신 상원의원인 쉐레르-케스트네르에게 야유를 보내는 민족주의자 학생들의 시위가 벌어지고 그를 향한 욕설과 위협이 점점 그 도를 더해 갔다.
21 Quartier Latin, 파리 5구와 6구 사이에 자리하고 있는 대학가로 소르본 대학, 콜레주 드 프랑스, 파리 고등 사범학교 등 파리의 주요한 대학들이 위치하고 있다. 학생들뿐 아니라 예술가들에게도 큰 사랑을 받았으며, 1968년 5월 프랑스 학생운동이 시작된 곳이기도 하다.
22 Palais des Tuileries, 파리 루브르궁 서편. 루브르궁의 남북 갤러리 사이에 있었던 궁전. 튈르리 궁은 프랑스혁명 때까지는 임시로 사용하였으나 나폴레옹 1세 이후 나폴레옹 3세 시대까지는 평상시에 사용되었다. 1871년 파리 코뮌의 붕괴에 즈음하여 거의 파괴되어 현재는 건물 정면의 일부가 정원 터에 보존되어 있을 뿐이다.

타협에 익숙해져 균형 감각을 잃어버린 기자들, 그런 사람들이 지극히 뻔뻔한 거짓말에 눈감고, 명백한 진실을 모른 척 외면하는 것은 납득할 수도 이해할 수도 있다. 하지만 순수하고 순박한 심성을 지닌 청년들이 터무니없는 과오들 속에서 환한 태양처럼 빛나는 투명하고도 명백한 진실을 단번에 알아보지 못하다니, 젊은이들이 벌써 그렇게 타락했다는 사실을 믿을 수가 없다!

알고 보면 이보다 간단한 이야기도 없다. 한 장교가 유죄판결을 받았고, 아무도 재판부의 선의를 의심하지 않았다. 그들은 확실하다고 믿었던 증거 위에서 자신들의 양심에 따라 그에게 유죄판결을 내렸다. 그리고 어느 날, 한 사람과 또 다른 몇몇 사람이 그 판결에 의문을 품게 되었고, 마침내 가장 중요한 증거가 다른 사람의 손에 의해 조작된 것이라는 확신을 갖게 되었다. 재판부는 공개적으로 밝혀진 유일한 증거인 예의 그 증거에 의거해 판결을 내렸다. 그리고 앞서 말한 몇몇 사람들은 죄수의 형이 그 증거를 조작한 사람을 고발했다고 밝혔다. 그 형은 가족으로서 당연히 해야 할 일을 한 것이다. 따라서 필연적으로 첫 번째 소송의 재심을 이끌어 낼 새로운 소송이 제기될 수밖에 없다. 이 모든 것이 완벽히 명백하며 정당하고 합리적이지 않은가? 여기 어디에 반역자를 구하기 위한 술책과 음흉한 음모가 숨겨져 있다는 건가? 우리는 반역자의 존재를 부인하려는 것이 아니다. 다만 아무 죄 없는 사람이 아닌, 죄를 지은 자가 그 죄의 대가를 정당하게 치르기를 바랄 뿐이다. 그대들은 반역자를 반드시 처벌하게 될 것이다.

이제 진범을 잡아 그대들 앞에 무릎 꿇리는 일만이 남아 있다.

약간의 양식을 가진 사람이라면 얼마든지 생각해 볼 수 있지 않을까? 드레퓌스 사건의 재심을 요구하는 이들에게 대체 무슨 다른 동기가 있다고 생각하는가? 어리석은 반유대주의 같은 생각일랑 부디 떨쳐 버리기를. 광포한 편집광처럼 유대인의 음흉한 음모론을 운운하며, 유대인들이 돈으로 매수한 기독교인을 유대인 대신 악명 높은 감옥에 집어넣으려 한다고 생각하다니, 이 얼마나 황당무계하기 짝이 없는 주장들인가 말이다. 터무니없고 억지스러운 이야기들은 하나둘씩 모두가 거짓임이 밝혀지게 될 것이다. 이 세상의 모든 금으로도 결코 살 수 없는 양심들이 존재하는 법이다. 문제는 모든 사법적 오판이 지극히 자연스럽게 서서히 위압적으로 그 세를 더해 간다는 데 있다. 모든 문제가 거기에서 비롯되는 것이다. 사법적 오판은 살아 움직이는 힘과 같기 때문이다. 하지만 양심적인 이들은 진실에 매료되고 사로잡혀 점점 더 진실을 찾는 일에 자신을 내던지게 된다. 정의의 실현을 위해 자신들의 재물과 목숨까지 걸면서. 오늘날 우리에게 일어나고 있는 것에 대한 또 다른 설명은 있을 수 없다. 나머지는 비열한 정치적 음모와 종교적 책동이며, 중상과 욕설이 넘치는 진흙탕일 뿐이다.

하지만 젊은이들의 마음속에서 인류애와 정의에 대한 생각이 한순간이라도 더럽혀진다면 그대들은 어떤 변명을 할 수 있을 것인가! 12월 4일에 열린 프랑스 의회는 '가증스러운 캠페인을 주도함으로써 공공의 양심에 혼란을 조장하는 선동가들을 규탄하기 위한' 의사일정을 확정함으로써 스스로의 얼굴에 먹칠을 하고 말았다. 나는 내 글을 읽게 될 다음 세대의 사람들을 위해 큰 소리로 외친다. 그러한 표결은 관대함을 자랑하는 프랑스의 수치이며, 역사에 지울 수 없는 오점으로 남게 될 것이다. 저들이 '선동가들'이라고 규정한 이들은 양심과 용기가 무엇인지를 보여 준 사람들이다. 그들은 무고한 사람이 고문 속에서 죽어 가는 나라는 미래가 없다는 애국적인 신념으로 사법적 오판이 저질러졌음을 확신하고 그것을 세상에 폭로하여 바로잡고자 했다. 저들이 '가증스러운 캠페인'이라고 지칭한 것은, 양심적인 이들이 외치는 진실과 정의의 소리이자, 온 세상 사람들의 마음속에 프랑스를 인류애와 자유와 정의를 구현했던 나라로 남아 있게 하기 위한 끈질긴 노력인 것이다. 그런데 지금 우리 눈앞에 어떤 일이 일어나고 있는지 똑똑히 보라. 의회는 분명 범죄를 저질렀다. 학교의 젊은이들까지 타락하게 만들어, 저들에게 속아 판단력을 상실한 채 길거리로 쏟아져 나온 청년들이 지금까지 한 번도 하지 않은 일을 하게 만들었기 때문이다. 청년들이 인간의 정신에 있어서 가장 자랑스럽고 가장 용감하며 가장 고귀한 것들에 맞서 시위를 벌이다니, 이게 어디 있을 법이나 한 일인가!

12월 7일, 상원에서 열린 회의 후에 언론은 무슈 쉐레르-케스트네르가 무너져 내렸다며 떠들어 댔다.[23] 그렇다, 그가 무너져 내린 것은 사실이었다. 그의 마음과 영혼 모두가! 우리의 소중한 공화국에서 사랑했던 모든 것들이 하나둘씩 무너지는 것을 보면서 그가 느꼈을 두려움과 고뇌가 짐작이 되고도 남는다. 그가 평생 선의의 투쟁을 해 오면서 공화국을 위해 쟁취하고자 했던 모든 것들. 무엇보다 자유가 그 첫 번째였고, 충성심과 정직성 그리고 시민으로서의 용기 같은 남성적인 덕목들. 이 모든 것이 무너져 내리고 있었던 것이다.

그는 격동의 시대를 살았던 세대 중에서 마지막으로 남은 인물들 중 하나이다. 제2제정 시대를 거치는 동안 그는 독재 권력 하에서 살아가는 민중이 입에 재갈이 물린 채 불의와 부당함 앞에서 끓어오르는 분노와 열기를 억누르며 지내는 것을 똑똑히 보아 왔다. 그는 또한 피를 토하는 심정으로 우리의 패배를 지켜보았다. 그리고 그 패배의 원인이 전적으로 전제적인 어리석음과 망동에 있다는 것을 잘 알고 있다. 그 후, 그는 누구보다도 지혜롭고 열렬하게 패망의 잔해에서 나라를 다시 일으켜 세우고, 프랑스로 하여금 유럽에서의 과거의 지위를 다시 차지하게 하는 데 각고의 노력을 기울였던 인물이다. 그는 우리 공화주의 프랑스의 영웅적인 시대를 치열하게 겪어 낸 사람으로서, 전제군주제를 영원히 몰아내고 다시 자유를 되찾은 데 대해 스스로를 자랑스럽

---

23 12월 7일, 쉐레르-케스트네르는 상원에서 내각의 총리와 국방부 장관에게 드레퓌스 대위가 무죄라는 사실과 그 사실을 확신하기까지의 과정에 대해 설명했다. 하지만 그에게 돌아온 것은 모두의 거센 비난과 무관심뿐이었다.

게 여기고 확고한 업적을 이루었다고 굳게 믿고 있을 터였다. 여기서 자유란 무엇보다도, 다른 이들의 생각을 인정하고 포용하는 가운데 각자 자신의 의무를 다하는 인간적인 자유를 의미하는 것이다.

그렇다! 모든 것은 되찾을 수도 있고, 또다시 무너져 버릴 수도 있다. 오늘날 그의 주위와 그의 내면에는 폐허가 된 진실과 정의의 잔해만이 존재하고 있다. 진실을 갈망하는 것은 죄악으로 치부되었다. 정의를 원하는 것도 죄악이었다. 무시무시한 독재정치의 망령이 다시 나타났으며, 사람들의 입에는 또다시 엄청나게 단단한 재갈이 채워졌다. 오늘날 공공의 양심을 짓밟는 것은 시저의 군화가 아니라 정의에 대한 열정으로 불타오르는 이들을 규탄하는 의회의 의원들 모두인 것이다. 입을 다물라니! 저들은 진실을 지키고자 하는 이들의 입을 강압적으로 다물게 하면서, 군중을 선동해 그들로 하여금 소수의 정의로운 사람들을 침묵하게 만들고 있다. 지금까지 자유로운 논쟁에 대해 이토록 끔찍한 억압이 조직적으로 행해진 적은 없었다. 또한 수치스러운 공포심이 사람들의 마음속으로 파고들면서 용감하기 이를 데 없던 사람들도 점차 비겁자가 되어 갔고, 사람들은 매국노나 반역자로 낙인찍힐 것이 두려워 더 이상 자신이 생각하는 것을 소리 내어 말할 엄두를 내지 못했다. 소신을 지키던 몇몇 신문들마저 황당한 소문들로 인해 흥분한 독자들의 빗발치는 항의 앞에서 바짝 엎드린 채 몸을 사렸다. 지금까지 그 어떤 민족도 그들의 이성과 존엄성을 지키기 위해 이처럼 혼란스럽고 혼탁하며 불안한 날들을 지냈던 적은 없을 것이다.

그러니까 그건 사실이었다. 무슈 쉐레르-케스트네르로서는 오랫동안 그가 보여 주었던 충직함과 위대한 과거가 모두 무너져 내리는 것 같았을 터였다. 그런데도 그가 아직 인간의 선함과 공정성을 믿고 있다면, 그건 그가 확고한 낙관주의자이기 때문일 것이다. 그는 정의의 실현을 위해 자신의 영예와 노년의 안락한 삶을 위태롭게 한 대가로 3주 전부터 매일같이 진흙탕 속에 내동댕이쳐졌다.[24] 그처럼 올곧은 사람에게는 자신의 정직성이 박해를 당하는 것을 참고 견디는 것보다 더 고통스러운 절망은 없을 것이다. 저들은 그의 마음속에 있던 내일에 대한 믿음을 살해했으며, 그의 희망을 독살시켰다. 그 때문에 죽게 된다면 그는 이렇게 탄식할 게 분명하다. "이젠 정말 끝이야. 이젠 아무런 희망도 없어. 그동안 내가 이루었던 선행들은 나와 함께 모두 사라져 버리는 거야. 이렇게 캄캄하고 텅 빈 세상에서는 도덕은 한낱 말장난에 불과한 거야!"

저들은 애국심을 모욕하기 위해 프랑스 의회의 마지막 알자스 로렌 출신 상원의원인 그를 희생양으로 삼았던 것이다. 그 이름만으로도 가장 의심 많은 사람들의 불안마저 잠재울 수 있는 인

---

[24] 쉐레르-케스트네르는 동료 의원들 앞에서 드레퓌스 대위의 무죄를 주장했다는 이유로 그다음 달이었던 상원 부의장직의 재임 요청을 거부당했다. 그는 1899년 9월 19일, 드레퓌스 대위가 사면되던 날 사망했다.

물을 매국노, 반역자, 군부를 모욕한 파렴치한으로 취급하다니! 어쩌면 그는 자신이 알자스 출신이라는 사실과 열렬한 애국자로서의 명성이 정의의 수호자라는 까다로운 역할을 수행함에 있어서 자신의 선의를 보장해 줄 수 있으리라고 과신했던 것인지도 모른다. 그가 이 일에 발 벗고 나선 것은, 군부와 조국의 명예를 위해 신속한 결론을 내리는 것이 필요하다고 판단했기 때문이 아닐까? 이 일을 앞으로 몇 주간 더 질질 끌면서, 진실을 은폐하고 정의가 실현되지 못하도록 애써 보라. 그러면 그사이 그대들은 온 유럽의 조롱거리가 되어 있을 것이며, 프랑스는 전 세계에서 가장 최하위 국가가 되어 있을 것이니!

아니, 그런 일은 절대 일어나지 않는다! 어리석은 정치인들과 종교계 인사들은 그와 같은 경고를 조금도 들으려고 하지 않는다. 또한 학생들은 무슈 쉐레르-케스트네르에게 군부를 모욕하고 조국을 위험에 빠뜨렸다는 죄목을 씌워 반역자와 매국노라는 오명과 함께 거친 야유를 퍼붓는 광경을 전 세계에 보여 주고 있다.

물론 나는 길거리에서 시위를 하는 일부 청년들이 우리나라의 모든 젊은이들을 대표하지 않는다는 것을 잘 알고 있다. 그리고 거리를 소란스럽게 하는 백여 명의 과격파 젊은이들이 집에서 열심히 공부에 전념하는 만여 명의 성실한 학생들보다 더 큰 목소리를 내고 있음도 알고 있다. 하지만 백 명의 과격파만으로도 이미 너무 많은 게 아닐까? 아무리 소수에 의한 것이라고는 해도,

이 시각에 카르티에라탱에서 그런 소요가 일고 있다니 이 얼마나 섬뜩한 징조인가!

그러니까 반유대주의자 청년들이 정말로 존재한다는 말인가? 그 어리석기 짝이 없는 반유대주의라는 독이 이미 젊은 두뇌와 순수한 영혼을 지닌 청년들의 머릿속까지 파고들어 가 그들의 판단력마저 흐려 놓은 것인가? 정말 그런 것이라면 머지않아 열리게 될 20세기를 위해 지극히 안타깝고도 걱정스러운 일이 아닐 수 없다! 인권선언문이 발표된 지 백 년이 넘은 지금, 관용과 해방의 지고한 행위가 있은 지 백 년이 넘은 지금, 더없이 가증스럽고 어리석은 광신자들처럼 다시 종교전쟁의 시대로 역행하다니! 그것도 어떤 무리들이 그들의 정치적 입장과 탐욕스런 야심을 지키기 위해 그런 역할을 담당하는 것은 어느 정도 이해가 될 수도 있다. 하지만 다음 세기에는 더욱더 찬란하게 피어나기를 꿈꾸는 인권과 자유의 구현을 위해 태어나고 자라나야 할 청년들이 그렇게 살아간다는 것은 결코 용납될 수 없는 일이다! 그들은 모두가 기다려 온 다음 세대를 위한 일꾼들이다. 그런데 스스로를 반유대주의자라고 칭하면서 모든 유대인들을 말살하는 것으로 새로운 세기를 열려 하다니! 그것도 우리와 같은 나라에 살고 있는 그들이 우리와는 다른 종교를 가진 다른 민족이라는 이유만으로! 우리가 꿈꾸는 이상적인 나라, 평등과 형제애가 넘치는 나라에 그런 식으로 첫걸음을 내디딜 수는 없지 않은가! 진정 젊은이들이 그런 지경에까지 이르렀다면 우리 모두는 비통한 심정으로 흐

느껴 울지 않을 수 없으며, 인간적인 행복에의 기대와 모든 희망을 버려야만 할 것이다.

아, 청년이여, 청년들이여! 부디 그대들의 앞에 놓인 고귀하고 원대한 일들을 잊지 말기를! 우리는 그대들이 미래의 일꾼으로서, 저물어 가는 세기가 던져 놓은 진실과 공정성의 문제들을 해결해 나갈 다음 세기의 초석이 될 것임을 굳게 믿고 있다. 그대들보다 앞서 살아온 우리 기성세대들은 그대들에게 해결되지 않은 수많은 의문과 모순과 의혹 들을 남겨 놓고 떠나갈지도 모른다. 하지만 그와 더불어 그 어느 세기보다도 열정적으로 진실을 향한 노력과 정직하고 견고하게 수집한 수많은 역사의 기록들 그리고 그대들이 자신들의 영예와 행복을 위해 계속 쌓아 올려야 할 거대한 과학의 탑의 기반 또한 함께 남겨 놓았음을 분명히 말할 수 있다. 이제 우리는 그대들이 더욱더 너그럽고 자유로운 정신으로 사고할 수 있는 젊은 세대가 되기를 바랄 뿐이다. 그리하여 부끄럼 없이 살아가는 삶에 대한 사랑과 자신의 일에 온전히 쏟아붓는 노력으로 우리를 한층 더 넘어설 수 있기를. 마침내 찬란하게 빛나는 태양 아래 넘치는 삶의 기쁨을 솟아나게 할, 인간과 대지의 풍요로움으로 가득한 세상을 위해. 그리하면 우리는 그대들에게 이 자리를 기꺼이 넘겨줄 수 있을 것이다. 그대들이 우리를 계승하여 우리가 꿈꾸었던 것들을 실현해 주리라 확신할 수 있다면, 우리는 그동안 이루어 놓은 것들에 만족하면서 미련 없이 이 세상을 떠나 죽음의 달콤한 잠 속으로 빠져들 수 있을 것이다.

청년이여, 청년들이여! 그대들의 아버지들이 겪었던 고통과, 지금 그대들이 누리는 자유를 쟁취하기 위해 승리를 거두어야만 했던 끔찍한 전투들을 오래도록 기억하기를! 지금 그대들이 자유롭다고 느끼며 마음대로 오갈 수 있고, 거리낌 없이 언론에 자신의 생각을 말하고 어떤 의견을 공개적으로 표명할 수 있다면, 그것은 그대들의 아버지들이 그 모든 것을 위해 자신들의 지혜와 피를 바친 덕분인 것이다. 독재 정권하에서 태어나지 않은 그대들은 매일 아침 주인의 군홧발에 가슴이 짓눌리는 느낌과 함께 잠에서 깨어나는 게 어떤 것인지를 알지 못할 것이다. 또한 독재자의 칼날과 사악한 심판자가 내리치는 무시무시한 철퇴를 피하기 위해 발버둥을 쳐 본 적도 없을 것이다. 그러니 그대들의 아버지들에게 감사하며, 거짓에 환호하거나 무지한 폭력과 광신자들의 불관용과 출세주의자들의 탐욕에 장단을 맞추며 그들과 함께 춤추는 죄악을 저지르지 말길 바란다. 이제 독재는 더 이상 설 자리가 없다.

청년이여, 청년들이여! 부디 언제나 정의와 함께할 수 있기를 바란다. 살아가는 동안 그대들의 마음속에서 정의를 소중하게 생각하는 마음이 한순간이라도 흐려진다면, 그대들은 온갖 위험에 직면하게 될 것이다. 나는 지금 우리의 '민법전'[25]에 나오는 정의를 두고 하는 얘기가 아니다. 법전에서 말하는 정의는 사회적 관계만을 보장해 주는 것이다. 그 정의가 존중되어야 함은 물론이다. 하지만 그보다 더 높은 차원의 '정의'가 있다. 즉, 원칙적으로 모든 인간은 잘못된 판단을 내릴 수 있음(재판부를 모욕하려는 의도는 전혀 없다)을 전제하는 것으로, 유죄판결을 받은 사람도 결백할 수 있음을 받아들이는 정의를 말하는 것이다. 이것이야말로 인간의 권리를 추구하는 그대들의 뜨거운 열정에 불을 지필 수 있는 근사한 기회가 아닌가? 삭막한 이해관계와 인간관계로 뒤얽힌 추잡한 싸움판에 아직 뛰어들지 않은 그대들이 아니라면 누가 분연히 일어나 정의를 행할 것을 요구할 수 있겠는가? 아직 수상쩍은 어떤 일에도 끼어들거나 연루되지 않은 채 오직 순수한 선의로써 소리 높여 말할 수 있는 그대들, 청년들이 아니라면 누가 그럴 수 있겠는가?

청년이여, 청년들이여! 부디 인간성과 관대함을 겸비한 젊은 이들이 되기를! 설사 우리 생각이 틀리더라도 부디 그대들이 우리와 함께해 주기를! 우리가 그대들을 향해, 아무 죄 없는 한 사람이 끔찍한 형벌을 받고 있으며, 분노에 찬 우리의 마음이 찢어질 듯 아프다고 외치고 있지 않은가. 이렇게 터무니없이 가혹한 형벌 앞에서 단 한순간이라도 오판의 가능성을 받아들이고, 가슴이 미어지고 눈에서는 눈물이 흘러내릴 수 있기를. 물론, 도형장의 간수라면 냉담한 반응을 보일지도 모른다. 하지만 그대 청년들이여, 아직 눈물 흘릴 줄 알고, 불행과 연민을 불러일으키는

---

25 1804년 나폴레옹 1세 때 제정·공포된 프랑스 민법전으로 '나폴레옹 법전'이라는 별칭으로 불린다. 법 앞에서의 평등, 취업의 자유, 신앙의 자유, 사유재산의 존중, 계약의 자유 등 프랑스혁명의 성과를 그대로 반영하고 있어 근대 법전의 기초가 되었다.

모든 세상사에 민감한 그대들은 달라야 하지 않겠는가! 이 세상 어딘가에서 어리석은 증오심의 희생양이 된 한 무고한 시민이 고통받고 있는 것을 알면서, 어찌하여 그를 구해 내어 그의 결백을 밝히고자 하는 기사도적인 꿈을 꾸지 않는 것인가? 그대들이 아니라면 누가 이 숭고한 모험에 뛰어들 것이며, 그대들이 아니라면 그 누가 위험하고도 당당한 대의를 위해 이상적인 정의의 이름으로 무지한 민중과 맞서 싸울 수 있겠는가? 그대 젊은이들이 나서서 해야 할 관대하고도 열정적인 일들을 나이 든 우리들이 대신한다면 그것이야말로 부끄러운 일이 아니겠는가?

어디로 가는가, 청년들이여! 거리를 휘젓고 다니면서, 그대들의 찬란한 스무 살의 용맹함과 희망을 어리석은 분쟁으로 얼룩진 진흙탕 속에 내팽개치려 하는 학생들이여, 그대들은 지금 어디로 가고 있는가?

─ 우리는 인류애와 진실과 정의를 향해 나아가고 있습니다!

05
프랑스에
보내는
편지

'청년들에게 보내는 편지'를 발표한 지 3주가 지났다. '프랑스에 보내는 편지'는 졸라가 파스켈 출판사에서 팸플릿으로 펴낸 두 번째이자 마지막 기고문이다.

그사이 졸라의 책상에는 졸라를 향해 욕설과 야유를 보내는 '쓰레기 같은 신문들'의 기사와 함께 프랑스 전국 각지와 벨기에, 이탈리아, 독일, 러시아 등 세계 각국의 다양한 사람들이 존경과 격려의 마음을 담아 보낸 편지들이 날로 쌓여 갔다. '나는 고발한다…!'가 발표된 후에는 더욱더 엄청난 편지들이 쇄도했다.

그사이 참모본부는 치밀하게 반격을 준비하고 있었다. 공스 장군의 측근들은 에스테라지가 독일 무관 슈바르츠코펜과의 관계를 밝히는 일이 없도록 그를 바짝 압박하면서 그와 함께 음모를 꾸며 나갔다. 무슨 일이 있어도 이 사건이 외교 문제로 비화하는 일이 없도록 해야 한다는 게 그들이 내세우는 평계였다. 반드레퓌스파 도당에게 협박을 당한 필적감정사 벨롬(Belhomme), 바리나르(Varinard), 쿠아르(Couard)는 명세서의 필체가 에스테라지의 것이 아니라 그의 필체를 완벽하게 흉내 낸 필사생(筆寫生)의 것이라고 위증을 했다.

'에스테라지 사건'을 맡은 라바리 소령은 에스테라지의 범죄 사실을 밝힐 수 있는 명백한 증거가 없으므로 그에게 면소 판결을 내리는 게 적당하다고 판단했다. 하지만 그들과 작당해 재판 결과에 자신감을 얻은 에스테라지는 아예 무죄판결을 기대하고 자신의 재판을 군사법원으로 넘길 것을 요청했다.

"상황이 우리에게 불리하게 돌아가고 있습니다. 하지만 난 결코 흔들리지 않을 것입니다." 졸라는 12월 6일 쉐레르-케스트네르에게 이렇게 편지를 보냈다. 그리고 자신의 말을 입증하듯 다음 날 '프랑스에 보내는 편지'를 팸플릿으로 발표했다. 〈르 피가로〉지는 '청년들에게 보내는 편지'의 일부를 공개했지만 이번에는 침묵을 지켰다. 반면에 〈로로르〉지와 〈르 시에클〉지는 졸라의 '프랑스에 보내는 편지'를 대대적으로 광고했다.

이 공개편지에서 졸라는 젊은이들뿐만 아니라 프랑스 국민 전체를 향해 열변을 토하고 있다. 그의 목소리는 1851년 12월 2일 쿠데타의 장본인[26]을 신랄하게 비난하고 깎아내리는 《징벌 시집 (Châtiments)》을 펴냈던 위고의 목소리를 연상시켰다. 졸라는 충분히 그럴 수 있는 자격을 갖춘 인물이었다. 40년간의 저작 활동과 명성, 오래전부터 정의와 자유, 인류애를 추구해 온 그의 전력, 드레퓌스 사건은 프랑스에 치명적인 결과를 초래할 수 있는 중대한 사건이라는 그의 믿음. 이 모든 것이 그로 하여금 프랑스 국민 전체를 향해 큰 소리로 외칠 수 있게 했던 것이다. 청년들에게 호소할 때는 명철한 비판 정신과 인류애를 강조했던 졸라는 프랑스 국민 전체를 향해서는 애국심과 나라의 영예를 역설하며 자신의 논리를 펼쳐 나가고 있다.

26 빅토르 위고는 자신이 지지했던 루이 나폴레옹 보나파르트(후에 나폴레옹 3세가 된다)가 1851년 12월 2일 황제가 되기 위해 쿠데타를 일으키자 그에 반대하여 망명길에 올랐다가 1870년 제2제정이 무너지자 다시 프랑스로 돌아왔다.

프랑스에 보내는 편지

샤르팡티에-파스켈 판

이 글은 팸플릿으로 제작돼 1898년 1월 7일에 판매된 것이다.

이 팸플릿은 시리즈로 제작된 팸플릿 중 두 번째 것이다. 나는 시리즈를 길게 펴내리라고 마음먹었다. 글에 관한 모든 자유와 책임이 전적으로 내게 있으면서, 나 외에 다른 그 누구에게도 신경 쓰지 않아도 되는 이런 식의 출판 방식이 마음에 들었기 때문이다. 게다가 신문의 비좁은 지면에 기사를 실을 때처럼 애써 글을 줄일 필요가 없는 터라 내가 원하는 만큼 마음껏 글을 쓸 수 있다는 점이 무엇보다 좋았다. 이제 사건들이 진전되고 있고, 나는 그리되기를 기다리고 있었다. 이제부터 나는 모든 것을 다 말하면서 끝까지 싸울 각오가 되어 있다. 진실이 만천하에 밝혀지고, 마침내 정의가 실현될 그날까지.

모두가 정신적 혼란 속에서 끔찍한 나날들을 보내느라 공공의 의식이 무뎌지는 것 같은 이 순간, 나는 내 나라, 내 조국 프랑스 그대에게 이 편지를 쓰고 있다!

매일 아침, 신문들 속에서 이 기막힌 드레퓌스 사건에 대해 그대가 어떤 생각을 하는지를 확인하면서 나는 점점 더 경악을 금치 못하고 나의 이성은 더욱더 분노하게 된다. 어떻게 이런 일이 있을 수 있는가? 프랑스 그대가 어떻게 이런 지경에까지 이르렀는가? 누가 보아도 명백한 거짓말들을 진실인 양 굳게 믿으며, 악한 무리들에게 동조하여 소수의 정직한 사람들을 탄압하고, 그들이 군부를 모욕하고 그대를 적에게 팔아넘기기로 공모했다는 터무니없는 핑계에 겁을 집어먹다니, 이것이 진정 내가 알던 그대의 모습이란 말인가? 그대의 지극히 현명하고 충성스러운 후손들의 바람은 그와는 반대로, 그대를 지켜보는 온 유럽의 눈에 그대가 여전히 영예와 인류애와 진실과 정의를 존중하는 나라로 머물러 있는 것이거늘!

그렇다, 대다수의 국민들이 이 지경에 이른 것이 사실이다. 특히 도시의 하층민들과 서민들, 소시민들, 지방과 시골에 사는 거의 모든 사람들, 이토록 많은 사람들 대부분이 온갖 신문에서 떠드는 것과 이웃들의 말을 아무 생각 없이 곧이곧대로 받아들이는 것이다. 그들은 스스로 정보를 알아낼 방법도 사고할 능력도 없기 때문이다. 이게 대체 어떻게 된 일인가? 프랑스여, 그대의 국민들이, 선함과 양식을 대변하던 그대의 국민들이 어찌해서

잔혹한 공포와 가차 없는 불관용의 모습을 보이게 되었단 말인가? 소수의 정의로운 사람들이 그대의 국민들에게, 이 시각에도 극심한 고통을 당하고 있을 한 사람이 어쩌면 결백할 수도 있음을 말하면서, 그에 대한 물질적이고 정신적인 증거도 확보하고 있으므로 재심이 필수 불가결함을 알렸다. 하지만 그대의 국민들은 진실의 목소리에는 귀를 막은 채, 무고한 사람을 죽이는 것으로도 부족해 시신을 아예 땅에 파묻어 버리려는 파당과 사악한 무리 뒤에 숨어 버리고 말았던 것이다. 예전 같았으면, 단 한 명의 무고한 사람을 구해 내기 위해 바스티유 감옥을 몇 번이라도 부숴 버렸을 그대의 국민들이!

프랑스여, 그대를 사랑하고 그대의 영예와 위대함을 갈망하는 이들의 마음속이 지금 얼마나 커다란 불안감과 슬픔으로 가득 차 있는 줄 아는가! 나 역시 절망적인 심정으로 요동치는 혼탁한 바다와 같은 그대의 국민들에 대해 곰곰 생각해 본다. 프랑스의 가장 영광스러웠던 시절을 휩쓸어 가려는 듯 거세게 몰아치는 폭풍우가 어디에서 비롯되었는지 알고 싶기 때문이다. 나는 지금까지 살아오면서 이보다 더 치명적으로 심각한 일을 겪은 적이 없다. 작금의 사태를 바라보며 불안한 전조마저 느껴질 정도이다. 그래서 내가 하고 싶은 말을 모두 다 할 생각이다. 내가 평생 동안 추구한 것은 오직 한 가지, 진실을 말하는 것이었다. 그리고 여기에서도 그 일을 계속하려고 한다.

프랑스여, 그대가 지금 겪고 있는 위기가 무분별하고 편협한 여론 몰이에서 비롯되었다는 것을 알고 있는가? 백여 개의 신문들이 여론은 드레퓌스의 무고함을 원하지 않으며, 조국의 안녕을 지키려면 그가 유죄이어야만 한다고 매일같이 떠들어 대고 있는 실정이다. 고위층이 진실을 묻어 버리기 위해 내세우는 그런 식의 궤변을 그대가 용납한다면 그게 얼마나 큰 죄를 저지르는 것인지 알고 있는가? 그렇게 한다면 결국 프랑스 그대가 그 모든 것을 원하는 격이며, 그러한 범죄를 저지르는 장본인도 바로 프랑스 그대가 되는 것이다. 앞으로 그 막중한 책임을 어찌 감당하려고 그러는 것인가! 따라서 프랑스를 사랑하고 존중하는 그대의 후손들은 지금처럼 중대한 시기에 단 한 가지 절실한 의무감을 느끼고 있을 뿐이다. 강력한 행동으로 여론을 일깨워, 맹목적인 광기가 야기하는 잘못된 판단의 늪에서 그 여론을 구해 내는 것이 그들이 할 일인 것이다. 지금으로서는 그보다 더 절실하고 신성한 과업은 없다.

그렇다! 나는 있는 힘을 다해서 하층민들과 서민들에게 외치려 한다. 사악한 무리에 의해 나쁜 물이 든 채 방향을 잃고 우왕좌왕하고 있는 민중을 향해. 그것만이 지금의 내게 주어진 임무이기 때문이다. 나는 그들에게 정녕 큰 소리로 묻고 싶다. 프랑스의 영혼과 그가 지닌 불굴의 저력 그리고 그의 확실한 승리가 진정 어디에 있다고 생각하는 것인지를 간절하게 묻고 싶다.

우선, 그동안 사태가 어디까지 진전돼 있는지 살펴보도록 하

자. 이제 한 걸음 더 나아가, 에스테라지 소령 관련 건이 군사법원으로 넘어간 상태이다. 사건과 관련된 첫 번째 글에서 말했듯이, 진실이 전진하고 있고, 그 무엇도 그 발걸음을 멈추게 하지 못하리라. 악의적인 무리의 방해에도 불구하고 때가 되면 진실은 어김없이 한 걸음씩 전진하게 될 것이다. 진실은 모든 장애물을 무너뜨릴 수 있는 힘을 내재하고 있기 때문이다. 누구든지 그 앞을 가로막거나, 상당히 오랜 시간 동안 진실을 땅속에 묻어 놓아 보라. 그러면 진실은 그 속에서 힘을 축적하면서 때를 기다리다가 다시 땅 위로 솟아오르는 날, 강력한 폭발로 주위의 모든 것을 휩쓸어 가게 될 것이다. 사악한 무리에게 경고하노니, 이번에도 또다시 몇 달간 거짓말이나 비공개 재판으로 진실을 감추려고 시도해 보라. 당신들의 그런 행동이 훗날 끔찍한 재앙을 야기했음을 알게 될 테니.

    하지만 진실이 전진할수록, 그 사실을 부정하기 위해 거짓말 또한 점점 더 늘어나게 마련이다. 그 사실은 우리에게 많은 것을 시사해 준다. 사전 조사를 담당한 드 펠리외 장군이 에스테라지 소령의 유죄 가능성을 언급한 보고서를 제출하자 비열한 언론은 다음과 같이 둘러댔다. 에스테라지 소령의 결백을 확신하고 머뭇거리던 소시에 장군이 에스테라지의 뜻대로 군사법원에 그를 회부했다는 것이다. 그리고 이제는 한술 더 떠서, 신문들은 다음과 같이 이야기하고 있다. 세 명의 필적감정사[27]가 또다시 명세서를 드레퓌스 대위의 것이 확실하다고 단언하자 라바리 소령은 증거

조사 후 면소의 필요성을 주장했으며, 그런데도 에스테라지 소령이 군사법원에 출두하는 것은 그가 또다시 소시에 장군에게 공정한 판결을 받도록 해 줄 것을 요구했기 때문이라는 것이다.[28]

이거야말로 우스꽝스러운 코미디이자 어리석음의 극치를 보여 주는 짓거리들이 아니고 뭐겠는가! 고발을 당한 사람이 사건을 좌지우지하면서 판결을 미리 강요하는 법도 있던가? 두 번의 조사 후에도 결백한 것으로 판명되었다고 하면서 자청해서 재판을 받겠다고 나서다니? 단지 남에게 보이기 위한 가식적인 코미디이자 일종의 사법적 피날레를 위해서? 재판도 하기 전부터 무죄판결이 확실하다고 단언하는 순간 저들은 정의를 조롱한 것이 분명하다. 정의는 무고한 사람들을 심판하기 위해 존재하는 것이 아니므로, 적어도 심리를 시작하기도 전에 판결문이 법정 뒤에서 은밀하게 작성되어서는 안 될 것이다. 이제 군사법원에 일임된 에스테라지 소령 사건이 국가의 명예를 위해, 단순한 호사가들의 눈요깃거리가 아닌 중대한 사건으로 다루어지기를 기대해 보자. 오! 가엾은 나의 프랑스여, 이런 황당무계한 이야기들을 믿다니 그대가 이토록 어리석은 나라였단 말인가?

게다가 쓰레기 같은 언론이 발표하는 정보들, 그대의 눈을 번쩍 뜨게 하기에 충분한 그 정보들은 온통 거짓말들뿐이다. 나로서는, 에스테라지 소령의 필적과 명세서의 필적이 완벽하게 일치하는 것조차 단번에 알아보지 못한 필적감정사 세 사람의 감정 결과를 단호하게 거부한다. 길에 지나가는 어린아이를 데리고 와서 눈앞에 두 건의 문서를 들이밀고 물어보면, 아이는 조금도 망설이지 않고 이렇게 대답할 것이다. "둘 다 같은 사람이 쓴 거잖아요." 그 사실을 알아내는 데는 전문가도 필요 없다. 어떤 단어들은 누가 봐도 한눈에 똑같은 걸 알아낼 수 있을 정도이기 때문이다. 그러다 보니 에스테라지 소령 역시 두 문서의 필적이 놀라울 정도로 닮았음을 인정할 수밖에 없었다. 그리고 그 사실을 해명하기 위해 누군가가 자신의 편지들을 베껴 쓴 것이라는 주장을 펴 나갔다. 엄청나게 유치하기까지 한 이야기들을 아주 복잡하고도 힘겹게 꾸며 내면서. 그런데도 언론은 그들과 부화뇌동해 수 주일 동안 그 문제를 세세하게 다루었다. 그리고 저들은 우리에게 전문가 세 사람의 감정을 거친 결과, 명세서는 드레퓌스 대

---

27 명세서를 작성한 사람을 밝혀내기 위해 고용된 벨롬, 바리나르, 쿠아르는 참모본부의 사주를 받아 명세서 필적의 주인이 에스테라지 소령이라는 주장을 무효화했다. 그가 만약 그 문서를 작성했다면 자신의 필체를 숨겼을 것이라는 게 그 이유였다. 하지만 전문가 세 사람은 에스테라지 소령이 결백하고, 누군가가 그의 필체를 흉내 냈을 거라고 주장하면서도 드레퓌스 대위의 이름은 한 번도 언급하지 않았다. 그들 역시 마음속으로는 명세서와 에스테라지 소령이 쓴 편지의 필적이 완벽하게 일치함을 인정했기 때문이다.
28 드레퓌스 대위의 형 마티외 드레퓌스는 에스테라지가 진정한 반역자임을 공개적으로 선언하며 그를 고발했다. 그리하여 1897년 11월 17일, 에스테라지에 대한 조사가 시작되어 드 펠리외 장군에게 일임되었다. 드 펠리외 장군은 12월 3일 '증거조사 거부'로 결론을 내렸다. 그러자 파리의 사령관이던 소시에 장군 또한 거기에 동참했다. 새로운 조사의 임무를 맡았던 라바리 소령은 12월 31일 면소 결정을 내렸다. 하지만 1898년 1월 1일, 면소가 철회될 수 있음을 두려워한 에스테라지는 결정적인 무죄판결을 기대하며 재판을 받게 해 줄 것을 요구했고, 소시에는 그를 군사법원으로 돌려보냈다. 그 사이 드레퓌스 사건에 연루된 참모본부의 장교들(앙리, 뒤 파티 드 클람, 드 부아데프르, 공스)이 서로 공모하여 에스테라지에게 재판에서의 역할을 지시하고, 군사기밀 문서를 누설했다는 죄목으로 피카르 중령을 구속했다.

위가 쓴 것이 분명하다고 재차 단언을 했다! 아니! 이럴 수는 없다, 결코 이럴 수는 없는 것이다! 그렇게 속이 빤히 보이는 거짓말을 계속하다니, 올바른 양심을 가진 사람들이라면 이에 분노하지 않을 수 없을 것이다!

어떤 신문들은 명세서가 배제될 것이며, 법정에서 언급조차 되지 않을 것이라고 주장하기까지 한다. 그렇다면 대체 무엇을 문제 삼을 것이며, 재판은 왜 열리는가? 사건의 핵심은 바로 이것이다. 드레퓌스 대위가 다른 사람이 쓴 문서에 의해 유죄판결을 받았다면, 그리고 그 문서가 그 다른 사람에게 죄가 있음을 밝히는 데 충분하다면 재심의 당위성이 엄연히 존재하는 것이다. 똑같은 범죄로 인해 각기 다른 두 사람이 유죄판결을 받는다는 것은 있을 수 없는 일이기 때문이다. 드망주 변호사 역시 그 점을 분명히 했고, 그는 명세서에 관한 사항만을 전달받은 터였다. 드레퓌스 대위는 오직 명세서에 근거해서만 법적으로 유죄판결을 받았기 때문이다. 저들이 법을 무시하면서까지 존재한다고 주장하는 비밀문서에 관한 이야기를 믿는다고 해도—물론 나로서는 절대 믿지 않지만—유일한 증거자료로 알려진 명세서가 다른 사람의 손에 의해 쓰인 것임이 밝혀진다면 감히 누가 재심이 열리는 것을 막을 수 있겠는가? 그래서 저들이 명세서를 둘러싸고 온갖 거짓을 꾸며 내고 있는 것이다. 이 사건의 핵심이 바로 거기에 있기 때문이다.

따라서 첫 번째로 주목해야 할 점은 다음과 같은 것이다. 여기서 여론이라는 것은 대부분 매일 아침 언론이 퍼뜨리는 황당하고 터무니없는 이야기들과 거짓말들로 형성된 것이다. 언젠가는 반드시 그 책임을 묻게 될 순간이 올 것이며, 그때 추잡한 언론은 온 세상 사람들에게 이 나라를 부끄럽게 만든 파렴치한 행위에 대한 대가를 반드시 치러야 할 것이다. 사실 어떤 신문들은 평소 그들의 역할대로 한 것뿐이다. 그들은 늘 진흙탕을 쓸고 다니는 것밖에는 달리 한 게 없으니까. 하지만 〈레코 드 파리〉[29] 같은 신문이 그런 언론 중에 끼어 있다니 정말 놀랍고도 서글픈 마음을 금할 수 없다. 평소 사상의 전위(前衛)로서 활약하던 대표적인 문학지가 이 드레퓌스 사건에서 그토록 유감스러운 역할에 팔을 걷어붙이고 나서다니! 불미스러운 편견에 사로잡힌 격렬한 어조의 단평들은 서명조차 되어 있지 않았다. 그 기사들은 드레퓌스 대위를 어설프고도 억지스럽게 단죄하는 신문들에서 베껴 신다시피 한 것이었다. 무슈 발랑탱 시몽은 그런 기사들이 그의 신문에 불명예와 수치를 안겨 줄 것이라는 사실을 생각하지 못했던 것일까? 그리고 정직한 사람들의 양심에 역겨움을 불러일으키는 태도로 일관하는 또 다른 신문이 있다. 〈르 프티 주르날〉[30]이 그것이다. 수천 부 정도의 신문을 찍어 내면서, 판매 부수를 늘리기

---

[29] 1884년에 창간되었으며, 발랑탱 시몽(Valentin Simond)이 이끄는 우파 신문이다. 당시 반드레퓌스파 진영에 섰다.
[30] 1863년 창간된 온건 공화파 신문으로 반드레퓌스파였다. 1898년, 에르네스트 쥐데가 에밀 졸라의 아버지인 프랑수아 졸라에 대한 격렬한 비방 기사를 게재했다.

위해 거짓말을 일삼고 스캔들을 부추기는 공창 같은 신문들이 그러는 것은 그러려니 하고 이해해 줄 수도 있다. 게다가 그런 것은 제한적인 악이다. 하지만 서민들을 주 독자층으로 백만 부 이상을 찍어 내는 신문이 사방으로 파고들어 가 잘못된 사실을 퍼뜨리며 여론을 오도하는 행위는 엄청나게 중대한 죄로 간주될 수 있다. 그만한 도덕적 책임을 지고 있고 민중의 지도자 역할을 하는 신문이라면 양심에 따라 신중하고도 현명하게 처신해야 하는 법이다. 그러지 않으면 대중을 상대로 범죄를 저지르는 것과 다를 바 없다.

따라서 프랑스여, 지금 그대를 휩쓸고 있는 광란의 도가니 속에서 나는 다음과 같은 것들을 경고하려 한다. 언론의 거짓말들, 터무니없는 사실들을 날조하는 정치권력, 난무하는 추악한 욕설들, 도덕적 타락 등이 그대가 작금의 광풍 속에서 매일 아침 직면하고 있는 것들이다. 그대의 자랑스러운 덕목들과 명료한 지혜로움과 이성의 연대가 이 지경까지 무너져 내리고 있는 판에 어떻게 진실과 정의를 실현할 것인지 진정 그대에게 묻지 않을 수 없다.

그런데 지금 우리 앞에는 그보다 더욱더 심각한 문제들이 놓여 있다. 일련의 징후들이 명철한 혜안을 지닌 이들로 하여금 프랑스 그대가 겪고 있는 위기로부터 무시무시한 교훈을 이끌어 내게 하는 것이다. 사실 그 문제들에 비하면 드레퓌스 사건은 몹시 유감스러운 하나의 사건에 불과하다고 볼 수 있다. 내가 하려는 끔찍한 고백은 그대가 이 사건을 대하면서 보여 주었던 태도에 관한 것이다. 우리는 건강해 보이다가도 느닷없이 피부에 작은 반점들이 생기는 것을 경험할 때가 있다. 그것은 우리 안에 죽음이 도사리고 있다는 증거이다. 그와 마찬가지로, 그대가 오랫동안 앓고 있던 정치적, 사회적인 중병의 징후가 표면으로 올라온 것이다.

어째서 저들이 그대의 군대를 모욕했다고 외치게 내버려 둔 것인가? 그리고 어찌하여 그대마저 저들과 한목소리로 외쳤는가? 열렬한 애국심으로 불타는 이들이 구하고자 한 것은 다름 아닌 그 군대의 존엄과 명예인 것을 몰랐단 말인가? 오늘날 그대의 군대는 그대의 전부나 다름없다는 것을 모르는가? 그대의 진정한 군대는 번쩍이는 계급장을 단 몇몇 지휘관이나 장교 들이 아닌, 프랑스 영토를 지킬 각오가 돼 있는 그대의 모든 자식들인 것이다. 어디 한번 솔직하게 자기반성을 해 보기를 바란다. 그대가 지키고자 했던 건 진정, 아무도 공격하지 않았던 그대의 군대였는가? 그보다 그대는 느닷없이 군대의 총칼을 환호하고 싶었던 것은 아니었는지? 모욕을 당했다고 주장하는 군 수뇌부들에게 요란한 환호를 보내는 그대를 지켜보면서 나는 그대가 아직 그 후유증을 떨쳐 버리지 못하고 있는 불랑제주의[31]의 망령이 우리 가운데 되살아나는 건 아닌지 우려하지 않을 수 없다. 사실, 아직 그대의 몸속에는 공화주의의 피가 충분히 흐르고 있다고 볼 수 없다. 깃털 장식이 달린 군모를 쓴 장군이 지나가기만 해도 그대의 가슴이 뛰고, 왕의 모습만 보아도 즉각 사랑에 빠지지 않는가. 그대의 군대를 지키려 했다고? 천만의 말씀! 그대는 군대 따위에는 관심도 없다! 그대가 침상으로 끌어들이기를 원하는 것은 장군인 것이다. 드레퓌스 사건은 벌써 저만치 그대의 관심 밖으로 멀어져 있다! 의회에서 비요 장군에게 박수갈채를 보내는 동안 나는 그 담벼락에 총칼의 그림자가 어른거리는 것을 보았다. 프랑스여, 잠시라도 경계를 게을리한다면 그대는 또다시 독재의 늪으로 빠져들고 말 것이다.

프랑스여, 그대는 지금 자신이 어디로 가고 있는지 아는가? 그대는 '교회'가 지배하던 과거로 되돌아가려 하고 있는 것이다. 그대의 가장 빛나는 후손들은 그들의 지성과 피를 바친 치열한 투쟁 끝에 불관용과 교권(敎權)[32]으로 얼룩진 정치를 몰아냈다. 그런데 그대는 지금 그때로 다시 돌아가려 하고 있다니. 오늘날 반유대주의가 구사하는 전략은 단순하기 짝이 없다. 가톨릭교회는 민중에게 영향력을 행사하기 위해 노동자 단체를 만들고 순례를

---

31 조르주 불랑제 장군(Georges Boulanger, 1837~1891)은 1886~1887년 국방부 장관을 지냈으며, 황제가 되고자 하는 야심 때문에 퇴역당한 후 정계에 입문했다. 그 후 그를 내세워 프랑스의 영광을 되찾고자 하는 보수 극우파들의 지지를 등에 업고 의회의 해산과 개헌을 요구하는 민족주의 정당에 앞장섰다가 정부로부터 쫓기는 신세가 되었다. 궐석재판에 의한 영구 금고형을 선고받은 그는 1891년 브뤼셀에 있는 연인의 무덤 앞에서 자살했다. 1889~1891년, 그를 중심으로 제3공화국의 근간을 뒤흔들어 놓으며 반의회주의, 반공화정을 부르짖고 독일에 대한 군사 보복을 외쳤던 정치적 운동이 '불랑제주의(불랑지즘, Boulangisme)'이다.
32 종교상의 권위. 특히 가톨릭에서 교회 또는 로마 교황의 권력을 이른다.

수차례 추진했지만, 그들의 마음을 얻고 그들을 제단 아래 무릎 꿇게 하는 데는 실패하고 말았다. 그리하여 결정적으로 교회는 텅 비게 되었고, 민중은 더 이상 그들의 신을 믿지 않게 되었다. 그런데 작금의 상황이 민중에게 반유대주의의 광기를 불어넣었고, 교회는 그 틈을 타 민중을 광신으로 물들이면서 그들을 거리로 내몰아 '유대인들을 타도하라! 유대인들에게 죽음을!'이라고 외치게 하고 있는 것이다. 그렇게 해서 종교전쟁을 일으킬 수 있다면 이런 승리가 또 어디 있겠는가! 물론 그런다고 민중이 다시 그들의 신을 믿게 되는 건 아니다. 하지만 중세 시대의 불관용을 다시 반복하고, 유대인들을 공공 광장에서 화형시키는 것은 곧 맹신의 시작이 아니겠는가? 교회는 마침내 무서운 독을 손안에 쥐게 된 것이다. 저들이 프랑스 민중으로 하여금 광신자와 사형 집행인이 되게 한다면, 그들의 마음속에서 그토록 힘들게 쟁취한 관대함과 인권에 대한 사랑을 앗아 간다면, 신이 저들에게 어떤 처분을 내릴지는 두고 볼 일이다.

그런데도 감히 교회의 반동적인 움직임을 부정하려는 이들이 있다. 이미 도처에서 그 사실이 명백하게 드러나고 있는데도 말이다. 정치권과 예술, 언론 그리고 거리에서까지 교권의 반동주의가 판을 치고 있는 형국이다. 오늘은 유대인들을 박해하고 있지만, 내일은 신교도들 차례가 될지도 모르는 것이다. 그리고 이미 캠페인이 시작되었다. 공화국은 온갖 종류의 반동주의자들로 넘쳐나고, 그들은 느닷없이 공화국을 향해 무시무시하고 과도한 애정을 표현하며 공화국을 숨 막히게 하고 있다. 사방에서 자유의 이념이 무너져 내리는 소리가 들려온다. 자유에 대한 증오를 키워 가던 반동주의자들은 드레퓌스 사건이 발생하자 기막히게 좋은 먹잇감을 발견했음에 쾌재를 불렀던 것이다. 그리하여 광신적인 반동주의자들이 날뛰기 시작했고, 그동안 그런 자각조차 없던 사람들까지 덩달아 가세했다. 그들이 무슈 쉐레르-케스트네르를 미친 듯이 물어뜯은 이유가, 그가 자유를 믿었고, 자유를 구현하려 했던 세대에 속하기 때문이라는 것을 그대는 진정 모른단 말인가? 오늘날 젊은 세대는 어깨를 으쓱해 보이면서 그들을 비웃고 있다. 그들은 이미 한물간 늙은이들일 뿐이라고. 무슈 쉐레르-케스트네르의 패배는 곧 공화국을 세운 이들의 결정적인 몰락을 의미하는 것이다. 이미 세상을 떠난 이들과, 저들이 갖은 수작으로 진창 속에 파묻어 버리려고 하는 이들 모두의 몰락을. 그들은 총칼과 맞서 싸웠고, 교회의 영향력에서 벗어났다. 그런 이유로 오늘날 쉐레르-케스트네르라는 위대하고 정직한 인물이 야바위꾼 취급을 받고 있는 것이다. 공화국의 적들이 공화국 전체를 오염시키고 무너뜨리기 위해서는 우선 그와 같은 인물을 치욕의 늪에 빠뜨려야만 했던 것이다.

다른 한편으로는, 이 드레퓌스 사건은 의회정치를 더럽히고 종국에는 죽이고 말, 의회의 수상쩍은 술책을 만천하에 드러내 보였다. 문제의 사건은 의회로서는 유감스럽게도 입법부의 임기 말에 터졌다. 다음 번 국회의원 선거가 서너 달밖에 남지 않은 시점인 것이다. 권력을 쥔 내각은 당연히 선거를 제대로 치르기를 원하며, 국회의원들도 그들만큼이나 재선되기를 바라고 있다. 따라서 장관직을 내놓거나 재선될 기회를 위태롭게 하기보다는 모두들 극단적인 행동을 하기로 선택한 것이다. 그 어떤 조난자도 그들만큼 처절하게 구명 판자에 매달리진 않을 터이다. 모든 문제가 거기서 비롯되었고, 모든 게 그것으로 설명이 된다. 한편으로는, 드레퓌스 사건에 대한 내각의 기막힌 태도와 침묵, 그들이 보여 준 당혹스러움, 그들 자신이 진실을 밝혀야 할 책임이 있음에도 불구하고 온 나라가 기만당한 채 죽어 가게 내버려 둔 그들의 비행(非行). 다른 한편으로는, 반유대주의자들로 여겨지는 민중의 표를 잃어 재선에서 탈락할까 봐 아무것도 모르는 척 외면하는 국회의원들의 당당하지 못한 무관심. 심지어 그대는 이런 말이 나도는 것을 들어서 알고 있을 것이다. "아! 선거가 끝난 후였다면, 정부와 국회가 드레퓌스 문제를 단 하루 만에 후딱 해결했을 텐데!" 이것이 위대한 국민을 우롱한 의회정치의 비열한 술책인 것이다!

프랑스여, 그대의 여론은 바로 이런 것들로 이루어진 것이다. 총칼의 필요성, 그대를 몇 세기 뒤로 뒷걸음질하게 만드는 교권의 반동주의, 그리고 그대를 조종하고 먹어치우면서 권력의 테이블을 떠나지 않으려는 자들의 탐욕스런 야심으로 이루어진 것이다!

프랑스여, 간곡하게 청하노니 여전히 우리의 위대한 프랑스로 남아 있어 주기를, 그대 자신으로 다시 돌아오기를, 그대 자신의 모습을 되찾기를!

그대에게 일어났던 불행한 두 가지 사건, 파나마운하 사건과 드레퓌스 사건은 모두 반유대주의가 낳은 결과물이다. 파나마운하 사건 당시 비열한 언론이 수년간 어떤 밀고 행위와 가증스러운 비방, 날조되고 훔친 서류들을 이용해 예의 사건을 온 나라를 좀먹고 쇠약하게 만드는 무서운 암종으로 키웠는지를 돌이켜 보라. 언론에 의해 겁먹고 왜곡된 채 그들이 퍼뜨리는 독에 취한 온 국민은 분노하며 들고일어나 스캔들의 주모자들을 처벌할 것과 썩어 빠진 의회를 갈아치울 것을 일제히 요구했다. 아! 아르통[33]이 돌아와 진실을 밝힐 수만 있다면! 그리고 그가 다시 돌아와 입을 열자, 비열한 언론이 그동안 쏟아 냈던 모든 거짓말들이 무너져 내렸고, 갑자기 언론에 등을 돌린 여론은 스캔들과 관련된 유일한 죄인[34]을 더 이상 처벌하기를 원하지 않으면서 일제히 그의 무죄판결을 주장하고 나섰다. 물론 양심적인 사람들이라고 해서 모두가 완전무결한 것은 아닐 터이다. 거대 기업들이 수

---

33 에밀 아르통(Émile Arton)은 19세기 프랑스에서 악명 높았던 금융자본가이자 사업가, 브로커였다. 그는 1892~1898년에 파나마운하 사건과 관련하여 수많은 정계와 법조계 인물들을 매수한 장본인으로 언론에 수시로 이름이 오르내렸다. 1893년 5월에 유죄판결을 받은 그는 3년간 런던에서 신분을 위장한 채 살아가다가 1895년 11월에 체포되었다.

34 건설부 장관을 지낸 샤를 바이오(Charles Baïhaut)는 파나마운하 사건과 관련하여 다른 국회의원들과 함께 수뢰죄로 재판을 받았다. 하지만 다른 국회의원들은 모두 면소 판결을 받고 바이오만이 유죄판결을 받았다. 샤를 바이오는 유일하게 자신의 잘못을 인정한 인물로, 그를 파나마운하 사건의 희생양으로 보는 견해도 있다.

백만 프랑의 돈으로 로비를 할 때 대부분 나라의 의회에서 일어나는 일들이 이곳 프랑스 의회에서도 일어났다. 하지만 사람들은 마침내 역겨운 비방들에 구역질이 나기 시작했다. 그동안 언론이 쏟아 낸 너무 많은 추악한 이야기들로 더럽혀진 대중은 이제 순수한 공기로 몸을 정화시킬 강력한 필요성을 느꼈고, 모두의 결백을 믿고 싶어 했다.

그러니까 장담하건대, 반유대주의가 낳은 또 다른 사회적 범죄인 드레퓌스 사건도 십중팔구는 이런 식으로 흘러가게 될 것이다. 또다시 추잡한 언론은 거짓말과 수치스러운 이야기 들로 사람들의 눈을 가리고 있다. 정직한 이들을 불한당으로 매도하고, 파렴치한 자들을 정직한 사람들로 추앙하기를 서슴지 않으면서. 심지어 언론은 어린아이들조차 믿지 않을 황당무계한 이야기들을 끊임없이 만들어 냈다. 그리고 양식과 정직성에 지나치게 반하는 그들의 추악한 짓거리는 대중의 반발을 불러일으키면서 치명적인 결과를 낳고 말았다. 그리하여 어느 날 아침, 그동안 진창 속에서 뒹굴었던 대중은 갑작스레 역겨움을 느끼며 한꺼번에 들고일어나게 될 것이다. 그리고 파나마운하 사건 때와 마찬가지로 드레퓌스 사건에 있어서도 결정적인 영향력을 행사하며, 예의 그 넘치는 관대함으로 진실과 정의의 실현을 요구하면서 더 이상 반역자가 존재하지 않게 할 것이다. 그렇게 반유대주의는 온 국민의 존엄과 정신 건강을 해친 치명적인 두 사건에 의해 심판받고 단죄될 것이다.

그러므로 프랑스여, 부디 그대 본연의 모습으로 되돌아오기를 간곡하게 청하노라. 더 이상 지체하지 말고 그대 자신으로 되돌아오기를. 지금으로서는 우리는 그대에게 진실을 알려 줄 수가 없다. 사건이 정식으로 제소된 상태이므로, 법원이 진실을 밝혀 줄 것으로 믿고 기다려야 할 것이다. 오직 판사들만이 진실을 말할 권리가 있으며, 그들이 그 의무를 다하지 못할 때에만 우리에게 그 진실을 밝힐 의무가 부여되기 때문이다. 그런데 그토록 단순한 진실이 무엇인지 그대는 진정 알지 못한단 말인가? 사실이 그 자체로 명백하게 말하고 있으며, 수사의 매 단계가 하나의 고백이나 다름없는데도. 불가해한 보호벽으로 둘러싸인 에스테라지 소령, 죄인 취급을 받으며 온갖 추악한 욕설과 모욕을 감당해야 했던 피카르 중령, 말장난을 하기에 급급한 각료들, 거짓말들을 쏟아 내기에 혈안이 된 허섭스레기 같은 신문들, 암중모색하듯 엄청나게 더디게 진행된 첫 번째 예심. 그대는 이 모든 것들이 사악하게 느껴지면서 악취를 풍긴다는 사실을 진정 깨닫지 못한단 말인가? 저들이 얼마나 감출 것이 많으면 이처럼 파리의 온갖 사기꾼 같은 무리들로부터 공공연한 비호를 받겠는가? 그와 반대로, 평온한 삶을 포기하면서까지 진실을 밝힐 것을 요구하는 이들은 정직하고 올곧은 인물들이다.

프랑스여, 이제 부디 잠에서 깨어나 그대의 영광스러웠던 모습을 돌이켜 보기를. 이 엄청난 위기 속에서 그대의 자유로운 부르주아지, 해방된 그대의 민중이 어떻게 저 사악한 무리에 의해 인간의 도리와 양식을 벗어난 길로 내동댕이쳐지고 있음을 깨닫지 못한단 말인가? 나는 그들이 저 사기꾼들의 공범이라고 생각하지 않는다. 그들은 저들의 술수에 속아 넘어간 것뿐이다. 그 뒤에 숨겨져 있는 것이 어떤 건지 알지 못하기 때문이다. 한편으로는 군사독재가, 다른 한편으로는 교권의 반동주의가 진을 치고 있다는 사실을 깨닫지 못하는 것이다. 프랑스여, 그대가 원하는 것이 진정 이런 것인가? 지금까지 그토록 비싼 대가를 치르면서 쟁취한 종교적 관용과 모두에게 평등한 정의, 모든 시민들의 우정 어린 연대를 위험에 처하게 하려는 것인가? 드레퓌스 대위의 유죄에 대한 의문이 존재하고, 그가 고통받는 것을 방치하는 것만으로도 그대가 영광스럽게 쟁취한 권리와 자유가 영영 위협을 받게 될 수도 있음을 알아야 할 것이다. 이게 어디 말이 되는가! 이런 것들을 소리 높여 외칠 수 있는 용기를 지닌 사람이 고작 요만큼밖에 안 된다니! 그대의 정직한 자손들, 공화국을 세웠고, 그 공화국이 위험에 처하는 것을 보면서 분노해야 마땅한 자유로운 정신과 관대한 마음을 지닌 모든 이들이 이와 같은 위기 앞에서 분연히 떨치고 일어날 생각을 하지 않다니!

프랑스여, 나는 바로 그런 이들에게 호소를 하고자 한다. 부디 서로 연대하고, 글을 쓰고, 소리 높여 말할 수 있기를! 우리와 함께, 사악한 무리에게 오도되어 판단력을 상실한 여론과 도시의 하층민들과 서민들을 일깨우는 데 동참하기를! 조국의 영혼과 근원적인 힘 그리고 승리는 공정성과 관대함으로부터 비롯됨을 알아야 할 것이다.

　나로서는 진실이 완전히 그리고 즉시 밝혀지지 않을 것이 염려될 뿐이다. 비밀리에 치러진 예심과 비공개 재판 후에 종결되는 것은 아무것도 없을 것이기 때문이다. 그리고 그때에야 비로소 사건이 시작되는 것이라고 볼 수 있다. 우리는 진실을 말해야 하기 때문이다. 침묵하는 것은 저들의 공범임을 자처하는 것이나 다름없다. 역사가 쓰이는 것을 막을 수 있다고 생각하다니 참으로 어처구니가 없지 않은가! 지금의 역사 또한 기록될 것이며, 아무리 작은 것이라 할지라도 그 대가를 치르지 않는 책임은 존재하지 않는다.

　프랑스여, 이 모든 것은 그대의 궁극적인 영광을 위한 것이다. 나는 그대가 잘못되리라는 걱정은 조금도 하지 않는다. 저들이 그대의 이성과 정신 건강에 아무런 해를 입힐 수 없음을 잘 알고 있기 때문이다. 또한 프랑스 그대는 여전히 인류의 미래로 남을 것이며, 어떤 역경 속에서도 언제나 진실과 정의를 당당하게 바로 세우는 모습을 우리에게 보여 줄 것임을 믿어 의심치 않는다.

06
'나는 고발한다…!'
공화국 대통령에게
보내는
편지

1월 10일과 11일, 셰르슈미디 군사교도소의 군사법원에서 열린 재판에서 에스테라지는 만장일치로 무죄판결을 받았다. 그의 무죄판결은 이미 짜인 각본에 따라 예정된 것이었다. 게다가 모두들 에스테라지가 무죄를 선고받고, 그가 독일 측에 넘긴 비밀문서들은 영영 이대로 역사 속에 묻혀 버리고 말 것이라고 예상하던 터였다. 비공개로 진행되었던 드레퓌스의 재판처럼 에스테라지의 재판 역시 뒤늦게 비공개로 진행되었다. 그리고 1월 11일 저녁 8시 10분, 단 3분간의 심의를 거쳐 재판부가 만장일치로 에스테라지의 무죄를 선고하자 "군대 만세! 유대인들에게 죽음을!"이라는 함성과 함께 박수갈채가 터져 나왔다. 그로부터 이틀 후, 졸라의 '나는 고발한다…!'가 발표되던 날, 피카르는 군사기밀을 누설한 죄로 체포되었고, 쉐레르-케스트네르는 상원의 부의장직에서 물러나야 했다. 공화국이 그 주인들 자신에 의해 더럽혀진 것이다. 에스테라지의 무죄판결은 거짓과 사악함으로 뭉친 군부가 어디까지 갈 수 있는지를 극명하게 보여 준 또 하나의 사건이었다. 그 1월 11일 저녁, 드레퓌스는 '기왕의 판결'의 권위에 의해 또다시 짓밟혔다. 이제 법적인 해결책은 딱 한 가지밖에는 남아 있지 않았다. 최고 상급법원인 파기원으로 하여금 1894년의 판결을 파기한다는 판결을 받아 내는 것이었다. 그러자면 먼저 정부로부터의 재심 요청이 있어야만 했다. 아니면 판결 이후 추가된 새로운 사실에 근거하여 드레퓌스의 가족이 항소를 하면 정부에서 파기원에 재심을 요청할 수 있었다. 하지만 군사기밀이라는 명목하에 꼭꼭 감추어 둔 비밀문서에 어떻게 접근할 수 있을 것이며, 저들의 거짓과 위선을 어떻게 입증할 수 있을 것인가? 또한 위정자들과 국회의 태만과 적대감, 그리고 여론의 증오와 무관심을 어떻게 바꾸어 놓을 수 있을 것인가? 저들을 자극하고 두렵게 해서 사악한 짓거리들을 중단시키기 위해서는 이성적으로 올바른 말을 하는 것만으로는 부족했다. 지금까지 시도했던 언론 캠페인은 적들에게 결정적인 영향을 주지도, 여론과 정치권을 흔들어 놓지도 못했음을 인정해야만 했다. 좌파 의원들의 대부분은 재심에 반대하는 입장을 취했으며, 공화파 수뇌부도 멜린의 뒤로 숨거나 침묵하는 형국이었다. 조레스를 비롯한 사회주의 의원들도 드레퓌스 사건을 '혜택 받은 두 부르주아 계층[35]의 파당 싸움' 정도로만 여기고 일절 관여하지 않을 것임을 분명히 밝힌 터였다.

졸라는 이제 자신의 가장 큰 무기인 글로써 적들을 공개 석상으로 이끌어 내고자 마음먹었다. 그의 적들은 펜의 힘이 칼보다 강하다는 것을 잊고 있었던 것이다. 그것도 다른 사람도 아닌 에밀 졸라의 글이 아닌가! 이미 만천하에 입증된 엄청난 필력으로 쏟아 낸 공격적이고 논쟁적인 졸라의 글이 얼마나 무시무시한 화력을 뿜어낼지 저들은 전혀 예측하지 못하고 있었다. 그리고 졸라가 뿜어낸 거대한 불덩어리 앞에서 대경실색하며 비틀거렸다.

'나는 고발한다...!'를 통해서 졸라가 이루고자 하는 바는 분명했다. 적들로 하여금 자신을 법정에 세우게 함으로써 드레퓌스 사건의 재심을 가능하게 하려는 게 그의 의도이자 목표였다. 졸라는 모든 것을 은폐하려는 군사법원(군부)의 논리에 민사법원의 공개재판으로 맞서고자 했던 것이다.

1898년 1월 13일, 〈로로르〉지에 '나는 고발한다...!'가 실릴 당시 졸라의 주위 사람들은 역사적으로 중요한 어떤 사건이 일어나고 있음을 예감했다. 몽마르트르 가 142번지 5층에 위치한 〈로로르〉지의 비좁은 사무실에 있던 이들은 즉각적으로 곧 거대한 싸움이 벌어지리라는 것을 예감하고는 분주히 움직이기 시작했다. 졸라의 글에 '나는 고발한다...!'라는 획기적인 타이틀을 붙

---

35 신교도와 유대인으로 이루어진 그룹과 교권주의와 군국주의를 지지하는 이들로 형성된 그룹을 가리킨다.

일 것을 생각해 낸 사람은 조르주 클레망소였다. 졸라는 사건에 초점을 맞추는 단편적인 제목 대신 총칭적이고 분류적인 제목을 선호하는 당시의 언론사 관행대로 '공화국 대통령에게 보내는 편지'라는 제목을 붙인 터였다.[36] 클레망소의 기발함은 무엇보다 졸라의 텍스트와 무관한 표현을 제목으로 사용하는 대신 그의 글 속에서 그 내용을 가장 잘 요약하는 문구를 뽑아내 부각시켰다는 데 있다. 그는 신문의 1면을 가득 채운 6단의 글 위쪽으로 커다란 글씨로 강조한 헤드라인을 첫머리에 배치했다. 그 아래쪽에 위치한 텍스트의 촘촘한 조판과 뚜렷이 대조되는 타이틀은 그 자체로 엄청난 광고 효과를 포함하고 있었다. 그건 마치 독자의 관심과 감동을 불러일으킴으로써 글을 읽고 싶은 마음이 절로 들게 하는 강력한 진격의 북소리와도 같았다! 현대적 저널리즘의 시대가 막 시작되었던 것이다.

위르뱅 고이예(Urbain Gohier)는 당시 상황을 이렇게 전하고 있다.

내 사무실과 붙은 클레망소의 사무실에 가 있을 때 인쇄소에 갔던 보강이 아직 잉크가 채 마르지 않은 '나는 고발한다…!'의 교정쇄를 들고 올라왔다. 교정쇄를 꼼꼼하게 읽은 클레망소는 읽어 보라고 원고를 건네면서 내 의견을 물었다. 나는 굉장한 글이라고 대답했고, 우리가 처음부터 다른 관점에서 출발했음을 알게 되었다고 덧붙였다. 우리가 주장했던 것은 불법적으로 자행된 잘못된 판결로 인한 재심의 필요성이지 드레퓌스의 결백이 아니었던 것이다. 클레망소는 이렇게 말했다. "이건 졸라가 쓴 거요. 졸라가 서명했고 모든 책임을 질 거요. 난 내일부터 우리의 입장과 투쟁 이유를 재정립해 나갈 생각이오."

과연 '나는 고발한다…!'의 발표는 두 달 전부터 〈로로르〉지가 전개해 온 언론 캠페인의 방향을 근본적으로 바꾸어 놓았다. 그들이 추진해 온 방침은 1894년 드레퓌스 재판 당시 저질러진 불법성을 폭로함으로써 '재심을 이끌어 내는 것'이었다. 그러면서 드레퓌스의 결백에 관한 문제는 등한시했던 게 사실이다. 1897년 11월 25일에 시작된 언론 캠페인[37]은 이제 그 방향과 어조를 바꾸었다. 40년간 작가로서 쌓아 온 명성과 강력한 목소리를 지닌 한 사람과 국가 조직을 책임지고 있는 정치인들과 군 수뇌부들로 이루어진 무리와의 결투 같은 양상을 띠게 된 것이다. 졸라는 격렬한 논조의 글로써 다양한 기폭제에 불을 댕기면서 승리가 불분명해 보이는 가치 없는 싸움에 뛰어든 것이다.

사건이 정식으로 제소된 상태에서 정의가 명명백백하게 행해

---

36 졸라는 후에 자신의 글을 인용할 때도 결코 '나는 고발한다…!'라는 제목을 언급한 적이 없었다.
37 졸라가 〈르 피가로〉지에 드레퓌스 사건과 관련한 첫 번째 기고문 '무슈 쉐레르-케스트네르'를 발표한 날이다. 그때 그는 다음과 같은 말로 저들에게 경고한 바 있다. "진실이 전진하고 있고, 그 무엇도 그 발걸음을 멈추게 하지 못하리라."

지지 않는다면 나는 진실을 소리 높여 말할 것입니다. 나는 진실을 말할 것을 약속했기 때문입니다. 나의 의무는 사실을 말하는 것이며, 나는 저들의 공범이 되고 싶은 생각이 추호도 없습니다.

졸라의 '나는 고발한다…!'는 6단으로 신문의 1면을 가득 메우고 2면의 일부를 더 차지할 만큼 긴 글이었다. 팸플릿으로는 무려 16쪽에 이르는 분량으로, 드레퓌스 사건의 언론 캠페인이 시작된 이후 처음으로 일간지에 발표된 가장 충실한 보고서이자 논고였다. 지금까지 단편적으로만 전해졌던 퍼즐의 조각들이 처음으로 맞추어졌던 것이다. 독자들은 그동안 일어났던 많은 사건들의 총체적인 소개와 설명을 통해 그 모든 것들의 연관성을 비로소 이해할 수 있게 되었다. 졸라는 드레퓌스 사건을 야기한 핵심적인 요소들을 꿰뚫어 보면서 그 모두를 종합적으로 분석했다. 반유대주의, 군국주의, 교권주의, 군 수뇌부와 위정자들의 출세욕과 위선, 국익우선주의, 비방을 일삼는 언론의 저열한 행태, 사악한 무리에게 놀아나는 군중의 어리석음 그리고 그 주인들에 의해 도덕적이고 정치적인 가치가 짓밟힌 공화국.

하지만 여러 사건들이 연이어 일어나면서 열기와 혼란이 가중되는 와중에 단기간에 써 내려간 글에는 어쩔 수 없이 부정확하고 잘못된 몇몇 부분들이 포함돼 있다. 메르시에 장군의 하수인에 불과했던 뒤 파티 드 클람 소령이 모든 음모의 주범인 것처럼 그 역할이 과장되어 소개돼 있으며, 그보다 훨씬 더 사악한 범죄를 저지른 앙리 소령은 언급조차 되지 않고 있다. 사건에 깊숙이 개입해 있던 메르시에, 드 부아데프르, 공스 장군은 '그(뒤 파티 드 클람 소령)의 술수에 점차 휘말림에 따라 조작된 진실 속에 자신들의 책임을 내동댕이쳤으며, 훗날 사람들로 하여금 그 조작된 진실을 절대적이고도 신성한 진실로 믿게 만들어야 한다고 생각하게 되었다'고 소개되고 있다. 처음부터 이 모든 것을 지시했던 국방부 장관 메르시에 장군과 음모를 실행에 옮기는 임무를 맡았던 참모차장 공스 장군의 역할이 지나치게 과소평가되어 있는 게 사실이다. 또한 다소 과장되고 지나치게 공격적으로 묘사된 부분들이 있다는 지적을 받기도 했다. 하지만 '나는 고발한다…!'는 역사적 분석이기 이전에 정치권과 언론과 여론을 겨냥해 논쟁과 반응을 이끌어 내기 위해 쓰인 글이라는 점을 잊지 말아야 할 것이다. 게다가 '나는 고발한다…!'를 발표할 당시 졸라가 접할 수 있는 정보는 극히 제한적이었으며, 무엇보다 뒤 파티 드 클람의 역할[38]에 대해서는 누구라도 같은 의견을 내놓았을 터였다. 사건의 진정한 배후가 좀 더 구체적으로 밝혀진 것은 1898년 2월 졸라의 재판 이후와 그해 8월 말에 앙리가 자살한 이후였다.

---

[38] 이 책의 제1부 1장 《전진하는 진실》의 숨은 이야기의 '드레퓌스 사건은 어떻게 시작되었나?'를 참조할 것.

여기서 '나는 고발한다...!'의 집필과 발표를 둘러싼 상황들을 잠시 살펴보도록 하자. '나는 고발한다...!'가 발표되기 이전 사건들의 연속성을 살펴볼 때 몇 가지 의문이 들게 된다. 에스테라지의 재판은 1월 11일 저녁 8시에 끝이 났고, '나는 고발한다...!'는 1월 13일 아침 신문에 발표되었다. 졸라는 어떻게 그토록 길고 역사적 분석이 정확한 글을 그렇게 짧은 시간에 쓸 수 있었던 것일까? 그는 독단적인 결정에 의해 그 글을 쓴 것일까? 〈로로르〉지의 편집진은 그의 계획에 대해 사전에 얼마나 알고 있었던 것일까?

졸라는 1월 초부터 에스테라지가 무죄판결을 받으리라는 것을 짐작하고 있었다. 그는 에스테라지 사건을 맡은 라바리 소령의 보고서와, 세 필적감정사들이 명세서의 필체가 에스테라지의 것이 아니라고 결론을 내린 사실에 대해서도 이미 알고 있었다. 따라서 곧 열리게 될 군사법원의 재판에 대해 아무런 기대를 할 수 없는 실정이었다. 아니나 다를까, 1월 10일과 11일 이틀간 세르슈미디 군사교도소에서 열린 에스테라지 재판에서 벌어진 한편의 위선적인 가면극은 졸라를 격분하게 하면서 그의 투쟁 욕구를 더욱더 부추겼다. 여러 가지 정황과 졸라의 딸인 드니즈 르블롱-졸라의 증언 등으로 미루어 볼 때, 그는 에스테라지 재판이 한창 열리고 있던 10일 저녁부터 12일 아침(군사법원의 결정에 찬사를 보내는 반드레퓌스파 신문들이 첫 번째 기사를 쏟아 내기 시작할 무렵)까지 거의 36시간을 쉼 없이 글을 써 내려간 것으로 추정되고 있다. 후에 졸라의 친필 원고[39]를 검사한 결과 또한 집필이 연속적으로 이루어졌음을 입증하고 있다. 그리고 12일 오후 졸라는 원고를 〈로로르〉지의 사무실로 가지고 갔다. 그리고 지금도 여전히 급박하게 특종을 뽑아내야 할 때면 그렇게 하듯이, 편집국을 거치지 않고 곧바로 조판대로 향했다. 그리하여 즉시 조판이 이루어졌고, 〈로로르〉지의 편집진은 교정쇄를 보고서야 그 내용을 알 수 있었다.

글의 발표 방식에 관해서는 좀 더 상세하게 알려져 있다. 1월 초에만 해도 졸라는 '공화국 대통령에게 보내는 편지'를 이전의 두 '편지'처럼 파스켈 출판사에서 팸플릿으로 펴낼 생각을 하고 있었다. 그리고 1월 7일 발행인을 만나 1만 부를 찍기로 합의를 본 상태였다. 그런데 그 무렵 〈로로르〉지에 글을 발표할 수 있는 기회가 찾아왔고, 졸라는 1월 6일에 르블루아 변호사에게 보낸 편지에서 클레망소를 만나기로 했음을 알렸다.

문제의 '편지'를 팸플릿이 아닌 일간지에 발표한다면 이는 졸라가 의도한 바대로 명예훼손죄로 고소당해 법정에 설 가능성이 훨씬 더 커진다는 것을 의미했다. 이 모든 것은 졸라의 치밀한 계산에서 비롯된 것이었다. 졸라는 훗날 그가 남긴 '메모'에서 당시의 심경을 이렇게 밝혔다.

---

[39] 1987년 12월, 문화부 장관에 의해 국유재산으로 지정된 '나는 고발한다…!'의 친필 원고는 졸라의 한 인척이 보관하고 있었다. 프랑스 국립도서관은 1991년 1월 18일, 5백만 프랑에 원고를 사들였다.

'공화국 대통령에게 보내는 편지'는 내 안에서 하나의 외침처럼 쏟아져 나왔다. 나는 언론 소송을 당하기 위해 팸플릿 대신 신문을 택했다.

그럼에도 불구하고 파스켈의 후원으로 펴내기로 했던 팸플릿은 예정대로 인쇄가 되었다. 하지만 끝내 판매는 되지 않은 채 창고에 그대로 남아 있었다. 사실 이미 신문이 30만 부나 팔린 마당에 1만 부의 팸플릿이 별다른 영향력을 발휘하리라고 기대하긴 어려웠을 것이다.

이처럼 '나는 고발한다…!'는 졸라의 독단적인 의지에서 탄생한 것이었다. 클레망소와 보강이 졸라의 글을 싣기로 합의했고, 〈로로르〉지 역시 졸라와 마찬가지로 그에 대한 법적인 책임을 져야 했지만 그들은 마지막 순간까지 자신들이 어떤 내용의 글을 싣게 될지 알지 못했다. 졸라는 쉐레르-케스트네르나 마티외 드레퓌스를 포함해 그 누구도 그 사실을 알지 못했을 만큼 철저하게 비밀을 유지했다.

그리고 1898년 1월 13일 목요일 아침 〈로로르〉지에 '나는 고발한다…!'가 발표되자 모두들 경악했다. 훗날 샤를 페기는 당시를 이렇게 회상했다.

모두들 소스라치게 놀랐다. 이제 싸움을 다시 시작할 수 있었다. 파리에서는 온종일 〈로로르〉지 뭉치를 겨드랑이에 낀 채 달려가던 행상들이 쉰 목소리로 "로로르!"를 외치며 앞다투어 손을 내미는 사람들에게 〈로로르〉지를 나눠 주었다. 매끄럽게 불리는 아름다운 〈로로르〉라는 이름이 파리의 분주한 거리 위로 군중의 함성처럼 맴돌았다. 그 충격이 너무나 커서 파리 전체가 뒤집어질 뻔했다.

또한 레옹 블룸은 그의 《회고록》에서 이렇게 회상했다.

그 무렵 나는 깊은 절망감에 빠져 있었다. 그런데 갑자기 상황이 바뀌었다. 엄청난 폭발이 폐쇄적이고 견고한 저항 체제를 뒤흔들어 놓는 일이 일어났다. 어디선가 나타난 강력한 주먹이 빗장 걸린 방의 유리문을 박살내고 질식사를 선고받고 죽어 가던 '재심'이라는 대의를 구해 냈다. 〈로로르〉지가 졸라의 '나는 고발한다...!'를 발표했던 것이다. …(중략)… 졸라의 '나는 고발한다...!'는 하루 만에 파리에 엄청난 파장을 몰고 왔다. 드레퓌스 지지 운동은 '다시 활기를 되찾았다.' 충격을 받은 적들이 분노하는 동안 우리는 안에서 용기가 다시 세차게 솟구쳐 오르는 것을 느꼈다.

당시 사건을 가까이에서 지켜보았던 사람 중 하나인 앙리 바르뷔스는 그때의 소감을 이렇게 설명했다.

40년간 쌓아 온 저작들과 작가로서의 영예와 함께 영원히 침몰할지도 모르는 위험을 감수하면서 험난한 정의의 모험에 자신의 모든 것을 내던진 졸라의 용기는 참으로 위대하다. 그런데 그보다 더 칭송받을 점은 그가 쓴 완벽한 보고서의 통찰력과 명철함이다. …(중략)… 정의로운 대의를 지키는 데 앞장섰던 졸라의 동시대인들 중에서 많은 이들이 혼란에 빠져 동요하면서 여전히 탐색하며 누군가가 확언해 줄 것을 기다리고 있었다. 그런데 졸라는 그들보다 자료를 더 많이 가진 것도 아니었는데도 놀랍도록 차분하게 조금도 흔들리지 않고 처음부터 끝까지 자신의 굳은 확신을 펼쳐 보였다.

본격적인 작가가 되기 이전부터 저널리스트로 활동했던 졸라의 '나는 고발한다…!'는 졸라 개인의 의지의 산물이자 동시에 하나의 목표를 향해 나아가는 그룹 모두의 결과물이기도 했다. 졸라는 적시에 모두의 요구를 표현해 냄으로써 혼자만의 고독한 몸짓을 공동의 투쟁으로 변화시켰던 것이다. '나는 고발한다…!'가 세상을 뒤흔든 지 1년이 지난 1899년 1월, 클레망소는 그때의 상황을 이렇게 묘사했다.

졸라가 네메시스[40]의 분노를 세상에 터뜨린 그날 이후 분노의 여신은 전진을 계속했고 우리는 그 뒤를 따라갔다. 개인과 공공의 열정이 충돌하면서 복잡하게 뒤얽힌 가운데 개인적인 드라마와 사회적 드라마가 나란히 전개되었다.

단 몇 시간 만에 30만 부가 팔려 나간 '나는 고발한다…!'는 그때까지 마치 한 몸처럼 드레퓌스에게 적대적이었던 대중 속에 처음으로 호의적인 기운을 불어넣었다. 또한 대중에게 낱낱이 공개된 졸라의 재판 과정은 그때까지 수년간 꼭꼭 숨겨져 있던 거짓과 위선의 드라마를 만천하에 드러나게 했던 것이다.

1902년 10월 5일, 아나톨 프랑스는 졸라의 장례식 추도사에서 "그는 인간적 양심의 위대한 한 순간이었습니다."라는 말로 졸라의 '나는 고발한다…!'에 무한한 찬사와 경의를 표했다. 또한 쥘 게드[41]는 '나는 고발한다…!'를 '세기의 가장 위대한 혁명적 행위'로 규정지었다. 아나톨 프랑스와 쥘 게드의 찬사는 지금도 여전히 유효하다. 하지만 '나는 고발한다…!'가 발표될 당시 반드레퓌스파의 반대편에 섰던 사회 지도층 인사들 중에서 온건한 입장을 취했던 이들은 이런 졸라의 '혁명적 행위'를 두 팔 벌려 환영하지 않았다. 그들은 군부에 대한 모독이 드레퓌스의 무죄를 밝혀 줄 증거를 대신할 수는 없으며, 졸라가 칼라스를 옹호한 볼테

---

40 그리스어로 '보복'을 뜻하는 네메시스는 율법의 여신으로, 인간의 우쭐대는 행위에 대한 신의 보복을 의인화한 것이다.

41 Jules Guesde(1845~1922), 프랑스의 사회주의자로 '게드주의'라고 불리는 집산주의(集産主義, collectivisme) 이론의 창시자이다. 마르크스의 협력을 얻어 노동당 기본 강령을 작성하고 프랑스 노동당을 창립했다.

르 흉내를 낸다고 하면서 못마땅한 심기를 드러내기도 했다. 게다가 사회주의자들은 드레퓌스파를 지지하는 것을 거부하는 성명서를 발표하기까지 했다.

……드레퓌스 사건은 부르주아 계층의 두 경쟁 파당인 기회주의자들과 교권주의자들의 전장으로 변모했다. 그들은 서로 합심하여 민주주의를 기만하고 짓누르려 하고 있다. 그대들은 레나크와 드 묑 사이에서 전적으로 자유롭게 행동하기를 바란다!('프롤레타리아 성명서', 1898년 1월 20일, 〈라 프티트 레퓌블리크〉)

하지만 상대 진영의 격렬한 반응은 이처럼 중도적이거나 무관심을 표명한 인사들[42]로 하여금 졸라를 지지하는 입장을 취하게 만들었다. 1월 13일 오후 하원의원인 알베르 드 묑(Albert de Mun)은 의회의 대정부 질문에서 '군 수뇌부에게 가한 엄청난 모욕'에 대한 합당한 처벌을 요구했고, 의회는 312 대 122로 졸라를 기소하기로 결의했다. 졸라는 그가 원한 바대로 중죄재판소에 출두

---

42 조레스는 게드, 비비아니, 밀랑, 루아네 등과 함께 '프롤레타리아 성명서'에 서명을 했다. 하지만 레옹 블룸과 뤼시앵 에르 등을 통해 드레퓌스 사건의 전모를 알게 된 그는 개인적인 확신과 정당에 대한 의무감 사이에서 갈등했다. 그리고 곧 공적인 입장을 떠나 '자유로운 인간'으로 행동하기로 결심하고는 1월 22일 의회의 소란 가운데서 모욕과 욕설에 당당하게 맞서며 정부와 반동적 우파 의원들을 향해 모호한 태도와 거짓과 비겁함을 질타하는 연설을 했다.

하게 될 것이었다! 하지만 무슨 근거로 그를 기소할 것인가? 원고 측은 공판이 진행되는 동안 이전의 두 재판이 다시 언급될 가능성을 최소화해야 했다. 국방부의 법률학자들이 논의한 끝에 1월 18일 비요 장군은 졸라와 〈로로르〉지의 주필인 페랑(Perrenx)을 명예훼손죄로 고소했다. 법무부 장관에게 제출한 고소장은 졸라가 두 번째 군사법원을 '상부의 명령에 따라 의도적으로 범죄자에게 무죄를 선고하는 범죄를 저질렀다'고 고발한 부분만을 문제 삼고 있었다. 저들은 한편으로는, 졸라가 그 사실에 관한 물적 증거를 제출하지 못할 것이며, 따라서 필시 명예훼손죄를 선고받을 것이라는 기대를 갖고 있었다. 다른 한편으로는, 심리가 진행되는 동안 기소장에서 구체적으로 문제 삼고 있는 '상부의 명령에 따라' 외에 다른 문제가 거론되는 일은 없으리라고 예상했던 것이다.

드레퓌스 지지자들은 처음에는 졸라를 영웅이라기보다는 더 없이 소중한 뜻밖의 동맹자로 인식했다. 마티외 드레퓌스는 "나는 그가 그토록 열정적이고 강력한 모습을 보여 줄 것이라고 기대하지 않았다."라고 말하며 졸라에게 감탄과 경의를 표했다. 졸라는 그의 '혁명적 행위'로써 드레퓌스파에게 또다시 전의를 불러일으켰고 드레퓌스 지지 운동에 다시 불을 지폈으며 투쟁의 장을 현저하게 확대했다. 졸라의 '나는 고발한다…!'는 드레퓌스 사건을 단지 한 사람의 결백과 유죄를 둘러싼 사법적 투쟁을 넘어서서 훨씬 더 거대한 가치들이 충돌하는 대립의 장으로 변모시켰다. 진실과 정의 그리고 인권을 추구하는 이들과, '기왕의 판결'과 국익우선주의 그리고 '프랑스를 프랑스인들에게!'의 신봉자들이 서로 맞서게 된 것이다. 이러한 두 진영의 대립은 점차 사회적이고 정치적인 양상을 띠게 되었다. '나는 고발한다…!'가 발표된 다음 날부터 1894년 재판의 불법성에 항의하며 강력하게 재심을 요구하는 청원서에 서명을 하는 드레퓌스 재심 찬성파들이 늘어나기 시작했다. 삼사십 명의 저명한 작가들(말라르메, 에드몽 로스탕, 마테를링크, 사르두 등)과 젊은 작가들 대부분(지드, 프루스트, 아폴리네르, 페르낭 그레그 등)이 이에 동조했다. 그다음으로는 화가들(모네, 피사로, 보나르, 뷔야르 등)과 철학자들이 그들과 합류했다. 샤를 페기에게 자극받은 젊은 사회주의자 그룹과, 나탕송(Natanson) 형제들과 레옹 블룸이 이끄는 〈라 르뷔 블랑슈(La Revue Blanche)〉 주위로 모여든 상징주의자들도 서명에 참여했다. 서명자들 중에서 그 수가 가장 많은 것은 소르본과 에콜 노르말 등의 학자들이었다. 1898년 1월 14일 〈로로르〉 지를 필두로 〈르 시에클〉, 〈르 탕〉 지에 연이어 발표된 '항의문(Protestation)'의 첫머리에는 작가들과 학자들 사이에 형성되고 있는 동맹(연합)을 상징하는 세 개의 이름이 나란히 눈에 띄었다. 에밀 졸라, 아카데미프랑세즈의 아나톨 프랑스, 파스퇴르 연구소 소장 에밀 뒤클로. '항의문'의 발표는 졸라의 재판이 열릴 때까지 이어졌으며, 2월 6일에는 정의와 인권을 위해 불의와 맞서 싸우는 졸라의 용기에 찬사와 경의를 표하는 '브뤼셀 변호사협회' 소속 변호사들의 지지 선언이 있었다.

이처럼 작가, 교수, 학자, 변호사 등으로 구성된 새로운 사회적 그룹이 군대와 교회로 이루어진 전통적인 권력과 맞서는 양상이 전개되었다. 당시 '자신의 이름과 문학적, 예술적 또는 과학적 명성을 걸고 진실과 정의를 위한 투쟁에 뛰어들었던 이들'은 클레망소에 의해 '지식인들(intellectuels)'로 명명되었다. '사회참여'를 나타내는 '앙가주망(engagement)'과 마찬가지로 '지식인' 또한 새로이 생겨난 말은 아니었다. 하지만 클레망소는 1898년 1월부터 '지식인'이라는 단어에 훗날 20세기에 널리 쓰이게 될 의미를 새롭게 부여해 전파시켰다. 예의 청원서에 자신의 서명과 사회적 지위를 나타내는 말을 나란히 남겼던 '지식인들'은 그때까지 거리를 두고 있던 정치적 행보에 나서면서 청원이라는 수단을 통해 20세기의 이데올로기적 대결이 띠게 될 형태를 예고하는 새로운 집단행동 방식을 확립시켜 나갔던 것이다. 드레퓌스 사건은 이처럼 '자신의 창작물이나 전문적 활동이 부여하는 권위로써 공공의 대의를 위해 투쟁하는 작가, 예술가 또는 지식을 직업적인 생계 수단으로 하는 이들로 구성된 그룹의 일원'이라는 현대적 의미의 '지식인'이라는 표현을 낳게 했다는 데 또 하나의 중요한 의의가 있는 것이다.

LETTRE AU PRÉSIDENT DE LA RÉPUBLIQUE

'나는 고발한다…!'
공화국 대통령에게 보내는 편지

이 글은 1898년 1월 13일자 〈로로르〉지에 실린 것이다.

사람들이 알지 못하는 것은, 이 글이 처음에는 앞서 발표한 다른 두 개의 편지들처럼 팸플릿으로 인쇄가 되었다는 사실이다. 그 팸플릿을 판매하려던 순간, 내 편지를 일간지에 발표해 더 많은 사람들에게 알려지게 함으로써 더 큰 반향을 불러일으키도록 해야겠다는 생각이 들었다. 〈로로르〉지는 이미 놀라운 독자성과 용기로 사건에 대한 입장 표명을 확실히 한 터이므로 나는 자연스럽게 그 신문의 문을 두드렸다. 그날 이후, 〈로로르〉지는 내게는 은신처이자 무엇이든 말할 수 있는, 자유와 진실을 외치는 연단이 되어 주었다. 이 자리를 빌려 〈로로르〉지의 대표인 무슈 에르네스트 보강에게 무한한 감사를 드리는 바이다. —〈로로르〉

지가 30만 부나 팔려 나가고 그로 인해 소추(訴追)가 잇따른 후에도 팸플릿은 여전히 창고에 쌓여 있었다. 나는 일단 마음먹은 것을 실행에 옮긴 후에는 침묵을 지켜야 한다고 생각했다. 나에 대한 재판이 열려 기대했던 결과를 이끌어 낼 수 있기를 기다리면서.

존경하는 대통령 각하,

요전 날 제게 베풀어 주신 환대에 감사드리며, 그 보답으로 당신의 정당한 영광에 대해 우려하면서, 지금까지 찬란하게 빛났던 각하의 위상에 영원히 지워지지 않을 오점이 남을지도 모른다는 것을 알려 드리고자 합니다.

당신은 비열한 중상모략의 늪을 무사히 헤쳐 나와 만인의 공감을 얻는 데 성공했습니다. 그리고 러시아와의 동맹이 이루어 낸 애국적인 축제가 정점에 이른 지금, 당신은 찬란한 빛을 발하고 있습니다.[43] 당신은 또한 노동과 진실과 자유의 위대한 세기의 대미를 장식할 우리의 만국박람회[44]가 펼쳐 보이는 장엄한 승리의 순간을 주관하려 하고 있습니다. 그런데 이처럼 중요한 순간

---

43 졸라는 1893년 10월, 러시아 함대가 프랑스를 방문했을 때 파리에서 열린 공식 행사에 참여해 양국 간의 문학적 교류에 대한 연설을 한 바 있다. 프랑스와 러시아는 점점 커지는 독일의 세력에 대비함과 동시에 경제적인 협력 관계를 이유로 서로 동맹을 맺기를 원했고, 1898년 8월 펠릭스 포르 대통령이 러시아를 방문했을 때 프랑스-러시아 동맹을 선포했다.
44 1900년에 파리에서 열릴 예정인 만국박람회가 이미 준비 중에 있었다.

에 이 가증스러운 드레퓌스 사건이 당신의 이름—처음에는 당신의 '통치'라고 말하려고 했습니다—에 이처럼 먹칠을 하다니요! 누군가의 지시에 따라 군사법원이 에스테라지라는 인물에게 막 무죄를 선고한 것입니다. 이는 모든 진실과 정의에 대한 엄청난 모욕입니다. 이젠 끝장입니다. 프랑스는 얼굴에 내내 이 오점을 묻힌 채 살아가게 될 것입니다. 그리고 역사는 당신의 임기 동안 이와 같은 사회적 범죄가 저질러졌다고 기록하게 될 것입니다.

저들이 감히 사악한 범죄를 저질렀으므로, 나 또한 감히 말하려 합니다. 사건이 정식으로 제소된 상태에서 정의가 명명백백하게 행해지지 않는다면 나는 진실을 소리 높여 말할 것입니다. 나는 진실을 말할 것을 약속했기 때문입니다. 나의 의무는 사실을 말하는 것이며, 나는 저들의 공범이 되고 싶은 생각이 추호도 없습니다.

진실을 말하지 않는다면, 나는 밤마다 자신이 저지르지도 않은 죄를 끔찍한 형벌로써 속죄하고 있는 무고한 이의 유령에게 시달리게 될 것입니다.

대통령 각하, 이제 나는 정직한 시민으로서의 정당한 분노를 모아 당신을 향해 큰 소리로 진실을 외칠 것입니다. 각하의 명예를 지켜 드리기 위해, 당신이 진실을 모르고 있다고 확신하면서 말입니다. 게다가 이 나라의 최고 사법관인 당신이 아니라면 대체 누구에게 저 사악한 진범들의 죄상을 고발할 수 있겠습니까?

먼저 드레퓌스의 재판과 그의 유죄판결과 관련된 진실을 이야기하고자 합니다.

음흉한 한 남자가 이 모든 것을 꾸미고 주도한 바, 당시 일개 소령에 불과했던 뒤 파티 드 클람 중령이 바로 그자입니다.[45] 그는 드레퓌스 사건의 모든 것이라고 할 수 있습니다. 따라서 공정한 수사를 통해 그의 행위와 책임 소재를 명확히 밝히기 전에는 문제의 사건을 제대로 알고 있다고 말할 수 없을 것입니다. 그는 음험하고 복잡한 성격으로, 빼돌린 문서들, 익명의 편지들, 외진 곳에서의 만남들, 밤마다 결정적인 증거들을 전달해 주는 수수께끼의 여인들과 같은 싸구려 신문의 연재소설에서나 등장할 법한 비현실적인 방식에 심취하며 황당한 술책에 집착하는 인물입니다. 드레퓌스 대위로 하여금 명세서를 받아쓰게 하고, 온통 거울로 둘러싸인 방에서 그를 심문할 생각을 한 것도 바로 그자입니

---

45 뒤 파티 드 클람은 참모차장인 공스 장군의 지휘 아래 1894년 10월부터 드레퓌스 사건을 전담했다. 그런데 뒤 파티 드 클람이 수사 초기와 드레퓌스에 대한 가혹 행위에 있어서 중요한 역할을 한 게 사실이라면, 끔찍한 사법적 오판의 첫 번째 죄인은 그가 아니라 국방부 장관인 메르시에 장군이다. 오늘날 역사학자들과 사법관들은 '오판'이 아니라 '범죄'라는 표현을 쓰는 데 의견이 일치하고 있다. 조사가 끝난 후 뒤 파티 드 클람은 드레퓌스에 대한 기소의 구체적인 증거(명세서의 필체)가 희박하다는 이유로 어쩌면 기소를 포기하는 게 좋겠다는 의견을 제시했다. 그는 1894년 10월 31일에 제출한 보고서에서 결론을 내리는 것을 보류한 채 메르시에에게 그다음을 일임했다. 그때부터 그 일을 지휘한 것은 메르시에 장군이었다. 1897년 가을, 뒤 파티 드 클람은 에스테라지 소령이 완전한 무죄판결을 받을 수 있도록 심리를 조작하는 데 앞장섰다. 하지만 알고 보면 그는 그의 반유대주의와 음험한 성정을 이용한 메르시에, 드 부아데프르 그리고 공스 장군의 농간에 놀아난 셈이었다.

다. 포르지네티 소령이 전하는 바에 의하면, 희미한 초롱을 들고 드레퓌스 대위를 급습해서 잠든 그의 얼굴에 느닷없이 불을 비출 생각을 한 것도 그자였습니다. 그렇게 해서 놀라 잠에서 깨어나는 그를 보면서 그의 죄를 확신하고자 했던 것입니다. 하지만 내가 여기서 모든 것을 밝힐 필요는 없을 것입니다. 진실을 찾노라면 자연스레 모든 게 밝혀질 테니까요. 나는 다만, 날짜와 책임 순으로 볼 때 사법장교로서 드레퓌스 사건의 심리를 맡은 뒤 파티 드 클람 소령이 드레퓌스 대위에게 가해진 끔찍한 사법적 오판을 야기한 첫 번째 죄인이라는 것을 천명할 뿐입니다.

문제의 명세서는 이미 한참 전부터 정보국의 책임자이자 얼마 전 전신 마비 증세로 세상을 떠난 상데르 대령의 수중에 들어가 있었습니다. 그 후 '문서의 유출'이 발생했고, 관련 서류들이 사라졌습니다. 그리고 지금도 여전히 그 행방을 찾을 수 없습니다. 명세서를 쓴 장본인이 누구인지를 찾는 동안, 그 사람이 참모본부의 장교이며, 그것도 포병대의 장교일 수밖에 없다는 선입견이 점차 확고한 사실로 굳어져 갔습니다. 이는 저들이 얼마나 피상적으로 명세서를 검토했는지를 단적으로 보여 주는 이중의 과오인 것입니다. 좀 더 이치를 따져 가며 조사했더라면, 그 명세서를 쓴 장본인이 일반 부대에 속한 장교일 수밖에 없다는 사실을 알 수 있었을 것입니다.

그런 식으로 저들은 명세서의 주인이 참모본부 내에 있을 것이라고 단정하고 필체들을 비교하기 시작했습니다. 마치 집안일을 처리하듯 아예 정보국으로 범위를 좁혀 그 안에서 반역자를 찾아내 축출하기 위한 작업이 시작된 것입니다. 이미 어느 정도 알려져 있는 이야기를 다시 세세히 반복할 필요는 없을 것입니다. 첫 번째 의심이 드레퓌스에게로 향하자마자 뒤 파티 드 클람 소령이 무대에 등장하게 됩니다. 그때부터 그는 드레퓌스를 새로운 가공의 인물로 창조해 내기 시작했으며, 사건은 그의 사건이 되었습니다. 그는 또한 반역자를 궁지에 몰아넣고 완전한 자백을 받아 낼 수 있다고 큰소리를 쳤습니다. 이 사건에 연루된 인물로는 변변찮은 지성의 소유자인 국방부 장관 메르시에 장군과 종교 맹신주의에 굴복한 듯 보이는 참모총장 드 부아데프르 장군, 수차례 자신의 양심을 팔아먹은 듯한 참모차장 공스 장군 등이 있습니다. 하지만 그 속을 들여다보면, 그들 모두를 선동하고 그들의 판단력을 흐리게 만든 인물은 다름 아닌 뒤 파티 드 클람 소령인 것입니다. 그는 심령술과 신비주의에 심취해 있으면서 영혼과 대화를 할 수 있다는 주장을 펼치기까지 했습니다. 뒤 파티 드 클람 소령이 가엾은 드레퓌스 대위에게 어떤 끔찍한 일들을 겪게 했는지, 그에게 어떻게 의도적으로 덫을 놓았는지, 어떤 악마적인 상상력을 동원하여 광적이고도 고통스럽게 그를 심문하고 취조했는지 상상조차 하기 힘들 것입니다.

아! 초기의 사건은 그것을 소상히 알고 있는 이들에게는 악몽 그 자체입니다! 뒤 파티 드 클람 소령은 드레퓌스를 체포하여 그를 독방에 가두었습니다. 그리고 드레퓌스 부인에게로 달려가 잔

뜩 겁을 주면서 만약 그 사실을 발설하면 남편은 끝장이라고 엄포를 놓았습니다. 그사이 그 불행한 사람은 온몸을 쥐어뜯으면서 자신의 결백을 부르짖었습니다. 그리고 마치 15세기의 야담에서나 나올 법한 야만스런 술책들이 난무하는 가운데 은밀하게 심리가 진행됩니다. 그것도 유치하기 짝이 없는 유일한 증거, 바로 그 터무니없는 명세서에 근거해서 말입니다. 명세서는 비열한 반역의 증거일 뿐만 아니라, 더없이 파렴치한 사기극의 증거이기도 합니다. 또한 남몰래 전달되었다고 주장하는 기밀들은 대부분 가치가 없는 것으로 밝혀졌습니다. 내가 이 사실을 거듭 강조하는 것은 모든 문제의 핵심이 바로 여기에 있기 때문입니다. 훗날 프랑스를 병들게 한 진정한 범죄행위인, 가공할 정의의 부인(否認)이 바로 여기에서 비롯되었던 것입니다. 어떻게 사법적 오판이 가능했는지, 어떻게 뒤 파티 드 클람 소령의 음모로부터 오심이 비롯되었는지, 메르시에 장군과 드 부아데프르 장군 그리고 공스 장군이 어떻게 점차 그의 술수에 휘말려 조작된 진실 속에 자신들의 책임을 내동댕이칠 수 있었는지, 그리고 어떻게 해서 훗날, 사람들로 하여금 그 조작된 진실을 (논의조차 허락되지 않는) 절대적이고도 신성한 진실로 믿게 만들어야 한다고 생각하게 되었는지, 그 모든 과정을 만인 앞에 낱낱이 밝혀 모두가 진실을 알게 하는 것, 그것이 바로 지금 내가 하고자 하는 것입니다. 그러니까, 처음에는 그들의 잘못이라고는 태만함과 몰이해가 전부였다고 할 수 있습니다. 기껏해야 그들이 속한 집단의 종교적 맹신과 군부 특유의 편견에 사로잡혀 어리석은 짓이 저질러지는 것을 수수방관했던 것뿐입니다.

그리고 드디어 드레퓌스가 군사법원 앞에 섰습니다. 저들의 요구대로 완전한 비공개 재판이 열린 것입니다. 적에게 국경을 열어주어 독일의 황제를 노트르담 성당 앞까지 안내한 반역자라고 해도 이보다 더 깊은 침묵 속에서 은밀하게 재판이 진행되지는 않았을 것입니다. 온 나라가 경악했고, 사람들은 역사를 분노케 하는 가증스러운 배신행위들과 끔찍한 이야기들을 입에 올리며 수군거렸습니다. 그리고 당연히 온 국민이 군사법원의 판결 앞에 고개를 숙였습니다. 사람들은 그에게 더 가혹한 형벌을 요구하면서 그의 공개적인 군적 박탈에 환호를 보냈고, 죄인이 오욕의 바위 위에 묶인 채 회한을 곱씹으면서 오랫동안 고통받기를 바랐습니다. 그러니까 그게 모두 사실이란 말입니까? 온 유럽을 전쟁의 불길에 휩싸이게 할 수도 있는, 차마 입에 담지도 못할 위험한 범죄행위가 저질러졌다는 것이? 그래서 완전한 비공개 재판을 열어 그 모든 것을 깊숙이 파묻어야 했다는 것이 사실이란 말입니까? 아니, 그건 사실이 아닙니다! 이 모든 것의 이면에는 뒤 파티 드 클람 소령의 황당무계하고 미친 상상력이 숨어 있을 뿐입니다. 이 모든 것은 하찮은 삼류 신문의 연재소설에 등장하는 기괴한 이야기 같은 사실들을 감추기 위해 조작된 것입니다. 군사법원 앞에서 낭독된 기소장을 주의 깊게 살펴보기만 해도 단번에 그 사실을 알 수 있을 것입니다.

그 기소장이란 것이 얼마나 허무맹랑한지 실소를 금할 수가 없습니다! 그런 기소장을 근거로 누군가를 단죄한다면 이는 부당함의 극치를 보여 주는 것입니다. 정직한 사람들이 이 기소장을 읽어 본다면, 저 멀리 악마도에서 과도한 속죄로 고통받고 있는 한 남자를 떠올리면서 분노하고 그 사실에 반기를 들지 않을 수 없을 것입니다. 드레퓌스 대위는 여러 나라의 언어를 구사할 줄 압니다, 유죄! 그의 집에서는 어떤 위험한 문서도 발견되지 않았습니다, 유죄! 그는 가끔 자기 조상의 나라를 방문했습니다, 유죄! 그는 근면하고 지적 호기심이 왕성합니다, 유죄! 그는 마음의 동요를 일으키지 않았습니다, 유죄! 그는 마음의 동요를 일으켰습니다, 유죄! 이토록 유치한 기소장과 허망한 주장이 또 어디 있겠습니까! 저들은 우리에게 열네 가지의 기소 조항이 있다고 주장했습니다. 그중에서 우리가 최종적으로 확인할 수 있었던 것은 딱 한 가지, 명세서에 관한 조항밖에는 없었습니다. 그것도 세 필적감정사의 의견이 일치하지도 않았고, 그중에서 무슈 고베르(Gobert)는 자신의 소신을 지키느라 군부가 원한 대로 결론을 내리지 않았다고 해서 저들에게 험한 대접을 받기도 했습니다. 또한 스물세 명의 장교들이 드레퓌스의 유죄를 입증할 증언을 하러 왔다고 합니다. 우리는 그들의 신문(訊問)이 어떻게 진행되었는지 알지 못합니다. 하지만 모두가 그에게 불리한 증언을 하지 않은 것은 분명합니다. 게다가 그들 모두가 국방부의 참모본부 소속이라는 사실을 주목해야 할 것입니다. 즉, 이것은 가족 간의 소송이며, 저들 모두가 한통속이라는 사실을 기억해야 할 것입니다. 참모본부는 재판을 원했고, 드레퓌스를 단죄했으며, 이제 두 번째로 그를 단죄한 것입니다.

다시 말하면, 드레퓌스의 유죄를 입증할 증거라고는 명세서밖에 없었지만, 그조차도 전문가들의 의견이 일치하지 않은 상태였습니다. 군사법원의 재판부는 비공개 회의실에서 당연히 무죄판결을 내릴 것이라는 소문이 돌았습니다. 그때부터 저들은 드레퓌스의 유죄를 정당화하기 위해 수단과 방법을 가리지 않았고, 이제는 비밀문서의 존재를 주장하기에 이르렀습니다. 그 실체를 공개할 수 없는 결정적인 비밀문서, 모든 것을 정당화하며, 눈에 보이지 않는 미지의 전능한 신처럼 그 앞에 고개 숙여야만 하는 비밀문서! 나는 그 비밀문서를 부인합니다, 나의 온몸과 마음으로 그 존재를 부인합니다! 한마디로, 웃기는 비밀문서입니다! 어쩌면 여인들 이름으로 오간 편지들 속에 요구가 지나치게 심해진, D라는 이니셜로 표기가 된 어떤 남자의 이야기가 나오는지도 모릅니다. 그 D라는 남자가, 마치 자신의 아내를 제공한 남편이 그 대가가 충분치 않다고 불평을 늘어놓는 것처럼 어떤 까다로운 요구를 했을지도 모릅니다. 그런데 국방과 관련 있는 비밀문서라니요, 그 문서를 공개했다가는 내일이라도 당장 전쟁이 발발할지도 모른다니요, 아닙니다, 절대 그런 일은 없습니다! 이 모두가 새빨간 거짓말입니다! 저들은 아무런 처벌을 받지 않고 당당하게 거짓을 자행하면서 더없이 가증스럽고 파렴치한 모습을 보여 주고 있습니다. 프랑스를 선동하고, 국민의 정당한 동요 뒤에 모습을 숨긴 채 그들의 마음을 불안하게 하고 정신을 왜곡함으로써 그 입을 막아 버리고 있습니다. 나는 이보다 더 엄청난 시민 범죄를 본 적이 없습니다.

　대통령 각하, 요약하자면 그토록 중대한 사법적 오판이 어떻게 저질러졌는지 다음과 같이 설명할 수 있을 것입니다. 드레퓌스의 도덕성을 입증하는 사실들, 그의 재산 상태, 동기의 부재, 그가 끊임없이 무죄를 주장하는 사실 등은 드레퓌스가 뒤 파티 드 클람 소령의 기상천외한 상상력과 그가 처한 종교적 환경 그리고 우리 시대를 욕되게 하는, '더러운 유대인들' 배척 운동 등의 희생양임을 결정적으로 보여 주는 사실들인 것입니다.

　이제 에스테라지 사건을 살펴볼 차례입니다. 그사이 3년이란 시간이 흐르는 동안 양심적인 수많은 사람들은 깊은 혼란 속에서 드레퓌스를 염려하며 진실을 찾아 헤매다가 마침내 그의 결백을 확신하기에 이르렀습니다.

　나는 여기서 무슈 쉐레르-케스트네르가 가졌던 진실에 대한 의문과 확신에 대해 구구절절이 늘어놓을 생각은 없습니다. 그런데 그는 그가 홀로 진실을 캐고 있는 동안, 참모본부 내에서 중대한 일이 일어나고 있었음을 알지 못했습니다. 그사이 상데르 대령이 세상을 떠나자 피카르 중령이 그의 뒤를 이어 정보국장직을 맡게 되었습니다. 피카르 중령은 어느 날 바로 그 자격으로 직무를 수행하던 중에 외국 대사관의 요원이 에스테라지 소령에게 보낸 전보를 손에 넣게 되었습니다.⁴⁶ 이에 관한 조사를 시작하는 것은 그의 의무에 속하는 일이었습니다. 그가 결코 상관들의 의지에 반하여 행동하지 않았음은 분명합니다. 그는 의심이 가는 사항을 자신의 직속상관인 공스 장군, 드 부아데프르 장군 그리고 메르시에 장군의 뒤를 이어 국방부 장관이 된 비요 장군에게 즉각 보고했습니다. 그러니까 사람들의 입에 수없이 오르내리는 예의 그 '피카르 문서'는 결국 '비요 문서'였던 것입니다. 다시 말하면, 장관에게 보고하기 위해 그 부하가 작성한 문서로, 지금도 여전히 국방부에 보관돼 있을 문서를 가리키는 것입니다. 사건에 관한 조사는 1896년 5월부터 9월까지 진행되었습니다. 여기서 특별히 주목해야 할 점은, 공스 장군은 에스테라지의 유죄를 확신했으며, 드 부아데프르 장군과 비요 장군 역시 명세서의 필체가 에스테라지의 것이라는 데 이견이 없었다는 것입니다. 피카르 중령의 조사는 이러한 사실들을 분명히 확인시킨 것입니다. 저들이 받은 충격은 엄청났습니다. 에스테라지가 진범으로 밝혀진

---

46 1895년 7월 1일부터 상데르 대령의 후임으로 정보국장으로 근무하게 된 피카르 중령은 드 부아데프르 장군으로부터 드레퓌스 관련 문서를 보강하라는 지시를 받았다. 1896년 3월, 그는 '푸른 엽서(푸른색 종이에 작성된 전보)' 한 장을 손에 넣게 되었다. 독일 대사관의 무관인 슈바르츠코펜이 프랑스 육군 장교인 에스테라지 소령에게 보낸 것이었다. 피카르 중령은 그 후의 보강 조사와, 에스테라지의 편지 두 장과 명세서와의 비교를 통해 의심을 품게 되었다. 드레퓌스에게 유죄판결을 내리게 하는 데 불법적으로 사용된 비밀문서를 확인해 본 피카르 중령은 결정적으로 드레퓌스 대위의 결백과 에스테라지 소령의 유죄에 대한 확신을 갖게 되었다.

다면 이는 필연적으로 드레퓌스 사건의 재심을 초래할 것이기 때문입니다. 그것은 참모본부가 무슨 수를 써서라도 막고자 하는 것이었습니다.47

잠시 동안 저들 사이에 엄청난 고뇌를 동반한 혼란스러운 갈등의 순간이 있었을 게 분명합니다. 여기서 분명히 짚고 넘어가야 할 점은, 비요 장군은 지금으로서는 이 사건과 아무런 관련이 없었다는 것입니다. 그는 국방부 장관에 갓 부임을 한 터라 얼마든지 진실을 밝힐 수도 있었습니다. 하지만 그는 그러지 못했습니다. 여론이 두려워서 그랬을 수도 있고, 그 일에 연루된 부하들을 차치하더라도, 드 부아데프르 장군과 공스 장군을 비롯한 참모본부 전체를 위험에 빠뜨리게 할 것이 두려워 그랬을 수도 있습니다. 그러면서 한순간, 자신의 양심과 그가 군부의 이익이라고 믿는 것 사이에서 갈등했을지도 모릅니다. 그리고 그 순간이 지나갔을 때는 이미 너무 늦어 버린 것입니다. 그렇게 해서 그는 이 사건에 말려들게 되었고, 책임을 져야만 하는 입장이 된 것입니다. 그리고 그 순간부터 그의 책임은 점점 더 커져만 갔습니다. 그는 다른 사람들의 책임까지 떠맡아야 했으며, 다른 사람들만큼 유죄이면서 다른 사람들보다 더 유죄라고 볼 수 있습니다. 그는 정

---

47 "그럼 우리가 틀렸다는 건가?" 참모차장인 공스 장군은 자신이 발견한 사실들을 알리는 피카르 중령에게 이렇게 되물었다. "두 사건을 분리해서 생각해야 하네." 그때부터 드레퓌스 사건에 연루된 참모본부의 장교들은 다양한 수단과 방법을 동원해 메르시에 장군의 음모와 그가 저지르고 지시한 불법적인 행위들을 은폐하기로 결정했다.

의를 집행해야 하는 국방부의 수장이었으면서도 아무것도 하지 않았기 때문입니다. 어떻게 이런 일이 있을 수 있단 말입니까! 비요 장군과 드 부아데프르 장군 그리고 공스 장군은 벌써 1년 전부터 드레퓌스가 무고한 것을 알고 있었으면서도, 그 엄청난 사실을 쉬쉬하면서 자기들끼리만 알고 있었던 것입니다! 그러면서 편안하게 잠을 자고, 사랑하는 아내와 아이들과 안락한 삶을 누리고 있었다니!

그들과는 달리 피카르 중령은 양심에 거리낌이 없이 자신의 의무를 충실히 수행했습니다. 그는 정의의 이름으로 자신의 상관들에게 계속 주장을 했습니다. 심지어 간청하다시피 하면서까지 그런 식으로 시간을 끄는 것이 얼마나 현명치 못한 처사인지를 거듭 강조했습니다. 무서운 폭풍우가 점점 커지다가 언젠가 진실이 밝혀지는 날 한꺼번에 휘몰아치게 될지도 모른다고 경고하면서 말입니다. 훗날 무슈 쉐레르-케스트네르도 비요 장군에게 똑같은 말을 했습니다. 노 정치가는 사태가 더 악화되어 국가적 재앙이 되기 전에 부디 나라를 위하는 마음으로 드레퓌스 사건을 다시 검토해 줄 것을 간청했습니다. 하지만 씨알도 먹히지 않았습니다! 범죄는 이미 저질러졌고, 참모본부는 이제 와서 자신들의 죄를 고백할 수는 없었습니다. 그리고 피카르 중령은 정찰 임무를 부여받아 점점 더 먼 곳으로, 튀니지까지 보내졌습니다. 저들은 심지어 그의 용기를 치하한다는 미명 아래 살해를 당할 가능성이 매우 높은 변방으로 그를 보내기까지 했습니다. 드 모레스 후작이 죽임을 당한 바로 그곳으로 말입니다.[48] 하지만 그가 완전히 저들의 눈 밖에 난 것은 아니었습니다. 공스 장군은 여전히 그와 다정한 편지를 주고받았습니다. 다만, 저들에게는 그가 알아서는 안 될 비밀이 있었던 것입니다.

그사이 파리에서는 진실이 불가항력적인 힘으로 전진하고 있었습니다. 우리는 예견되었던 폭풍우가 어떤 식으로 한꺼번에 휘몰아쳤는지를 알고 있습니다. 무슈 쉐레르-케스트네르가 법무부 장관에게 드레퓌스 사건의 재심 요구서를 제출할 무렵,[49] 무슈 마티외 드레퓌스가 에스테라지 소령이 명세서를 작성한 장본인임을 폭로한 것입니다. 그리고 이 대목에서 에스테라지 소령이 등장합니다. 그를 지켜본 이들의 증언에 따르면, 에스테라지 소령은 처음에는 미칠 지경이 되어 자살이나 도주를 생각했다고 합니다. 그러다 느닷없이 돌변해 격렬하고도 뻔뻔한 태도로 온 파리를 놀라게 했습니다. 그에게 구원의 손길이 뻗쳐 왔기 때문이었습니다. 그는 적들의 음모를 미리 알려 주는 익명의 편지를 받았고, 야밤에 수수께끼의 여인에게서 참모본부에서 빼돌린 문서, 그를 구원해 줄 비밀문서를 전달받기도 했습니다. 나는 그 모든 것들이 뒤 파티 드 클람 중령의 풍부한 상상력에서 비롯된 것임을 확신합니다. 그의 작품인 드레퓌스의 유죄가 위기에 처했으므로 그는 분명 그것을 지켜 내고자 했을 것입니다. 드레퓌스 사건의 재심은 그토록 황당무계하고 비극적인 삼류 신문 연재소설, 악마도에서 그 끔찍한 결말을 맞이한 그 연재소설이 모두 거짓이었음을 입증하는 것이 될 테니까요! 그는 그런 일이 일어나는 것을 절대 용납할 수 없었던 것입니다. 그때부터 피카르 중령과 뒤 파티 드 클람 중령 사이의 대결이 시작되었는데, 한 사람은 공공연하게, 다른 한 사람은 모습을 감춘 채였습니다. 그들은 머지않아 민사 법정에서 대면하게 되어 있었습니다. 하지만 그 속을 들여다보면, 언제나 자신을 방어하기에 급급한 것은 날로 그 가증스러움이 더해 가는 자신들의 죄를 고백하려고 하지 않는 참모 본부 전체였습니다.

사람들은 경악하면서 에스테라지 소령을 비호하는 세력이 누구인지 궁금해했습니다. 그의 뒤에는 우선 이 모든 것을 꾸미고 조종한 뒤 파티 드 클람 중령이 있었습니다. 그는 기괴한 방식으로 그의 연루 사실을 드러냈습니다. 그다음으로는, 에스테라지 소령을 무죄로 만들어야만 하는 드 부아데프르 장군과 공스 장군 그리고 비요 장군이 그 배후에 있었습니다. 그들로서는 드레퓌스의 무고함이 밝혀져 온 국민의 비난 속에 정보국 전체가 무너져 내리는 것을 지켜보고만 있을 수 없었던 것입니다.[50] 그리

---

48 1896년 10월 27일, 피카르 중령은 정보국을 떠나라는 명령을 전달받았다. 그는 처음에는 프랑스 동부와 남동부에 배속되었다가 12월에는 튀니지의 변방으로 보내졌다. 하지만 1897년 6월에 잠시 프랑스로 돌아온 그는 자신이 발견한 문서들을 절친한 친구인 변호사 루이 르블루아에게 맡겼다. 그는 자신이 죽임을 당할 경우에는 그 문서들을 대통령에게 보내 줄 것을 부탁하면서 그때까지는 그 일을 비밀로 해 줄 것을 당부했다. 1897년 11월 말에 프랑스로 다시 돌아온 피카르 중령은 군대의 기밀을 누설했다는 죄목으로 군법에 회부되어 중금고형(重禁錮刑)에 처해졌다.
49 1897년 11월 15일의 일이다.

고 이 전대미문의 상황의 결과로 기막히게도, 그 일과 관련된 단 한 명의 정직한 사람, 유일하게 자신의 의무를 다한 피카르 중령이 그 희생자가 되어 저들에게 짓밟히고 처벌을 받게 된다고 합니다. 오, 정의여! 끔찍한 절망감으로 가슴이 미어집니다! 심지어 저들은 피카르 중령이 에스테라지를 파멸시키기 위해 가짜 전보를 만들었다고 주장하기까지 합니다. 아니, 세상에 맙소사! 대체 왜? 무엇 때문에? 어디 그럴 듯한 동기를 한번 대어 보시지요. 피카르 중령도 유대인들에게 매수를 당한 것일까요? 저들의 주장 중에서 가장 기막힌 것은 그가 바로 반유대주의자였다는 것입니다. 그렇습니다! 우린 지금 더없이 파렴치한 광경을 목격하고 있습니다. 빚더미와 죄악으로 얼룩진 자들이 결백을 주장하면서, 청렴하고 순수하게 살아온 이를 무고(誣告)로 쓰러뜨리려고 하다니요! 사회가 이 지경에 이르면, 그 사회는 와해될 수밖에 없는 것입니다.

대통령 각하, 이것이 바로 에스테라지 사건의 전모입니다. 죄인에게 무죄를 선고한 사건인 것이지요. 우리는 약 두 달 전부터 지금에 이르기까지 시간별로 사건의 추이를 재구성해 볼 수도 있습니다. 하지만 여기서는 사건을 대략적으로 요약해서 들려주는 것으로 그치려 합니다. 그리고 우리는 드 펠리외 장군과 라바리 소령이 지휘한 사악한 수사 과정에서 죄인들은 결백한 사람들인 것처럼 미화되고, 정직한 이들은 추악한 오명을 뒤집어쓰는 것을 똑똑히 지켜보았습니다. 그런 다음 군사법원이 소집된 것입니다.

하지만 어떻게 한 군사법원이 내린 판결을 또 다른 군사법원이 뒤집을 수 있을 거라고 기대할 수 있겠습니까?

여기서 재판관들에게는 언제나 선택권이 있었다는 것은 새삼 말할 필요도 없을 것입니다. 그 군인들의 핏속에 흐르는 우월적인 규율 정신이 그들이 지닌 공정성을 얼마든지 왜곡시킬 수 있지 않았을까요? 규율은 곧 복종을 의미합니다. 국방부의 수장이 국민들이 선출한 대표들의 환호 속에 '기왕의 판결의 권위(l'autorité de la chose jugée)'[51]를 존중할 것을 공개적으로 선언한 마당에 어떻게 일개 군사법원이 그의 말을 정면으로 반박할 수가 있었겠습니까? 군부와 같은 계급 사회에서 그런 일은 절대 있을 수가 없습니다. 비요 장군은 앞서 언급한 선언으로써 재판부에 무언의 압력을 행사했고, 판사들은 아무것도 따지지 않고 불 속에 뛰어들듯 판결을 내린 것입니다. 그들이 판사석에서 보여 준 선입견은 다음과 같이 요약될 수 있을 것입니다. '드레퓌스는 군사법원에 의해 반역죄로 유죄판결을 받았다. 따라서 그

---

50 이 모든 것은 역사적으로 정확한 사실이다. 졸라는 참모본부와 멜린 내각의 입장에서 본 사건의 추이를 정확하게 꿰뚫고 있었다. 하지만 단 한 가지, 그 배후에서 앙리 소령이 결정적인 역할을 하고 있었다는 사실은 알지 못했다. 또한 뒤 파티 드 클람은 에스테라지 소령을 조종했지만, 그 자신 또한 에스테라지와 앙리에 의해 조종당하고 있음을 알지 못했다. 앙리는 드레퓌스 대위의 결백을 입증하지 못하도록 '가짜 앙리'라고 불리는 허위 문서를 날조했다.
51 법률 용어로 '기판력(旣判力)'을 의미하는 말. 확정판결을 받은 사항에 대해서는 후에 다른 법원에 다시 제소되더라도 이전 재판 내용과 모순되는 판단을 할 수 없도록 구속하는 소송법적인 효력을 가리킨다.

는 유죄이다. 그러므로 우리 군사법원은 그가 무죄임을 선언할 수 없다. 그런데 우리는 에스테라지의 유죄를 인정하는 것은 곧 드레퓌스의 결백을 선포하는 것임을 잘 알고 있다.' 그들을 그런 악순환에서 벗어나게 할 수 있는 것은 아무것도 없었습니다.

그들은 앞으로 우리 군사법원에 내내 부담으로 작용하면서, 미래의 모든 판결을 의심으로 얼룩지게 할 불공정한 판결을 내린 것입니다. 첫 번째 군사법원은 어리석었다고 볼 수 있지만, 두 번째 군사법원은 범죄를 저질렀다고 말할 수밖에 없습니다. 거듭 얘기하지만 그들이 내세울 수 있었던 유일한 변명은, 군부의 수장이 '기왕의 판결'을 감히 공격할 수 없는 것, 인간보다 우위에 있는 신성한 것으로 선언한 마당에 하급자들이 감히 그 사실과 배치되는 것을 말할 수 없다는 것이었습니다. 또한 저들은 군대의 명예를 내세우면서, 우리에게 군대를 사랑하고 존중할 것을 요구하고 있습니다. 오! 물론, 당연히 그리할 것입니다! 나라의 위협이 감지되자마자 분연히 들고일어날 줄 아는 군대라면, 그렇게 우리 프랑스 땅을 지켜 줄 군대라면, 그 군대는 곧 국민을 의미하며, 우리는 그런 군대에 무한한 애정과 존경심을 보낼 것입니다. 하지만 지금 우리가 보고 있는 군대는 그런 군대가 아닙니다. 정의를 향한 갈망으로 목마른 우리에게 존엄성을 상실한 군대는 더 이상 군대가 아닙니다. 총칼로 무장한 채, 어쩌면 머지않아 우리 앞에 압제자를 데려다 줄지도 모르는 군대라니요. 그런 군대가 휘두르는 검의 손잡이에 경건하게 입을 맞추라니, 결단코 그럴 수는 없습니다!

다른 한편으로 나는 다음과 같은 사실을 밝힌 바 있습니다. 드레퓌스 사건은 참모본부의 정보국 내부에서 일어난 사건입니다. 참모본부의 동료들에 의해 고발당한 참모본부의 한 장교가 참모본부의 수뇌부들의 압력에 의해 유죄판결을 받은 사건입니다. 다시 말하면, 참모본부 전체가 유죄가 되지 않고서는 그가 다시 결백한 사람이 될 수 없는 상황입니다. 따라서 정보국은 언론 캠페인, 은밀한 내통, 압력 행사 등 상상 가능한 모든 방법을 동원해 에스테라지를 감싸고돌며 드레퓌스를 또다시 유죄로 만들고자 했습니다. 공화국 정부는 어떻게 비요 장군 스스로가 예수회파[52]라고 지칭한 무리를 깨끗이 소탕해 버릴 수 있을까요? 슬기로운 애국심으로 뭉친 진정으로 강력한 내각, 모든 것을 재정비하여 혁신을 이루어 낼 정부는 대체 어디에 있는지요? 국방을 책임진 사람들의 실체를 알게 된 많은 이들이 전쟁이 일어날지도 모른다는 생각에 얼마나 두려움에 떨고 있는지 아십니까? 이런데도 비열한 음모와 비방 그리고 횡령이 판치는 온상이 국가의 운명을 좌우하는 성역처럼 여겨지고 있다니요! 국민들은 드레퓌

---

[52] 당시 육군사관학교 생도들은 예수회 교단이 운영하는 예비학교 과정을 거쳐야 했고, 드레퓌스 사건이 발생하자 참모본부에 속한 이들의 대부분은 예수회 교단과 결탁해 공화국을 뒤흔들고자 했다. 이와 같은 배경으로 비요 장군은 참모본부를 '예수회파(jésuitière)'라는 이름으로 지칭했다. 또한 드레퓌스파들도 경멸적인 의미로 그들을 그렇게 불렀다.

스 사건이 온 나라에 드리운 무시무시한 그림자 앞에서, '더러운 유대인'이라고 손가락질 받으며 인간 제물이 된 한 불행한 사람의 운명 앞에서 경악하며 불안감을 감추지 못하고 있습니다! 아! 광기와 어리석음, 황당무계한 상상력, 저열한 수사 방식, 여전히 우리 사회에 횡행하는 종교재판과 절대 권력의 횡포가 요동치며 온 나라를 뒤흔드는 와중에, 몇몇 장교들이 온 나라를 짓밟고 국가의 이익을 위한다는 불경한 거짓 평계를 내세우며 국민들이 외치는 진실과 정의의 목소리를 억누르고 있습니다!

비열한 언론에 기대어 파리의 온갖 불한당들의 비호를 받으며 권리와 정직성이 짓밟히는 속에서 저들이 의기양양하게 승리를 구가하도록 방치하는 것 또한 범죄행위와 다를 바 없습니다. 전 세계가 지켜보는 가운데 오심을 강제하는 파렴치한 음모를 꾸몄던 자들이, 정의로운 자유국가들의 모범이 될 관대한 나라 프랑스를 꿈꾸었던 이들을 나라를 혼란에 빠뜨린 원흉으로 단죄하고자 하는 것 또한 명백한 범죄행위입니다. 여론을 오도하고 왜곡하여 정신착란의 지경까지 이르게 한 다음 사악한 목적에 그 여론을 이용하는 것도 범죄행위입니다. 도시의 하층민들과 서민들을 더러운 악으로 오염시키는 것도 범죄행위이며, 조속히 뿌리 뽑지 않는다면 인권을 존중하는 위대한 자유의 나라 프랑스를 무너지게 할지도 모르는 추악한 반유대주의의 뒤에 몸을 숨긴 채 사람들의 반동주의와 불관용을 부추기는 것 또한 범죄행위입니다. 증오를 부추기는 일들에 애국심을 이용하는 것도 범죄행위이며, 인류의 모든 지식이 한데 힘을 모아 진실과 정의를 꽃피울 다음 세기를 준비하고 있는 지금, 총칼을 현대적 신처럼 떠받드는 것 또한 명백한 범죄행위입니다.

우리가 그토록 열정적으로 추구해 왔던 진실과 정의가 그 어느 때보다도 도외시되고 암흑에 가려진 채 이처럼 모욕당하는 것을 지켜봐야 하는 절망감을 어떻게 말로 표현할 수가 있겠습니까! 나는 무슈 쉐레르-케스트네르가 얼마나 깊은 절망감을 느꼈을지 충분히 짐작할 수 있습니다. 그는 상원에서 대정부 질문이 있던 날, 좀 더 혁명적으로 행동하지 못했던 것을 후회했을 것입니다. 모든 것을 무너뜨리게 되더라도 자신이 알고 있는 것을 모두 털어놓았어야 하는 게 아닌가 하고 말입니다. 정직하고 충직한 삶을 살아온 위대한 정치가였던 그는 진실은 그 자체로서 충분하다고 믿었던 것입니다. 특히 그 진실이 찬란한 햇빛처럼 명백해 보일 때는 더욱더 그러했습니다. 이제 곧 태양이 세상을 환히 비출 텐데 공연히 혼란을 초래할 필요가 있을까요? 그는 이처럼 낙관적인 평정심을 잃지 않은 대가를 혹독하게 치르고 있는 것입니다. 고귀한 존엄을 지키기 위해 공스 장군의 편지들을 공개하기를 원치 않았던 피카르 중령도 무슈 쉐레르-케스트네르와 유사한 일들을 겪어야 했습니다. 그가 군인으로서 변함없이 규율을 존중하는 모습을 보여 준 반면, 그의 상관들은 그를 진창에 빠뜨리면서 전혀 예상치 못한 모욕적인 방식으로 그의 예심을 진행했습니다. 그럴수록 그가 보여 준 신중함은 더욱더 그를 빛나게 했습니다. 그러니까 악마가 날뛰는 동안, 두 희생자, 두 용감한 사람, 두 순수한 영혼은 신의 의지에 자신들을 내맡기고 있었던 것입니다. 게다가 피카르 중령은 다음과 같은 야비한 일까지 당해야 했습니다. 프랑스 법정은 검찰위원[53]으로 하여금 온갖 죄상을 들먹이며 증인을 공개적으로 비난하게 한 다음, 증인이 자신의 입장을 설명하고 자신을 변호하려고 하자 비공개 재판으로 전환을 했습니다. 분명히 단언하지만, 이것은 또 하나의 범죄행위로 전 세계인의 양심에 거센 분노를 불러일으키게 될 것입니다. 정말이지 군사법원은 정의를 참으로 희한하게 해석하고 있는 듯합니다.

대통령 각하, 진실은 이처럼 단순한 것입니다. 그리고 이 끔찍한 진실은 당신의 통치에 영원히 오점으로 남게 될 것입니다. 나는 당신이 이 사건에 아무런 권한도 없으며, 헌법과 측근에 매여 있는 처지라는 것을 충분히 헤아릴 수 있습니다. 하지만 당신에게는 결코 잊지 말아야 할 인간으로서의 의무가 있으며, 당신은 그 의무를 다해야 할 것입니다. 내가 이런 말을 하는 것은 결코 승리를 의심해서가 아닙니다. 나는 그 어느 때보다 강한 확신으로 거듭 외칩니다. 진실이 전진하고 있고, 그 무엇도 그 발걸음을 멈추게 하지 못할 것입니다. 오늘에야 비로소 사건이 시작되었다고 볼 수 있는데, 그 이유는 오늘에야 비로소 입장들이 명확해졌기

---

53 법원에 소속되어, 공개적으로 공판에 개입하여 소송 중인 사건을 분석하고 해결책을 제시하는 사람을 가리킨다.

때문입니다. 한편으로는 진실이 밝혀지는 것을 원치 않는 범죄자들이 있고, 다른 한편으로는 진실을 밝히기 위해서라면 자신의 목숨마저도 기꺼이 내놓고자 하는 정의의 수호자들이 있습니다. 나는 앞서 말했던 것을 다시금 소리 높여 외치고자 합니다. 누군가가 땅속에 파묻어 버린 진실은 그 속에서 차곡차곡 엄청난 폭발력을 쌓아 갈 것입니다. 그리하여 언젠가 밖으로 터져 나오게 되는 날, 진실은 엄청난 파괴력으로 주위의 모든 것을 날려 버리게 될 것입니다. 우리 모두는 그때에야 비로소 깨닫게 될 것입니다. 그동안 너무나도 끔찍한 재앙을 준비해 왔다는 것을.

편지가 길었습니다, 대통령 각하, 이제 편지를 끝맺을 시간이 된 것 같군요.

나는 뒤 파티 드 클람 중령을 고발합니다. 그는 사법적 오판을 야기한 원흉이었으며—미처 그 심각성을 자각하지 못했을 거라고 믿고 싶지만—그런 후에도 3년간 더없이 기괴하고 범죄적인 술책들로 자신의 사악한 작품을 비호하고자 했기 때문입니다.

나는 메르시에 장군을 고발합니다. 그는, 심약한 성정을 고려한다고 하더라도, 희대의 흉악한 범죄를 공모한 씻을 수 없는 잘못을 저질렀기 때문입니다.

나는 비요 장군을 고발합니다. 그는 드레퓌스의 결백을 입증하는 확실한 증거들을 확보했음에도 불구하고 그것들을 묵살했으며, 위기에 처한 참모본부를 구한다는 명목과 정치적인 목적으로 반인륜적이며 정의를 침해하는 극악한 범죄를 저질렀기 때문입니다.

나는 드 부아데프르 장군과 공스 장군을 고발합니다. 한 사람은 아마도 종교적 광신으로 인해, 다른 한 사람은 국방부의 참모본부를 신성불가침의 성소처럼 여기는 군부의 연대 의식으로 인해 모두 같은 범죄를 저질렀기 때문입니다.

나는 드 펠리외 장군과 라바리 소령을 고발합니다. 그들의 죄목은 사악한 수사를 진행한 것입니다. 라바리 소령의 보고서에서도 알 수 있듯이, 그들의 수사는 역사에 길이 남을 뻔뻔한 대담함으로 뭉쳐진 편파적이고도 사악한 수사의 최고봉이었습니다.

나는 세 명의 필적감정사 무슈 벨롬, 무슈 바리나르, 무슈 쿠아르를 고발합니다. 그들의 죄목은 날조된 허위 보고서를 작성한 것입니다. 그들은 시력과 판단력에 의학적으로 문제가 있다는 의사의 소견이 없는 한 명백한 범죄를 저지른 것입니다.

나는 국방부의 참모본부를 고발합니다. 그들은 여론을 오도하고 자신들의 잘못을 은폐하기 위해 〈레클레르〉지와 〈레코 드 파리〉지와 같은 신문을 이용해 가증스러운 언론 캠페인을 벌였기 때문입니다.

마지막으로 나는 첫 번째 군사법원을 고발합니다. 그들은 공개되지 않은 비밀문서를 근거로 피고인에게 유죄판결을 내림으로써 법을 위반했기 때문입니다.[54] 나는 두 번째 군사법원 또한 고발합니다. 그들은 상부의 명령에 따라 의도적으로 범죄자에게 무죄를 선고함으로써 불법적인 행위를 은폐했기 때문입니다.[55]

나는 상기 인물들을 고발함으로써 1881년 7월 29일 공표된 언론의 자유에 관한 법 중에서 명예훼손죄의 처벌에 관한 제30과 제31 조항을 위반했음을 잘 알고 있습니다. 나는 의도적으로 범법 행위를 저지른 것입니다.

내가 고발한 인물들로 말하자면, 나는 지금까지 그들을 한 번도 본 적이 없고 전혀 알지도 못할 뿐만 아니라, 그들에 대해 어떤 원한이나 증오심도 갖고 있지 않습니다. 그들은 내게는 사회적 악행의 표본을 보여 주는 하나의 실체들일 뿐입니다. 그리고 지금 내가 한 행위는 진실과 정의의 폭발을 앞당기기 위한 혁명적 수단일 뿐입니다.

내가 바라는 것은 오직 한 가지, 오랫동안 고통받아 왔으며 행복을 추구할 권리가 있는 인류의 이름으로 진실을 밝히는 것뿐입니다. 나의 열렬한 항의는 곧 내 영혼이 외치는 소리입니다. 부디

---

54 격렬한 반드레퓌스파 신문이었던 〈레클레르〉지는 1896년 9월 14일 드레퓌스의 유죄를 입증하는 명백한 증거를 보여 줄 수 있다고 주장하면서, 1894년의 군사법원에 변호인 측이 모르는 비밀문서가 전달되었다고 밝혔다. 그럼으로써 재판에서 불법이 자행되었음을 자진해서 선포한 꼴이 되었다.

55 당시 국방부 장관이던 비요 장관은 졸라의 이 문장을 문제 삼아 1898년 1월 20일자로 그에게 소환장을 보냈다. 비요 장관은 졸라의 공개서한 중에서 실질적으로 그 내용을 입증할 수 없는 '명령에 따라'라는 표현만을 걸고넘어짐으로써 사건 심리에서 드레퓌스사건의 직접적인 언급을 교묘하게 피해 갔다.

나를 중죄재판소로 소환하여 공명정대하게 수사가 이루어질 수 있게 해 주시기를 부탁드립니다!

  기다리고 있겠습니다.

  대통령 각하, 깊은 경의를 표하며 이만 글을 맺어야 할 것 같습니다. 안녕히 계십시오.

07
배심원들을 향한 최후진술

1898년 1월 18일, 국방부 장관 비요가 졸라를 명예훼손죄로 고소함에 따라 졸라의 재판이 2월 7일 센의 중죄재판소에서 열리게 돼 있었다. 졸라와 그의 변호사 페르낭 라보리는 재판을 앞둔 2주간에 걸쳐 증인으로 소환할 인물들의 명단을 작성했다. 학자, 고문자 전문가, 역사학자, 사건과 관련된 군인들과 대사관 무관들, 수많은 정치인들이 그 대상이었다. 드레퓌스파들 또한 졸라에게 적극적으로 지지를 표명하고 나섰다. 〈로로르〉지에 실린 그의 지지자 명단에는 각계각층의 유명 인사들의 서명이 줄을 이었고, 프랑스와 전 세계의 다양한 계층과 나이의 사람들로부터 졸라에게 경의와 찬사와 지지를 표하는 수천 통의 편지와 전보가 답지했다. 〈라 리브르 파롤〉지는 배심원단을 향해 애국자로서의 의무를 저버릴 경우 그 대가를 치를 것이라며 공공연하게 위협하는 기사를 내보냈다.

졸라는 '나는 고발한다…!'에서 의도적인 불법성을 겨냥한 전략을 택했다. 몹시 위험할 수도 있지만 상대가 그 미끼를 물 경우 엄청나게 효과적일 수 있는 전략이었다. 졸라는 모든 위험을 감수하고 주사위를 던진 것이다. 그는 1898년 2월 8일자 〈르 디즈-뇌비엠〉지에 발표된 인터뷰에서 다음과 같이 말한 바 있다.[56]

"……내일 열리게 될 재판은, 우리가 알지 못하는 새에 진실이 전진하기 위한 진지한 첫 번째 행보로 기록될 것입니다."

"보시다시피 엄숙한 심리의 순간이 다가올수록 생각이 더욱 더 차분해지면서 나 자신에 대해 강한 확신을 느끼고 있습니다. 물론 이 끔찍한 사건의 초기부터 그 확신은 나를 떠난 적이 없습니다."

2월 7일부터 23일까지 이어진 열다섯 차례의 공판 동안 졸라 사건에 대한 심리가 열렸고 모두 오후에 진행되었다. 재판에 관한 속기록은 〈르 시에클〉지와 스톡 출판사에 의해 공개될 예정이었다. 공판 초기부터 졸라의 재판에 관한 기사가 주요 신문들의 헤드라인을 장식하며 첫 장을 가득 메웠다. 또한 첫날부터 경호원들이 졸라를 에워싸고 그를 중죄재판소의 옆문으로 들어가게 해야 했다. 민족주의자와 반유대주의자 무리들이 졸라를 공격

---

[56] 424~425 페이지 참조.

하는 것을 막기 위해서였다. 법정은 매일같이 방청객들로 꽉 들어찼고 종종 소란이 일었다.

재판장인 델고르그는 라보리 변호사에게 "질문은 허용되지 않습니다."라는 말을 반복하면서 매번 그의 질문을 가로막았다. 처음 두 번의 공판에 출두한 피고 측 증인은 드레퓌스의 아내인 뤼시 드레퓌스, 피카르 중령의 변호인인 르블루아 변호사, 쉐레르-케스트네르 상원의원, 카지미르-페리에 전 공화국 대통령 등이었다. 뤼시 드레퓌스는 한마디 말도 꺼내지 못한 채 증언대를 떠나야 했다. 카지미르-페리에 전 대통령은 라보리 변호사가 자신에게 드레퓌스 관련 비밀문서에 관한 질문을 할 수 없었던 것을 다행으로 여겼다.

세 번째 공판에는 장군들이 증인으로 출두했다. 비요 장군, 드 부아데프르 장군, 공스 장군, 메르시에 장군 등이었다. 그들은 모두 델고르그 재판장의 협조로 비밀문서에 관한 질문을 피해 갈 수 있었다. 하지만 드 부아데프르는 드레퓌스의 유죄에 대한 확신을 강조하는 첫 번째 실수를 저질렀다. 그는 당연하게도 자신의 확신을 정당화할 수 없었다. 메르시에도 똑같은 경솔함을 저질렀다. 라보리 변호사는 한 남자가 법적으로 정당하게 단죄되었음을 확언하는 전 국방부 장관에게 그의 확신의 이유를 물을 수 없음을 강조했다. "여기 나온 증인들은 이 사건에 있어서 우리에게 불리하게 작용하는 것에 대해서는 말할 수 있고, 우리에게 유리한 것에 대해서는 말할 수 있는 권리가 없다는 것을 우리에게 분명히 보여 주었습니다."

다음에 증언대에 선 이들은 직접적으로 수사에 관여했던 장교들과 전 장관들이었다. 이번에도 라보리가 변호사가 그들에게 비밀문서에 관한 질문을 할 때마다 델고르그 재판장은 변함없이 "질문은 허용되지 않습니다."라는 말로 그의 말을 가로막았다. 하지만 전 법무부 장관인 테브네(Thévenet)는 장군들이 비밀문서에 관한 질문에 침묵으로 일관하는 것을 보면서 경악을 금치 못하고 이렇게 증언했다. "나는 무슈 졸라의 재능과 더불어 추호도 의심할 여지가 없는 그의 선의에 무한한 경의를 표하는 바입니다."

2월 11일에는 1월 13일부터 몽발레리앵(Mont-Valérien) 감옥에서 중금고형을 치르고 있던 피카르 중령이 증언대에 섰다. 그는 지금까지 증언한 사람들과는 대조적으로 자신이 수사했던 내용들을 상세히 밝힘으로써 재판의 전환점을 이루었다. 또한 장 조레스도 그의 힘 있는 웅변으로 다음과 같이 선언하며 졸라를 향한 뜨거운 지지와 존경의 뜻을 분명히 밝혔다. "무슈 졸라를 기소하고 몰아세울 수는 있을 것입니다. 하지만 나는 자유 시민들과 함께 그의 앞에 고개 숙이며 깊은 경의를 표합니다."

공판이 진행됨에 따라 여론은 양분되면서 상황은 점점 더 악화되어 갔다. 한편으로는, 졸라의 서재에 격려와 경의를 표하는 편지들이 수북이 쌓여 갔다. 다른 한편으로는, 졸라는 광신적인 민족주의자들의 표적이 되어 신체적 위협에 맞닥뜨려야 했으며, 그를 돼지, 오물 수거인, 넝마주이, 스파이, 프러시아인, 도망병,

괴기 박물관의 마네킹 등으로 희화한 캐리커처를 실은 수십만 장의 유인물이 나돌았다. 광포한 무리들은 졸라가 지나갈 때마다 그의 죽음을 외쳤다.

그다음 공판에서 필적감정사들이 증언을 할 때는 반유대주의자로 유명한 베르티용이 앞뒤가 맞지 않는 횡설수설로 드레퓌스의 유죄를 강조함으로써 법정의 짜증을 돋우었으며, 그다음으로 서로 입을 맞추지 않은 채 증언대에 선 학자들은 명세서의 필체와 에스테라지의 편지의 필체가 일치한다고 증언했다. 그리고 2월 17일, 세 번째로 증언대에 선 드 펠리외 장군의 증언은 이번 소송뿐만 아니라 장기적으로 드레퓌스 사건 전체를 새로운 국면으로 접어들게 했다. 드레퓌스파에게 유리한 증언들이 늘어 가는 것에 열 받은 드 펠리외는 그들의 노력을 단번에 무력화시킬 수 있는 결정적인 증거라고 생각하는 것을 법정에 당당하게 밝혔다. 1896년에 국방부가, 드레퓌스의 이름을 언급하면서 '이 유대인과 우리의 관계에 대해서……'라고 말하고 있는 편지 한 통을 입수했는데 그 편지는 이탈리아 대사관의 무관인 파니차르디가 독일 대사관의 무관인 슈바르츠코펜에게 보낸 것으로 추정된다는 내용의 증언이었다. 드 펠리외는 그와 같은 증언을 함으로써 방금 자신이 엄청난 실수를 저질렀음을 깨닫지 못했다. 바로 그다음 날 다시 증언대에 선 피카르 중령은 드 펠리외 장군이 언급한 문서가 허위로 조작된 것임을 폭로했다. 그리고 그것을 조작한 장본인인 앙리 소령이 그로부터 6개월 후에 감옥에서 자살함으로써 허위 문서의 실체가 만천하에 드러났다. 또한 드 펠리외의 발언은 그동안 델고르그 재판장이 견고하게 쌓아 올렸던 방어벽을 단번에 무너뜨리는 결과를 낳았다. 라보리 변호사는 드 펠리외의 증언에 다음과 같이 반박했다. "1894년의 판결 후에 그 판결을 보강한다는 이유로 추가된 문서가 그 당시나 그 후 어떤 법정에서도 심리의 대상이 되지 않은 것은 이해할 수도 받아들일 수도 없습니다." 마지막으로 문서에서 언급된 두 외국 무관의 이름으로 인해 외교 문제가 야기될 수밖에 없게 된 것이다.

그리하여 국방부는 사건의 망령에서 벗어나고자 술수를 쓰면 쓸수록 더 깊숙이 자기모순의 덫 속으로 빠져들었다. 그리고 마지막 카드로 참모본부의 수장인 드 부아데프르 참모총장의 권위를 내세우기에 이르렀다. 2월 18일 다시 증언대에 선 드 부아데프르 장군은 군부를 믿지 못하고 드레퓌스를 무죄로 만들 경우 참모본부의 수장들이 모두 사임할 것이라고 위협했다. 이에 라보리 변호사는 정의를 논하는 문제에 있어서 군부가 명백한 권력 남용으로 대응하고 있다고 반박하면서 이는 공화국 헌법에 대한 직접적인 공격이라고 규정했다. 하지만 드 부아데프르의 협박에 겁먹은 쥘 멜린 내각은 아무런 반응도 보이지 않았다.

이제 재판은 마지막을 향해 달려가고 있었다. 이미 무죄를 선고받고 증인으로 소환된 에스테라지는 알베르 클레망소 변호사의 매서운 질문에 내내 침묵을 지켰다. 그리고 마침내 2월 21일, 22일, 23일에는 반 카셀(Van Cassel) 차장검사의 논고와 졸라의 배심원들을 향한 최후진술과 변론과 판결이 차례로 이어졌다. 졸라가 최후진술을 하기 위해 자리에서 일어나자마자 여기저기서 야유가 터져 나왔다. 하지만 그가 미리 준비한 원고를 손에 들고 또박또박 읽어 나가자 방청객은 무거운 침묵 속에서 전율했다.

졸라는 최후진술을 끝맺으며 다음과 같이 말했다. "맹세코 드레퓌스는 결백합니다. 나는 내 목숨과 내 명예를 걸고 그가 무죄임을 말할 수 있습니다." 졸라는 거짓과 불의로 뭉친 사악한 세력들에 맞서 작가로서의 명성과 자유와 명예를 걸고 드레퓌스의 무죄를 외쳤다. 그리고 자신이 도전장을 던진 싸움에서 반드시 승리할 것임을 확신하고 있었다. "나는 지금 지극히 평온합니다. 반드시 승리할 것을 확신하기 때문입니다. …(중략)… 언젠가는 프랑스가 내게 나라의 명예를 지키는 데 기여한 것에 감사할 날이 반드시 올 것입니다."

비록 졸라의 최후진술이 그에 대한 무죄판결을 이끌어 내지는 못했지만 그의 목소리는 열두 명의 배심원들 중에 다섯 명을 설득시킬 수 있었고, 정상참작은 6 대 6으로 거부되었다. 졸라는 판결 다음 날〈로로르〉지의 필리프 뒤부아 기자와의 인터뷰[57]에서 밝혔듯이 자신에게 내린 판결에 대해 전혀 놀라지 않았다. "이미 예상했던 결과입니다. 드 펠리외 장군과 드 부아데프르 장군이 개입해 내가 군대의 명예를 해쳤다는 터무니없는 주장으로 배심

---

[57] 431페이지 참조.

원들에게 압력을 행사할 때부터 이런 결과가 나올 것으로 확신하고 있었으니까요." 그리고 다시 한 번 더 자신의 소신을 밝혔다. "내 신념에는 변함이 없습니다. 진실은 반드시 밝혀질 테니까요. 내가 재판을 받는 중에도 이미 진실이 드러나기 시작하지 않았습니까? 나는 낙담하기는커녕 정당한 대의를 위해 나 자신을 바친다는 확신과 용기와 희망으로 가득 차 있습니다."

DÉCLARATION AU JURY

배심원들을 향한 최후진술

이 글은 1898년 2월 22일자 〈로로르〉지에 실린 것이다.

이 글은 전날인 2월 21일 내게 유죄판결을 내릴 배심원들 앞에서 낭독한 것이다. 1월 13일 대통령에게 보내는 내 편지가 세상에 공개되던 날, 의회는 312 대 122로 나를 기소하기로 결의했다. 1월 18일 국방부 장관인 비요 장군은 법무부 장관에게 고소장을 제출했다. 1월 20일 내가 받은 소환장에 의하면, 저들이 내 편지에서 문제 삼은 것은 열다섯 줄에 불과했다. 2월 7일 심리가 시작되었으며, 2월 23일 내게 징역 1년에 3천 프랑의 벌금형이 선고될 때까지 열다섯 차례의 공판이 열렸다. 한편 세 명의 필적감정사 무슈 벨롬, 무슈 바리나르, 무슈 쿠아르는 1월 21일 나를 명예훼손죄로 고소했다.

존경하는 배심원 여러분,

 1월 22일 열린 국회에서 총리인 무슈 멜린은 그를 지지하는 절대다수의 열광적인 박수갈채 속에서 군부의 수호를 책임지고 있는 열두 명의 시민을 신뢰하고 있음을 선언했습니다. 배심원 여러분, 그 열두 명의 시민은 바로 여러분을 가리키는 것입니다. 비요 장군이 군사법원의 상석에서 그의 부하들에게 '기왕의 판결'을 절대적으로 존중할 것을 지시함으로써[58] 에스테라지 소령에게 무죄판결을 내릴 것을 강요한 것처럼, 무슈 멜린은 내가 군부의 명예를 짓밟았다고 주장하면서 여러분에게 군대를 존중하는 마음으로 내게 유죄를 선고할 것을 강요하고자 했습니다. 이에 나는 정직한 사람들의 양심을 향해 국가적 정의를 짓밟고자 하는 공권력의 부당한 압력을 고발하고자 합니다. 자유국가의 명예를 더럽히는 가증스러운 정치적 관행은 더 이상 용납되어서는 안 될 것입니다.

 우리는 배심원 여러분이 그의 말을 따를 것인지 아닌지를 지켜볼 것입니다. 하지만 그보다 먼저 내가 무슈 멜린의 의지에 따라 여러분 앞에 서 있는 게 아니라는 사실을 분명히 알아야 할 것입니다. 그는 몹시 혼란스러운 마음으로, 전진하는 진실이 또다시 새로운 걸음을 내디딜 것이 두려워 나를 기소하기로 결정한 것입

---

58 이전 각주 51 참조.

니다. 이는 모든 사람들이 알고 있는 사실입니다. 내가 여러분 앞에 서 있는 것은 내가 그것을 원했기 때문입니다. 이 음울하고 극악무도한 사건이 여러분의 평결을 받을 수 있도록 내가 스스로 결정한 것입니다. 온 프랑스 국민이 모든 사실을 알고 그에 관한 목소리를 낼 수 있도록, 프랑스적 정의를 가장 직접적이고도 가장 고귀하게 발현하는 여러분을 오로지 내 의지대로 선택한 것입니다. 이러한 내 행위에 다른 목적은 없습니다. 나라는 개인은 아무것도 아닙니다. 나는 군대의 명예뿐만 아니라 위기에 처한 국가의 명예를 여러분의 손에 맡길 수 있게 된 것을 기쁘게 생각하며 나 자신을 기꺼이 희생했습니다.

따라서 여러분의 마음속에서 아직 모든 것이 명확하게 느껴지지 않더라도 부디 나를 탓하지 말길 바랍니다. 그것은 내 잘못이 아니기 때문입니다. 나는 여러분만이 유일하게 자격과 능력을 갖추었다고 판단하여 여러분에게 모든 증거자료를 제공할 수 있기를 바랐지만 그것은 나의 허망한 꿈에 불과했던 듯합니다. 저들이 맨 처음으로 한 것은, 여러분에게 오른손으로 주는 척했던 것을 왼손으로 거두어들이는 것이었습니다. 저들이 여러분의 평결을 받아들이는 척하는 것은 여러분이 저들을 대신해서 군사법원 위원들의 복수를 해 줄 수 있을 것이라고 생각하기 때문입니다. 또한 일부 몇몇 장교들은 그 모습을 드러내지 않은 채 여러분의 정의 위에 군림하면서 법망을 피해 가고 있습니다. 양식이 있는 사람이라면 내 말을 이해할 수 있을 것입니다. 저들의 위선적이고도 비상식적인 행동에서 분명하게 알 수 있는 것은 저들이 여러분의 양식을 두려워하고 있으며, 감히 우리로 하여금 모든 것을 말하게 하고, 여러분으로 하여금 모든 것을 판단하게 하는 위험을 감수할 수 없었다는 사실입니다. 그에 대해 저들은 추문을 최소화하고자 했다고 주장하고 있습니다. 배심원 여러분, 여러분은 그 추문이라는 것에 대해 어떻게 생각하십니까? 여러분으로 하여금 이 사건을 맡게 해서, 여러분을 통해 구현된 민중이 그 심판자가 되기를 원하는 내 행위에 관해서 말입니다. 저들은 또한 기만적인 재심을 받아들일 수 없다고 주장함으로써 마음속에 커다란 두려움을 느끼고 있음을, 여러분이 절대적인 통제권을 가지게 될 것을 두려워하고 있음을 스스로 고백한 셈입니다. 여러분은 바로 법의 완전한 구현체이기 때문입니다. 내가 바란 것은 여러분마저 우롱하고자 하는 수상쩍은 소송 절차가 아니라, 선량한 국민으로서 마음속 깊이 존중할 수 있는 선택된 민중의 법인 것입니다.

배심원 여러분, 이와 같은 연유로 내가 꿈꾸던 진실을 완전하게 규명하지도 못한 채 여러분의 생업을 방해하게 된 것을 너그러이 양해해 주시길 바랍니다. 진실, 완전한 진실, 그것만이 내가 열렬하게 갈망하는 것입니다. 그리고 이 사건에 관한 심리가 명백하게 보여 준 것처럼, 우리는 집요하고 더없이 음험한 음모들과 차례로 맞서 싸워야만 했습니다. 진실의 한 조각을 쟁취하기 위해서 험난한 투쟁을 벌여야만 했으며, 우리가 진실을 입증하는 것을 막기 위해 저들이 모든 것을 문제 삼으면서 우리의 요구들을 묵살하고 우리가 내세우는 증인들을 위협해 공포에 떨게 만드는 것을 견뎌야 했습니다. 우리가 이와 같은 투쟁을 이어 온 것은 오직 여러분을 위해서였습니다. 진실을 밝혀 줄 수 있는 증거가 여러분에게 온전하게 전달되어 여러분이 양심에 한 점 거리낌 없이 판결을 내릴 수 있게 하기 위한 것입니다. 따라서 나는 여러분이 우리의 이러한 노력을 간과하지 않을 것이라고 굳게 믿으며, 진실을 밝히는 데 필요한 모든 것이 이미 충분히 제공되었다고 생각합니다. 여러분은 증인들의 증언을 들었으며, 이제 곧 내 변호인의 변론을 듣게 될 것입니다. 그는 여러분에게 진짜 이야기, 세상 사람들을 경악하게 할 이야기, 아무도 알지 못하는 이야기를 들려줄 것입니다. 따라서 지금 나는 지극히 마음이 편안합니다. 이제 진실은 여러분 마음속에 있습니다. 그리고 그 진실이 움직일 차례입니다.

 무슈 멜린은 여러분에게 군대의 명예를 지켜 줄 것을 부탁함으로써 여러분이 내릴 판결을 강제했다고 믿었습니다. 그리고 나 또한 바로 그 군대의 명예를 걸고 여러분에게 정의를 집행해 줄 것을 호소하는 바입니다. 나는 무슈 멜린의 말을 단호하게 부인합니다. 나는 결코 군대를 모욕한 적이 없습니다. 그 반대로 나는 강력한 군비를 갖춘 나라, 작은 위협에도 분연히 일어나 프랑스 땅을 수호해 줄 프랑스의 자랑스러운 군인들에 대한 애정과 존경심을 표현한 바 있습니다. 내가 그들을 승리로 이끌 지휘관인 장군들을 공격했다는 것 또한 거짓말입니다. 정보국의 몇몇 인물들이 그들의 음흉한 술책으로 군대 전체를 위협한 게 사실이라면, 그 사실을 밝히는 게 군대 전체를 모욕하는 것인가요? 오히려 군대를 모든 위협에서 벗어나게 하고 그들에게 경고의 외침을 보냄으로써, 우리의 투쟁을 야기한 과오들이 또다시 저질러져 우리에게 새로운 패배를 안기는 일이 없도록 하는 것이 선량한 시민에게 주어진 책무가 아닐까요? 게다가 나는 나 자신을 변호할 생각이 없습니다. 꼭 해야만 했던 나의 행위에 대한 판단은 역사에 맡기고자 합니다. 하지만 공권력이 가증스러운 편지들[59]을 쓴 에스테라지 소령을 비호하는 것을 수수방관하는 태도는 진정 군대를 불명예스럽게 하는 것임을 소리 높여 외치지 않을 수 없습니다. 군대를 보호한다는 미명하에 저열한 음모들로 프랑스가 자랑하는 관대함과 위대함을 진창으로 더럽히는 무뢰한들이야말로 우리의 용맹한 군대를 매일같이 모욕하고 있는 장본인임을 알아야 할 것입니다. '유대인에게 죽음을!'이라는 구호와 '군대 만세!'를 함께 외치면서 우리의 위대한 프랑스 군대를 불명예스럽게 한 것은 바로 저들인 것입니다. 그것도 모자라 저들은 '에스테라지 만세!'를 외치기까지 했습니다. 오, 맙소사! 생 루이[60]와 바야르[61]와 콩데[62] 그리고 오슈[63]의 후손이자, 역사에 길이 남을 대승을 무수히 거둔 민족, 공화정과 제정 동안 커다란 전쟁들을 치러 낸 민족, 그 저력과 자비로움과 관대함으로 전 세계를 감탄케 했던 민족이 '에스테라지 만세!'를 외치다니요! 오직 진실과 정의를 향한 우리의 노력만이 우리에게 씌워진 부끄러운 오명을 씻어 낼 수 있을 것입니다.

여러분은 항간에 전설처럼 떠도는 이야기를 알고 있을 것입니다. 드레퓌스는 절대 과오를 범할 리 없는 일곱 명의 장교에 의해 정당하게 그리고 법적으로 유죄를 선고받았습니다. 드레퓌스에게 판결을 내린 장교들이 오판을 했으리라고 의심하는 것은 군대 전체를 모욕하는 것입니다. 드레퓌스는 지금 복수의 고문 속에서 그가 저지른 가증스러운 범죄의 죗값을 치르고 있습니다. 또한 유대인인 그를 위해 유대인 조합이 형성되었는데, 이는 반역자를 구하려는 목적으로 수백 명씩 무리를 지어 파렴치한 책동을 행하는 데 수백만 프랑을 마구 뿌려 대는 무국적 국제조직을 의미합니다. 문제의 조합은 그들의 사악한 계획을 포기하기는커녕 정직한 이들의 양심을 매수하고, 프랑스를 살인적인 혼란에 빠뜨리며, 나라를 적에게 팔아넘기고, 유럽 전역을 전쟁의 화염

---

59 에스테라지가 그의 정부였던 드 불랑시 부인에게 보낸 편지들, '울란의 편지들'을 가리킨다. 이전 각주 17 참조.
60 Saint Louis(1226~1270 재위), 프랑스의 왕 루이 9세를 가리킨다.
61 Bayard. 중세의 무훈시(武勳詩)에 등장하는 용맹한 기사들 '에이몽 가의 네 아들'을 가리킨다. '바야르'는 그들을 태우고 다니던 전설적인 적갈색 말의 이름이다.
62 Condé(1621~1686), '위대한 콩데(le Grand Condé)'라고 불렸으며, 30년 전쟁 당시 장군으로 전투를 지휘했고 프롱드의 난을 일으켰다.
63 Hoche(1768~1797), 프랑스혁명 시대의 군인으로 특유의 전술과 용맹함으로 25세에 총사령관이 되었다. 29세에 병사한 그는 공화정의 이념에 가장 충실했던 군인으로 평가받고 있다.

에 휩싸이게 하면서 수많은 죄악을 거듭 저지르고 있습니다. 배심원 여러분, 저들이 펼쳐 보이는 각본은 대략 이러합니다. 아주 단순하고 유치하고 우스꽝스럽기까지 하지요. 쓰레기 같은 언론은 수개월 전부터 독이 든 빵으로 가엾은 우리 국민들의 배를 채우고 있습니다. 따라서 앞으로 끔찍한 위기가 닥치는 광경을 보게 된다고 해도 조금도 놀랄 게 없습니다. 이 정도로 어리석음과 거짓의 씨앗을 뿌려 댄다면, 언젠가는 저들이 광기의 열매를 거두어야 할 순간이 반드시 올 것이기 때문입니다.

하지만 배심원 여러분, 나는 여러분이 위와 같은 황당무계한 이야기들을 정말로 믿었을 거라고 생각하지 않습니다. 그건 여러분을 모욕하는 것이 될 테니까요. 나는 여러분이 누구인지 잘 알고 있습니다. 내가 태어났으며, 무한한 애정으로 사랑하는 나의 위대한 파리. 내가 40년 가까이 관찰하며 찬미해 온 파리. 여러분은 바로 그 파리의 심장이자 이성과 같은 존재인 것입니다. 나는 지금 이 시각, 여러분이 무슨 생각을 하고 있을지도 잘 알고 있습니다. 나 역시 피고로서 지금 이 자리에 앉아 있기 전에 여러분처럼 배심원석에 앉아 본 경험이 있기 때문입니다. 그 자리에서 여러분은 여론을 대표하며, 모두의 지혜와 정의로움을 대변하고자 애쓰고 있는 것입니다. 잠시 후, 여러분이 배심원 회의실에서 논의를 진행할 때 여러분의 마음속에 나도 함께할 것입니다. 나는 여러분이 시민으로서의 이익을 지키기 위해 애쓰고 있다는 것을 잘 알고 있습니다. 여러분에게는 그것이 곧 국가의 이익을 지키는 것이 될 테니까요. 여러분은 물론 오류를 범할 수도 있습니다. 하지만 여러분의 안녕을 지키는 것이 모두의 안녕을 위하는 것이라고 믿는다면 그건 잘못된 생각입니다.

저녁 시간에 등잔불 아래에서 가족과 함께 정겨운 시간을 보내는 여러분의 모습이 눈앞에 보이는 듯합니다. 친구들과 정담을 나누거나, 작업장과 상점에서 일하는 여러분의 모습도 떠오릅니다. 여러분은 모두가 성실하게 일하는 근로자들입니다. 상인과 실업가 그리고 자유직[64]을 행하는 분도 있을 것입니다. 그러니 여러분 모두가 작금의 불경기에 대해 염려하는 것은 지극히 당연한 일입니다. 사방에서 현재의 위기가 더욱 악화될 조짐이 보이고, 매상이 점점 줄어들면서 거래가 날로 위축되고 있는 실정이니 말입니다. 따라서 여러분의 얼굴을 보면서 여러분이 지금 어떤 생각을 하고 있는지 짐작하는 것은 그리 어려운 일이 아닙니다. 이젠 지긋지긋해. 얼른 끝내 버리고 싶다니까. 물론 다른 많은 사람들처럼 이렇게까지 말하지는 않겠지만요. "무고한 누군가가 악마도에 유배를 가 있건 말건 그게 우리하고 무슨 상관이야! 한 사람의 인생이 이렇게 온 나라를 뒤흔들 만한 가치가 있다는 건가?" 그럼에도 불구하고 여러분은, 마음속으로는 진실과 정의를 갈구하는 우리의 열정적인 행위의 대가가 저들이 우리에게 뒤집어씌우려는 잘못에 비해 지나치게 가혹하다고 생각할 것입니다. 그런

---

[64] 건축가, 변호사, 의사 등의 전문직을 가리킨다.

데도 여러분이 나를 단죄한다면, 여러분이 내리는 평결의 배경에는 오직 이런 이유밖에는 없을 것입니다. 여러분의 가족이 느끼는 불안감을 진정시키고 다시 여러분의 생업으로 돌아가기 위해서, 나를 단죄함으로써 프랑스의 국익을 해치는 재심 요구 캠페인을 중단시킬 수 있을 것이라는 믿음 말입니다.

그렇다면, 배심원 여러분, 여러분은 완전히 잘못 생각하고 있는 것입니다. 나는 지금 내 일신의 자유를 위해 싸우는 게 아니라는 걸 분명히 말씀드립니다. 여러분은 나를 단죄함으로써 나를 더 위대한 사람으로 만들 뿐입니다. 진실과 정의를 위해 고통받는 사람은 존엄하고 신성한 존재로 추앙받게 되기 때문입니다. 배심원 여러분, 내 얼굴을 한번 똑바로 보시기 바랍니다. 내가 돈에 매수된 파렴치한, 거짓말쟁이 그리고 반역자로 보이십니까? 그런 게 아니라면 내가 이러는 이유가 무엇이라고 생각하십니까? 나는 정치적 야심도, 파벌을 만들려는 욕심도 없는 사람입니다. 어디에도 얽매이지 않은 채 글 쓰는 일을 천직으로 알고 살아온 사람일 뿐입니다. 그리고 내일이면 다시 제자리로 돌아가 중단되었던 작업을 다시 시작할 것입니다. 이런 나를 두고 이탈리아인이라며 비난하다니 정말 어이가 없습니다. 프랑스인 어머니에게서 태어나 보스[65] 출신의 농부인 조부모 밑에서 자라났으며, 일곱 살에 아버지를 잃고, 집필에 필요한 자료를 수집하기 위

---

65 Beauce, 파리의 남서쪽에 위치한 지역.

해 쉰네 살이 되어서야 이탈리아를 처음으로 방문한 나를 두고 이탈리아인이라니요. 물론 그렇다고 해서 내 아버지가 모든 이들의 기억 속에 찬란하게 빛났던 영광의 도시로 남아 있는 베니스 출신이라는 사실에 자부심을 느끼지 않는 것은 결코 아닙니다. 그리고 설령 내가 프랑스인이 아니라고 치더라도, 프랑스어로 쓰여 전 세계로 수백만 부가 퍼져 나간 마흔 권에 이르는 내 책들을 놓고 볼 때, 프랑스의 영광에 기여하는 당당한 프랑스인임을 주장할 자격이 내게 충분히 있다고 생각지 않으십니까!

따라서 나는 이 자리에서 애써 나 자신을 변호할 생각이 없습니다. 하지만 여러분이 나를 단죄함으로써 혼란에 휩싸인 우리나라를 바로잡을 수 있을 거라고 생각한다면 여러분은 엄청난 착각을 하고 있는 것입니다! 배심원 여러분, 아직도 프랑스가 무엇 때문에 죽어 가고 있는지 알지 못한단 말입니까? 캄캄한 어둠과 모호한 안개 속에 감추어진 음모와 거짓으로 온 나라가 서서히 죽어 가고 있음을 깨닫지 못한단 말입니까? 위정자들은 과오에 과오를 거듭하고, 거짓은 또 다른 거짓을 낳으면서 무섭게 그 세를 불려 가고 있습니다. 사법적 오판을 저지른 자들은 그것을 은폐하기 위한 또 다른 악행들을 끊임없이 이어 가면서 건전한 양식과 공정성을 해치고 있습니다. 가증스러운 범죄자의 무죄판결을 이끌어 내기 위해 무고한 사람을 극악한 범죄자로 만드는 일마저 서슴없이 행하면서. 그리고 이제 오늘, 저들은 여러분에게 나를 단죄할 것을 요구하고 있습니다. 조국이 수렁 속으로 빠져드는 것을 보면서 고뇌하며 정의를 부르짖었다는 죄목으로 말입니다. 그러니 이제 나를 단죄하십시오! 하지만 그럼으로써 여러분은 다른 이들이 저지른 잘못에 또 하나의 과오를 더하게 될 것입니다. 그리고 그것은 훗날 역사에서 여러분의 짐으로 남게 될 것입니다. 그리고 나를 단죄함으로써 여러분은 우리 모두가 갈구하는 평화를 얻는 대신 광기와 혼란을 더욱더 부추기게 될 것입니다. 배심원 여러분, 분명히 말씀드리지만, 모든 것에는 한계가 있는 법입니다. 부디 그 도를 지나치지 마시길 바랍니다.

여러분은 지금 온 나라가 얼마나 끔찍한 위기에 직면해 있는지 아직도 제대로 파악이 되지 않으십니까? 저들은 우리가 추문을 일으킨 장본인이며, 나라를 혼란에 빠뜨리며 소요를 일으키는 것은 진실과 정의를 부르짖는 이들이라고 주장합니다. 그야말로 지나가던 개가 웃을 일입니다. 비요 장군의 경우만 보더라도, 그는 이미 18개월 전부터 진실을 알고 있지 않았습니까? 피카르 중령이 재심을 받아들여야 한다고, 거센 폭풍우가 모든 것을 휩쓸어 가기를 바라지 않는다면 반드시 그래야만 한다고 거듭 주장하지 않았던가요? 무슈 쉐레르-케스트네르 또한 프랑스의 앞날을 염려하며 나라에 엄청난 파국이 닥치는 것을 막아야 한다고 눈물로써 그에게 간청하지 않았습니까? 그렇습니다, 그랬고말고요! 우리가 바란 것은 이 모든 사태를 수습하고 그 충격을 최소화하는 것이었습니다. 나라가 고통받고 있다면 그 책임은 권력을 가진 위정자들에게 있는 것입니다. 저들은 정치적 이해관계에 따라 움직이면서 악행을 저지른 자들을 비호했습니다. 또한 진실이 만천하에 밝혀지는 것을 막을 수 있을 만큼 강하기를 바라면서 모두의 호소에 눈감고 귀 막았습니다. 진실을 알게 된 날부터 위정자들은 어둠 속에 몸을 숨기고 음모를 꾸미는 일에 앞장서 왔습니다. 양심적인 이들이 극심한 혼란에 빠져 있다면, 그 모든 것의 책임은 오로지 위정자들, 그들이 져야 하는 것입니다.

배심원 여러분! 이제 드레퓌스 사건은 그것이 불러일으킨 끔찍한 의문들 앞에서 아주 작아지고 아득히 먼 이야기가 되어 버렸습니다. 이제 드레퓌스 사건은 더 이상 존재하지 않습니다. 이제는 프랑스가 여전히 인권의 나라이며, 전 세계에 자유가 무엇인지를 보여 주었고, 정의의 실현에 앞장섰던 나라인지에 대해 자문해 보아야 할 때입니다. 우리는 여전히 가장 고귀하고 가장 우호적이며 가장 관대한 민족일까요? 우리는 앞으로도 유럽에서 공정성과 인류애에 관한 좋은 평판을 이어 갈 수 있을까요? 우리가 그동안 쌓아 올렸던 자랑스러운 것들이 모두 위태롭게 흔들리고 있는 것은 아닐까요? 배심원 여러분, 부디 눈을 크게 뜨고 우리 앞에 놓인 현실을 직시하시기 바랍니다. 이처럼 극심한 혼란에 빠진 것을 보면, 끔찍한 위기 앞에서 프랑스의 영혼은 그 뿌리까지 흔들렸음이 분명합니다. 이와 같은 동요는 한 민족의 도덕적 삶이 위기에 처했음을 증명합니다. 지금 우리는 나라의 안녕이 달린 몹시 심각한 상황에 직면해 있는 것입니다.

배심원 여러분, 이런 사실을 깨닫는 순간 여러분은 이제 한 가지 치유책밖에 없다는 것을 알게 될 것입니다. 그것은 바로 진실을 말하고, 정의를 행하는 것입니다. 진실을 밝히는 것을 늦추고 어둠에 어둠을 쌓아 가는 것은 위기를 더 연장하고 악화시킬 뿐입니다. 올바른 시민의 역할, 이 모든 것을 하루속히 끝내야겠다고 생각하는 이들이 해야 할 일은 진실을 명백히 밝히기를 요구하는 것입니다. 게다가 이미 많은 이들이 그런 생각을 하고 있습니다. 문인들, 철학자들 그리고 과학자들 모두가 지성과 이성의 이름으로 도처에서 들고일어나고 있습니다. 여기서 외국인들의 반응과 유럽 전역이 전율에 휩싸인 것에 대해서는 얘기하지 않겠습니다. 더군다나 외국인들이 반드시 우리의 적은 아닙니다. 내일 어쩌면 우리의 적이 될 수도 있는 민족들에 관해서는 언급하지 않는 게 나을 듯합니다. 하지만 우리의 동맹국인 위대한 러시아, 작지만 관대한 나라 네덜란드, 북부의 우호적인 민족들, 프랑스어를 사용하는 나라인 스위스와 벨기에 등은 어째서 형제애에서 우러나는 고통을 우리와 함께 나누며 그토록 안타까워하는 것일까요? 여러분은 세상 다른 나라들로부터 외면당하는 프랑스를 생각해 본 적이 있습니까? 여러분이 훗날 국경을 지나갈 때, 다른 나라의 국민들이 공정성과 인류애를 자랑하던 프랑스 국민에게 더 이상 미소 짓지 않기를 바라는 건가요?

배심원 여러분, 다른 수많은 사람들처럼 여러분도 어쩌면 하늘에서 천둥이 치듯 단번에 드레퓌스의 무고함을 입증해 줄 수 있는 결정적인 증거를 기대하고 있을지도 모르겠습니다. 하지만 진실은 통상 그런 식으로 밝혀지는 게 아닙니다. 진실은 진지한 모색과 지성을 필요로 합니다. 증거를 내놓으라고요! 우리는 그 증거를 어디에서 찾을 수 있을지도 잘 알고 있습니다. 하지만 우리는 마음속으로만 비밀스럽게 그런 생각을 하고 있는 실정입니다. 나라를 위하는 마음으로, 저들이 거짓으로 군대의 영예에 먹칠을 한 것이 명백한 사실로 드러난 지금, 그 증거가 몰고 올 폭풍우를 염려하지 않을 수 없기 때문입니다. 나는 또한 이 자리에서—여기서 미리 그 이름들을 밝힐 수는 없지만—우리가 외국 대사관의 요원들을 증인으로 소환할 것을 요청했다는 사실을 분명히 밝혀 두고자 합니다. 저들은 우리의 대담함을 비웃었습니다. 하지만 외무부에서도 그렇게 비웃을 수 있을 것이라고 생각하진 않습니다. 그들은 이제 어떤 게 진실인지를 알고 있을 테니까요. 우린 다만 모든 진실을 알고 있는 이들에게 우리도 그 진실을 알고 있음을 말하고 싶었을 뿐입니다. 그 진실은 지금 각국의 대사관들로 퍼져 나가고 있지만, 조만간 모든 사람에게 알려지게 될 것입니다. 우리로서는 두꺼운 장벽으로 겹겹이 둘러싸여 있는 진실을 지금 당장 찾아 나선다는 것은 불가능해 보입니다. 하지만 이 모든 사실을 알고 있는 정부, 우리처럼 드레퓌스의 결백을 확신하고 있을 정부는 그들이 원한다면 언제라도 손쉽게, 마침내 진실을 밝혀 줄 증인들을 찾아낼 수 있을 것입니다.

맹세코 드레퓌스는 결백합니다. 나는 내 목숨과 내 명예를 걸고 그가 무죄임을 말할 수 있습니다. 이 엄숙한 순간에, 인류의 정의를 대표하는 재판부 앞에서, 국가의 발현인 배심원 여러분 앞에서, 프랑스의 온 국민이 지켜보는 앞에서, 전 세계가 지켜보는 앞에서, 나는 드레퓌스가 결백하다는 것을 맹세합니다. 40년간의 내 작업과 그 노고가 내게 부여하는 권위로써 드레퓌스가 결백하다는 것을 맹세합니다. 내가 쟁취한 모든 것과 내가 얻은 명성과 프랑스 문학의 전파에 기여한 내 작품들을 걸고 드레퓌스가 결백하다는 것을 맹세합니다. 만약 드레퓌스에게 죄가 있다면, 이 모든 것이 무너져 내리고 내 작품들이 소멸해 버려도 좋습니다! 맹세코 드레퓌스는 무죄입니다.

지금은 모든 것이 내게 등을 돌리고 있는 듯합니다. 상원과 하원, 민간단체, 군부, 막강한 영향력을 지닌 대중지, 그들에게 오도된 여론. 하지만 내게는 단 한 가지 생각, 진실과 정의의 이상(理想)이 있을 뿐입니다. 그리고 나는 지금 지극히 평온합니다. 반드시 승리할 것을 확신하기 때문입니다.

나는 내 나라에 거짓과 불의라는 오명이 따라다니는 것을 원치 않았던 것뿐입니다. 그 때문에 여러분이 지금 이 자리에서 나를 단죄할 수도 있을 것입니다. 하지만 언젠가는 프랑스가 내게 나라의 명예를 지키는 데 기여한 것에 감사할 날이 반드시 올 것입니다.

08
무슈 브리송에게
보내는
편지

1898년 6월 15일, 멜린 내각이 실각하고 6월 28일 앙리 브리송이 새 내각의 총리로 취임했다. 비요 장군의 뒤를 이어 국방부 장관으로 임명된 카베냑(Cavaignac)은 맹렬한 반드레퓌스파였으며, 브리송이 이끄는 새 내각도 참모본부의 태도를 변화시키지는 못했다.

그사이 파기원은 2월 23일 졸라에게 유죄판결을 내린 중죄재판소의 판결을 파기했다. 졸라를 고소할 수 있는 것은 에스테라지에게 무죄판결을 내린 군사법원이지 국방부가 아니라는 이유에서였다. 그리고 4월 8일 군사법원이 졸라를 고소하기로 결정했다.

6월 16일, 파기원은 5월 23일 라보리 변호사가 법원 관할위반의 이유를 들어 제기한 상고를 기각했다. 졸라의 재판은 7월 18일 예정대로 베르사유의 중죄재판소에서 열릴 것이었다. 라보리 변호사는 또다시 재판을 중단시키고자 했지만 졸라는 그러한 전략의 성공 가능성에 대해 의문을 표했다. 그는 6월 28일 절친한 친구인 데뮬랭에게 이렇게 심경을 고백했다. "미래가 너무나도 불투명한 것 같소. 이젠 우리가 어디로 가고 있는지도 잘 모르겠소." 그는 호전적인 적들에게 둘러싸여 있었다. 7월 9일에는 '날조된 허위 보고서를 작성한' 죄목으로 졸라에게 고발당한 세 명의 필적감정사가 그를 명예훼손죄로 고소한 소송에서 승소했다. 그로 인해 졸라에게는 15일의 징역형과 집행유예, 2천 프랑의 벌금형과 세 사람 모두에게 각각 5천 프랑씩의 손해배상금을 지불하라는 판결이 내려졌다.

그사이, 7월 7일 카베냑은 드레퓌스 사건을 완전히 끝낼 수 있을 거라고 자신하면서 의회의 하원의원들 앞에서 드레퓌스의 유죄를 입증하는 증거라고 믿는 '드레퓌스 문서'의 비밀문서들을 낭독했다. 그중 하나는 이미 지난 2월에 열렸던 재판에서 드 펠리외 장군이 모두에게 그 존재를 공개했던 예의 그 문서였다. 카베냑은 그 문서가 훗날 '가짜 앙리'라고 불릴 허위 문서임을 알지 못했다. 의회는 그의 연설문을 게시하기로 의결했다.

카베냑은 자신도 모르는 사이에 재심의 메커니즘을 작동시켰던 것이다. 그는 드 펠리외 장군이 중죄재판소 법정에서 저질렀던 것보다 훨씬 더 큰 실수를 저질렀다. 국방부 장관이 몸소 머지않아 허위로 밝혀질 문서를 국회의원들 앞에서 당당하게 공개한 것이다. 그리고 그때부터 저들의 추락이 시작되었다. 7월 10일에는 피카르가 〈르 탕〉 지에 총리에게 보내는 공개편지를 발표해, 카베냑이 제시한 문서들이 드레퓌스 대위와는 아무 상관없으며 그중 하나는 허위로 조작된 것임을 밝혀 그 증거들이 무효임을 주장했다. 7월 12일에는 에스테라지가 문서위조죄[66]로 체포되었고, 7월 13일에는 카베냑의 고발로 피카르가 체포되었다. 그의 변호사인 르블루아와 함께 군사기밀을 누설했다는 게 그 이유였다. 이런 과정들을 지켜본 졸라는 베르사유 중죄재판소 출두를 엿새 앞둔 7월 12일 레나크에게 이렇게 말했다. "진실이 전진하기 위해서는 대체 얼마나 많은 늪지대를 지나가야만 하는 것일까요!"

하지만 그는 결코 좌절하지 않았다. 카베냑의 의회 연설에 관해 졸라는 라보리에게 이렇게 말했다. "내가 아니면 누가 그런 연설의 결과에 맞설 수 있겠소?" 그리고 졸라는 베르사유의 공판을 이틀 앞둔 7월 16일 〈로로르〉 지에 총리인 '무슈 브리송에게 보내는 편지'를 발표했다.

이 공개편지에서 졸라는 늘 그래 왔듯이 편지의 수신인에게 애써 듣기 좋은 말을 하고자 하지 않는다. 그는 수단과 방법을 가리지 않고 권력을 유지하려는 정치 야바위 속에서 자신의 명예를 헌신짝처럼 내던지는 정치인들과 총리인 브리송을 똑같이 싸잡아 취급하고 있다. "모든 죄는 그 대가를 치르게 마련입니다. 당신 또한 벌을 받게 될 것입니다." "모든 것을 알면서도 어떻게 당

---

[66] 그는 피카르 중령을 깎아내리고 옭아매기 위해 편지들을 위조했다.

신의 국방부 장관이 거짓을 말하느라 열을 올리는 것을 아무런 동요도 없이 듣고 있을 수 있단 말입니까?" '나는 고발한다...!'가 군부의 정의를 공격했다면, 이 글은 정치권력을 정면으로 공격하고 있는 것이다.

편지는 총리와 정치인들을 향한 경고와 예언으로 끝맺고 있다. "어디 한번 솔직히 말해 봅시다. 당신들 중에 공화국의 대통령 자리를 꿈꾸는 사람이 얼마나 될까요? 모두 다일 거라고 생각합니다. …(중략)… 부디 내 말을 명심하시기 바랍니다. 글을 쓰는 사람들은 앞날에 대한 예지력을 지니고 있는 경우가 많습니다. …(중략)… 당신들 중에서, 어쩌면 자신의 영달을 위한 것이라는 어리석은 착각 속에서 드레퓌스 사건의 광풍에 휩쓸리며 스스로의 명예를 더럽히는 사람을 볼 때마다 나는 이렇게 되뇌곤 합니다. '결코 공화국의 대통령이 될 수 없는 사람이 여기 또 하나 있군!'"

그리고 졸라의 예측은 정확했다. 대통령 선거는 펠릭스 포르 대통령의 갑작스런 죽음으로 3년 후가 아닌 그다음 해인 1899년 2월에 치러졌다. 그리고 재심 찬성파였던 에밀 루베가 쥘 멜린을 물리치고 대통령에 당선되었다.

LETTRE À M. BRISSON

무슈 브리송에게 보내는 편지

이 글은 1898년 7월 16일자 〈로로르〉지에 실린 것이다.

우선 그 사이 있었던 많은 일들을 간략하게 되짚어 보도록 하자. 4월 2일, 내가 항소했던 파기원이 중죄재판소의 판결을 파기했다. 나를 소환해야 하는 것은 군사법원이지 국방부가 아니라는 이유에서였다. 그러자 4월 8일에 소집된 군사법원은 또다시 나를 기소하기로 결정했고, 그것도 모자라 내게서 레지옹 도뇌르 수훈자 자격을 박탈하기를 바란다는 성명까지 발표하기에 이르렀다. 4월 11일, 군사법원이 내게 다시 보낸 소환장은 내 편지에서 단 석 줄만을 언급하고 있었다. 그리하여 5월 23일, 사건은 다시 베르사유의 중죄재판소로 되돌아갔다. 하지만 내 변호사인 무슈 라보리가 법원 관할위반에 관한 이의신청을 했고[67] 법원이 직권으로 이의신청을 기각했으므로, 우리는 항고를 했고 그로 인해 심리가 중단되었다. 마침내 6월 16일, 파기원이 우리의 항고를 기각하여 우리는 7월 18일 베르사유의 중죄재판소로 되돌아가야 했다.―다른 한편으로는, 6월 15일 멜린 총리가 이끄는 내각이 실각하고, 6월 28일 브리송이 이끄는 내각이 뒤를 이었다.―7월 9일, 세 명의 필적감정사 무슈 벨롬, 무슈 바리나르, 무슈 쿠아르는 나에 대한 소송을 제기해 2개월의 징역형과 집행유예, 2천 프랑의 벌금형과 세 사람 모두에게 각각 5천 프랑씩의 손해배상금을 지불하라는 판결을 이끌어 냈다.

무슈 브리송,

당신은 공화국의 덕목을 구현했으며, 시민으로서 지녀야 할 정직성을 대표하는 상징적인 존재였습니다. 그런데 느닷없이 엄청난 사건에 연루된 것입니다. 그 결과 당신의 고고한 도덕성을 상실한 채, 오류를 범할 줄 아는 사람, 평판마저 위협받는 사람으로 전락하고 말았습니다.

나처럼 조용히 지켜보며 얘기를 듣는 것만으로 만족하는 고독하고 말없는 사색가들에게는 이 얼마나 끔찍한 위기이며, 이 얼마나 슬프고 무서운 일인지 모릅니다! 나는 나라의 정의를 구현하는 일에 뛰어든 이후부터 모두 논쟁과 거리를 두고자 하는 원칙을 지켜 왔습니다. 그런데 오늘 이렇게 당신에게 편지를 써야겠다는 절대적 필요에 굴복하는 것은, 우리의 마음이 느끼는 불안을 어쩔 수 없이 외치게 되는 순간이 있기 때문입니다. 하지만 침묵을 지키던 6개월간 나는 다른 수많은 양식 있는 이들 역시 나처럼 침묵하면서 마음속으로 불안해하고 있음을 느낄 수 있었습니다. 절절한 애국적인 고뇌 속에서 바싹바싹 피가 마르는 느낌으로 말입니다. 불행한 우리 프랑스에서 가장 지적이자 양심적인 인물들로 존중받던 이들이 온갖 불의와 타협하고, 시민으로서의 명예로움을 온 나라에 불어닥치는 광풍 속에 내던져 버리는 것을 지켜보아야 했기 때문입니다. 나라를 대표하는 정직성과 힘을 지녔다고 생각한 이들이 우수수 낙엽처럼 떨어져 버린 나라에 진실이 다시 우뚝 서게 되기 전까지 안타까운 희생자들이 얼마나 더 많이 죽어 나가야 하는지 눈물을 흘리면서 자문하지 않을 수 없습니다.

6개월 전부터 나는 매일 아침 눈을 뜰 때마다 놀라움과 고통이 나날이 커지는 것을 느낄 수 있었습니다. 나는 여기서 특정인의 이름을 거론할 생각은 없습니다. 하지만 그들을 자꾸만 떠올리게 되는 것은 어쩔 수 없습니다. 그들은 무슈 브리송 당신의 내각 가운데도 존재하고, 상원과 하원에도 있으며, 문인과 예술인

---

67 라보리는 졸라가 파리에 거주한다는 이유를 들어 법원의 관할위반에 관한 이의를 제기했다. 정부는 공공질서가 어지럽혀질 위험을 최소화하기 위해 졸라의 두 번째 재판이 베르사유에서 열릴 것을 결정했다.

을 비롯해서 모든 사회 계층 전반에 퍼져 있습니다. 그리고 나는 끊임없이 외칩니다. 어째서 이 사람이, 어째서 저 사람이, 왜 또 다른 누군가가 인류애와 진실과 정의를 갈구하는 우리와 함께하지 않는 것일까? 나는 그들이 건전한 지성과 올곧은 심성을 지녔다고 믿었습니다. 그래서 그들의 행동이 도무지 이해가 되지 않습니다. 누군가가 내게 어떤 정치적 책략의 필요성을 들먹이며 그들의 행동을 설명하고자 할 때면 더욱더 이해할 수가 없습니다. 건전한 양식과 냉정한 사고 능력을 가진 사람이라면 누구라도, 얕은꾀를 부리는 저들이 자발적으로 기꺼이 자신들의 머지않은, 필연적이고도 회복 불가능한 파국을 향해 달려가고 있음을 알 수 있기 때문입니다.

무슈 브리송, 나는 당신이 드레퓌스 사건이 법적으로 해결되지 않는 한 어떤 내각도 살아남을 수 없다는 사실을 모를 만큼 어리석다고 생각하지 않습니다.[68] 지금 프랑스는 곪아 있습니다. 환부를 도려내고 깨끗이 치유하지 않으면 다시 예전처럼 정상적인 삶을 살아갈 수 없을 것입니다. 분명히 말하지만, 재심을 추진하는 내각은 위대한 내각, 나라의 명예를 구하는 내각, 입지를 굳히면서 계속 살아남는 내각이 될 것입니다.

따라서 아마도 오랫동안 굳건하게 권력을 유지할 수 있을 거라고 믿었을지 모르지만, 당신은 첫날부터 스스로를 망치고 만 것입니다. 그리고 그보다 더 유감스러운 것은, 머지않아 당신이 실각하게 될 때는 당신의 정치적 명예도 함께 잃고 말 것이라는 사실입니다. 나는 지금 오직 당신만을 걱정할 따름입니다. 당신의 책임하에 있는 국방부 장관과 법무부 장관[69]의 안위까지 신경 쓸 겨를은 없으니까요.

도덕성의 종말처럼 통탄스럽고 서글픈 광경이 또 있을까요! 공화국은 그가 결코 정의를 배신하지 않을 거라고 굳게 믿었는데, 그런 사람의 몰락을 지켜보게 될 줄이야! 그가 내각의 주인이 되자마자, 자신의 눈앞에서 정의가 난도질당하는 것을 그냥 보고만 있을 줄 누가 상상이나 했겠습니까! 무슈 브리송, 당신은 지금 프랑스의 이상을 살해한 것입니다. 그것은 명백한 죄악입니다. 그리고 모든 죄는 그 대가를 치르게 마련입니다. 당신 또한 벌을 받게 될 것입니다.

무슈 브리송, 세상에 어떻게 이런 우스꽝스러운 코미디 같은 조사를 허락할 수가 있단 말입니까? 우리는 믿었습니다. 그 문제의 문서가 내각에 제출되면, 각료들 모두가 머리를 맞대고 서로를 이해시켜 가면서 과학적 근거에 의한 논의 과정을 거쳐 그것을 자세히 검토해 줄 것이라고 말입니다. 그런데 그런 우리의 기대는 무참히 깨지고 말았습니다. 그 결과를 놓고 볼 때, 검사조차

---

68 앙리 브리송은 졸라의 '나는 고발한다...!'에도 불구하고 태도를 바꾸지 않았다. 하지만 그로부터 한 달 반 후, '가짜 앙리(앙리의 허위 문서)'의 존재가 밝혀지자 그는 드레퓌스 사건의 재심이 필연적이라는 사실을 받아들이게 되었다.

69 당시 국방부 장관은 급진적인 반드레퓌스파였던 고드프루아 카베냑(Godefroy Cavaignac), 법무부 장관은 장-마리 사리앵(Jean-Marie Sarrien)이었다.

제대로 하지 않았고, 어떤 진지한 논의 과정도 없었으며, 모두가 문서에서 진실 대신 단순한 이들을 현혹시키면서 진실을 은폐할 수 있는 구실들을 찾는 데 열을 올렸다는 것을 명백히 알 수 있습니다. 게다가 이런 방식은 익히 알려져 있는 것입니다. 어떤 문서에서 이미 고집스럽게 굳어진 확신을 그럭저럭 뒷받침해 줄 수 있는 것을 억지로 찾아내는 것이지요. 그것은 논의 과정을 거쳐 입증된 확신이 아니라, 한 사람의 정신 상태와 환경과 주위 사람들에 의해 굳어진 고집스러움의 표출일 뿐입니다. 따라서 그런 사람의 진술은 역사적으로 일말의 가치도 없는 것입니다.

그렇게 해서 어떤 딱한 결과가 나왔는지 한번 보시기를! 어떻게 이럴 수가! 겨우 이것밖에 찾아내지 못한 건가요? 우리를 쓰러뜨리고자 하는 맹렬한 의지에도 불구하고 이것밖에 보여 줄 수 없다면, 그건 당신들이 가진 비밀문서라는 게 고작 이것뿐이었다는 얘기가 아닙니까? 하지만 우리는 당신들이 가지고 있다는 세 개의 문서가 어떤 건지 이미 알고 있었습니다. 그중에서도 중죄재판소에서 그토록 자신 있게 휘둘렀던 그 문서는 멍청한 사람들이나 속아 넘어갈 법한 더없이 뻔뻔하고 더없이 조잡한 허위 문서가 아닙니까. 명색이 한 나라의 장군이라는 사람이 배심원들 앞에서 그 터무니없는 거짓 문서를 진지하게 낭독하고, 국방부 장관이 또다시 그것을 의회의 의원들에게 읽어 주고, 의원들은 그것을 프랑스의 코뮌[70] 전체에 공고하게 하는 것을 보면서 기가 막혀서 말이 안 나올 지경입니다. 나는 우리 역사에서 이처럼 어리석은 일이 자행되었다는 이야기를 들어 본 적이 없습니다. 그리고 진정으로 궁금해집니다. 세상 사람들을 우습게 아는 한 사기꾼의 무모한 짓거리로 보이는 문서를 무턱대고 믿다니, 맹목적인 편견으로 인한 정신착란에 걸리지 않고서야 어떻게 다른 사람들보다 머리가 나쁘지도 않을 것 같은 이들이 그럴 수가 있는지 도무지 이해가 되지 않습니다.

당신은 내가 증거로 제출되었던 다른 두 개의 문서에 관해서는 문제 삼지 않을 모양이라고 생각할지도 모르겠습니다. 만약 내가 그렇게 보였다면, 그건 그 문서들이 드레퓌스와 관련이 없다는 것을 증명하는 데 지쳤기 때문입니다. 게다가 그 문서들이 피고인이나 변호인에게 전달되지 않은 순간부터 재심의 필요성은 기정사실화된 것이나 다름없으니까요. 어쨌거나 그들이 한 행위의 위법성은 명백한 것이니 파기원은 군사법원의 판결을 무효화해야 마땅할 것입니다. 그런데 무슈 브리송, 이런 사실들은 당신도 나만큼이나 이미 잘 알고 있는 것들이 아닙니까. 그렇기 때문에 나는 더욱더 경악할 수밖에 없습니다. 모든 것을 알면서도 어떻게 당신의 국방부 장관이 거짓을 말하느라 열을 올리는 것을 아무런 동요도 없이 듣고 있을 수 있단 말입니까? 그 순간, 당신의 의식 속에서는 어떤 비극이 진행되고 있었을까요? 혹시 정치가 모든 것보다 앞서며, 당신이 이끄는 내각이 나라를 구할 수 있다

---

70   commune. 프랑스의 최소 행정구인 시, 읍, 면을 가리킨다.

는 신념 때문에 거짓을 말해도 괜찮을 거라고 착각했던 것은 아닌가요? 당신이 드레퓌스의 결백에 대해 일말의 의심이라도 품을 만큼 사리가 밝지 못하다고 생각하는 것은 내게는 고통스러운 일입니다. 다른 한편으로는, 한순간이라도 당신이 거짓을 말함으로써 프랑스를 구원할 수 있다는 생각으로 진실을 희생하는 것을 받아들인다면, 그것이야말로 내게는 더욱더 모욕적으로 느껴지지 않을 수 없습니다. 아! 지금 당신 머릿속에서 어떤 일이 일어나고 있을지 진정 궁금해집니다. 분명 심리학자가 보면 무척이나 흥미로워할 일들이 일어나고 있을 테니까요!

    내가 당신에게 분명히 말할 수 있는 것은, 당신은 우리 정부를 엄청난 웃음거리로 만들고 있다는 사실입니다. 내가 듣기로는, 지난 목요일 의회의 외교관석이 텅 비어 있었다고 하더군요. 당연히 그랬을 것입니다. 자신들 앞에서 증거랍시고 그런 거짓 문서들을 당당하게 읽어 주는데 진지하게 그걸 듣고 있을 외교관이 어디 있겠습니까. 게다가 그런 상황을 즐기는 나라가 우리의 적국인 독일밖에 없을 거라고 생각하진 않겠지요. 이 사건에 대해 아주 잘 알고 있으면서 드레퓌스의 결백을 절대적으로 확신하고 있는 우리의 위대한 우방국 러시아가 우리에 대한 유럽 전체의 생각을 당신에게 전해 주어야만 할지도 모르겠습니다. 어쩌면 당신도 우리의 고귀한 우방국의 말에는 귀를 기울일지도 모르니까요. 그러니까 당신 내각의 외무부 장관과 그 문제에 관해 얘기해 보시길 바랍니다.

또한 그가 당신에게 분명히 말해 주기를 바랍니다. 피카르 중령에 대한 어처구니없는 기소가 외국에서 어떤 새로운 영광으로 프랑스의 자랑스러운 명성을 더욱 빛나게 해 줄지를 말입니다. 한 정의로운 사람이 당신에게 진실을 밝혀 줄 것을 정중히 요청했습니다. 그런데 당신은 중죄재판소의 최근 심리에서 그 무효함이 밝혀진 오래된 기소 건을 걸고넘어지며 그에게 소송을 걸어온 것입니다. 넌 내게 거슬리는 존재야, 따라서 너를 제거해야겠어. 이렇게 한 편의 끔찍한 코미디가 연출되었던 것입니다. 나는 우리 역사에서 이처럼 위선적이고 부당한 일이 이토록 뻔뻔하게 저질러진 예를 알지 못합니다.[71]

그런데 말입니다. 세 개의 문서가 세간의 웃음거리로 그친다면, 당신 각료 중 한 사람이 드레퓌스의 유죄를 입증하는 확실한 근거로 프랑스 법정에 그의 자백이라고 주장하는 것을 제출한 사실에 대해서는 어떻게 생각하시는지요? 이 대목에서도 당신의

---

[71] 1897년 10월부터 에스테라지는 앙리와 공모하여 피카르 중령을 제거하고자 했다. 드 펠리외 장군은 에스테라지에 관한 조사와 병행하여, 피카르가 제3자(루이 르블루아)에게 비밀문서들을 넘겼을 거라는 의심을 하면서 피카르를 심문했다. 피카르는 그에게 자신이 조사한 것과 함께 에스테라지의 술책을 알렸다. 하지만 참모본부는 1894년의 판결에 이중으로 자물쇠를 채우기 위해 에스테라지를 무죄로 만들고 피카르를 고소하기로 결정했다. 그런데도 졸라의 재판에서 증언하는 것을 두려워하지 않았던 피카르는 60일간의 중금고형에 처해졌고 사문(査問) 회의에 넘겨졌으며, 1898년 2월 26일 강제로 퇴역당했다. 그리고 7월 13일, 당시 국방부 장관이던 카베냑에 의해 군사기밀을 민간인에게 유출했다는 죄목으로 또다시 체포되어 감옥에 갇혔다. 졸라는 브리송에게 보내는 편지에서 이 사건을 언급하고 있는 것이다.

정직성이 분노의 외침과 함께 반기를 들지 않나요? 당신은 만인의 양심을 분노케 할 비열한 술책들을 보고도 아무것도 느껴지지 않습니까?

드레퓌스의 자백이라니요, 맙소사! 그러니까 당신은 이 모든 비극적인 이야기를 알지 못한다는 건가요? 드레퓌스가 어떻게 감옥에 갇히게 되었는지, 어떻게 군적이 박탈되었는지를 진정 모른단 말입니까? 그가 쓴 편지들도 읽지 않은 건가요, 그토록 감동적인 편지들을?[72] 나는 그 편지들보다 더 고귀하고 설득력 있는 글을 알지 못합니다. 그 편지들은 고통 속에서 피어난 고귀함이며, 훗날 작가인 우리의 작품들이 사람들의 기억 속에서 잊힌 후에까지도 불멸의 기념비적 편지들로 남게 될 것들입니다. 그의 편지들은 인간이 겪을 수 있는 가장 극단적인 고통의 표현이자 오열 그 자체이기 때문입니다. 그런 편지들을 쓴 사람이 죄인일 리가 없습니다. 무슈 브리송, 어느 날 저녁에 집에서 가족들과 함께 그 편지들을 읽어 보십시오. 분명 눈가가 눈물로 흠뻑 젖게 될 것입니다.

그런데 누군가가 우리에게 드레퓌스의 자백에 관해 진지하게 얘기를 하는 겁니다. 끊임없이 울부짖으면서 자신의 결백을 주

---

[72] 알프레드 드레퓌스의 유배 생활에 관한 편지들은 1898년 스톡 출판사에서 《어느 결백한 이의 편지들》이라는 제목으로 출간되었다. 그리고 프랑스와 국제적인 여론을 움직여 재심 캠페인에 대한 폭넓은 지지를 이끌어 냈다. 그로부터 1년 후, 같은 출판사에서 에스테라지가 그의 정부였던 드 불랑시 부인에게 보냈던 편지들이 《어느 범죄자의 편지들》이라는 제목으로 출간되었다. 그의 편지의 출간은 드레퓌스의 그것과는 반대로 당사자의 이중적인 파렴치함을 폭로하는 계기가 되었다.

장해 온 그 가엾은 사람이 자백을 했다고 하면서 말입니다! 저들은 앞뒤가 맞지 않는 말을 반복하는 사람들의 불분명한 기억 속에서 무언가를 이끌어 내려 했고, 허위로 조작된 게 분명한 수첩의 페이지들과 그의 다른 편지들이 극구 부인하는 거짓 편지들을 증거자료로 제출했습니다. 또한 사방에서 모순투성이의 증언들이 난무하는 가운데 진실을 들으려고 하지 않았습니다. 게다가 법적인 절차조차 제대로 밟지 않았습니다. 피고인이 서명해야 할 조서도 없었고, 허황된 험담과 비방만이 존재했습니다. 따라서 저들이 주장하는 자백이라는 것은 무(無) 그 자체인 셈입니다. 그 어떤 법정도 세상에 존재하지 않는 것을 단죄할 수는 없을 것입니다.

그런데 교양을 갖춘 이성적인 사람들로 하여금 문제의 자백을 받아들이게 할 수 없음이 분명하다면, 대체 무엇 때문에 그처럼 요란하게 만천하에 그것을 떠벌리는 걸까요? 이 모두가 순진한 민중의 머릿속에 손쉽게 확신을 주입하고자 하는 소름끼치는 책략, 역겨운 계산속에서 비롯된 행동인 것입니다. 좀 더 자세히 말해 볼까요? 당신들의 공고문을 읽은 농촌과 도시의 사람들 모두가 당신들과 뜻을 같이해 주기를 바라서가 아닌가요? 그들은 진실과 정의를 갈구하는 우리에 대해 이렇게 불평을 늘어놓겠지요. "이 사람들은 대체 왜 그놈의 드레퓌스 타령으로 우리를 이렇게 성가시게 하는 거야? 반역자가 이미 모든 걸 자백했다는데도!" 그렇게 되면 당신들로서는 모든 게 끝날 것이고, 당신들이 보여 준 사악함과 부당함 또한 정점에 다다르게 되겠지요.

　무슈 브리송, 그런 술책이 얼마나 역겨운 것인지 알고 있습니까? 일말의 양심이 있는 사람이라면 누구라도 그 때문에 큰 충격을 받고 분노로 손을 부들부들 떨게 될 것입니다. 저 먼 곳에서 한 불쌍한 남자가 최악의 고문 속에서, 그에게 그 고문을 강요한 판결과 똑같이 부당한 고문 속에서 매일같이 자신의 무고함을 외치고 있습니다. 그리고 사악한 저들은 태연자약하게 그가 저지르지 않은 범죄행위를 고백하게 했습니다. 그들은 그 허위 자백을 이용해 그를 더욱더 좁은 벽으로 둘러싼 감옥 안에 가두었던 것입니다. 하지만 그는 아직 살아 있고, 아직 당신에게 대답할 수 있습니다. 당신으로서는 참으로 다행스러운 일이지요. 그가 만약 이대로 죽어 버린다면, 당신으로서는 그 죄를 씻을 길이 없을 테니까요. 그가 살아 있는 한 당신은 그를 신문할 수 있고, 또다시 그로부터 결백을 주장하는 절규를 들을 수 있을 것입니다. 그에게는 아무런 죄가 없습니다! 당신들에게는 그게 그리도 쉬운 일이던가요? 그가 모든 죄를 자백했다고 하면서, 민중에게 그것이 진실인 양 인식시키는 것이? 그 불행한 사람이 매일같이 바닷바람에 자신의 절규를 실어 보내면서, 끊임없이 진실과 정의의 집행을 요구하고 있는 동안에 말입니다. 지금까지 나는 이보다 더 비열하고 비겁한 짓거리를 본 적이 없습니다.

　그런데 당신은 이제는 쓰레기 같은 언론과 한통속이 되어 있기까지 합니다. 그들처럼, 그들을 따라 나라 전체를 거짓으로 병들게 하고 있는 것입니다. 게다가 당신은 마치 우리가 겪고 있는 절망적인 도덕적 위기를 악화시키기를 즐기듯 거짓으로 꾸며 낸 허황된 이야기들로 거리의 벽들을 도배하고 있습니다. 아! 가엾은 프랑스의 민중이여, 내일의 구원을 위해 쓰디쓴 진실의 교훈이 그 어느 때보다도 필요한 지금, 저들은 그대들에게 부끄럽기 짝이 없는 시민 교육을 시키고 있으니 이 어찌 통탄하지 않을 수 있겠는가!

무슈 브리송, 마침내 우리가 이렇게 차분하게 얘기를 할 수 있게 된 지금 당신에게 미리 알려 주어야 할 것 같습니다. 나는 다음 주 월요일 베르사유에서 열릴 재판에서 당신이 개인의 자유와 정의의 존중에 대해 어떤 해석을 내릴지 몹시 궁금합니다.

당신도 그동안 파리에서 있었던 일들에 대해 잘 알고 있을 것이라 생각합니다. 첫 번째 소송과 관련된 열다섯 번의 공판 전후로, 그리고 베르사유에서 두 번째 소송과 관련된 유일한 공판이 열렸을 때 있었던 일들 말입니다. 당시 프랑스는, 우리의 위대하고 관대한 프랑스는 수치스럽게도 역겹기 짝이 없는 광경을 온 세상에 보여 주고 말았습니다. 한 무리의 광포한 무뢰한들이 나라의 정의를 행하는 법정에 자진해서 출두하는 한 시민에게 끔찍한 욕설을 퍼부으며 죽이겠다고 위협한 것입니다. 무슈 브리송, 나는 당신이 인간과 시민으로서의 권리에 대해 어떻게 생각하는지 묻고 싶습니다. 당신이 지닌 정직성과 공화국의 덕목, 당신이 숭배하는 것의 이름으로 말입니다. 당신도 나처럼 오직 야만스러운 자들만이 그런 짓거리를 자행할 수 있으며, 그 때문에 우리 프랑스가 전 세계 사람들의 경멸과 비난을 받게 되었다고 생각하지 않습니까?

다시 말하지만, 이런 일들이 단지 선량한 민중들이 잠시 판단력을 잃고 광분하여 날뛰는 것이었다면 그렇게 이해하고 넘어갈 수도 있었을 것입니다. 그들이 비록 범법 행위를 저질렀다고 할지라도 말입니다. 하지만 당신은 이제 내무부 장관을 겸하고 있으니 그 문제에 관해 경찰청장인 무슈 샤를 블랑(Charles Blanc)과 얘기를 해 보아야 할 것입니다. 그는 지혜롭고 반듯한 성품을 지닌 인물입니다. 그리고 당연히 그 모든 일들에 관해 아주 잘 알고 있을 것입니다. 그가 당신에게 예의 무뢰한들이 언제 어떻게 모집되었으며, 그 대가로 얼마를 받았고, 종교계에서 그들에게 어떤 무조건적인 열렬한 지지를 보냈는지를 말해 줄 것입니다. 또한 그 무뢰한들과 광신적인 당파주의자들의 수가 얼마나 되었는지, 나중에는 거리의 구경꾼들마저 그들을 뒤따르면서 사태가 얼마나 더 악화되었는지를 모두 말해 줄 수 있을 것입니다. 그리하여 당신이 그런 혼란을 야기한 조직에 대해 더 이상 의심을 품지 않기를 바랍니다. 경찰청장의 설명을 듣고 나면, 당신 역시 저 사악한 무리가 프랑스를 속이고 세상을 속이면서, 파리 시민 전체가 나에 대항하여 다 함께 들고일어났다는 거짓말을 했음을 확신하게 될 것입니다. 저들은 그런 식으로 여론을 오도하면서 정의에 더없이 가증스러운 압력을 가하고자 했던 것입니다.

그리고 무슈 샤를 블랑이 상관인 당신한테 해 줄 이야기는 그게 다가 아닙니다. 그는 경찰이 매번 폭도의 위협으로부터 우리를 어떻게 구해 냈는지에 관한 이야기도 들려줄 것입니다. 사실 소요 초기부터 그 주동자들을 추적하여 체포했더라면 금세 질서를 바로잡을 수 있었을 것입니다. 그렇다고 해서 열과 성을 다해 나를 지켜 주고자 했던 경찰에 대한 불만을 토로하려는 것은 아닙니다. 다만 청장보다 더 높은 곳에 있는 누군가가 그들이 원하는 방식으로 일들이 진행되기를 바란 것처럼 보였던 게 사실입니다. 나를 향해 더할 나위 없이 추잡하고 야비한 온갖 모욕과 위협이 아무런 제재 없이 자행되었는데도 체포된 사람은 아무도 없었으니까요. 심지어 위험이 느껴질 만큼 시위대들이 내게 가까이 다가오는 것조차 허용되었을 정도입니다. 그리고 경찰은 사태가 정말로 심각하게 치닫는 최악의 순간에야 비로소 개입해서 나를 구해 냈습니다. 아주 교묘하게 대처를 한 셈이지요. 물론 높은 분들이 바라던 대로, 파리 시민들의 정당한 분노의 표출로부터 나를 지키기 위해서는 매일 저녁 치열한 전쟁을 치러야 한다는 것을 세상 사람들에게 보여 주기 위해서 그랬을 것입니다.

무슈 브리숑, 당신이 이제 무슈 샤를 블랑과 어떤 작전을 꾸밀지 몹시 궁금해지는군요. 당신은 내각의 수장이며, 당신의 지휘 아래 있는 각료 중 그 누구도 그 일에 개입할 수 없을 것입니다. 당신은 총리의 직책에 더하여 거리의 질서를 책임지는 내무부 장관을 겸하고 있으니까요. 따라서 우리는 당신이 어떤 생각들을 하고 있는지를 곧 알게 될 것입니다. 피고인이 어떤 여건 속에서 법정에 출두해야 한다고 생각하는지, 그에게 욕설을 퍼붓고 위협을 가해도 된다고 생각하는지, 그런 야만적인 일들이 프랑스에 엄청난 불명예를 안겨 준다고 생각하지는 않는지를. 지금까지 나와 내 친구들은 이처럼 심각하고도 위험스런 상황 속에 놓여 본 적이 없습니다. 하지만 결코 겁이 나서 이러는 것은 아닙니다! 다만 모든 것을 예상해야 하기 때문에, 나는 무슈 브리송 당신에게 분명히 밝혀 두고자 합니다. 만약 월요일에 누군가가 우리를 해친다면, 살인자는 바로 당신이 되는 것입니다.

이제 이 편지를 끝맺기 전에, 당신들 모두가 비겁하기 짝이 없는 것을 보면서 거듭 놀라지 않을 수 없었음을 말해야 할 것 같습니다.

사실 당신들 중에 숭고한 이념을 열정적으로 사랑하는 고결한 이가 없다는 것까지는 이해할 수 있습니다. 단지 정의로울 수 있음에 기뻐하면서, 기꺼이 자신의 재물과 목숨을 바칠 수 있는 사람. 그리고 훗날 진실이 승리를 거두면 언제라도 다시 예전의 삶으로 돌아갈 준비가 된 그런 사람 말입니다. 하지만 야심가들이라면 얘기가 달라지지요. 그런 사람들은 얼마든지 있을 테니까요. 아니, 당신들은 모두 야심가들이지 않나요? 그런데 어떻게 당신들 무리 중에서 영리함과 대담함 그리고 역량을 갖춘 야심가가 한 사람도 들고일어나지 않을 수 있단 말입니까? 넓은 도량과 예리한 통찰력을 갖추고 행동이 민첩하면서, 어느 쪽에서 싸워야 할지를 간파하고 용감하게 싸울 수 있는 야심가가 진정 아무도 없단 말입니까?

어디 한번 솔직히 말해 봅시다. 당신들 중에 공화국의 대통령 자리를 꿈꾸는 사람이 얼마나 될까요? 모두 다일 거라고 생각합니다. 내 말이 틀렸습니까? 그러면서 당신들은 서로를 흘끗거리겠지요. 모두들 다른 사람들보다 더 우월한 방식으로 정치를 해나가고 있다고 생각하면서 말입니다. 누구는 신중하게, 또 누구는 인기에 초점을 맞추면서, 또 다른 누군가는 은밀하고 조심스럽게. 나는 그런 당신들을 보면서 웃지 않을 수가 없습니다. 당신들 중 그 누구도, 3년 후 엘리제궁에 입성하게 될 정치인은 드레퓌스 사건의 재심을 추진함으로써 국민들 사이에 진실과 정의의 숭배를 되살려 줄 사람이라는 사실을 깨닫지 못하고 있는 것 같으니 말입니다.[73]

부디 내 말을 명심하시기 바랍니다. 글을 쓰는 사람들은 앞날에 대한 예지력을 지니고 있는 경우가 많습니다. 3년 후, 프랑스는 더 이상 우리가 알던 프랑스가 아닐 것입니다. 과거의 영광이던 프랑스가 사라져 버리거나, 정의롭고 지혜로운 정당의 리더나 장관이 대통령으로 선출되어 혼란에 빠졌던 나라에 다시 평화

---

[73] 대통령 선거는 3년 후가 아닌 바로 그다음 해에 치러졌다. 펠릭스 포르 대통령의 죽음(1899년 2월 16일)으로 재심 찬성파였던 에밀 루베가 2월 18일, 483 대 279로 쥘 멜린을 물리치고 대통령에 당선되었다.

를 되찾아 주거나 둘 중의 하나일 것입니다. 그렇게 되면, 짓밟힌 인권과 고통받는 이들의 반대편에 섰던 자들은 모두 대중의 손가락질을 받으며 산산조각 난 그들의 꿈과 함께 나락으로 떨어지게 될 것입니다. 바로 그렇게, 역겹고 비열한 계산속과 맹목적이고 어리석은 광기에 대한 정당한 대가를 치르게 되는 것입니다.

따라서 당신들 중에서, 어쩌면 자신의 영달을 위한 것이라는 어리석은 착각 속에서 드레퓌스 사건의 광풍에 휩쓸리며 스스로의 명예를 더럽히는 사람을 볼 때마다 나는 이렇게 되뇌곤 합니다. '결코 공화국의 대통령이 될 수 없는 사람이 여기 또 하나 있군!'

무슈 브리송, 그럼 이만 줄이겠습니다. 안녕히 계십시오.

09
정의

졸라는 1899년 4월 초, 귀국 후에 발표하게 될 기고문의 첫 번째 버전을 작성해 4월 7일에 라보리 변호사에게 보냈다. 〈로로르〉지의 발행인 에르네스트 보강은 6월 1일에 원고를 건네받아 피카르 중령의 운명(그는 6월 9일에 자유의 몸이 될 예정이었다)에 관한 사항을 수정했다. 기고문은 졸라가 파리로 돌아온 6월 5일 아침에 〈로로르〉지에 발표되었다. 글의 제목은 정의의 승리를 외치고 있었다. 그사이 졸라가 고발했던 내용들이 모두 사실인 것으로 밝혀지면서 한낱 '진부한 진실'이 되어 버렸고 그가 고발했던 인물들의 죄상도 모두 드러났다. '평생 동안 그 어디에도 얽매임이 없이 오직 한 가지, 진실에 대한 열정만으로 글 쓰는 일을 천직으로 알고 살아온' 대작가 졸라는 이제 정의가 구현되었다고 믿으며 국민들에게 자유와 정의 그리고 공정성이 지배하는 사회와 나라를 이룩하자고 외치고 있다. 또한 자신이 도망치듯 영국으로 망명길에 올라야만 했던 이유와 함께 그를 둘러싼 정치적 야심과 이해관계에 대해서도 이야기하고 있다.

졸라는 집으로 돌아온 바로 그날, 그 자신이 글의 마지막에서 검사장에게 도전장을 던진 것처럼('우리는 배심원단 앞에서 다시 만나게 될 것이다.') 법원으로부터 1898년 7월 18일자 베르사유 중죄재판소의 판결을 통고받았다. 하지만 졸라가 판결에 대해 불복하여 항소함에 따라 재판은 11월 23일로 연기되었다. 그리고 그 후에도 연기를 거듭하던 재판은 1900년 12월 27일 사면법이 공포됨에 따라 끝내 열리지 못했다.

JUSTICE

정의

이 글은 1899년 6월 5일자 〈로로르〉지에 실린 것이다.

그러니까 먼젓번 글을 기고한 이후 열 달 반이 흐른 셈이다. 재판을 또다시 연기시키려던 무슈 라보리의 노력이 실패로 돌아가자 우리는 1898년 7월 18일, 베르사유의 중죄재판소에서 열린 재판에서 판결이 내리기 전에 법정을 떠났다. 재판부는 내가 불참한 가운데 내게 또다시 1년의 징역형과 3천 프랑의 벌금형을 선고했다. 바로 그날 저녁, 나는 판결문이 내게 통고되어 형이 집행되기 전에 런던으로 떠났다. — 여기서 그 긴 시간 동안 일어났던 주요 사건들을 요약해 보면 대략 이러하다. 1898년 8월 31일, 몽발레리앵에 수감된 앙리 대령이 자신이 허위 문서를 작성했음을 고백한 뒤 감옥에서 자살했다. 9월 26일에는 파기원에 드레퓌스 사건의 재심 요청이 제기되었다. 10월 29일, 파기원은 재심 요청을 타당한 것으로 받아들여 추가 조사가 이루어질 것임을 밝혔다. 10월 31일, 브리송 내각이 실각하고 뒤퓌 내각이 들어섰다. 1899년 2월 16일, 펠릭스 포르 대통령이 사망하자 2월 18일 무슈 에밀 루베가 그의 뒤를 이어 대통령에 취임했다. 3월 1일에는 '파기원 형사부의 단독 재판권 해제 법안(la loi de dessaisissement)'[74]이 상원에서 가결되었다. 6월 3일에는 마침내 파기원이 1894년의 판결을 파기하여, 6월 5일 이 기사가 신문에 실린 그날 아침 나는 프랑스로 되돌아올 수 있었다.—다른 한편으로는, 1898년 8월 10일, 항소법원이 세 명의 필적감정사 무슈 벨롬, 무슈 바리나르, 무슈 쿠아르의 요청에 대해 내려진 판결을 인정하면서 궐석재판에 의해 내게 집행유예 없는 1개월의 징역형과 1천 프랑의 벌금형 그리고 세 사람 모두에게 각각 1만 프랑씩의 손해배상금을 지불하라는 판결을 내렸다. 세 사람은 9월 23일과 29일, 내가 없는 동안 내 집의 세간을 압류하게 했고, 10월 10일[75] 경매가 이루어졌다. 경매에서는 테이블 하나가 그들이 요구한 금액을 모두 합친 것과 같은 3만 2천 프랑에 팔렸다.[76]—그보다 앞선 7월 26일, 레지옹 도뇌르 훈장 심사위원회는 나의 레지옹 도뇌르 오피시에 훈장[77] 수훈자 자격을 정지시킨 바 있다.

지금으로부터 11개월 전쯤 나는 프랑스를 떠났다. 그 길었던 11개월 동안 나는 완전한 유배, 세인의 눈에 띄지 않는 칩거 생활

그리고 철저한 침묵을 스스로에게 강요했다. 그것은 진실과 정의가 실현되기를 기다리면서 스스로 죽음을 택해 비밀스러운 무덤에 누워 있는 것과도 같았다. 그리고 마침내 진실이 승리하고 정의가 지배하게 된 지금, 나는 다시 태어나서 프랑스 땅으로 되돌아와 다시 내 자리를 찾게 되었다.

1898년 7월 18일, 나는 그 끔찍했던 날을 결코 잊을 수 없을 것이다. 그날 나는 온몸에서 피를 흘리는 것 같은 아픔을 견뎌야 했다. 그 7월 18일, 나와 함께 투쟁해 온 동지들의 충고와 전략적 필요에 따라, 내가 사랑했던 모든 것과 마음과 정신으로 익숙해졌

---

74 1898년 10월 31일 앙리 브리송 내각 다음으로 들어선 샤를 뒤퓌 내각은 드레퓌스 사건의 재심에 더욱더 적대적인 입장을 취했고, 1899년 1월 30일, 르브레(Lebret)는 파기원의 세 합의부에 재심과 관련된 모든 문제에 대한 결정권을 부여하기 위해 '형사부 단독 재판권 해제 법안(르브레 법안)'을 발의했다. 이 법안은 1899년 2월 10일, 하원에서 324 대 207로 의결되었다. 재심 반대파들은 파기원의 민사부와 심리부의 재판부 대부분이 재심 요청을 기각할 것으로 기대하면서 재심에 우호적인 형사부의 단독 재판권을 박탈하고자 했던 것이다. 1899년 3월 1일, 상원은 근소한 표차(155 대 123)로 법안을 통과시켜 그날 즉시 새로운 법안을 공포했다. 하지만 그들의 예상과는 달리 1899년 6월 3일 세 합의부가 모인 재판부는 1894년의 판결을 파기했다. 그리고 나흘 후 뒤퓌 내각이 물러나고 6월 22일 '공화국 방위 내각'을 표방하는 발데크-루소 내각이 새로이 성립되었다. 문제의 '형사부 단독 재판권 해제 법안'은 1908년에 폐지되었다.
75 10월 11일을 졸라가 착각한 듯함.
76 3만 2천 프랑에 테이블을 구매함으로써 경매를 중단시킨 사람은 평생 동안 졸라의 곁을 지킨 절친한 친구이자 그의 출판인이었으며 졸라의 유언 집행자이기도 했던 외젠 파스켈(Eugène Fasquelle)이었다. 그를 위한 기금은 조제프 레나크가 마련했다.
77 레지옹 도뇌르 훈장은 모두 5등급으로 이루어져 있다. 오피시에 훈장(Légion d'honneur Officier)은 그중에서 4등급에 해당한다.

던 소중한 일상들과 강제로 이별을 해야만 했다. 이미 오래전부터 끊임없는 위협과 욕설에 둘러싸여 지냈지만, 이렇게 갑작스럽게 조국을 떠남으로써 내게 요구될 수 있는 가장 잔인한 희생을 감내해야 했으며, 나 자신을 대의를 위한 지고한 제물로 바쳤던 것이다. 그런데 야비하고 어리석은 자들은 내가 감옥이 무서워서 도망가는 것이라고 극구 주장함으로써 자신들의 비열함과 아둔함을 다시 한 번 더 입증했다.

감옥이 무서워서라니, 맙소사! 분명히 말하지만, 난 오히려 감옥에 갈 수 있기를 바랐다! 그리고 지금도 감옥에 갈 수 있는 준비가 되어 있다, 필요하다면 언제라도! 내게 감옥이 두려워 도망쳤다는 비난을 하려거든 먼저 그동안 있었던 모든 일들을 돌이켜 보길 바란다. 내가 바랐던 재판은 오직, 진실의 결실을 거둘 수 있는 재판, 그것뿐이었다! 또한 그동안 내가 어떤 희생들을 치렀는지를 생각해 보라! 나는 스스로 대량 학살의 제물이 될 것을 자청하면서 나의 평온한 삶과 자유를 기꺼이 희생했다. 오직 정의가 실현되기를 바라는 마음으로 나의 삶이 피폐해지는 것을 기꺼이 받아들였던 것이다. 이제는 누가 봐도 명백하게 알 수 있지 않은가? 나의 변호인들과 친구들 그리고 내가 함께 오랫동안 벌여 왔던 캠페인이 사실들 속에 묻혀 버릴 뻔했던 진실을 최대한으로 밝혀내기 위한 사심 없는 싸움이었다는 것을. 우리가 시간을 벌고자 했던 것과 하나의 재판에 또 다른 재판으로 맞섰던 것은, 누군가의 영혼을 책임지듯 진실을 책임지고 있기 때문이었다. 또한 매일같이 조금씩 커져 가는 작은 불꽃을 우리 손에서 꺼뜨릴 수가 없었기 때문이다. 진실은 폭풍우 속을 헤치고 운반해야 하는 신성한 작은 등불과도 같아서, 우리는 거짓에 열광하며 이성을 잃은 군중의 분노와 맞서 그 진실을 지켜 내야 했다. 그러기 위해 우리에게는 한 가지 전략밖에 없었다. 우리가 이 사건의 주인으로 남아 있는 것. 세간의 관심을 이끌어 낼 수 있도록 사건을 할 수 있는 한 오래 끌면서, 우리 자신에게 약속한 것처럼 결정적인 증거를 이끌어 내는 것이 그것이었다. 이 모든 과정 동안 우리는 결코 우리들 자신의 안위를 염려해 본 적이 없다. 우리는 오직 정의의 승리를 위해 움직였을 뿐이며, 그러기 위해서라면 언제라도 우리 자신의 자유와 목숨까지도 내놓을 준비가 돼 있었다.

지난 7월, 베르사유 법정에서 저들이 내게 했던 짓을 떠올려 보라. 그건 무턱대고 사람을 교살하는 행위와 다를 바 없었다. 나는 그렇게 죽임을 당하고 싶지 않았다. 의회가 부재하는 동안 거리에서 폭도들에게 처형당하는 것은 나와는 어울리지 않는 일이기 때문이다. 우리는 진실이 여전히 전진하고 있으며, 머지않아 정의가 실현되리라는 기대를 가지고 10월까지 기다릴 생각이었다. 다른 한편으로는, 매시간 진행되고 있는 은밀한 작업들과, 에스테라지 소령과 피카르 중령에 대해 열리고 있는 심리의 결과에 대해 생각해 보아야 할 것이다. 그 두 사람은 현재 모두 감옥에 있으며, 공개수사가 공정하게 이루어지기만 한다면 필연적으로 명백한 진실이 밝혀질 수밖에 없음을 우리 모두는 잘 알고 있다. 우리는 앙리 대령의 자백과 자살은 예측하지 못했지만, 조만간 필연적인 사건이 크게 터지면서 이 사건의 추악한 모습들이 그 음산한 본래의 빛 속에서 만천하에 드러나기를 기대하고 있었다. 자, 이만하면 시간을 벌고자 했던 우리의 전략이 충분히 설명되지 않을까? 정의의 실현을 위한 적절한 시간을 선택하기 위해 적법한 모든 수단을 사용하고자 했던 게 잘못은 아니지 않은가? 더없이 고통스럽고 지극히 신성한 투쟁을 치러 내는 동안 적절한 때를 기다리는 게 결국 승리하는 길이 아니었을까? 우리는 어떤 대가를 치르더라도 기다려야만 했다. 우리가 알고 있는 모든 것과 우리가 기대할 수 있는 모든 것에 비추어 볼 때 가을쯤이면 승리의 깃발을 휘날릴 수 있을 것이라고 확신했기 때문이다. 거듭 말하지만, 우리는 우리 자신의 안위를 돌보지 않은 채 오직 한 무고한 시민을 구하고자 했을 뿐이다. 또한 우리 조국에 지금까지 겪어 보지 못한 끔찍한 도덕적 재앙이 닥치는 것을 막고자 했다. 이러한 이유들이 강력한 힘으로 나를 설득시켜 나는 내 나라를 떠나는 것을 받아들일 수 있었다. 나 자신이 대의를 위해 싸우는 정의로운 일꾼으로서 승리의 초석이 될 것이라는 확신과 함께 10월에 다시 돌아올 것을 예고하면서.

하지만 나로서는 지금은 자세히 말할 수 없지만 언젠가는 말해야 할 것이 있다. 내가 겪어야 했던 이별의 아픔과 내 희생의 고통이 얼마나 컸는가에 관한 것이다. 사람들은 내가 소란스런 싸움판에서 이득을 챙기려는 논쟁가도 정치인도 아니라는 사실을 쉽게 잊어버리는 것 같다. 나는 평생 동안 그 어디에도 얽매임이 없이 오직 한 가지, 진실에 대한 열정만으로 글 쓰는 일을 천직으로 알고 살아왔다. 진실을 위해서라면 그곳이 어디건 전장을 가리지 않고 투쟁해 왔던 것이다. 40년 가까운 세월 동안 나는 글로써, 내 모든 용기와 정력적인 작업과 선의로써 내 나라에 봉사해 왔다. 그런데 다른 사람은 짐작이나 할 수 있을까. 캄캄한 밤에, 내 나라 프랑스의 불빛이 아득하게 서서히 멀어져 가는 것을 보면서 홀로 먼 길을 떠나야만 했던 심정이 얼마나 고통스럽고 처절했을지. 나는 단지 민중들을 위한 정의의 수호자로서 프랑스의 영광과 명예를 지키려 했을 뿐인데. 벌써 마흔 권도 넘는 작품으로 프랑스의 영광을 노래했던 내가! 평생 동안 프랑스의 이름을 전 세계에 알리기 위해 노력했던 내가! 그런 내가, 나를 뒤쫓으면서 내게 욕설을 퍼붓고 목숨을 위협하며 미쳐 날뛰는 하찮은 무리를 피해 그렇게 도망치듯 혼자 떠나야 했다니! 그렇게 가혹한 시간들을 거치다 보면 부당한 공격에 결코 굴하지 않는 강인한 영혼으로 다시 태어나게 되는 법이다. 그 후 오랜 유배 생활 동안, 산 자들에게서 격리된 채 매일 조금씩 늦어지는 정의의 부활을 초조하게 기다려야 했던 고통이 상상이 되는가? 11개월 동안 그 낯선 땅에서 매일 아침 프랑스에서 전해지는 광기와 재앙의 메아리를 담은 전보들을 읽으며 느꼈던 고통은 그 어떤 흉악한 범죄자의 고통과도 비견될 수 없을 것이다. 그토록 비극적인 상황 속의 유배 생활이 어땠을지 알고 싶다면, 내가 했던 것처럼 멀리서 홀로 조국이 언제 무너질지도 모르는 위기감을 느끼면서 오랫동안 그 고통을 견뎌 보아야만 할 것이다. 그런데 내가 감옥행을 피하기 위해 도망쳤다고 생각하면서, 유대인의 금으로 외국에서 흥청망청하려고 했다는 터무니없는 말들을 늘어놓다니. 그런 사람들을 보면서 일말의 역겨움과 함께 깊은 연민을 느끼지 않을 수 없다.

나는 애초에는 10월에 프랑스로 돌아오기로 돼 있었다. 우리는 의회가 다시 개회할 때까지 시간을 끌면서 때를 기다리기로 결정했다. 그러면서 순리에 따라 반드시 일어나게 돼 있는 어떤 사건이 일어나기를 기다리고 있었다. 그런데 그 뜻밖의 사건은 10월까지 기다리지 않고 그보다 앞당겨진 8월 말에 일어났다. 앙리 대령의 자백과 자살이 바로 그것이었다.

나는 그다음 날 즉시 프랑스로 돌아오고자 했다. 이제 재심이 열리는 것은 자명한 일이며, 드레퓌스의 결백이 곧 밝혀질 것으로 믿었기 때문이다. 게다가 내가 바랐던 것은 재심이 열리는 것밖에는 없었으므로, 파기원에 제소가 되는 즉시 필연적으로 내 역할은 끝날 수밖에 없었다. 그리고 나는 세간의 관심에서 멀어질 준비가 돼 있었다. 나 자신과 관련한 소송은 이제 단지 형식적인 절차만이 남아 있다고 생각했다. 배심원단이 나를 단죄한 근거가 되는 문서, 즉 드 펠리외, 공스 그리고 드 부아데프르 장군이 제출한 문서는 그것을 위조한 당사자가 자살함으로써 허위 문서임이 밝혀졌기 때문이다. 따라서 나는 프랑스로 돌아갈 준비를 하고 있었다. 그런데 파리에 있는 나의 친구들과 변호인들 그리고 나와 함께 싸움을 계속하고 있던 이들이 내게 우려로 가득한 편지들을 보내온 것이다. 상황이 여전히 몹시 좋지 않다는 내용이었다. 재심이 열리는 것은 확실하기는커녕 아직도 불분명했다. 내각의 수장인 무슈 브리송은 끊임없이 생겨나는 장애물에 부딪치면서 모두에게 배신당하고, 한낱 경찰서장 한 사람도 자기 마음대로 부릴 수 없는 상황에 처해 있었다.[78] 따라서 과열된 군중의 광기 속에서 나의 귀국은 또다시 새로운 폭력 사태를 야기할 수 있을 것으로 판단되었다. 그리되면 대의를 위험에 빠뜨리면서, 그렇지 않아도 어려운 지경에 처해 있는 내각에 또 다른 부담을 안겨 줄 수가 있었다. 따라서 사태를 악화시키고 싶지 않았던 나는 모두의 권유를 받아들여 조금 더 참고 기다리는 데 동의했다.

마침내 파기원의 형사부에 사건이 제소되자 나는 또다시 귀국을 서둘렀다. 거듭 말하지만, 나는 재심이 열리기를 바랐을 뿐이고, 법이 정한 최고 상급법원에 사건이 제소되는 순간 내 역할이 끝나는 것으로 생각했다. 하지만 또다시 내게 아무것도 서두르지 말고 좀 더 기다려 달라고 간청하는 새로운 편지들이 도착했

---

[78] 이 글에서 졸라는 1898년 7월 16일, 내각의 총리이던 앙리 브리송에게 보내는 공개서한에서 보여 주었던 신랄함을 다소 누그러뜨리고 있음을 알 수 있다. 여기서는 앙리 브리송이 그를 둘러싼 음모들에 희생된, 철저하게 고립된 인물로 그려지고 있다.

다. 내게는 지극히 단순하게 보이는 상황이 사실은 그 반대로 암흑과 위험으로 가득 차 있다고 얘기하는 내용들이었다. 내 이름과 지명도가 또다시 큰불을 지필 불씨로 작용할 것이라는 우려 때문이었다. 따라서 내 친구들과 변호인들은 선량한 국민으로서의 내 감정에 호소하면서 상황에 순응하며 마음을 가라앉혀 줄 것을 부탁했다. 가엾은 우리나라가 불길한 혼란 속으로 빠져드는 것을 막기 위해서는 여론이 결정적으로 돌아설 때를 기다려야 한다고 거듭 강조하면서. 우리가 원하는 대로 일이 진행되고는 있지만 아직 모두 끝난 게 아니기 때문이었다. 그런데 나의 성급함으로 인해 진실의 승리가 늦어진다면 그보다 더 후회막급한 일이 어디 있겠는가! 따라서 나는 또다시 그들의 뜻을 받아들여 내게 강요된 고독과 침묵 속에서 고통스런 기다림을 이어 가야만 했다.

그리고 파기원의 형사부가 재심 청구를 받아들여 광범위한 조사를 진행할 것을 결정하자 나는 정말로 돌아가고 싶었다. 고백하건대 그 무렵 나는 기진맥진한 상태였고, 이 조사가 몇 달간 길게 이어질 것이라는 사실을 알 수 있었다. 또한 그로 인해 내가 겪어야 할 지속적인 고뇌를 미리부터 예감할 수 있었다. 이제는 정말 충분한 사실들이 밝혀지지 않았는가? 바르(Bard) 판사의 보고서와 마노(Manau) 검사장의 논고, 모르나르(Mornard) 변호사의 변론을 통해 내가 당당히 되돌아갈 수 있을 만큼의 진실이 충분히 밝혀지지 않았는가 말이다. 게다가 대통령에게 보내는 편지에서 내가 고발했던 내용들도 모두가 사실인 것으로 밝혀졌다. 따라서 이제 내 역할은 모두 끝났으며, 내게는 다시 제자리로 돌아가는 일만이 남아 있었다. 그런데 내 친구들이 여전히 나의 귀국을 원치 않는다는 것을 알게 되었을 때 내가 느낀 슬픔과 분노와 반발심은 이루 말할 수 없을 정도였다. 그들은 여전히 투쟁을 계속하고 있었고, 편지에서 내게 나는 그들처럼 상황을 제대로 판단할 수 없다고 얘기했다. 파기원 형사부의 조사와 동시에 내 소송이 재개되도록 하는 것은 아주 위험한 잘못임을 강조하면서.[79] 재심에 적대적인 새 내각[80]이 내 소송을 그들이 원했던 국론 분열의 기화로 삼아 또다시 정국을 혼란에 빠뜨릴지도 모른다는 게 그 이유였다. 어쨌거나 파기원이 올바른 판결을 내리기 위해서는 절대적인 안정이 필요했으므로, 나의 잘못된 행동으로 대중의 감정을 자극해 법원을 곤란한 상황에 처하게 할 수는 없었다. 또한 반대파들이 그런 상황을 이용할 게 불 보듯 뻔했다. 나는 갈등했고, 동료들의 충고에도 불구하고 아무에게도 알리지 않은 채 어느 날 저녁 파리로 돌아가고 싶은 마음이 굴뚝같았다.

[79] 졸라는 그의 친구들이 거듭 그의 귀국을 만류하는 것을 반복해 말함으로써 그들의 처사에 유감을 표명하고 있다. 또한 파리에서 투쟁하고 있는 드레퓌스파들, 그중에서도 특히 정치 지도자들이 졸라가 되돌아와 또다시 그의 목소리를 냄으로써 자신들의 파워 게임에 지장을 주는 것을 원치 않는다는 사실을 은연중에 내비치고 있다.
[80] 앙리 브리송의 뒤를 이어 새 내각을 이끈 사람은 샤를 뒤퓌였다. 샤를 뒤퓌는 드레퓌스 사건으로 프랑스가 양분되어 있던 시절, 1894~1895년과 1898~1899년 두 차례에 걸쳐 총리를 역임한 바 있다.

하지만 나는 신중함을 선택했고, 또다시 기나긴 몇 달간의 고통을 더 견뎌야 했다.

위와 같은 이유들로 나는 11개월 동안 프랑스로 되돌아올 수 없었다. 하지만 멀리 있으면서도 나는 처음 싸움을 시작했던 그때처럼 언제나 진실과 정의의 투사로서 행동했다. 조국의 평온함을 위해, 끔찍한 사건을 둘러싼 공연한 분란을 일으키지 않기 위해, 유배를 떠나 세간의 관심에서 완전히 벗어난 채 마치 존재하지 않는 것처럼 살아가는 데 동의했을 만큼 나라를 위해 헌신한 선량한 시민이었을 뿐이다. 또한 승리를 확신하며 나의 재판을 최후의 보루로 여기고 있었다. 만약 사악한 힘들이 태양을 꺼뜨려 버린다면 우리가 다시 지펴야만 할 환한 빛의 불씨가 될 수 있는 신성한 작은 등불처럼. 내가 스스로 택한 궁극의 희생은 나의 완전한 침묵이었다. 나는 단지 죽은 사람이 아니라, 말하지 않는 죽은 사람처럼 살고자 했다. 조국을 떠난 나는 침묵했다. 나 자신이 말한 것에 대한 책임을 질 수 있으려면 내 나라에 있을 때 말해야만 했다. 그런데 나는 아무도 내 말을 들어 주지 않고, 나를 찾아오는 사람도 아무도 없는 곳에서 지내고 있었다. 거듭 말하지만, 나는 무덤 속에 누워 있는 것이나 다름없었다. 그곳에 사는 그 누구도 나를 알아보지 못하는 완벽한 은거지에 칩거했던 것이다. 나를 만난 것처럼 말하는 일부 기자들의 주장은 모두가 거짓이다. 나는 아무도 만난 적이 없다. 나는 모두에게서 잊힌 채 사막에서 홀로 지냈다. 나는 내 나라가 다시 평온을 되찾기를 바라면서, 11개월 동안 이어진 자발적인 유배 생활 동안 존엄과 애국심의 발로인 침묵을 지켜 왔다. 그런데 그토록 내게 가혹했던 내 조국이 어째서 이런 나를 비난하는지 도무지 그 이유를 알 수가 없다.

어쨌거나 이제 모든 게 끝났고, 나는 돌아왔다. 진실이 밝혀지고 정의가 행해졌기 때문이다. 나는 승리가 부여하는 평온함 속에서 조용히 돌아올 수 있기를 바랐다. 나의 귀국이 빌미가 되어 또다시 혼란과 군중의 소요가 일어나는 일이 없도록. 한순간이라도, 군중을 선동하며 그들을 이용하는 저급한 무리들과 똑같이 취급받는다면 나로서는 그보다 수치스러운 일은 없을 것이다. 나는 나라 밖에서 침묵했던 것처럼 다시 제자리로 돌아가 내 나라의 품 안에서 선량한 시민으로 평화롭게 살아갈 것이다. 더 이상 아무도 내게 관심 두는 일이 없도록 아무도 방해하지 않으면서 늘 해 오던 일에 묵묵히 다시 매진할 것이다.

이제 마땅히 해야 할 일을 다 한 지금 나는 어떤 찬사나 보상도 바라지 않는다. 사람들이 대의를 이루는 데 유용한 일꾼 중 하나였다고 나를 평가할지라도, 내가 칭찬을 들을 이유가 없기 때문이다. 우리를 투쟁으로 이끌었던 대의가 너무나도 아름답고 너무나도 인간적이었을 뿐이다! 진실이 승리했을 뿐이고, 그것은 지극히 당연한 귀결이었다. 나는 처음부터 승리에 대한 확신을 갖고, 어떠한 시련에도 굴하지 않고 당당하게 앞으로 나아갔다.

이 모든 것의 목표는 오직 한 가지였다. 이제 사람들이 내게 경의를 표하고 싶다면, 내가 어리석지도 나쁘지도 않았다고 말해 주기만을 바랄 뿐이다. 게다가 나는 이미 충분히 보상을 받았다. 4년 전부터 유배지에서 산 채로 죽어 가던 한 무고한 사람을 무덤에서 구해 내는 데 일조를 했다고 생각하는 것이야말로 내가 받은 최고의 보상인 셈이다. 아! 그가 돌아오고, 비로소 자유의 몸이 된 그와 악수를 할 수 있으리라는 생각만 해도 너무나도 가슴이 벅차오르면서 행복한 눈물이 날 것 같다. 그 순간이 오면, 그간의 어려움들을 모두 잊을 수 있을 것 같다. 그때야말로 나와 내 친구들, 우리 모두가 프랑스의 정직한 이들로부터 약간의 치하를 받아도 될 만한 옳은 일을 했다고 생각해도 될 것이다. 그런데 더 이상 뭘 또 바라겠는가? 우리를 사랑하는 한 가족, 우리를 축복해 줄 한 여인과 아이들, 우리로 인해 정의의 승리와 인간적인 연대의 화신이 된 한 남자가 바로 우리의 지고한 보상인 것을!

이제 투쟁이 일단락된 지금, 나는 우리의 승리로부터 어떤 이익이나 정치적 권한, 어떤 지위나 명예를 얻을 생각 같은 건 추호도 하지 않는다. 나의 유일한 소망은, 내 손에 힘이 남아 있는 한 오래도록 글로써 진실을 위한 투쟁을 계속하는 것뿐이다. 하지만 또 다른 투쟁으로 넘어가기 전에, 지금까지 싸우는 동안 내가 얼마나 신중하게 절제하며 행동했는지를 분명히 밝혀 두고자 한다. '공화국 대통령에게 보내는 편지'를 발표했을 때 내가 얼마나 끔찍한 비난과 공격에 직면했는지를 기억하는가? 나는 군대를 모욕하고 나라를 팔아먹은 매국노이자 조국도 없는 무국적자였다. 문단의 친구들마저 아연실색하며 겁에 질려 내게서 멀어져 갔고, 내가 지은 죄의 끔찍함에 치를 떨며 나를 버렸다. 또한 앞다투어 나를 비난하는 글들이 발표되었다. 훗날 서명자들의 양심을 무겁게 짓누를 내용들로 가득 찬 글들이었다. 지금까지 그 어떤 작가도 나처럼 오만하게 공격적이고 광적으로 한 나라의 수장을 향해 그토록 무례하고 거짓말로 가득 찬 범죄적인 편지를 보낸 적이 없다는 것이다. 청하건대, 이제 내 가엾은 편지를 다시 읽어 보길 바란다. 이제 와 돌이켜 보면, 나는 내가 그런 편지를 썼다는 사실이 부끄럽다. 비겁함과 별반 다를 바 없는 기회주의와 지나친 신중함으로 가득한 편지를 썼다니. 어차피 솔직하게 고백하는 김에 좀 더 얘기하자면, 나는 사실보다 완화시켜 글을 썼고, 말하지 않고 지나친 것도 많았다. 오늘날에는 모든 것이 사실로 밝혀졌지만, 당시에는 너무나 터무니없이 끔찍하고 비상식적이어서 좀 더 의심해 보아야만 했던 것들이 있었다. 그렇다, 나는 그때도 이미 앙리를 의심했다. 하지만 아무런 증거가 없었기 때문에 그를 거론하지 않는 게 낫겠다고 생각했다. 당시 나는 사태가 어떻게 돌아가는지 대략 짐작할 수 있었다. 몇몇 사람들이 내게로 와서 믿기 힘든 비밀들을 들려주었고, 그것들이 초래할 일들을 생각해 볼 때 그들을 그 위험 속으로 끌어들일 권리가 내게는 없다고 생각했다. 그런데 이제 그 비밀들이 만천하에 공개되면서 한낱 진부한 진실이 되어 버린 것이다! 그리고 내 가엾은 편지는 더 이상 아무런 반향을 불러일으키지 못한 채, 충격적이고 잔인한 현실에 비해 유치하고 무미건조한, 한 소심한 소설가가 꾸며 낸 것 같은 이야깃거리에 지나지 않게 된 것이다!

거듭 말하지만, 나는 승리를 꿈꾼 적도 없고 그래야 할 필요성도 느끼지 못했다. 하지만 작금의 사건들이 내 고발장의 내용들이 모두 옳았음을 입증하고 있다는 것을 분명히 확인했다. 철저한 조사 과정을 거친 끝에 내가 고발했던 인물들 모두가 죄가 있음이 밝혀진 것이다. 내가 예고했던 것, 내가 예상했던 것이 모두 명백한 사실로 드러났다. 거기에 더하여 내가 좀 더 은근하게 자부심을 느끼는 것은, 내가 쓴 '편지'는 난폭함이 배제된 채 내게 걸맞은 방식으로 분노를 표출하고 있다는 사실이다. 그 속에서는 모욕이나 과격한 말이 아닌, 오직 국가의 수장에게 정의를 집행해 줄 것을 요구하는 한 시민의 고결한 고통을 읽을 수 있을 뿐이다. 내 작품들과 관련해서도 늘 그런 식이었다. 내가 책을 집필하거나 간단한 기사라도 쓸라치면 어김없이 거짓말과 욕설 들이 나를 따라다녔다. 그리고 다음 날이면 사람들은 내가 옳았음을 인정하지 않을 수 없었다.

따라서 이제 나는 분노도 원한도 느껴지지 않는 평온한 마음으로 나날을 보낼 수 있게 되었다. 내가 이성의 목소리를 무시한 채 나약한 마음에 따라 행동했다면, 어쩌면 사악한 자들을 모두 용서하면서 영원한 공공의 경멸이라는 징벌에 처하는 것으로 그쳤을지도 모른다. 하지만 나는 저들이 각자의 죄과에 합당한 형사처분을 받을 필요가 있다고 생각했고, 이와 관련해 엄격한 판례를 남기지 않는다면, 정의의 심판은 지위 고하에 관계없이 똑같이 행해진다는 것을 보여 주지 않는다면, 대중은 저들이 저지른 범죄의 엄중함을 결코 깨닫지 못하리라는 게 내가 내린 결론이었다. 대중이 마침내 그 모든 진실을 알기 위해서는 공시대(公示臺)[81]를 세워야만 했다. 그런 다음 네메시스가 복수를 마저 끝낼 수 있도록 조용히 지켜볼 생각이다. 그런데 마침내 이상의 승리에 전적으로 만족한 문인의 관대함 가운데서 여전히 나를 몹시 분노하게 하는 것이 한 가지 있다. 피카르 중령이 아직도 감옥에 있다는 생각만 해도 치가 떨릴 지경이다. 나는 유배 기간 동안 감옥에 있는 그를 생각하면서 마음이 아프지 않은 적이 단 하루도 없었다. 저들이 피카르 중령을 체포하고, 그를 마치 범죄자처럼 벌써 1년간이나 감옥에 가둬 놓은 채 더없이 파렴치한 사법적 코미디로 그의 고통을 연장하고 있다는 사실은 이성을 지닌 누구라도 격분케 하는 극악무도한 범죄행위인 것이다. 이처럼 극악한 범죄행위에 연루된 모든 사람들에게는 죽어서까지도 결코 지워지지 않을 오명이 따라다니게 될 것이다. 만약 내일이라도 피카르 중령이 자유의 몸이 되지 않는다면, 프랑스 국민 전체가, 가장 고귀하고 영웅적이며 명예로운 프랑스의 자녀를 사형집행인, 거

---

[81] 공시대는 죄인의 공개적인 형벌에 쓰이는 형틀의 일종이다. 앙시앵레짐(구제도)의 체형(體刑)과 명예형 등이 공개적인 형벌에 속한다.

짓말쟁이, 사기꾼 같은 사악한 무리의 손에 고통받게 하는 이해 불가한 광기를 저질렀다는 오명에서 벗어나기 힘들 것이다.

  이 모든 문제가 해결되어야만 비로소 우리의 과업이 완성될 수 있다. 우리가 거두고자 하는 수확은 결코 증오의 열매가 아니다. 우리가 그 씨를 뿌렸던 선함과 공정성 그리고 무한한 희망의 결실인 것이다. 그러기 위해서는 그 싹이 무럭무럭 자라나야만 한다. 아직은 얼마나 풍성한 결실을 거둘 수 있을지 예측할 수 있을 뿐이다. 모든 정당들은 침몰했고, 정국은 두 진영으로 갈라졌다. 한편으로는 과거의 이상에 매달리는 반동 세력들이 있고, 다른 한편으로는 미래를 향해 나아가며 비판과 진실 그리고 공정성을 추구하는 정신들이 있다. 오직 이 정신들만이 유일하게 논리적이며, 내일의 승리를 쟁취하기 위해서는 그 정신들을 마음에 깊이 새겨야 할 것이다. 자, 이제, 글과 말 그리고 행동으로써 원대한 과업을 이루도록 하자! 진보와 해방이라는 과업을 향해 전진하자! 그리하여 89년(1789년) 대혁명을 완성시키고, 지성과 감성이 한데 어우러진 평화로운 혁명, 사악한 세력으로부터 벗어나 부의 공평한 분배를 가능하게 할 노동법에 근거한 연대적 민주주의를 이룩하도록 하자. 그리하면 자유로운 프랑스, 정의의 수호자 프랑스, 다음 세기의 공정한 사회를 예고하는 프랑스는 수많은 나라들 사이에서 다시 우뚝 서게 될 것이다. 과거에 이미 자유가 무엇인지를 보여 주었던 것처럼 또다시 세상에 정의가 무엇인지를 보여 준다면, 무력을 휘두르는 압제적인 나라는 모두 무너져 내리고 말 것이다. 내가 프랑스에 바라는 역사적인 역할은 그것밖에는 없다. 그리고 프랑스는 아직까지 그렇게 찬란한 영광의 빛을 발해 본 적이 없다.

나는 이제 집에 와 있다. 따라서 검사장은 그가 원하면 언제라도, 궐석재판에 의해 내게 1년의 징역형과 3천 프랑의 벌금형을 선고했던 베르사유 중죄재판소의 판결을 통고할 수 있다. 그리고 우리는 배심원단 앞에서 다시 만나게 될 것이다.

나 자신을 기소하게 만들면서 내가 원했던 것은 진실과 정의뿐이었다. 그리고 이제 진실과 정의가 실현되었다. 따라서 나는 더 이상 재판을 받을 필요가 없으며, 재판에 아무런 관심도 없다. 오직 정의만이 진실을 원하는 것이 죄가 되는지 말해 줄 수 있을 것이기 때문이다.

제5막

1899년 7월 1일, 오랜 유배 생활 끝에 악마도에서 풀려난 드레퓌스가 프랑스로 돌아온 직후 졸라는 렌에서 열릴 재판의 결과에 대해 낙관적인 믿음을 갖고 있었다. 하지만 그로부터 3주 후에 라보리 변호사에게 보낸 편지에서는 다른 아무것도 할 수 없을 정도로 재판의 결과를 초조하게 기다리면서 일말의 불안감을 느끼고 있음을 엿볼 수 있다. 졸라는 자신의 존재가 야기할 문제들을 고려해 렌의 재판에 참석하지 않고 메당에서 그 추이를 지켜보며 결과를 기다리기로 했다.

8월 7일, 마침내 렌의 한 고등학교에서 드레퓌스 사건 재심의 첫 공판이 열렸다. 재판은 9월 9일까지 5주간에 걸쳐 이어질 예정이었다. 재판에는 드레퓌스 대위의 편에 선 수많은 이들과 그를 박해하는 데 앞장섰던 이들이 모두 참석했다. 원고 측에서는

70명의 증인을, 피고 측(드레퓌스 측)에서는 20명의 증인을 내세웠다. 드레퓌스의 변호는 1894년의 재판에서 그를 변호했던 에드가 드망주 변호사와 1898년 2월 졸라를 변호했던 페르낭 라보리 변호사가 공동으로 맡았다. 공판이 시작되자마자 극우파 언론은 드레퓌스를 향해 욕설과 비난을 마구 쏟아 내며 그를 단죄할 것을 법정에 강력하게 요구했다.

렌의 재판을 담당한 군사법원은 파기원의 결정에는 아랑곳없이 문제의 '비밀문서'가 공개되지 않도록 5일간 비공개로 재판을 진행했다. 8월 12일, 메르시에 장군은 드레퓌스 사건이 일어나자마자 프랑스와 독일 사이에는 금방이라도 전쟁이 터질 듯한 일촉즉발의 위기감이 감돌았으며, 그는 조국을 위하는 충절에서 드레퓌스를 고발했다고 거듭 강조했다. 예전과 달라진 것은 아무것도 없었다. 원고 측의 증인들은 이미 파기원의 조사에 의해 무효화된 과거의 술책들을 되풀이할 뿐이었다. 8월 14일에는 라보리 변호사가 괴한이 쏜 총에 맞아 등에 부상을 당하면서 법정에 긴장감이 감돌았다. 그에게 총을 쏜 범인은 잡히지 않았다. 다행히 생명에는 지장이 없었던 라보리 변호사는 8월 22일 다시 법정에 출두했다.

메르시에를 비롯한 장군들의 비위를 건드리지 않으려고 지나치게 애쓰는 드망주 변호사와는 달리 라보리 변호사는 그들의 거짓과 술책을 낱낱이 파헤치며 가차 없는 질문 공세를 펴는 것으로 유명했다. 군부는 라보리 변호사가 피습을 당해 법정에 출두하지 못한 틈을 이용해 재판부에 점점 더 압력을 가했다. 증인으로 나선 장교들도 민사 법정에서와는 달리 자신들과 같은 군인 신분인 재판관들 앞에서 당당하게 위증을 했다. 드레퓌스 사건의 전모에 대해 잘 알지 못하는 재판관들에게 거짓 확신을 심어 주는 것은 그리 어려운 일이 아니었다. 메르시에 장군은 마치 '드레퓌스냐 나냐' 하면서 선택을 강요하는 식으로 재판을 좌지우지하려고 했으며, 드레퓌스를 음해하는 모략과 술수에 이력이 난 드 부아데프르와 공스 장군도 과거의 태도를 고수했다. 명세서의 필체에 관해 허위 위증을 한 세 필적감정사도 그들과 한통속이었다. 그들 모두에게 드레퓌스는 단연코 유죄였다. 드레퓌스와 피카르 중령의 단호한 개입과 증언에도 불구하고 재판은 1894년 12월의 재판 당시와 똑같은 결말을 향해 치닫고 있었다.

9월 8일의 최종 변론 공판에서 드망주 변호사는 전직 장군들과 전직 국방부 장관들의 범죄 사실에 대해서는 침묵한 채, 의심되는 점을 피고에게 유리하게 해석하는 원칙만을 내세우며 드레퓌스의 무죄를 주장했다. 피카르와 라보리 변호사는 그런 드망주의 전략에 할 말을 잃었다. 하지만 드망주 변호사의 전략을 위태롭게 할 수 없었던 라보리 변호사는 변론을 포기할 수밖에 없었다. 게다가 라보리 변호사의 서슬 퍼런 변론이 몰고 올 파장을 염려하던 일부 재심 찬성파와, 또다시 군부의 신경을 거스르고 싶어 하지 않았던 새로운 정부가 가하는 이중의 압력에도 부담을 느끼던 차였다. '공화국 방위'를 표방한 발데크-루소 내각은 국익우선주의를 내세우며 한 무고한 사람의 명예를 희생시키기로 한 것이다. 일종의 유화정책으로 드레퓌스에게 또다시 유죄를 선고한 다음 특별사면을 받아들이게 함으로써 혼란한 정국을 안정시키자는 게 정부가 짜 놓은 시나리오였다.

렌의 법정에서 벌어지는 사태를 지켜보며 분노와 고통을 표명했던 졸라의 불길한 예감과 예측은 사실로 드러났다. 군사법원의 재판부는 5 대 2로 또다시 드레퓌스에게 유죄판결을 내리면서 정상참작과 함께 10년의 금고형을 선고했다.

9월 12일 졸라는 라보리 변호사에게 "이 모든 건 그 저의가 수상한 사면으로 끝나게 될 것이오."라고 편지를 썼다. 그리고 후에 일어난 일들은 또다시 그의 예측이 옳았음을 입증했다. 졸라는 바로 그날, 9월 12일자 〈로로르〉지에 '제5막'을 발표했다. 드레퓌스가 두 번째로 유죄판결을 받자마자 바로 써 내려간 글이었다. 졸라는 이제 새로운 싸움을 시작했던 것이다. 안타깝게도 갑자기 찾아온 죽음으로 인해 그 결말을 지켜보지는 못했지만.

졸라 자신의 표현대로 '유일무이한 걸작을 남기고 싶어 한 한 천재적인 극작가에 의해 연출된 거대한 한 편의 드라마' 같은 이 드레퓌스 사건의 대미를 장식해 줄 '제5막'은 어떤 것일까? 졸라는 에스테라지가 슈바르츠코펜 대령에게 넘긴 문서들을 독일로부터 돌려받을 것을 강력하게 요구하고 있다. 그 문서들은 새로운 증거로서 파기원에 두 번째 재심을 요구할 명분이 될 것이기 때문이다. 그리하여 "진실이 이미 밝혀진 바, 부디 이번에는 최고 상급법원이 지닌 전권으로 환송 없이 원심 판결을 파기"하게 하는 것. 그것이 졸라가 바라는 '제5막'이며, 이 기막힌 드라마가 박해받은 무고한 사람의 승리로 해피엔딩을 맞이하기 위해서는 제5막이 반드시 상연되어야만 할 터였다. 정국을 안정시킨다는 명목하에 사면을 통해 사건을 마무리하려는 정부의 계산과는 달리 드레퓌스 사건은 아직 끝나지 않았기 때문이다. 졸라는 그 제5막의 첫 장면을 자신이 직접 공연할 생각을 갖고 있었다. '11월 23일, 우리는 베르사유로 향할 것이다. 내 재판이 다시 열리기로 결정되었기 때문이다. 만약 그때까지 정의가 바로잡히지 않는다면 우리는 또다시 정의의 구현을 위해 나설 것이다.' 하지만 그의 발언은 발데크-루소 정부가 드라마의 모든 배우들을 영영 침묵하게 하는 일반사면법의 제정을 서두르고 있다는 사실을 고려하지 않은 것이었다.

LE CINQUIÈME ACTE

제5막

이 글은 1899년 9월 12일자 〈로로르〉지에 실린 것이다.

나는 모두가 궐석재판에 의해 내려진, 베르사유 중죄재판소의 판결과 필적감정사들과 관련된 파리 고등법원의 판결에 이의를 제기했고, 그 결과를 기다리고 있었다. 게다가 더 이상 서두름이 없이 정의는 렌에서 열리게 돼 있는 새로운 드레퓌스 재판의 결과를 기다리고 있었다. 1899년 6월 12일 실각한 뒤피 내각의 뒤를 이어 6월 22일 발데크-루소 내각이 들어섰다. 7월 1일 폭풍우가 몰아치던 날 밤, 드레퓌스는 다시 프랑스 땅을 밟을 수 있었다. 8월 7일에는 그의 재판이 다시 열렸고, 9월 9일 군사법원은 그에게 또다시 유죄를 선고했다. 이 글은 그다음 날 쓴 것이다.

지금 나는 극심한 공포에 사로잡혀 있다. 이제 더 이상 분노나 복수심도 느끼지 않으며, 범죄행위를 고발하고 진실과 정의의 이름으로 처벌해 줄 것을 요구할 필요성도 느끼지 않는다. 지금 내가 느끼는 것은 공포 그 자체이다. 있을 수 없는 일이 현실이 되고, 강물이 역류하고, 태양 아래 땅이 뒤집히는 것을 목도하는 사람이 느끼는 신성한 것에 대한 두려움 같은 것. 내가 지금 외치는 것은, 우리의 관대하고 고귀한 프랑스가 처한 절망과 그 프랑스가 나락으로 굴러떨어질 것에 대한 두려움이다.

우리는 렌에서 열리는 재판이 우리가 2년 전부터 겪어 왔던 끔찍한 비극의 제5막이 될 것이라고 생각했다. 온갖 위험한 우여곡절을 겪는 동안 지칠 대로 지친 우리는 이제야 비로소 평정과 화합의 결말을 맞이할 수 있을 것이라고 믿어 의심치 않았다. 고통스런 싸움의 끝에는 반드시 정의가 승리하게 되어 있으므로, 이 한 편의 대하드라마는 결백한 이의 전형적인 승리로 해피엔딩을 맞을 수밖에 없었다. 그런데 그런 우리 생각이 틀렸던 것이다. 뜻밖의 돌발적인 사건이 일어나면서 극의 전개에 더욱더 어두운 그림자를 드리우고 있다. 전혀 예상치 못했던 역겨운 사건이 극을 자꾸만 연장시키고 그 끝을 알 수 없는 결말로 치닫게 하는 것이다. 그런 광경 앞에서 우리의 이성은 혼란에 빠져 비틀거리고 있다.

렌의 재판은 결국 극의 제4막이었던 것이다. 그렇다면, 맙소사! 대체 제5막은 어떤 것이란 말인가? 아직도 얼마나 더 많은 사람들이 고통과 고초를 겪어야 하며, 온 나라가 얼마나 힘겨운 속죄의 구렁텅이로 굴러떨어져야 하는 것일까? 아무 죄가 없는 사람이 두 번씩이나 유죄판결을 받다니! 그러한 극의 결말이 태양을 꺼뜨리고 민중을 봉기하게 하리라는 것은 불을 보듯 뻔한 일이 아닌가?

아! 제4막에 불과한 렌의 재판을 위해 그간 얼마나 고통스러운 정신적 죽음을 감내해야 했던가! 더 이상 광기와 혼란의 불씨가 되지 않기 위해 선량한 시민으로 기꺼이 무대에서 사라진 후 철저한 고독 속에 은둔한 채로! 그리고 고국으로부터 전해지는 소식과 편지, 신문 들을 얼마나 가슴 졸이면서 기다렸던가! 또한 그것들을 읽으면서 얼마나 분개하고 가슴 아파했던가! 그런데 이 화창한 8월의 나날들에 시커먼 그림자가 드리워졌고, 지금까지 나는 이처럼 찬란한 하늘 아래에서 이보다 더한 암흑과 추위를 느껴 본 적이 없다.

고통으로 말하자면 2년 전부터 이미 진저리를 칠 만큼 수없이 겪어 온 터였다. 군중은 나의 죽음을 외치며 가는 곳마다 나를 쫓아다녔고, 내 발밑에서는 모욕과 위협이 넘쳐나는 더러운 물결이 시시각각으로 나를 덮쳐 왔다. 또한 11개월 동안 유배 생활의 절망을 맛보아야 했다. 게다가 두 번의 재판을 치러 내는 동안 비열함과 불의가 난무하는 개탄스러운 광경을 목도했다. 하지만 렌의 재판에 비하면 내 재판은 어떻게 표현할 수 있을까? 희망이 꽃피는 목가나 머리를 식혀 주는 구경거리쯤으로 여길 수 있을 것이다. 우리는 그동안 온갖 어처구니없는 일들이 일어나는 것을 죽 지켜보았다. 피카르 중령에 대한 기소, 파기원 형사부에 관한 조사, 그 결과 파기원 형사부의 단독 재판권 해제 법안이 공포된 사실 등. 그런데 이제 보니 이 모든 것들은 한낱 유치한 짓거리에 불과했다는 것을 알게 되었다. 점차 그 도를 더해 가던 저들의 만행은 렌의 재판에 이르러 그 정점을 이루었다. 세상 모든 쓰레기들이 한데 모여 역겨움이라는 꽃을 활짝 피운 것처럼.

　여기서 우리는 저들이 얼마나 기막힌 방법들을 동원하여 진실과 정의를 짓밟고자 했는지 똑똑히 알 수 있을 것이다. 심의를 이끄는 일단의 증인들은 매일 저녁 다음 날 재판에 대비하여 은밀한 모의를 했고, 검찰 대신 거짓으로 논고를 하기도 했으며, 자신들에게 맞서는 이들을 위협하고 모욕하면서 자신들의 지위를 남용하기를 서슴지 않았다. 군부 수장들의 침공에 기가 눌린 재판부는 피고인 자격으로 법정에 소환된 그들을 보면서 몹시 당혹스러워하며 군부 특유의 집단적 사고방식에 순응하는 모습을 보였다. 재판관들을 제대로 평가하려면 문제의 집단적 사고방식을 세세히 분석해 보아야만 할 것이다. 기이하게도 검사는 끝 모를 어리석음을 과시하며 터무니없고 무의미하며 위협적인 논고를 펼쳤다. 그 내용이 너무도 경악스럽고 잔인하며 집요해서 그의 정신이상이 의심될 정도였다. 검사의 논고는 마치 인간의 모습을 한 전대미문의 동물의 머릿속이나 그 무의식에서 흘러나온 듯했다. 그에 대한 평가는 후대 역사가들의 몫이겠지만. 또한 저들은 처음에는 변호인의 목숨을 위협했고, 법정에서는 그가 거추장스럽게 느껴질 때마다 그를 강제로 자리에 앉게 했다. 그리고 변호인이 유일하게 진실을 알고 있는 증인들의 출석을 요구할 때마다 그가 결정적인 증거를 제출하는 것을 가로막았다.

그렇게 한 달간 아무 죄 없는 가엾은 드레퓌스가 지켜보는 가운데 저들의 간악한 짓거리가 지속적으로 자행되었다. 누더기처럼 초췌해진 드레퓌스의 모습은 길가의 돌들마저 눈물 흘리게 할 정도였다. 그런데도 그의 예전 동료들은 또다시 그에게 발길질을 해 댔고, 그의 예전 상관들은 감옥에 가지 않기 위해 자신들의 지위를 이용해 그를 짓눌렀다. 저들의 비열한 영혼 속에서는 그를 향한 연민 어린 외침이나 관대함의 울림 같은 것은 전혀 찾아볼 수 없었다. 그리고 전 세계 사람들에게 이러한 광경을 구경거리로 제공한 것은 바로 인권과 관대함을 중히 여기는 나라 프랑스였다.

훗날 렌의 재판에 관한 상세한 기록이 세상에 공개되면 인간의 파렴치함을 가장 잘 보여 주는 최악의 걸작으로서 손색이 없을 것이다. 그것은 모두의 예상을 뛰어넘고도 남을 것이다. 지금까지 이보다 더 사악한 문서가 역사에 전해진 적이 없기 때문이다. 무지, 어리석음, 광기, 잔인함, 거짓말, 범죄행위 등의 모든 비행이 너무도 뻔뻔하게 저질러진 터라 다음 세대들이 수치심으로 전율하게 될 것이다. 그것은 전 인류로 하여금 얼굴을 붉히게 할,

우리의 비열함에 대한 고백록인 셈이다. 그리고 바로 그것이 나를 두렵게 한다. 한 나라에서 이러한 재판이 벌어져 그 나라의 도덕적이고 지적인 상태에 대한 감정서를 전 세계 문명국가들 앞에 공개한다는 것은 그 나라가 엄청난 위기에 직면해 있음을 입증하는 것이기 때문이다. 그렇다면 이제 파국이 머지않았다는 것인가? 오염된 진흙탕 속에서 죽어 가고 있는 우리를 구해 줄 선의와 순수함 그리고 공정함의 샘물은 어디에 있는 것일까?

'공화국 대통령에게 보내는 편지'에서도 이미 말한 바처럼, 뻔뻔하게도 에스테라지에게 무죄판결을 내린 마당에 한 군사법원이 내린 판결을 또 다른 군사법원이 다시 뒤집는 것은 불가능하다. 그것은 원칙에 위배되는 일이기 때문이다. 또한 곤혹스러움을 가장하며 내린 렌의 군사법원의 판결, '그렇다'와 '아니다'를 분명히 말할 용기조차 없는 가운데 내린 판결은 군부의 정의가 공정하지도 자유롭지도 못하다는 사실을 명백하게 보여 주는 증거이다. 군사법원의 재판부는 자신들이 과오를 범할 수 있다는 사실을 의심하기보다는 자명한 진실을 외면한 채 무고한 사람에게 또다시 유죄판결을 내렸던 것이다. 군사법원은 그 수뇌부의 손아귀에서 놀아나는 처형의 무기로 전락한 지 오래이다. 따라서 앞으로는 전시에나 신속하게 법을 집행하는 편의 수단쯤으로 간주되어야 할 터이며 평화 시에는 더 이상 존재할 이유가 없다. 정의를 집행하는 법정으로서 필수적인 공정함과 단순한 논리 그리고 양식조차 갖추지 못했기 때문이다. 군사법원은 스스로를 단죄한 셈이다.

전 세계의 문명국가들 가운데 지금 우리가 겪고 있는 것 같은 끔찍한 상황에 처해 본 나라가 또 있을까? 첫 번째 군사법원은 법에 대한 무지와 서툰 판결로 무고한 사람에게 유죄를 선고했다. 두 번째 군사법원은 한 범죄자에게 무죄판결을 내렸다. 어쩌면 또다시 거짓말과 속임수로 이루어진 더없이 파렴치한 음모에 속아 넘어갔기 때문일 수도 있다. 그런데 세 번째 군사법원은, 이미 진실이 밝혀졌고, 나라의 최고 사법기관이 오심을 바로잡을 영광스런 기회를 부여했는데도 명백한 사실을 부정하는 오만함과 함께 무고한 이에게 또다시 유죄판결을 내렸다. 돌이킬 수 없는 최악의 범죄행위가 저질러진 것이다. 예수도 한 번밖에 단죄되지 않았다. 자신의 동료들이 잘못된 판결을 내렸으며 상관들이 거짓말과 속임수를 일삼았다는 사실을 고백하는 것보다, 모든 것이 무너져 내리고 프랑스가 파당들의 먹잇감이 되고 조국이 불타서 잿더미로 변하고 그 와중에 군대가 모든 영예를 잃게 되는 게 더 낫다고 생각하는 것인가! 그리되면 이상(理想)은 십자가에 못박히고, 검이 왕으로 군림하게 될 것이다.

지금 온 유럽과 전 세계 사람들이 이처럼 기막힌 상황에 놓인 우리를 지켜보고 있다. 전 세계가 드레퓌스의 결백을 확신하고 있다. 만약 멀리 떨어진 나라의 국민들 사이에 의혹이 얼마간 남아 있었다면, 렌의 재판에서 철저하게 진상을 규명해 그들에게 진실이 무엇인지를 명명백백하게 알릴 수 있었을 것이다. 이제 우리의 이웃인 강대국들도 상세한 내막을 모두 알고 있으며, 문제의 문서들에 대한 진실과 더불어 우리 군부의 장군 서넛이 자행한 파렴치한 짓거리와 우리 군사법원의 수치스러운 무능함에 대한 명백한 자료도 확보하고 있다. 우리는 정신적으로 또다시 스당 전투[82]에서 패한 것이다. 그것도 군인들이 피를 흘리며 싸웠던 그때의 전투보다 훨씬 더 처참하게. 그리고 거듭 얘기하지만, 무엇보다 나를 두렵게 하는 것은 우리의 실추된 명예를 다시 회복하기가 불가능해 보인다는 사실이다. 세 군사법원에서 내린 판결을 어떻게 파기하게 할 수 있을까? 우리가 다시 당당하게 세상 사람들 앞에 나설 수 있도록 과오를 고백할 용기를 지닌 영웅적인 인물은 어디에서 찾을 수 있을까? 국민의 안녕을 위해 일하는 용기 있는 정부는 어디 있는 것일까? 사태의 심각성을 깨닫고, 피할 수 없는 결정적 파국이 닥치기 전에 행동에 나설 의회는 어디 있는 것일까?

이 모든 것들 중에서 최악은, 우리의 영광이 그 수명을 다했다는 사실이다. 프랑스는 노동과 과학의 세기, 자유와 진실 그리고 정의를 위한 투쟁의 세기를 경축하고자 했다. 훗날, 이보다 더 빛나는 노력으로 일관된 세기가 없었음을 알게 될 것이다. 그리고 프랑스는 자신의 승리와 자유의 쟁취, 이 세상에 예고된 진실과 정의를 찬양하기 위해 만국의 국민을 자신의 땅으로 초대했다.[83] 그리하여 몇 달 후면 사람들이 몰려올 것이고, 그들은 무고한 사람이 두 번씩이나 유죄판결을 받았으며 진실이 모욕당하고 정의가 살해당했음을 알게 될 것이다. 우리를 경멸의 시선으로 바라보는 사람들은 우리 땅에서 흥청망청 시간을 보내면서 우리 포도주를 마시고 우리 여종업원들을 희롱할지도 모른다. 천박하게 놀아도 되는 저급한 주막에서처럼. 이런 일을 생각이나 할 수 있는가? 정말 이대로 우리의 만국박람회가 전 세계 사람들이 즐기는 경멸스러운 환락가로 전락하기를 바라는가? 아니, 절대로 그런 일이 있어서는 안 된다! 우리에게는 당장 이 끔찍한 비극의 제5막이 필요하다. 전 세계 사람들을 맞이하기 전에 치유되고 다시 태어난 프랑스에서 우리의 명예를 되찾아야만 한다.

제5막! 지금 내 머릿속은 제5막에 대한 생각으로 가득 차 있다. 언제나 그 생각으로 되돌아오며 제5막을 모색하고 구상한다. 전 세계를 뒤흔든 이 드레퓌스 사건이, 유일무이한 걸작을 남기고 싶어 한 어느 천재적인 극작가에 의해 연출된 거대한 한 편의 드라마라는 생각을 해 본 적이 없는지? 모든 이들의 마음을 동요하게 했던 기막힌 돌발 사건들은 새삼 다시 이야기하지 않겠다. 드라마의 새로운 막이 시작될 때마다 열정이 점점 커져 갔고, 추악함 또한 그 도를 더해 갔다. 이 살아 있는 작품 속에서 천재성을

---

82 1870년 7월 19일 프랑스가 선전포고를 함으로써 발발한 프로이센-프랑스 전쟁 중 스당(Sedan)에서 프로이센에게 포위되어 프랑스가 참패한 전투. 이 전투의 패배로 인해 나폴레옹 3세의 제2제정이 막을 내리게 되었다.
83 졸라는 1900년에 파리에서 열리기로 돼 있는 만국박람회에 관해 이야기하고 있다.

발휘한 것은 다름 아닌 '운명'이었다. 운명은 그가 일으킨 폭풍우 속에서 인물들을 움직이고 사건들의 향방을 결정지었다. 바로 그 운명이 자신의 걸작이 완성되기를 바라며 분명 우리를 위해 초인적인 제5막을 준비하고 있을 터이다. 프랑스가 예전의 영광을 되찾아 모든 나라들 앞에 우뚝 설 수 있게 해 줄 드라마의 제5막을. 그렇지 않다면 이 모든 것을 달리 어떻게 설명할 수 있겠는가. 최악의 범죄를 만들어 내고, 무고한 사람에게 두 번씩이나 유죄를 선고하게 만든 것은 모두 운명의 작품이었다. 비극적인 위대함과 지고한 아름다움, 피날레를 장식할 속죄 행위를 위해서는 먼저 범죄가 저질러져야만 했던 것이다. 그리고 사악함의 바닥이 드러난 지금, 나는 이 드라마의 대미를 장식해 줄 제5막을 기다리고 있다. 우리를 악몽에서 해방시켜 주고, 우리에게 새롭게 건강과 젊음을 되찾아 줄 극적인 제5막을.

이제 그동안 내가 두려워한 게 무엇이었는지 분명하게 밝히고자 한다. 예전에도 여러 차례 내비쳤던 것처럼, 내가 가장 두려워했던 것은 진실, 즉 결정적이고도 명백한 증거가 독일로부터 오지 않을까 하는 것이었다. 이제는 이 치명적인 위험에 대해 더 이상 침묵할 수가 없다. 너무 많은 사실들이 속속 밝혀지고 있는 마당에 독일이 벼락을 내리치듯 제5막을 몰고 올 최악의 경우를 꿋꿋하게 대비해야만 할 것이다.

이것이 나의 고백이다. 1898년 1월, 내 재판이 열리기 전에 나는 무슈 드 슈바르츠코펜[84]에게 상당수의 군사기밀 문서를 넘긴 '반역자'가 에스테라지라는 사실과, 이 문서들의 대부분이 그가 직접 작성한 것이었으며, 그 전부가 베를린의 국방부에 보관되어 있다는 것을 확실한 경로를 통해 알게 되었다. 애국자를 자처할 생각은 없지만, 내게 전해진 확실한 물증들은 나를 경악케 했다. 그리고 그때부터 선량한 프랑스 국민으로서의 내 고뇌는 커져만 갔다. 나는 어쩌면 내일 우리의 적이 될지도 모를 독일이 그들의 수중에 있는 증거들로 우리에게 모욕을 주지 않을까 하는 두려움을 안고 지내야 했다.

어떻게 이런 일이 있을 수 있는가! 1894년의 군사법원은 무고한 드레퓌스에게 유죄를 선고했고, 1898년의 군사법원은 범죄행위를 저지른 에스테라지에게 무죄를 선고했다. 그리고 우리의 적은 우리 군사법원이 저지른 두 번의 오판에 대한 증거를 확보하고 있다. 그런데도 프랑스는 그러한 과오를 고집하며 태연하게 나라를 위협하는 끔찍한 위험을 감수하고 있는 것이다! 사람들은 독일이 첩보 활동을 통해 확보한 문서들을 이용할 수 없을 거라고 말한다. 하지만 누가 알겠는가? 내일이라도 전쟁이 발발하면, 그들은 제일 먼저 그 문서들을 공개하여 우리 군부의 수장들이 저지른 역겨운 만행을 온 유럽에 알림으로써 우리 군대의 명예를

---

[84] 본래 이름은 '막시밀리안 폰 슈바르츠코펜(Maximilian von Schwartzkoppen)'이다. 졸라는 귀족 출신을 표시하는 '폰(von)'을 같은 의미인 프랑스어 '드(de)'로 바꾸어 사용하고 있다.

실추시킬 수도 있지 않겠는가? 그런 일이 용납될 수 있다고 생각하는가? 프랑스 국민으로서 나라의 불명예에 대한 증거물이 이 방인의 수중에 있는 걸 알면서 어떻게 한시라도 편히 쉴 수 있단 말인가? 나는 그런 생각만으로도 제대로 잠을 이룰 수가 없었다.

따라서 나는 라보리 변호사와 논의한 끝에 외국 대사관의 무관들을 증인으로 소환하기로 결심했다. 물론 그들을 법정에 출두시킬 수 있으리라고 기대한 것은 아니었다. 하지만 우리가 진실을 알고 있음을 정부에 분명히 알리고 싶었다. 그럼으로써 정부가 행동에 나서기를 바랐다. 하지만 정부는 아무것도 듣지 못한 것처럼 대수롭지 않게 넘기면서 독일인들의 손에 무기를 방치했다. 그리고 지금 이 지경에 이르러 렌에서 다시 재판이 열리게 된 것이다. 나는 프랑스에 다시 돌아오자마자 라보리에게로 달려갔다. 그리고 절망적인 심정으로 그에게, 내각에 이런 끔찍한 상황에 대해 알리고, 독일이 문제의 문서들을 우리에게 넘길 수 있도록 내각이 개입해 중재해 줄 것을 요청해 달라고 간청했다. 물론 그건 엄청나게 조심스럽게 접근해야 할 문제였다. 그리고 무엇보다 저 불행한 드레퓌스를 지옥에서 구해 내기 위해서는 모든 것을 양보할 각오가 돼 있어야 했다. 광분한 여론을 더 자극하게 될까 봐 두려웠기 때문이다. 게다가 군사법원이 드레퓌스에게 무죄를 선고한다면 문제의 문서들로부터 치명적인 병균을 제거하는 셈이 될 터였다. 그럼으로써 독일의 수중에 있는 무기를 망가뜨리는 것이나 다름없었다. 또한 드레퓌스에게 무죄를 선고하는 것은, 사법적 오판이 저질러졌음을 인정하고 그것을 바로잡는 것이었다. 그것은 곧, 나라의 명예도 함께 지킬 수 있는 길이었다.

그런데 베를린의 문서들이 공개되는 즉시 결백이 만천하에 밝혀질 무고한 사람에게 군사법원이 또다시 유죄를 선고함으로써 위험을 가중시키려 한다는 것을 예감하면서, 나는 다시 시작된 애국적 고뇌 속에서 말할 수 없이 고통스러운 시간을 보내야 했다. 그리하여 나는 라보리에게 문서들의 공개를 요구할 것을 청하고, 완전한 진실을 밝혀 줄 수 있는 유일한 사람인 무슈 드 슈바르츠코펜을 증인으로 소환할 것을 계속 주장하며 적극적으로 행동에 나섰다.[85] 전장에서 총탄에 맞은 영웅 라보리[86]가 그를 비난하는 이들이 제공한 기회를 이용하여 이방인을 증인으로 내세우고자 했던 날, 그가 분연히 일어나 단 한마디로 사건을 종결지

---

[85] 졸라는 독일 대사관의 무관이었던 슈바르츠코펜과 이탈리아 대사관의 무관이었던 파니차르디가 그들이 가지고 있는 문서들을 군사법원에 공개하여 그것들이 에스테라지에 의해 쓰인 것임을 밝힘으로써 그의 유죄를 입증해 주기를 기대했다. 하지만 라보리는 그런 방식이 결코 통하지 않을 거라고 생각했다. 이런 상황에서 정보국과 정치권이 자신들의 과오를 고백할 리가 없기 때문이다. 하지만 졸라는 루피나치라는 이탈리아 기자에게 편지를 보내 파니차르디에게 개입해 줄 것을 요청해 달라고 부탁했다. 루피나치(Lupinacci)는 졸라의 요청대로 했지만 아무런 답을 얻어 내지 못했다. 라보리는 내각의 총리인 발데크-루소에게 개입해 줄 것을 요청했고, 발데크-루소는 독일 대사에게 청을 했지만 허사였다. 독일의 대답은 한결같았다. "어떤 방식으로든 프랑스 내부 문제에 제국 정부가 개입하는 일은 결코 없을 것입니다." 폰 슈바르츠코펜 대령이 드레퓌스 사건과 관련해 남긴 《회고록(Carnets)》은 그의 사망(1917년) 후인 1930년에 출간되어 드레퓌스는 결백하며 에스테라지가 반역자라는 사실을 세상에 공개했다.
[86] 드레퓌스의 변호를 맡은 라보리는 1898년 8월 14일, 재심이 진행 중이던 렌의 법정 앞에서 그를 암살하려던 괴한에게 총격을 받았지만 생명에는 지장이 없었다.

을 수 있을 사람의 말을 들을 것을 요구한 날, 그는 자신의 모든 의무를 충실히 완수한 셈이다. 라보리 변호사는 그 무엇도 침묵하게 하지 못할 영웅적인 목소리이며, 그의 요구는 해당 재판을 뛰어넘어 언젠가는 재판을 재개시켜 유일하게 가능한 결론인 결백한 이의 무죄판결을 반드시 이끌어 내게 될 것이다. 이제 문서들의 공개 요청이 이루어진 바, 나는 그 청이 받아들여지지 않을 것이라는 세간의 부정적인 시각에는 동참하지 않을 것이다.

렌의 군사법원의 재판장은 자신의 자유재량권을 남용하여 문서들의 공개를 막으려고 함으로써 또다시 우리를 용납할 수 없는 커다란 위험에 처하게 했다. 세상에 이처럼 야만스러운 행위가 또 어디 있으며, 자발적으로 진실에 빗장을 거는 경우가 또 어디 있을까. "우리는 당신들이 명백한 증거를 제시하는 것을 원하지 않는다. 우리는 무조건 유죄판결을 내리려고 작정했기 때문이다." 그리고 세 번째 군사법원은 다른 두 군사법원을 좇아 맹목적인 과오를 저질렀다. 이제 만약 독일로부터 그 사실을 뒤집을 만한 반증이 제시된다면 그 부당한 세 번의 판결이 모두 무효가 되고 말 것이다. 이거야말로 미친 짓이 아니고 뭐겠는가? 우리로 하여금 반항심과 불안감으로 절규하게 만드는 게 아니겠는가?

관료들에게 배신당한 내각, 모호한 정신 상태를 지닌 큰 아이들이 성냥과 칼을 가지고 장난치는 것을 방치한 무능력한 내각, 통치하는 것은 곧 예견하는 것이라는 사실을 망각한 내각. 그 내각은 드레퓌스 사건의 제5막을, 프랑스인 모두를 전율하게 할 결말인 제5막을 독일이 주도하기를 원하지 않는다면 서둘러 행동에 나서야만 할 것이다. 제5막이 외국에서 연출되는 것을 막기 위해 가능한 한 빨리 제5막을 공연할 책임을 지닌 것은 바로 정부인 것이다. 정부는 문제의 문서들을 손에 넣을 수 있을 것이다. 외교는 그보다 더 어려운 문제들도 해결하지 않았던가. 정부에서 나서서 명세서에 열거된 문서들을 요구한다면 저들은 분명 그것들을 내어 줄 것이다. 그 문서들은 새로운 증거로서 파기원에 두 번째 재심을 요구할 명분이 될 것이다. 진실이 이미 밝혀진 바, 부디 이번에는 최고 상급법원이 지닌 전권으로 환송 없이 원심 판결을 파기해 주기를 바라는 바이다.

분명히 말하건대, 만약 정부가 또다시 물러선다면 진실과 정의의 수호자들은 필요한 행동에 나서게 될 것이다. 우리 중 어느 한 사람도 자신의 자리를 떠나지 않을 것이다. 증거, 반박할 수 없는 증거를 우리는 손에 넣고야 말 것이다.

11월 23일, 우리는 베르사유[87]로 향할 것이다. 내 재판이 다시 열리기로 결정되었기 때문이다. 만약 그때까지 정의가 바로잡히지 않는다면 우리는 또다시 정의의 구현을 위해 나설 것이다. 그

---

[87] 1899년 6월 9일, 졸라의 소송대리인 에밀 콜레는 베르사유 중죄재판소의 1898년 7월 18일자 판결에 대해 상고했다. 베르사유 검사실에서는 졸라에게 새로운 재판을 위해 1899년 11월 23일 법정에 출두할 것을 요구했다. 하지만 그 후에도 재판은 무기한으로 연기되었다.

명예가 높아져만 가는 나의 친애하는 용감한 라보리 변호사가 렌에서 하지 못했던 변론을 베르사유에서 하게 될 것이다. 아주 간단한 이야기이다, 끝난 것은 아직 아무것도 없다. 나는 결코 라보리를 침묵하게 하지 않을 것이다. 따라서 그는 내게 해가 되지 않을까 하는 염려는 접어 둔 채 진실만을 말하면 될 터이다. 나는 진실을 위해 내 자유와 목숨을 바칠 각오가 되어 있기 때문이다.

센의 중죄재판소[88] 법정에서 나는 드레퓌스의 결백을 주장했다. 이제는 나와 함께 그의 무고함을 외치는 전 세계 사람들 앞에서 또다시 맹세할 수 있다. 다시 말하건대, 진실이 전진하고 있고, 그 무엇도 그 발걸음을 멈추게 하지 못하리라. 렌에서 진실은 거대한 발걸음을 막 떼어 놓았다. 이제 내가 두려워하는 것은 오직 한 가지뿐이다. 우리가 서둘러 프랑스의 찬란한 태양 아래 진실이 다시 빛나도록 하지 않는다면, 진실은 복수의 여신 네메시스가 내리치는 벼락을 동반한 채 조국을 짓밟는 모습으로 우리 앞에 나타날지도 모를 일이다.

---

[88] 파리 시테 섬에 있는 '최고재판소(Palais de Justice)'를 가리킨다.

II
알프레드 드레퓌스 부인에게
보내는 편지

렌의 군사법원이 드레퓌스에게 또다시 유죄를 선고한 직후 졸라는 정부의 정책에 더 이상 어떤 기대도 갖고 있지 않았다. 하지만 그는 양심적인 이들과 무뢰한들을 똑같이 싸잡아 취급하는 위선적이고 부끄러운 사면법을 받아들일 수 없었으며, 무고한 이의 결정적인 복권을 위해 끝까지 싸울 것을 다짐했다. 그 시간이 몇 달이 될지 몇 년이 될지 기약할 수는 없다 할지라도.

사실 정부는 이미 1898년 11월부터 사면을 계획하고 있었으며, 11월 21일에는 하원의 의회에서 군대 모독죄를 제외한 모든 범죄 사실에 대한 사면법을 가결한 터였다. 졸라도 아마 정부가 드레퓌스 사건과 관련된 모든 사실에 대한 일반사면을 추진하는 법안을 준비 중이라는 사실을 알고 있었을 터였다.

그는 또한 렌의 판결 직후부터 드레퓌스의 사면이 임박했음을 알고 있었다. 1899년 9월 9일 판결 직후 드레퓌스는 재심 청구서에 서명을 했다. 하지만 그는 지칠 대로 지쳐 있었고, 가족들은 그가 더 이상 수감 생활을 버텨 낼 수 없을 것이라고 판단했다. 다른 한편으로 정치권은 군사법원이 무고한 사람에게 유죄를 선고했다는 확신과 군부를 또다시 자극할 것에 대한 두려움 사이에서 갈등하고 있었다. 게다가 만약 드레퓌스가 또다시 감옥으로 돌아가 그 안에서 죽게 된다면 국가적 순교자가 될지도 모른다는 두려움을 느끼고 있었다. 그러니 사면 말고는 달리 무슨 해결책이 있겠는가? 하지만 그러려면 드레퓌스의 재심 청구서 서명을 철회시켜야만 했다. 조레스와 클레망소는 그러한 조치는 드레퓌스 대위의 명예를 앗아 가는 것이라며 반대하고 나섰다. 드레퓌스 본인은 갈등했고, 그의 형 마티외는 그를 어렵사리 설득했다. 마침내 9월 19일 에밀 루베 대통령은 사법적 범죄가 저질러졌음을 인정하는 한마디 말도 없이 그의 사면장에 서명했다. 드레퓌스는 '자신의 완전한 복권을 이룸으로써 프랑스 국민 모두가 자신이 결백하다는 것을 알 때까지' 투쟁을 계속할 것을 선언하면서 사면을 받아들였음을 공개적으로 밝혔다. 그리고 바로 그 9월 19일, 드레퓌스의 결백을 확신하고 그의 재심을 위해 투쟁했던 쉐레르-케스트네르 상원의원이 세상을 떠났다.

이 모든 건 졸라가 이미 예상했던 시나리오의 시작에 불과했다. 그는 피카르, 라보리, 클레망소와 마찬가지로 드레퓌스의 사면이 메르시에 장군을 비롯한 그 일당들을 보호하기 위한 정치적 술책이라는 것을 잘 알고 있었다. "무엇보다 참을 수 없는 것은, 이 모든 게 최후의 불의를 저지르기 위해 저들이 작당하여 모의한 결과라는 사실입니다. 재판관들은 의도적으로 그리했습니다. 범죄자들을 보호하기 위해 또다시 아무 죄 없는 사람을 죄인으로 만든 것입니다. 겉으로는 자비를 베푸는 척 가증스러운 위선을 떨면서. '당신은 명예를 원하지만 우리는 당신에게 자유를 적선해 줄 수 있을 뿐이다. 당신에게 법적인 불명예를 안겨 줌으로써 당신을 괴롭힌 자들의 범죄를 상쇄하기 위해서이다.'" 그로서는 '정의로써 쟁취해야 마땅한 것을 동정으로 얻었다고 생각할 때마다 치밀어 오르는 분노를 참을 수가 없었다.' 하지만 다른 한편으로는 이미 지나치게 고통받은 드레퓌스 자신과 그의 가족들을 생각하지 않을 수 없었다. 졸라는 드레퓌스가 5년 만에 다시 만난 그의 가족들과 시간을 보낼 수 있도록 10여 일을 기다린 끝에 9월 22일 〈로로르〉지에 뤼시 드레퓌스에게 보내는 공개편지 형식의 기고문을 발표했다.

이 글에서 졸라는 뒤에 나오는 '공화국 대통령, 무슈 루베에게 보내는 편지'에서도 밝혔듯이[89] 자신이 어떤 정치적 이념이나 의도, 정당과는 무관하게 오직 억울하게 고통받는 한 사람을 돕고

---

[89] "절대적 정의는 정녕 정당의 이해가 시작되는 곳에서 끝나고 마는 것인가요? 아! 혼자라는 게 얼마나 다행한 일인지 모르겠습니다! 그 어떤 당파에도 속하지 않고 자신의 양심만을 따를 수 있다는 게 얼마나 고마운 일인지요!"

자 했음을 거듭 강조했다.

"나는 오직 내 마음이 시키는 대로 했을 뿐입니다. 비탄에 빠진 한 사람을 돕고자 했던 것입니다. 그가 유대인이건 가톨릭이건 이슬람교도이건 그런 건 중요하지 않았습니다. …(중략)… 순수한 작가인 나는 그저 한 인간에 대한 연민으로 일상적인 작업을 중단하면서 이 일에 뛰어들었던 것입니다. 나는 어떤 정치적 의도도 없었고, 어떤 정당을 위해 일하지도 않았습니다. 이 캠페인을 시작할 무렵 나는 인간애라는 정당을 위해 일했을 뿐입니다."

또한 억울하게 박해받은 이에게 합당한 경의를 표하는 것을 거부한 공화국을 대신해 드레퓌스를 역사상 그 전례를 찾아볼 수 없는 정의와 형제애와 연대 의식을 고취시킨 '순교자'로 묘사했다.

"그 결백한 이는 전 세계 모든 나라에서 인간적 연대의 상징이 되었습니다. 그리스도의 종교가 자리를 잡고 몇몇 나라를 정복하는 데 4세기가 걸린 반면, 두 번씩 유죄판결을 받은 결백한 이의 종교는 단번에 전 세계를 한 바퀴 돌면서 모든 문명국가들을 거대한 인류애로 한데 뭉치게 했습니다."

졸라는 머지않아 파리에서 개최될 만국박람회에서 프랑스가 1세기 동안 이룩한 다양한 업적과 더불어 외국인들 앞에 '그들의 정의도 전시할 수 있을지'를 묻고 있다. 그리고 드레퓌스의 복권은 곧 정의가 실종되고 명예가 실추된 프랑스를 복권시키는 길임을 강조하고 있다.

드레퓌스가 사면되고, 대사(大赦)가 진행 중인 지금 위정자들은 2년 전에 멜린이 말한 것처럼 "드레퓌스 사건은 존재하지 않습니다. 지금도 그렇고 앞으로도 그럴 것입니다."라고 믿었을지도 모른다. 하지만 졸라의 '제5막'과 '알프레드 드레퓌스 부인에게 보내는 편지'는 여전히 사건을 열려 있게 만들었다. 진정한 '제5막'을 맞이하기 위해서는, 졸라가 조제프 레나크에게 말한 대로 "이 세기가 막을 내리기 전에 하루속히 완전한 승리를 거두어야만" 할 터였다. 졸라는 알프레드 드레퓌스와 마찬가지로 결코 타협하거나 포기하지 않았다. 하지만 그가 그토록 염원하던 승리는 더딘 걸음으로 다가왔고, 졸라는 그 승리의 기쁨을 음미하지 못한 채 세상이라는 무대를 떠나야만 했다.

LETTRE À MME ALFRED DREYFUS

알프레드 드레퓌스 부인에게 보내는 편지

이 글은 1899년 9월 22일자 〈로로르〉지에 실린 것이다.

이 글은 9월 19일, 루베 대통령이 알프레드 드레퓌스의 사면장에 서명을 하고, 아무 죄 없이 두 번씩이나 유죄판결을 받은 드레퓌스가 가족의 품으로 되돌아갔을 때 쓴 것이다. 나는 베르사유의 중죄재판소에서 내 재판이 다시 열리기 전까지는 침묵을 지키려고 마음먹었었다. 그때에야 비로소 제대로 말할 수 있을 것이라고 생각했기 때문이다. 하지만 내가 더 이상 침묵할 수 없는 상황이 발생하여 이 글을 쓰지 않을 수 없었다.

부인,
　우리는 당신에게 죄 없는 자, 순교자를 돌려보냅니다. 아내와 아들과 딸에게 남편과 아버지를 돌려보냅니다. 지금 내 머릿속에 제일 먼저 떠오르는 것은, 기나긴 고통 끝에 마침내 함께 모일 수 있게 된 행복한 가족의 모습입니다. 한 시민으로서 애도의 심정이 어떠하든 간에, 정의로운 영혼들을 여전히 고뇌하게 만드는 분노와 고통 그리고 반항심에도 불구하고,[90] 기쁨의 눈물에 흠뻑 젖은 이 달콤한 순간을, 죽음에서 소생하듯 무덤에서 자유로운 몸으로 되돌아온 그를 당신 품 안에 안는 이 순간을 나 또한 당신과 함께 음미하고자 합니다. 어쨌거나 오늘은 위대한 승리와 축제의 날임이 분명하니까요.

등잔불 아래 가족끼리 오붓하게 지낼 첫 번째 밤을 상상해 봅니다. 문들은 모두 닫혀 있고, 거리의 온갖 추잡한 소음은 문간에서 잦아들었습니다. 두 자녀가 아버지를 반갑게 맞이합니다. 먼 여행에서, 아주 멀고 힘겨운 여행에서 막 돌아온 아버지를. 아이들은 아버지의 뺨에 입 맞추고 그가 나중에 들려줄 이야기를 기다리고 있습니다. 이 얼마나 따뜻하고 평화로운 순간인지요. 그간의 고통을 보상해 줄 미래에 대한 기대가 샘솟는 듯합니다. 그 사이 어머니는 조용히 분주하게 오가고 있습니다. 오랫동안 놀라운 용기를 보여 주었던 어머니에게는 박해받고 고통당한 후 막 집에 돌아온 가엾은 남편을 정성과 애정으로 치유해야 하는

---

[90] 드레퓌스의 사면은 곧 그가 유죄임을 인정하는 것이다. 졸라를 비롯한 드레퓌스파(재심파)가 바란 것은 그의 무죄판결과 완전한 복권이었다.

영웅적 의무가 아직 남아 있습니다. 부드러운 온기가 문 닫힌 집 안을 나른함 속에 빠뜨리고, 온 가족이 모여 미소 짓는 소박한 방에는 곳곳에서 보내는 수많은 이들의 선의가 넘쳐흐를 것입니다. 그리고 우리는 그 사실에 위안을 받으며 어둠 속에서 조용히 침묵하고 있습니다. 우리는 바로 이런 순간이 오기만을 바랐던 것입니다. 이와 같은 행복한 순간을 위해 그토록 오랫동안 투쟁해 온 것입니다.

솔직히 고백하자면, 나는 처음에는 인간적인 연민과 사랑 그리고 연대 의식에서 행동에 나서게 되었습니다. 아무런 죄가 없는 한 사람이 너무나도 끔찍한 형벌에 처해진 채 고통받고 있었고, 내 눈에는 오직 그것밖에 보이지 않았습니다. 그래서 그를 고통에서 벗어나게 해야겠다는 생각으로 캠페인을 벌이기 시작한 것입니다. 그의 무고함을 확신하게 된 이후로 내 안에는 끔찍한 강박관념이 생겨났습니다. 불행한 이가 억울하게 고통받고 있다는 사실과, 잔인한 운명의 파도에 휩쓸린 그가 아무런 이유도 모르는 채 사방이 둘러싸인 독방 감옥에서 죽어 가고 있다는 생각이 한시도 나를 떠나지 않았던 것입니다. 그의 머릿속에서는 얼마나 거센 폭풍우가 몰아쳤을 것이며, 매일 새벽 동이 틀 때마다 끈질기게 다시 찾아오는 기다림은 또 얼마나 고통스러웠을까요! 나 또한 더 이상 정상적인 삶을 사는 게 불가능해졌습니다. 내가 보여 준 용기는 그를 향한 연민으로부터 비롯된 것이며, 내가 원하는 단 한 가지는 그의 고통을 끝내는 것이었습니다. 그를 짓누르니다. 온 세상 사람들이 느끼는 벅찬 감동과 그들이 보내는 따뜻한 애정에 둘러싸인 채 등잔불 아래 온 가족이 오붓하게 함께 보낼 첫 번째 밤을 떠올리며 이 세상 모든 아내와 어머니가 촉촉이 눈시울을 적시게 될 것입니다.

물론 이번 사면이 우리에게 씁쓸함을 안겨 주었다는 것은 부인도 잘 아실 것입니다. 어떻게 그토록 잔인한 육체적 고통을 가한 후에 또다시 이러한 정신적 고통을 안겨 줄 수가 있단 말입니까? 정의로써 쟁취해야 마땅한 것을 동정으로 얻었다고 생각할 때마다 치밀어 오르는 분노를 참을 수가 없습니다!

무엇보다 참을 수 없는 것은, 이 모든 게 최후의 불의를 저지르기 위해 저들이 작당하여 모의한 결과라는 사실입니다. 재판관들은 의도적으로 그리했습니다. 범죄자들을 보호하기 위해 또다시 아무 죄 없는 사람을 죄인으로 만든 것입니다. 겉으로는 자비를 베푸는 척 가증스러운 위선을 떨면서. '당신은 명예를 원하지만 우리는 당신에게 자유를 적선해 줄 수 있을 뿐이다. 당신에게 법적인 불명예를 안겨 줌으로써 당신을 괴롭힌 자들의 범죄를 상쇄하기 위해서이다.' 지금까지 저질러진 수많은 죄악들 중에서 이보다 더 인간의 존엄성을 짓밟는 인권 침해는 없을 것입니다. 이것은 더 이상 묵과할 수 없는 범죄행위입니다. 신성한 연민을 가장하고, 그 연민을 거짓의 수단으로 삼다니요! 계급장과 화려한 군모로 치장한 살인자들이 백주에 당당히 거리를 활보하게 하기 위해 무고한 사람을 모욕하는 일이 어떻게 있을 수 있단 말입니까!

더구나 법을 집행함에 있어서 공정해야 할 대국의 정부가 치명적인 약점 때문에 자비로움을 베푸는 것으로 만족하다니요! 사악한 무리의 오만한 태도 앞에서 몸을 떨고, 불의로써 사태를 진정시킬 수 있다고 믿으며 거짓되고 악의적인 화해를 꿈꾸는 것은 자발적인 무분별함의 극치를 보여 주는 것입니다. 정부는 수치스러운 렌의 판결 다음 날 곧바로 사건을 파기원으로 넘겼어야 하는 게 아닐까요? 그러한 판결은 나라의 최고 사법기관인 파기원을 너무나 노골적으로 우롱한 것입니다. 이제 전 세계가 지켜보는 가운데 우리의 명예를 회복하고 프랑스를 법치국가로 다시 설 수 있게 해 줄 정부의 적극적 대처만이 이 나라를 구할 수 있을 것입니다. 오직 정의 속에서만 결정적인 평화를 이룰 수 있습니다. 온갖 비겁한 행위들은 또다시 새로운 분란을 조장할 뿐입니다. 지금 우리에게 필요한 것은, 방향을 잃고 거짓에 열광하는 나라를 올바른 길로 이끌기 위해 끝까지 그 의무를 다하고자 하는 용감한 정부입니다.

하지만 불행하게도 우리는 정부가 자비로운 모습을 보여 준 것을 축하해야 할 지경까지 이르렀습니다. 감히 자비로운 정부이기를 자청하다니요, 오 맙소사! 선사시대의 숲 속에서 뛰쳐나와 우리 주위를 어슬렁거리는 야수들의 이빨에 정부 스스로가 자신을 내맡기다니, 이거야말로 미쳤다고밖에 볼 수 없는 대담함과 기막힌 용맹함의 본보기가 아니겠습니까! 사실 강할 수 없을 때는 자비를 베푸는 것만 해도 칭송받을 일이기는 하지요. 나라의 명예를 바로잡기 위해서도 즉시 이루어졌어야 할 복권으로 말하자면, 부인의 남편은 때가 오기를 당당하게 기다려도 된다는 것을 말씀드립니다. 온 세상 사람들의 눈에는 그보다 더 결백한 사람은 있을 수 없기 때문입니다.

친애하는 부인, 이제 당신의 남편에 대한 우리의 감탄과 존경과 숭배를 얘기해야 할 것 같습니다. 그는 아무런 이유도 없이 인간의 어리석음과 악함의 희생양이 되어 엄청난 고초를 겪어야 했습니다. 이제 우리는 무한한 애정으로 그의 상처 하나하나를 어루만져 주고자 합니다. 그의 상처가 완전히 치유될 수 없다는 것도, 우리 사회가 그토록 잔혹하고 집요하게 괴롭힘을 당한 순교자에게 진 빚을 결코 갚지 못하리라는 것도 잘 알고 있습니다. 그래서 우리는 우리의 마음속에 그를 위한 제단을 세우고자 합니다. 애정 어린 형제애에서 우러나온 숭배만이 우리가 그에게 줄 수 있는 가장 순수하고 소중한 것이기 때문입니다. 그는 이제 한 사람의 영웅으로 거듭났습니다. 그 누구보다 많이 고통받음으로써 그 어떤 영웅보다 더 위대한 영웅이 된 것입니다. 부당한 고통은 그를 신성한 존재로 만들었고, 그는 이제 정화되고 엄숙한 모습으로 미래의 신전, 뭇사람들의 마음을 움직이는 신들이 선의의 꽃을 사시사철 피어나게 하는 신전으로 들어갔습니다. 그가 당신에게 보낸 불후의 편지들은 박해받은 결백한 영혼이 외칠 수 있는 가장 아름다운 절규로 남게 될 것입니다. 그리고 지금까지 그 어떤 사람도 이보다 더 비극적인 운명에 휘말린 적이 없었다면, 오늘날 그보다 더 사람들의 존중과 사랑을 받는 인물도 없을 것입니다.

그런데 저 사악한 무리는 그를 더욱더 위대한 존재로 만들기로 작정이나 한 듯 그에게 렌의 재판이라는 최악의 고문을 가했습니다. 십자가에서 막 풀려나 지칠 대로 지친 순교자는 정신력으로 간신히 버티고 있었습니다. 그런 그 앞에서 저들은 야만스럽고도 비열하게 보란 듯이 행진을 했습니다. 그에게 침을 뱉고, 그를 칼로 찌르고, 그의 상처에 담즙과 식초를 퍼부으면서. 하지만 그는 마치 금욕주의 철학자처럼 후세에 귀감이 될 놀라운 태도를 보여 주었습니다. 그는 고귀한 용기와 진실에의 차분하고 확고한 믿음으로 단 한마디 불평도 하지 않았습니다. 그 모습이 너무나 아름답고 감동적이어서 한 달간 어처구니없는 심리를 거친 후에 내려진 부당한 판결은 전 세계 사람들의 분노를 불러일으켰습니다. 매 공판마다 그의 결백이 점점 더 확실한 사실로 드러났기 때문입니다. 운명은 완성되었고, 죄 없는 이는 신이 되어 온 세상에 결코 잊히지 않을 사례를 남기게 된 것입니다.

부인, 우리는 이제 정점에 이르렀습니다. 이보다 더 큰 영광과 고귀한 찬미는 없을 것입니다. 법적인 복권, 법률상으로 무고함을 증명하는 것, 이제 와서 그런 게 무슨 필요가 있느냐고 자문할 정도입니다. 이제 이 세상의 양식 있는 사람들 중에서 그의 결백을 믿지 않는 사람은 아무도 없을 것이기 때문입니다. 그리고 그 결백한 이는 전 세계 모든 나라에서 인간적 연대의 상징이 되었습니다. 그리스도의 종교가 자리를 잡고 몇몇 나라를 정복하는 데 4세기가 걸린 반면, 두 번씩 유죄판결을 받은 결백한 이의 종교는 단번에 전 세계를 한 바퀴 돌면서 모든 문명국가들을 거대한 인류애로 한데 뭉치게 했습니다. 나는 역사적으로 이처럼 전 세계적인 형제애를 보여 주는 유사한 운동이 있었는지 찾아보았지만 허사였습니다. 두 번씩 유죄판결을 받은 결백한 이는 전 세계 사람들의 형제애와 연대의식 그리고 정의를 위해 백 년간의 철학 토론과 인도주의적 이론보다 훨씬 더 위대한 일을 해냈습니다. 유사 이래 처음으로 전 인류는 마치 하나의 민족, 시인들이 꿈꾸던 우호적인 단일민족이 된 것처럼 한 목소리로 자유를 외치고, 공정함과 관대함을 위해 분연히 들고일어났던 것입니다.

고통에 의해 선택받은 사람, 전 세계를 하나로 뭉치게 한 사람, 그에게 무한한 영광과 존경이 함께하기를!

부인, 이제 그는 당신의 경건한 손으로 덮혀진 가족의 포근한 은신처에서 조용하고 편안하게 잠들 수 있습니다. 이제 그를 예찬하는 일은 우리의 몫이 될 것입니다. 우리 문인들이 그를 영예롭게 할 것이며, 우리 시대의 그 누구도 그토록 감동적인 기록을 남기지 못할 만큼 그를 찬미할 것입니다. 이미 그를 기리는 많은 책들이 쓰였으며, 그의 결백을 입증하고 그의 순교를 찬양하는 서가가 계속 늘어나고 있습니다. 반면에, 사악한 무리편에서는 책이든 팸플릿이든 사건에 관한 기록을 거의 찾아볼 수가 없습니다. 진실과 정의를 사랑하는 사람들은 계속 역사에 기여할 것이며, 언젠가 결정적으로 사건의 모든 것이 명확하게 밝혀질 수 있도록 수많은 조사 기록들을 계속 발표할 것입니다. 이제 결정적인 심판의 날이 머지않았으며, 그때가 오면 승리의 나팔이 울리는 가운데 완전한 무죄판결과 그에 대한 보상이 이루어질 것입니다. 우리 후대는 무릎을 꿇고 고통받은 영예로운 이를 기리며 그들의 선조가 저지른 죄악에 대한 용서를 구하게 될 것입니다.

그리고 우리 문인들은 죄인들을 영원한 공시대에 못 박을 것입니다. 우리는 그들을 단죄할 것이며, 후세는 그들을 경멸하고 그들에게 야유를 보낼 것입니다. 우리에 의해 파렴치한 범죄자로 낙인찍힌 사람들에게는 누대에 걸쳐 비열한 낙오자라는 오명이 따라다니게 될 것입니다. 내재적 정의[91]는 그러한 벌을 자신의 몫으로 남겨 둔 채, 문인들에게는 너무나 커다란 사회적 악행과 범죄를 저질러 통상적인 법정에서조차 처벌할 수 없는 자들로 하여금 대대손손 사람들의 손가락질을 받게 하는 임무를 부과했습니다. 물론, 저 비천한 영혼들, 순간의 향락만을 즐기는 저들에게는 그런 벌들이 자신들과는 아무 상관 없이 아득히 멀리 있는 것쯤

---

[91] '내재적 정의'란 인과응보와 같은 개념으로, 법을 어기면 반드시 벌을 받게 되어 있음을 의미한다.

으로 여겨지겠지요. 그들은 당장의 오만한 삶에 충분히 만족할 테니까요. 군홧발로 승리하는 것 또한 그들의 야만스러운 탐욕을 충족시키는 무지한 성공일 것입니다. 하긴 먼 훗날 이미 죽고 난 후에 치욕 좀 당하는 게 무슨 대수겠습니까. 죽은 자가 수치를 느낄 수는 없을 테니까요! 우리가 목격한 부끄러운 광경은 바로 이처럼 비천한 영혼에서 비롯된 것입니다. 뻔뻔한 거짓말들, 명백한 속임수들, 어이없는 파렴치한 행위들. 이 모든 건 고작 한두 시간밖에 지속되지 못하면서 범죄자들의 파멸을 앞당기고 만 것입니다. 그들은 후손도 없는 걸까요? 훗날 자신들의 자녀와 손자손녀가 세상 사람들 앞에서 부끄러워 고개도 들지 못할 것이라는 염려는 하지 않는 걸까요?

아! 불쌍한 광인들이여! 그들은 우리로 하여금 그들의 이름을 못 박고자 하는 공시대를 세우게 한 것이 바로 그들 자신이라는 사실조차 깨닫지 못하는 듯합니다. 어쩌면 특수한 환경과 직업 정신이 그들의 머리를 변형시켜 머리가 둔해진 것인지도 모르겠습니다. 군대의 명예를 구하기 위해 아무 죄 없는 사람에게 두 번씩이나 유죄판결을 내린 렌의 재판관들을 보십시오. 이보다 더 어리석은 일이 또 있을까요? 군대라고요, 정말 한심하기 짝이 없습니다! 이 사악한 굿판에서 군대의 평판을 더 나쁘게 해 놓고 군대의 명예를 지켰다고 생각하다니요. 언제나 그랬듯이 저들은 앞날을 예견하지 못한 채 눈앞의 천박한 목표만을 좇고 있습니다. 군사법원의 진정한 자살을 초래하고, 이제 한 배를 탄 군 수뇌부들에 대한 의심을 불러일으키면서까지 범죄를 저지른 몇몇 우두머리들을 구하려고 하다니. 그럼으로써 군대의 불명예를 초래하고 더 큰 혼란과 분노를 야기하는 일의 하수인 노릇을 한 것은 그들이 저지른 또 하나의 범죄행위라고 볼 수 있습니다. 오죽했으면 서둘러 잘못을 바로잡으려는 목적으로 정부가 나서서 아무 죄 없는 사람을 사면하는 코미디까지 해야만 했겠습니까. 다소나마 정국을 안정시키려면 군사법원에서 내린 판결을 부인할 수밖에 없다고 생각한 것이겠지요.

하지만 부인, 이 모든 것을 잊어버려야만 합니다. 무엇보다 이 모든 것을 무시할 수 있어야 합니다. 비열한 짓거리들과 모욕들을 무시하는 것은 삶을 살아가는 데 커다란 힘이 될 수 있기 때문입니다. 나 또한 지금까지 그렇게 대처해 왔습니다. 벌써 40년간 글을 써 오는 동안, 작품을 하나씩 발표할 때마다 받은 욕설과 모욕 들을 무시함으로써 지금까지 버틸 수 있었던 것입니다. 그리고 우리가 진실과 정의를 위해 싸웠던 지난 2년간 더러운 물결이 우리 주위를 점점 더 압박해 오면서, 우리는 그 어느 때보다도 강하고 모욕에도 결코 굴하지 않는 모습으로 변모할 수 있었습니다. 내 얘기를 하자면, 나는 몇몇 추잡한 신문들과 비열한 인간들을 내 삶에서 깨끗이 지워 버렸습니다. 그들은 내게는 더 이상 존재하지 않는 사람들입니다. 심지어 글을 읽다가 그들의 이름이 눈에 띄면 인용된 그들의 글마저 건너뛰고 읽지 않을 정도입니다. 그러는 게 정신 건강에 좋기 때문입니다. 나는 그들이 활동을 계속하는지 어떤지도 모릅니다. 시궁창이 그들을 완전히 쓸어 가기를 기다리는 동안 그들에 대한 경멸이 내 머릿속에서 그들을 완전히 쫓아 버렸기 때문입니다.

결백한 그에게 내가 충고하고 싶은 것은 바로 그런 것입니다. 수많은 끔찍한 욕설들을 무시하며 머릿속에서 깨끗이 지워 버리기를 바랍니다. 그는 지극히 높은 곳에 있는 지고한 존재이므로 더 이상 그런 것들에 휘둘려서는 안 됩니다. 이제 밝은 태양 아래 당신의 품 안에서 그가 소생할 수 있기를 바랍니다. 군중의 소란스러움을 멀리한 채, 그를 향해 부르는 전 세계 사람들의 애정 어린 합창에 귀 기울이기를 바랍니다! 긴 휴식이 필요한 순교자에게 평화가 깃들기를! 당신이 사랑과 보살핌으로 그를 치유해 줄 보금자리에 만물의 은총이 함께하기를!

하지만 부인, 우리는 투쟁을 계속 이어 갈 것입니다. 정의의 구현을 위해, 지금까지 그랬던 것처럼 앞으로도 계속 싸워 나갈 것입니다. 우리는 죄 없는 이를 반드시 복권시킬 것입니다. 이미 크나큰 영광을 누리고 있는 그를 위해서라기보다는 도를 넘어선 불의로 인해 확실하게 죽어 가고 있는 조국 프랑스의 복권을 위해서.

재판부가 불명예스러운 판결을 파기하는 날, 전 세계 국가들이 지켜보는 가운데 프랑스를 복권시키는 것, 그것이 매 순간 우리가 노력하는 이유입니다. 정의가 없는 위대한 나라는 존재할 수 없습니다. 나라의 최고 사법기관에 가해진 모욕과 국민 모두에게 해를 미치게 될 공정함의 거부와 같은 오점을 씻어 내지 못한다면 프랑스는 계속 상중(喪中)에 있게 될 것입니다. 더 이상 법으로 보호받지 못하는 사회에서는 사회적 유대가 해체되고 모든 것이 무너져 내리게 될 것입니다. 게다가 이러한 공정함의 거부가 너무도 당당한 오만함과 뻔뻔한 허세와 함께 행해진 까닭에, 우리는 이웃나라들 앞에서 얼굴을 붉히지 않기 위해 침묵하거나 시체를 몰래 파묻을 수조차 없었습니다. 이미 전 세계가 모두 보았고 모두 들었습니다. 따라서 복권 역시 과오가 저질러졌을 때처럼 전 세계가 지켜보는 가운데 떠들썩하게 이루어져야 마땅할 것입니다.

명예가 실추된 프랑스, 고립되고 지탄받는 프랑스를 원하는 것은 죄가 되는 꿈입니다. 이제 머지않아 외국인들이 우리의 만국박람회를 보러 몰려올 것입니다. 나는 내년 여름에 번쩍거리는 조명과 요란한 음악이 울려 퍼지는 가운데 장터 축제를 보러 오듯 각국의 사람들이 파리로 몰려들 것임을 확신합니다. 하지만 그것만으로 우리가 자부심을 느낄 수 있을까요? 세계 곳곳에서 모여들 방문객들의 돈만큼이나 우리에 대한 그들의 존중심 또한 중히 여겨야 하는 게 아닐까요? 우리는 그곳에서 우리의 산업과 과학 그리고 예술을 축하하고, 1세기 동안 우리가 이룩한 업적을 전시할 것입니다. 그런데 과연 사람들 앞에 우리의 정의도 전시할 수 있을까요? 나는 외국에 의해 희화화되어 샹드마르스(Champ-de-Mars)[92]에 전시된 악마도의 모형이 아직도 눈에 어른

거리면서 수치스러움으로 얼굴이 화끈거려 옵니다. 프랑스가 정의로운 나라의 지위를 되찾기도 전에 만국박람회를 개최하는 게 나로서는 이해가 되지 않습니다. 먼저 죄 없는 사람의 복권이 이루어져야 합니다. 그래야 비로소 그와 함께 프랑스가 복권될 수 있을 것입니다.

친애하는 부인, 이 편지를 끝맺기 전에 다시 한 번 더 말씀드리고자 합니다. 당신은 이제 사랑하는 남편에게 자유를 되찾아 주었으며, 앞으로 그에게 명예를 되돌려 줄 선한 시민들을 믿어도 될 것입니다. 그들 중 단 한 사람도 전장을 이탈하지 않을 것이며, 그들 모두는 정의를 위해 싸우는 것이 곧 나라를 위해 싸우는 것임을 잘 알고 있습니다. 무고한 이의 놀라운 형[93]은 그들에게 또다시 용기와 지혜의 모범을 보여 줄 것입니다. 우리는 당신에게 사랑하는 남편을 되돌려 주면서 그로 하여금 단번에 모든 혐의를 벗고 진정한 자유의 몸이 되게 하지 못한 것을 유감스럽게 생각합니다. 이제 우리가 부인에게 바라는 것은 조금만 더 인내를 가지고 기다려 달라는 것뿐입니다. 우리는 부인의 자녀들이 법적으로 모든 오명에서 벗어나 티 하나 없이 순수한 이름으로 자라나게 할 것입니다.

[92] 파리 육군사관학교와 에펠탑 사이에 있는 잔디 광장으로 과거에 연병장으로 쓰였던 곳이다. 이곳에서 1867, 1878, 1889, 1900, 1937년에 파리 만국박람회가 열렸다.
[93] 알프레드 드레퓌스의 형 마티외 드레퓌스는 동생이 유죄판결을 받자마자 자신의 전 재산과 시간을 모두 바치며 마지막까지 그의 구명을 위해 동분서주했다.

당신의 소중한 아이들, 나는 오늘 어쩔 수 없이 자꾸만 그들을 떠올리게 됩니다. 아버지의 품에 안겨 있을 아이들의 모습을 머릿속에 그려 봅니다. 나는 당신이 얼마나 조심스럽고 섬세한 배려로 아이들에게 이 모든 사실을 철저하게 숨겨 왔는지 잘 알고 있습니다. 아이들은 아버지가 여행을 떠났다고 믿고 있었지요. 그러다 점차 무언가 이상하다는 것을 느끼면서 요구가 많아지고 질문이 늘어 갔을 겁니다. 아버지가 그토록 오랫동안 집을 비우는 것에 대한 설명을 요구하면서 말입니다. 하지만 아직 몇몇 사람들만이 그의 결백의 증거를 확보하고 있고, 순교자는 여전히 저 음침한 무덤 속에서 고통받고 있는데 아이들에게 무슨 말을 할 수 있었겠습니까? 부인의 마음은 천 갈래 만 갈래 찢겨 나가는 것처럼 고통스러웠을 것입니다. 하지만 최근 몇 주간 그의 결백이 저 빛나는 태양처럼 만천하에 밝혀졌을 때, 나는 부인이 두 아이를 양손에 잡고 렌의 감옥으로 가기를 바랐습니다. 아이들이 위대한 영웅이 되어 다시 만난 아버지에 대한 기억을 영원히 간직할 수 있도록. 그러면 당신은 아이들에게 그가 얼마나 부당하게 고통받았으며, 그가 얼마나 정신적으로 위대한 사람인지 이야기해 줄 수 있을 것입니다. 또한 그가 인간의 사악함에 대한 기억을 지워 버릴 수 있도록 아이들이 아버지를 지극히 사랑해야 한다는 것도 이야기하겠지요. 그리하면 아이들의 작은 가슴에는 씩씩하고 굳건한 정신이 깊이 뿌리내리게 될 것입니다.

게다가 아직 늦지 않았습니다. 어느 날 저녁, 등잔불 아래 식구들이 오순도순 평화로운 시간을 보내게 될 때, 아버지는 두 아이를 자신의 무릎 위에 앉히고 그간 있었던 비극적인 사건의 모든 것을 들려줄 것입니다. 아이들이 아버지를 존중하고 사랑하기 위해서는 모든 진실을 알아야만 하지 않겠습니까. 그는 존중과 사랑을 한 몸에 받을 자격이 충분히 있는 사람이니까요. 그의 이야기를 듣고 나면 아이들은 자신들의 아버지가 이 세상 그 누구보다도 칭송받은 영웅이자 고통받은 순교자로서 세상 사람들의 마음을 깊이 흔들어 놓았던 사람이라는 것을 알게 될 것입니다. 그리고 아버지를 몹시 자랑스러워하며 그의 아들딸인 것을 영광스럽게 생각할 것입니다. 아이들은 인간의 추악함과 비겁함이 만들어 낸 잔인한 운명에 맞서 싸우면서 끝끝내 순수함과 숭고함을 지켜 낸 용감하고 의연한 사람으로 아버지를 기억할 것입니다. 언젠가 세상 사람들의 손가락질을 받으며 얼굴을 붉힐 자들은, 아무 죄 없는 이의 아들과 딸이 아니라 그에게 고통을 가한 사악한 무리의 자손들인 것입니다.

깊은 경의를 표하며 이만 인사드립니다. 안녕히 계십시오, 부인.

12
상원에
보내는 편지

1898년 11월, 발데크-루소 정부가 부분적인 사면안에 대한 수정안을 상원에 제출함으로써 사실상 일반사면안을 제안한 직후 졸라는 〈로로르〉지에 상원에 보내는 공개편지를 발표함으로써 사면안에 대한 반대 의사를 공개적으로 표명하기로 마음먹었다.

1900년 3월 1일, 상원이 사면안의 수정안에 대한 심의를 거부하자 정부는 드레퓌스 사건과 관련하여 국가반역죄를 제외한 모든 범죄 사실(기소 여부와 상관없이)에 대한 사면을 단행하는 사면법에 관한 법안을 상원에 제출했다. 이에 졸라는 3월 9일, 상원의 위원회 의장에게 사면법에 반대하는 항의 서한을 보내면서 위원회에서 발언할 수 있는 기회를 줄 것을 요청했다. 그리고 3월 14일 열린 위원회에서 자신의 주장을 펼쳤지만 위원회의 입장은 확고했다. 의장만 제외하고는 모두가 사면법을 투표에 붙이는 것을 찬성했다. 3월 8일, 알프레드 드레퓌스는 상원에 항의 서한을 보내 사면법은 메르시에 장군[94]에게만 유리하게 작용하는 것임을 강조하며 자신에게서 진실과 정의를 실현할 수 있는 권리를 앗아 가지 말 것을 간청했다. 하지만 그의 노력도 졸라의 노력도 모두 아무 소용이 없었다. 공화국 방위 내각은 하루속히 드레퓌스 사건을 떨쳐 내고 군부를 진정시키는 것 외에 다른 것은 생각하지 않았다.

하지만 졸라는 물러서지 않은 채 그가 계획했던 '상원에 보내는 편지'를 쓰기로 했다. 5월 25일, 법무장관이 상원에 사면법 법안을 제출했고, 졸라는 바로 그날부터 기고문을 써 내려가기 시작했다. 그리고 의회가 열리기 이틀 전인 5월 29일 〈로로르〉지에 편지를 발표했다.

졸라는 정부가 추진하는 사면법은 '어떤 내각도 감히 기소할 용기를 내지 못했던 높은 지위의 범죄자들에게 처벌을 면하게 해주기 위해', '합의된 불의와 비겁함에서 비롯된 조치를 애국적인 관대함으로 포장하는 조잡한 코미디'의 결과물이라고 맹렬하게 비난했다. 또한 이에 동조하는 상원의원들은 '재판부가 존재하지 않는다고 말할 것'을 강요받으면서 '스스로 정의의 파산선고를 하는 것'과 다름없음을 경고하고 있다. 졸라는 또한 '정국의 안

---

[94] 메르시에는 민족주의자들에게 드레퓌스를 박해한 영웅으로 인정을 받아 1900년 1월 28일 상원의원에 선출되었다.

정'이라는 명분을 내세우는 정부에 나라의 안정은 진실과 정의를 통해서만 얻어질 수 있음을, 정부가 추진하는 사면법은 '진실을 향해 열려 있는 마지막 문을 닫아 버리는 것'임을 역설하고 있다. 이제 '더 이상 드레퓌스 사건은 존재하지 않는다'고 믿는 국회의원들과 정부의 생각과는 달리 정의가 구현되지 않는 한 드레퓌스 사건은 마치 떠돌아다니는 붉은 유령처럼 끊임없이 되돌아오게 될 터였다.

졸라의 결론은 명철하고 냉담하며 도도하기까지 하다.

"상원의원 여러분, 여러분이 이미 사면법에 투표하고자 마음을 굳혔을 것이라고 추측되는 바, 나는 이 편지가 단 한순간이라도 여러분의 마음을 움직일 수 있을 거라고 기대하지 않습니다. …(중략)… 이러한 행보는 오랫동안 누적된 여러분의 나약함과 무력함의 결과이기 때문입니다."

졸라의 예상은 빗나가지 않았다. 상원은 1900년 6월 1일과 2일에 걸쳐 사면법에 관한 법안을 심의하고 231 대 32로 법안을 투표에 붙이기로 결의했다. 이제 오는 12월에 의회가 법안을 심의하고 가결하는 일만이 남아 있었다. 졸라에게는 아직 가야 할 길이 더 남아 있는 셈이었다.

LETTRE AU SÉNAT

상원에 보내는 편지

이 글은 1900년 5월 29일자 〈로로르〉지에 실린 것이다.

먼젓번 글을 기고한 후 여덟 달 반이 흐른 셈이다. 그사이 1900년 4월 15일, 만국박람회가 개막하면서 정국은 휴지기로 접어들었다. 베르사유에서 열리기로 돼 있던 내 재판은 계속 개정이 미루어졌다. 법원에서는 소멸시효의 원용을 막기 위해 내게 석 달마다 소환장을 보냈다. 그리고 어김없이 다음 날이면 법정에 출두할 필요가 없음을 알리는 또 다른 편지를 보냈다. 세 명의 필적감정사 무슈 벨롬, 바리나르, 쿠아르와 관련된 재판도 마찬가지로 한 달씩 자꾸만 연기되었다. 드레퓌스의 사면 이후, 사악한 괴물 같은 법, 사면법[95]이 무르익는 데는 약 15개월이 걸렸다.

상원의원 여러분,

여러분은 참담한 심정으로 소위 '파기원 형사부의 단독 재판권 해제 법안'에 투표를 하던 날 첫 번째 과오를 저질렀습니다. 법의 수호자이어야 할 여러분이 공정할 것으로 기대되었던 담당 재판부에서 피고인을 빼앗아 감으로써 법에 대한 침해를 허락한 것입니다.[96] 여러분은 정의를 배신하는 데 동의하면 정국을 진정시킬 수 있다는 정부의 사탕발림에 넘어가 공익을 위한다는 명목으로 정부의 압력에 굴했습니다.

정국의 안정이라고요! 여러분은 파기원의 세 합의부[97]가 모두 모여 판결을 내린[98] 다음 날 군중의 동요가 다시 시작되면서 더욱더 격렬해지고 살인적으로 변해 갔던 것을 잘 알고 있을 것입니다. 여러분은 불의의 편에 서서 임시방편적인 법을 만들어 위기를 모면하고자 했습니다. 하지만 그 법이 오히려 결백한 이의 승리를 이끌어 냄으로써 여러분은 철저하게 패배함과 동시에 여러분 자신의 불명예를 자처한 꼴이 된 것입니다. 군사법원이 사악함의 극치를 보여 주면서 우리의 최고 사법기관을 모욕했던 것을 잊지는 않았겠지요? 그 모욕을 바로잡지 않는 한 민족의 양심은 떳떳하게 고개를 들 수 없을 것입니다.

그런데 오늘 저들은 여러분에게 또다시 과오를, 너무나 터무니없고 치명적인 최악의 오점으로 남게 될 과오를 저지를 것을 요구하고 있습니다. 이것은 권리를 박탈하는 법안이 아니라 목을 조이는 법안이 될 것입니다. 여러분은 지난번에는 재판부를 바꾸는 데 그쳤지만, 이번에는 아예 재판부가 존재하지 않는다고 말할 것을 강요받는 꼴이 된 것입니다. 지난번에는 정의를 변조하는 사악한 무리의 추잡한 짓거리를 용인했지만, 이번에는 여러분 스스로가 정의의 파산선고를 하게 된 것입니다. 그리고 저들은 또다시 여러분에게 정치적 필요성을 들이대면서 나라의 안녕을 위한다는 명분으로 여러분의 표를 강탈하고, 여러분의 그릇된 행동만이 나라의 안정을 가져올 수 있다는 망언을 늘어놓았습니다.

나라의 안정이라고요! 나라의 안정은 진실과 정의를 통해서만 얻어질 수 있는 것입니다. 여러분은 재판부를 바꿈으로써 나라의 안정을 이룰 수 없었던 것처럼 재판부를 없앰으로써 나라를

---

95   살인과 민사사건을 제외하고, 졸라를 비롯한 드레퓌스 사건 관련자들에 대한 일괄 사면을 단행한 일반사면법은 1900년 12월 18일에는 의회에서, 24일에는 상원의 투표에서 가결되어 12월 27일 공포되었다. 발데크-루소 내각이 정국을 안정시킨다는 명목으로 단행한 사면법은 드레퓌스파의 격렬한 항의를 야기했다. 마티외 드레퓌스는, 사면법은 피해자들은 여전히 고통받는 반면 수년간 온갖 법을 어긴 범죄자들에게 그들이 마땅히 받아야 할 처벌을 면해 주기 위한 특별법으로 법의 형평성에 대한 새로운 해석을 내린 '수치스럽고 역겨운' 법이라고 맹렬하게 비난했다. 사실상 사면법은 곧, 드레퓌스는 여전히 반역자로 남게 되고, 피카르는 군대에서 축출된다는 것을 의미했다. 졸라는 사면법이 의회에서 통과되는 것을 막기 위해 이 공개서한을 썼으며 같은 해 12월 22일에는 〈로로르〉지에 사면법에 관한 투표를 비난하는 내용의 '공화국 대통령, 무슈 루베에게 보내는 편지'를 발표했다.

96   이전 각주 74 참조.

97   파기원(최고재판소)의 합의부는 형사부(chambre criminelle), 민사부(chambre civile) 그리고 심리부(chambre des requêtes)로 구성돼 있다.

98   1899년 6월 3일, 파기원의 세 합의부는 1894년의 원심 판결을 무효화하면서 재심의 가능성을 열어 보였다.

안정되게 할 수도 없을 것입니다. 아니, 그 반대로 나라를 더 큰 혼란에 빠뜨리게 될 것입니다. 여러분은 사회의 해체를 앞당기면서 나라 전체를 더 큰 거짓과 증오 속으로 몰아넣게 될 것입니다. 그리고 그 임시방편적인 수단의 초라함이 드러날 때면, 깊숙이 파묻었던 추악한 사실들이 결정적으로 온 나라를 오염시키고 혼란에 빠뜨리게 될 때면, 그 모든 책임은 여러분이 져야 할 것입니다. 역사는 여러분을 범죄행위나 다름없는 나약함으로 인해 스스로를 범죄자로 만든 범죄의 대리인으로 기록하게 될 것입니다.

상원의원 여러분, 이미 두 달도 더 전에 나는 상원의 위원회에 발언할 기회를 요청한 적이 있습니다.[99] 나는 무엇보다도 위원들 앞에서 우리를 위협하는, 사면에 관한 법안에 대해 항의하고자 했습니다. 그리고 여러분이 문제의 사면법을 심의하고자 하는 날 바로 직전에 이 편지를 씀으로써 더욱더 강력하게 항의를 재개하고자 합니다.[100] 여러분이 발효하고자 하는 문제의 사면법은 내 개인적인 관점으로 볼 때는 정의를 부정하는 것이며, 국가적 명예의 관점으로 볼 때는 결코 지울 수 없는 역사의 오점으로 남을 것이기 때문입니다.

이미 여러분의 위원회에서 말한 것을 여기서 여러분에게 또다시 반복할 필요가 있을까요? 똑같은 이야기를 수없이 반복하다 보면 피로감과 수치를 느낄 수밖에 없습니다. 전 세계가 다 알고 있으면서 이미 오래전에 심판을 내린 사건이지만, 오직 프랑스인들만이 정치적이고 종교적인 광신이 판치는 가운데 오랫동안 서로 싸워야 했습니다. 나는 위원회에서 다음과 같이 말했습니다. 파리의 법정에서 "질문은 허용되지 않습니다"라는 어처구니없는 말로써 나를 강제로 입막음하고, 베르사유 법정에서는 '라보리에게 압박을 가한'[101] 것으로도 부족해 내가 바랐던 재판마저 거부한 것은 참으로 비열한 처사가 아닐 수 없다고 말입니다. 오직 진실의 승리만을 위해 1년 가까운 유배 생활 동안 수많은 모욕과 고통을 견디는 것으로써 미리 그 대가를 지불한 재판관들마저 내게는 허락되지 않았다고 말입니다. 또 이런 말도 했습니다. 지금까지 이보다 더 기이하고 수상쩍은 방식으로 법을 우롱한 사면은 없었노라고. 사면은 원칙적으로 동급의 경범죄나 중죄를 저지른 사람들, 그것도 이미 형기를 치르고 있는 사람들을 대상으로 행해지는 것입니다. 그런데 이번 사면은 다양한 분야에서 다양한 종류의 죄로 선고를 받은 사람들, 심지어 아직 재판조차 받지 못한 사람들까지도 죄다 하나로 묶어 버렸으니 이보다 더 해

---

[99] 1900년 3월 1일, 드레퓌스 사건과 관련된 모든 사실에 관한 사면을 단행하려는 법안이 상원에 제출되었다. 졸라는 3월 9일, 상원의 위원회 의장에게 사면법에 반대하는 항의 서한을 보내면서 위원회에서 발언할 수 있는 기회를 줄 것을 요청했다. 그리고 3월 14일 위원회에서 자신의 주장을 펼쳤지만 아무런 성과를 거둘 수 없었다.

[100] 5월 25일, 법무부 장관이 법안을 제출했고, 졸라는 총회가 열리기 이틀 전에 자신의 '편지'를 발표했다.

[101] 1898년 7월 18일, 베르사유 중죄재판소에서 열린 졸라의 두 번째 재판에서 재판부의 의장이던 페리비에(Périvier)는 라보리에게 드레퓌스 사건의 핵심에 관해 언급하는 것을 금했다.

괴망측한 일이 또 어디 있겠습니까. 나는 또 이렇게도 말했습니다. 사면법은 위선적이고 모욕적인 관용으로 우리를 입막음함으로써 진짜 범죄자들을 구하려는 수작이며, 이는 우리들과 정의의 수호자들을 짓밟는 처사라고. 양심적인 이들과 무뢰한들을 똑같이 취급하다니, 이거야말로 민족의 양심을 더럽히는 파렴치한 행위라고 말입니다.

게다가 그날 이런 얘기를 한 사람은 나뿐만이 아니었습니다. 피카르 중령과 무슈 조제프 레나크도 나처럼 여러분의 위원회에서 발언하기를 원했습니다. 따라서 그날 위원회에서는 참으로 시사하는 바가 많은 희한한 광경이 펼쳐졌습니다. 저들이 정의의 부정이라는 편리한 방법으로 치워 버리고자 하는 각기 다른 경우의 세 사람이 한데 모인 것입니다. 세 사람은 드레퓌스 사건이 일어나기 전에는 서로를 알지 못했습니다. 그들은 서로 다른 세상에서 살던 사람들이었습니다. 그리고 지금은 한 사람은 군사법원에서 재판을 받을 위험에 처해 있고, 다른 한 사람은 중죄재판소에서 소송이 진행 중에 있으며, 또 다른 한 사람은 궐석재판으로 3천 프랑의 벌금과 1년의 징역형을 선고받았습니다. 하지만 그런 것과는 상관없이 저들은 세 사람의 경우를 한데 섞어서 조잡한 방식으로 한꺼번에 문제를 해결하려고 하고 있습니다. 세 사람이 처해 있는 끔찍한 상황과 망가진 그들의 삶, 씻기 힘든 비난들, 입증할 수 없는 그들의 선의 같은 것은 아랑곳하지 않은 채 말입니다. 저들은 합의된 불의와 비겁함에서 비롯된 조치를 애국적인 관대함으로 포장하는 조잡한 코미디를 통해 세 사람을 사악한 무리와 똑같이 돌려보냄으로써 끝끝내 그들의 명예를 더럽혔습니다. 그런데도 여러분은 상처 받은 시민으로서의 고통을 호소하는 이 세 사람의 목소리에 귀 기울이려고 하지 않았습니다. 그들은 자신들의 삶을 침해당하고, 위대한 프랑스의 국민임을 자랑스러워했던 자부심에도 크나큰 타격을 입었습니다. 물론 나는 항의를 멈추지 않을 것이며, 피카르 중령과 무슈 조제프 레나크도 여기서 나와 함께 항의를 계속할 것입니다. 우리가 여러분의 위원회에서 함께 증언을 했던 그날처럼.

하지만 상원의원 여러분, 이 모든 것들은 세상 사람들 모두가 이미 다 알고 있는 사실입니다. 또한 이 끔찍한 음모가 꾸며졌던 정계의 흑막에 익숙한 여러분 자신이 그 누구보다 잘 알고 있을 것입니다. 여러분의 위원회도 물론 잘 알고 있습니다. 오랫동안 토론하는 동안 그들이 보여 준 사법적 고뇌가 그 사실을 입증하고 있는 것입니다. 부당한 계획을 지지해야 하는 데서 느끼는 혐오감, 여러분도 잘 알고 있는 상황 속에서 오직 정부의 압력 때문에 그 일을 해야 한다는 혐오감이 그 사실을 입증하고 있는 것입니다. 여러분도 물론 잘 알고 있을 거라고 확신합니다. 여러분은 여태 이처럼 파렴치한 짓거리와 흉악한 거짓말과 범죄행위는 본 적이 없다며 수군거리겠지요. 또한 무고한 이들에 대한 저들의 그칠 줄 모르는 공격과 부끄러운 행위들을 지켜보며 두려움마저 느꼈을 것입니다. 어떻게 이 모든 걸 일소하고 다시 깨끗한 나라를 만들 수 있을까? 과거의 프랑스가 오래된 기반까지 무너져 내리는 일 없이, 젊고 영광스러운 내일의 프랑스를 새롭게 만들어 나가야 하는 일 없이 어떻게 모두에게 정의를 되돌려 줄 수 있을까? 그런 생각이 들자, 평소 단호했던 이들의 마음속에서 비겁한 생각들이 고개를 내밀기 시작했을 것입니다. 그동안 너무 많은 시체들이 생겨 버렸으니, 서둘러 구덩이를 파고 그 속에 몽땅 파묻어 버려 다시는 그 일에 관해 이야기하는 일이 없도록 하자. 그 시신들이 부패해서 생긴 독소가 그들을 덮고 있던 얇은 흙을 뚫고 나와 나라 전체를 죽음에 이르게 할지라도.

뭐 이렇게 된 게 아니겠습니까? 우리는 사회 공동체의 깊은 곳에 감춰져 있다가 세상 밖으로 그 모습을 드러낸 악이 얼마나 무서운지에 대해서는 서로 공감하고 있습니다. 우리가 다른 점은 그 악을 치유하고자 하는 방식일 뿐입니다. 정치인인 여러분은 그 악을 묻어 버리고자 합니다. 더 이상 눈에 보이지 않는 것은 존재하지 않는 것과 같다고 믿기 때문일 것입니다. 하지만 우리 평범한 시민들은 즉시 정화하기를 원합니다. 썩은 것들을 불태워 파괴의 요인이 될 싹을 아예 잘라 버리기를 원합니다. 그래야 사회 전체가 건강과 힘을 되찾을 수 있을 테니까요.

그리고 누가 옳은지는 미래가 말해 줄 것입니다.

상원의원 여러분, 이야기는 아주 간단합니다. 하지만 여기서 간략하게 다시 되짚어 볼 필요가 있을 것 같습니다.

처음에 드레퓌스 사건은 단지 정의에 관한 문제였습니다. 다른 사람들보다 좀 더 정의롭고 좀 더 마음이 따뜻한 몇몇 사람들이 터무니없는 사법적 오판을 바로잡고자 했던 것입니다. 개인적으로 나는 그 밖에 다른 것을 보지 못했습니다. 그런데 얼마 지나지 않아 문제가 확대되고 그 책임 소재가 군부의 수장들과 고위 관리들 그리고 권력자들에게까지 거슬러 올라감에 따라, 예의 사건은 정계 전체를 요동치게 하면서 프랑스의 운명이 걸린 엄청난 총체적 위기로 변모했습니다. 그리고 점차 두 진영이 서로 대립하게 되었습니다. 한편으로는, 우리가 추구하는 진정한 공화국의 적들인 보수 반동 세력과 어쩌면 자신들도 모르게 다양한 형태의 권력, 즉 종교와 군대, 정치의 시녀 노릇을 하는 사람들이 있습니다. 다른 한편으로는, 미래를 향한 자유로운 행보를 펼쳐 보이는 사람들, 과학에 의해 해방된 영혼들, 지속적인 진보에 대한 신념으로 진실과 정의를 향해 전진하면서 행복한 미래를 위한 기틀을 다지고자 하는 사람들이 있습니다. 두 진영 간의 가차 없는 치열한 싸움은 이렇게 시작되었습니다.

그리고 사법적 차원에서 마무리되었어야 할 드레퓌스 사건은 아주 치명적인 결과를 초래하면서 정치적 차원으로 비화되기에 이르렀습니다. 드레퓌스 사건은 공화국의 적들이 30년 전부터 체제를 약화시키는 데 사용했던 음험한 권모술수들을 갑작스럽게 수면 위로 올라오게 한 계기가 되었던 것입니다. 지금 우리 모두의 눈에는, 가톨릭 아니 좀 더 정확히는 로마 가톨릭교회가 스러져 가는 로마의 영광을 되살리기 위해 마지막까지 강건하게 남아 있던 위대한 가톨릭 국가인 프랑스를 선택한 것으로 보입니다. 그들은 은밀하게 이 나라를 잠식해 왔습니다. 하나의 예만 들자면, 예수회 교도들은 놀라운 술책으로 우리 젊은이들을 사로잡았습니다. 그리하여 볼테르[102]의 프랑스, 하지만 아직 가톨릭에 등을 돌리지는 않았던 프랑스가 어느 날 아침 갑자기 행정부, 사법부 그리고 군 수뇌부까지 로마에서 지시를 받는 성직자의 나라가 되어 버린 것입니다. 그동안 우리의 눈을 멀게 했던 허상들이 단번에 벗겨지면서 우리는 껍데기뿐인 공화국에서 살고 있었음을 깨달은 것입니다. 곳곳이 침식된 채 백 년간 힘들게 쌓아 올린 민주주의의 탑이 모두 무너져 내릴지도 모르는 불안정한 땅 위에서 나아가고 있었음을 알게 된 것입니다.

프랑스는 지금 반동주의자들의 세상이 될 위기에 처해 있습니다. 저 외침과 두려움은 바로 그 때문입니다. 의회와 정부의 비겁함으로 인해 우리가 점차 도덕적으로 타락하게 된 것도 바로 그 때문입니다. 의회와 정부가 내일의 주인들의 눈 밖에 날 것을 두려워해 행동하기를 주저한다면 추락은 즉각적이고 치명적이 될 것입니다. 나라를 다스리는 데 꼭 필요한 인재들인 순종적인 관리, 규율을 지키는 충성스러운 군인 그리고 청렴한 법관 같은 인

---

[102] Voltaire(1694~1778). 18세기 프랑스의 작가, 대표적 계몽사상가로, 종교적 편견에 의한 부정 재판을 규탄한 칼라스 사건(1761)을 토대로 《관용론(Traité sur la tolérance)》(1763)을 썼다.

재들이 자신의 손안에 없음을 깨닫는 권력자들이 어떨지 상상해 보시길 바랍니다. 군부의 수장들이 모두 한통속인 걸 알면서 어떻게 거짓말쟁이에 문서 위조까지 서슴지 않는 메르시에 장군 같은 이의 말을 믿을 수 있겠습니까? 재판부가 진짜 죄인들을 무죄 방면 하라는 것을 뻔히 알면서 어떻게 그들을 법정에 세울 수가 있겠습니까? 정직하게 정부의 지침을 따를 관리가 한 사람도 없는 마당에 어떻게 나라를 통치할 수 있을까요? 이런 상황에서 이 나라에 필요한 것은 한 사람의 영웅입니다. 혁명적인 행동에 의해서라도 나라를 구하고자 하는 뜻을 세운 위대한 정치가 말입니다. 지금으로서는 아직 그런 인물이 나타나지 않은 탓에 우리는 무력하고 우유부단한 각료들이 우왕좌왕하는 것을 참담한 심정으로 지켜보아야 합니다. 비록 사악하고 천박한 무리들과 한패는 아니라고 하더라도, 각료들은 정신을 못 차리는 의회와 더불어 파당주의에 놀아나 하나둘씩 무너져 내리면서 자신의 잇속만 챙기려는 비겁하고 추악한 이기주의를 적나라하게 보여 주고 있는 것입니다.

게다가 이게 다가 아닙니다. 지금 우리가 가장 심각하고 고통스럽게 생각해야 할 것은, 저급한 언론이 나라를 오염시키는 것을 정치인들이 수수방관하고 있다는 사실입니다. 저열하고 파렴치한 언론이 거짓말과 중상모략, 쓰레기 같은 기사들과 욕설로 온 나라를 병들게 하고 광기 속으로 몰아넣고 있는 걸 뻔히 보면서도 말입니다. 반유대주의는 해묵은 증오심을 비열하게 악용한 것에 지나지 않습니다. 더 이상 교회에 가지 않는 비신자(非信者)들에게 종교적 광기를 불러일으키기 위한 것이지요. 민족주의도 마찬가지로 조국에 대한 고귀한 사랑을 비열하게 악용한 것에 지나지 않습니다. 사악한 무리가 자신들의 편에 서지 않는 반쪽의 프랑스 국민에게 나머지 반쪽이 그들을 배신하고 나라를 외국에 팔아넘긴다고 설득하게 되는 날, 이 나라를 시민전쟁의 혼란 속으로 빠뜨리고 말 가증스러운 정치적 책략일 뿐입니다. 그렇게 해서 진실이 거짓이고 정의가 불의라고 공언하며 아무 말도 들으려고 하지 않는 대다수가 형성될 수 있었던 것입니다. 저들은 단지 유대인이라는 이유로 한 남자를 단죄하고, 국가적 광기의 소용돌이 속에서 프랑스의 명예를 구하는 데 열정을 바쳤던 이들을 반역자라고 낙인찍으며 그들의 죽음을 요구하기까지 했습니다.

그 순간부터, 병적인 광기 속에서 온 나라가 반동 진영으로 넘어갔다고 믿는 순간부터 의회와 정부의 얼마 안 되는 용맹한 이들은 아무것도 할 수 있는 게 없었습니다. 절대다수로 추측되는 무리와 맞서다니, 그처럼 무모한 짓은 없을 것입니다! 지극히 공평하고 논리적으로 여겨지는 보통선거는 대중의 선택을 받은 사람이 곧 내일의 후보라는 치명적 결함을 지니고 있습니다. 또다시 선택되고 싶다는 열망 때문에 대중으로부터 선택받은 즉시 그들의 노예가 되어 버리고 마는 것입니다. 따라서 지금처럼 대중이 광기에 휩쓸리면 그들에게 선택된 사람 역시 그들에게 휘둘리게 됩니다. 그가 자신의 의지대로 생각하고 행동할 용기가 없는 사람이라면 그는 대중이 원하는 대로 말하게 될 것입니다. 그리하여 우리는 3년 전부터 다음과 같은 기막힌 광경을 참담한 심정으로 목도해 왔습니다. 의회는 자신의 지위를 잃게 될까 봐 자신에게 주어진 책무를 방기하고, 정부는 전복당할 것이 두려워 매시간 벌벌 떨면서 사회를 오염시키는 자들과 반동주의자들의 손에 나라를 맡겨 둔 채 자신이 옹호하는 체제의 적들에게 비겁한 양보를 하고 있는 것입니다. 단지 며칠 더 나라의 주인 행세를 하기 위해서 말입니다.

상원의원 여러분, 바로 이런 이유들이 여러분으로 하여금 또다시 사면에 동의하게 만든 게 아니겠습니까? 어떤 내각도 감히 기소할 용기를 내지 못했던 높은 지위의 범죄자들에게 처벌을 면하게 해 주려고 추진하는 사면이니까요. 여러분은 끝없는 나약함 때문에 치명적인 곤경에 처한 정부를 구하는 것이 곧 여러분 자신을 구하는 길이라고 생각할 것입니다. 만약 추진력 있는, 아니 그저 정직성만이라도 갖춘 정치가가 메르시에 장군이 처음 범죄를 저질렀을 때 진작 그의 덜미를 잡았더라면 이미 오래전에 모든 게 정상으로 돌아왔을 것입니다. 하지만 정의가 한 걸음씩 후퇴할 때마다 자연스레 범죄자들의 대담함은 커져 갔습니다. 그리고 그들이 저지르는 악행의 정도 역시 엄청나게 심해져서 이제는 드레퓌스 사건을 법대로, 더 나아가 프랑스를 위하는 방향으로 처리하기 위해서는 엄청난 용기를 필요로 하게 된 것입니다. 하지만 반유대주의자들과 민족주의자들의 욕설과 비방에 직면할 생각에 두려움으로 몸을 떨면서 아무도 선뜻 나설 생각을 하지 않았습니다. 모두들 대다수 유권자들의 광기를 거스르지 않으려고 눈치를 살피기에 바빴던 것입니다. 그리하여 여러분은 또다시 비겁함이라는 궁지에 몰리게 되었습니다. 여러분이 저지른 엄청난 과오로 인해 이 나라는 점점 더 뻔뻔하게 활개를 치는 반동 보수 세력에게 통째로 넘어가고 말 것입니다.

그런데 여러분은 불리한 질문들의 싹을 잘라 버리겠다는 유치한 생각으로 그것들을 땅속에 깊이 파묻는 것이 참으로 이상한 수습 방식이라는 생각이 들지 않습니까? 나는 벌써 3년간 정치인들이 자신들이 그렇게 믿고 싶을 때마다 드레퓌스 사건은 없다거나 더 이상 없을 거라는 말을 수없이 되풀이하는 것을 들어 왔습니다. 그럼에도 불구하고 드레퓌스 사건은 논리적으로 진전해 왔습니다. 드레퓌스 사건은 완전히 끝이 나기 전까지는 결코 끝나지 않을 것입니다. 어떤 인간의 힘도 진실이 전진하는 것을 멈추게 하지 못할 것이기 때문입니다. 이제 또다시 새로운 공포가 찾아오자 여러분은 겁에 질려 또다시 드레퓌스 사건은 더 이상 없을 것이며, 앞으로는 드레퓌스 사건을 입에 올리는 일이 결코 없을 것이라고 공포하기로 결심한 것입니다. 여러분은 구덩이를 더 깊이 파서 그 속에 드레퓌스 사건을 파묻고 그 위를 사면법으로 덮음으로써 그 사건이 다시 되살아나는 일이 결코 없기를 바라고 있겠지요. 하지만 그 모두가 헛수고입니다. 드레퓌스 사건은 마치 유령처럼, 정의가 실현되지 않는 한 고통 속에 떠도는 영혼처럼 끊임없이 되살아날 것입니다. 민중은 진실과 공정함 속에서만 안식을 찾을 수 있기 때문입니다.

 무엇보다 최악은, 여러분은 어쩌면 진심으로 그렇게 생각하고 있을지도 모른다는 사실입니다. 이런 식으로 정의의 목을 쥠으로써 나라에 안정을 가져다줄지도 모른다고 생각하면서 말입니다. 여러분이 정직한 입법자로서의 양심을 조국의 제단 위에 바친 것은 그토록 간절하게 바랐던 나라의 안정을 위해서였던 것입니다. 아! 여러분은 참으로 순진하거나 우유부단하고 단순한 이기주의자들이 분명합니다. 여러분은 또다시 완전한 패배를 맛보면서 스스로의 명예를 더럽히게 될 것입니다. 나라의 안정이라고요! 참으로 그럴듯한 핑계입니다. 공화국의 적들의 침묵을 사기 위해 나라를 한 조각씩 떼어 내어 그들에게 넘기면서 그런 말을 하다니요. 적들은 그들에게 매번 먹잇감을 던져 줄 때마다 더욱 더 큰 소리로 외치면서 더 큰 모욕을 가해 올 것입니다. 심지어 여러분이 저들을 위해 만든 사면법, 저들의 우두머리를 감옥에 보내지 않으려고 만든 사면법을 우리가 여러분에게 강요하여 만들게 했다고 억지를 쓰고 있습니다. 여러분은 반역자입니다. 장관들도 반역자입니다. 공화국의 대통령도 반역자입니다. 여러분은 사면법에 투표하는 순간, 반역자들을 구하기 위한 반역자의 작품을 탄생시키는 것입니다. 그리하면 여러분은 사면이 행해진 다음 날, 살육의 춤을 출 야만인들이 보내는 박수갈채 속에서 흙탕물을 뒤집어쓴 채 그토록 갈구하던 평안함을 맛보게 될 것입니다.

상원의원 여러분, 진정 아무것도 보이지 않습니까? 진정 아무것도 들리지 않습니까? 만국박람회가 열리는 동안 침묵하면서 드레퓌스 사건에 대해 말하지 않기로 합의한 이후에도 계속 떠들어 대는 자들은 대체 누구일까요? 지난번 시의회 선거에서 또다시 거짓과 모욕으로 점철된 캠페인으로 파리를 능욕한 자들이 누구였습니까? 또다시 군대를 수치스러운 일들에 끌어들이고, 내각을 해체시키기 위해 계속 비밀문서에 관한 소문을 퍼뜨리는 자들이 대체 누구겠습니까? 드레퓌스 사건은 민족주의자들과 반유대주의자들의 붉은 유령이 되어 버렸습니다. 저들은 그 유령이 없이는 세력을 펼치지 못합니다. 공포로써 이 나라를 지배하기 위해서는 그 유령이 지속적으로 필요하기 때문입니다. 과거에 제정 시대의 장관들이 붉은 유령을 흔들어 댐으로써 입법기관으로부터 자신들이 원하는 것을 이끌어 냈던 것처럼, 저들은 드레퓌스 사건을 무기처럼 흔들어 보이면서 자신들이 광분하게 했던 가엾은 사람들에게 두려움을 야기했습니다. 그런데 이번에는 정국의 안정이라니! 여러분이 추진하는 사면법은 드레퓌스 사건을 이용해 공화국 프랑스를 무너뜨리려는 파당의 손에 새로운 무기를 쥐여 준 셈입니다. 여러분의 사면법이 정체가 모호한 저들의 주장에 법적인 힘을 실어 줌으로써 저들이 드레퓌스 사건을 계속 이용할 수 있게 해 준 것입니다. 이제 국민들은 더 이상 어느 편이 진실과 정의의 수호자인지조차 알지 못할 것입니다.

이와 같은 중대한 위기 앞에서는 할 수 있는 일이 한 가지밖에 없습니다. 서로 단합한 과거의 세력들과 맞서 싸우는 것을 받아들이는 것입니다. 더불어 행정부와 사법부 그리고 군부 체계를 새롭게 개편해야 할 것입니다. 모든 것이 교권의 지배 아래 썩어 있기 때문입니다. 단호한 행동으로 나라를 어둠에서 구해 내고, 모든 진실을 말하고, 모든 정의를 구현해야 합니다. 나아가는 데 백 년이 걸릴지도 모를 길을 민중으로 하여금 단 3년 만에 거대한 발걸음으로 전진하게 만든 엄청난 사건을 교훈 삼아 다시 앞으로 나아가야 합니다. 적어도 미래의 이름으로 싸움을 받아들이고, 우리의 미래의 영광을 위해 가능한 한 모든 승리를 이끌어 내야 합니다. 비록 수많은 비겁함이 일을 극도로 어렵게 만들어 놓긴 했지만, 그래도 여전히 우리가 해야 할 일은 한 가지밖에 없습니다. 진실과 정의가 부재하는 나라는 추락과 임박한 죽음만이 기다리고 있다는 절절한 깨달음과 함께 진실과 정의가 지배하는 나라로 되돌아가야 합니다.

나의 친애하는 위대한 라보리 변호사는 앞서 말한 대로 재판에서 침묵을 강요받았지만[103] 최근에 그의 감동적인 변론으로 그 사실을 소리 높여 말할 기회가 있었습니다. 정부와 정치인들이 계속 사건에 개입하면서 유일하게 문제를 해결할 수 있는 법정에서 사건을 떼어 놓으려고 하고 있으므로, 나라의 절대적인 평

---

103 이전 각주 101 참조

화와 안녕을 위해 사건을 종결할 책임을 지닌 이들도 바로 상원의원 여러분인 것입니다. 거듭 말하지만, 여러분이 통과시키려 하는 사면법이 그러한 결과를 이끌어 낼 수 있을 것이라 믿는다면, 여러분은 치명적이 될 수도 있는 과오, 여러분의 기억을 무겁게 짓누르게 될 최악의 잘못으로 과거의 잘못을 더욱더 가중시키게 될 것입니다.

　상원의원 여러분, 저들은 드레퓌스 사건을 다시 시작하려 한다고 우리를 비난하고 있습니다. 참으로 놀랍고 도저히 이해가 되지 않는 일입니다. 드레퓌스 사건은 아무 죄 없는 한 사람이 그의 결백을 잘 알고 있던 사악한 무리에 의해 단죄받고 고통받은 일이었습니다. 그리고 그 사건은 우리로 인해 끝이 났고, 저들이 그의 가족에게 무고한 사람을 되돌려 줌으로써 일단락된 것처럼 보였습니다. 이제 온 세상이 진실을 알고 있고, 우리의 적들도 진실을 알고 있으며 남몰래 그 사실을 털어놓기도 합니다. 이제 복권은 때가 되면 이루어질 사법상의 형식적인 절차일 뿐입니다. 따라서 드레퓌스는 이제 더 이상 우리를 필요로 하지 않습니다. 그는 이제 자유의 몸이 되었고, 그의 명예와 석방을 한 치도 의심하지 않았던 놀랍고도 용감한 그의 가족들이 곁에서 그를 도와줄 것이기 때문입니다.

　그런데 대체 무엇 때문에 우리가 드레퓌스 사건을 재개하려고 하겠습니까? 그건 아무런 의미도 없을 뿐만 아니라 그 누구에게도 아무런 이득이 될 게 없는데 말입니다. 우리가 원하는 것은 드레퓌스 사건이 이 나라에 힘과 평안을 되돌려 줄 수 있는 결말로 끝나는 것이며, 진정한 범죄자들이 그들의 죄과에 마땅한 처벌을 받는 것입니다. 그들이 처벌받는 것을 보면서 기뻐하기 위해서가 아니라, 국민들이 마침내 모든 진실을 알고, 정의가 유일하게 진정하고 확고한 안정을 가져다주기를 바라서입니다. 우리는 어제의 힘에 대한 내일의 힘의 승리를 믿으며, 권력을 등에 업은 자들에 대한 진실의 수호자들의 승리에 프랑스의 구원이 있다고 믿고 있습니다. 그렇기 때문에 우리는 드레퓌스 사건이 모두를 위한 정의의 구현으로 결론지어지지 않는다는 사실을 받아들일 수가 없습니다. 우리는 이 사건이 우리에게 주는 교훈을 바탕으로 우리에게 절대적으로 필요한 개혁들을 이루어 냄으로써 가까운 장래에 공화국의 기틀을 반드시 확립해야만 할 것입니다.

다시 한 번 말하지만, 이제 와서 선거의 필요성 때문에 대중의 귀를 따갑게 할 정도로 새삼스레 드레퓌스 사건을 들먹이는 것은 우리가 아닙니다. 우리는 우리에게 어울리는 재판관들을 요구할 뿐이며, 정의가 실현되어 하루속히 진실이 밝혀지고 이 나라에 다시 평화가 찾아오기를 바랄 뿐입니다. 사람들은 드레퓌스 사건이 프랑스에 깊은 상처를 남겼다고 말합니다. 내각의 각료들도 선거에서 표가 필요할 때마다 다 아는 상식처럼 그 얘기를 반복하곤 합니다. 대체 어떤 프랑스에 그토록 깊은 상처를 주었다는 말일까요? 그것이 과거의 프랑스를 두고 하는 얘기라면 그보다 잘된 일은 없을 것입니다! 드레퓌스 사건으로 인해 모든 낡은 체제들이 와해되었고, 복구 불능인 낡은 사회 기구의 부패상이 적나라하게 드러났으니까요. 이제 그 모든 것들을 깨끗이 청산하는 일만이 남아 있습니다. 그런데 드레퓌스 사건이 과거의 프랑스에 상처를 주었다는 말에 마음 아파할 이유가 어디 있겠습니까? 오히려 나라의 미래를 위해, 내일의 프랑스가 깨끗하고 건강해질 수 있게 하는 데 기여했는데 말입니다. 지금까지 그 어떤 열기도 드레퓌스 사건만큼 우리 몸속 깊이 감추어져 있던 질병을 확실하게 밖으로 끄집어내지 못했습니다. 우리가 다시 시작하고자 하는 것은 드레퓌스 사건이 아니라, 사건으로 인해 그 치명성이 만천하에 드러난 질병을 치료하고 치유하는 일입니다.

하지만 지금 우리는 그보다 더 시급하고 중대한 사안에 직면해 있습니다. 그 긴박한 상황을 생각하면 나는 매일 밤 제대로 잠을 이룰 수가 없습니다. 모든 진실을 파묻어 버리고자 하는 사면법, 거짓과 모호함 속에서 모든 걸 끝낼 수 있다고 주장하는 사면법은 언젠가는 독일로 하여금 그들이 손에 쥐고 있는 기밀들을 폭로하게 하여 우리를 곤경에 처하게 할 것입니다. 나는 우리에게 닥칠지도 모르는 이 끔찍한 상황에 대해 이미 여러 번 언급을 한 바 있습니다. 진정한 애국자라면 이를 염려하면서 밤잠을 설치고, 국민의 안녕을 위한 대책이자 프랑스의 영예와 생존마저 달린, 드레퓌스 사건의 완전하고도 결정적인 청산을 요구하는 게 당연할 것입니다. 그리고 이제는 큰 소리로 분명하게 말해야 할 때가 된 듯하여 지금 이 자리에서 얘기하고자 합니다.

그동안 에스테라지가 독일 무관인 무슈 드 슈바르츠코펜에게 건넨 수많은 비밀문서들이 베를린의 국방부에 보관돼 있다는 것은 이제는 공공연히 알려진 사실입니다. 그곳에는 메모와 편지를 포함한 온갖 종류의 문서들이 있는데, 그 편지들 속에서 에스테라지는 자신의 상관들에 대한 평가와 별로 자랑스럽지 않은 자신의 사생활에 대해 상세히 늘어놓고 있다고 합니다. 그곳에는 또 다른 명세서들, 즉 그가 제공했거나 기밀이 누설된 문서들도 있습니다. 그중 어느 하나만 살펴보더라도, 우리의 두 군사법원이 아무 죄가 없다고 단언한 자가 진정한 반역자라는 사실과 드레퓌스가 결백하다는 사실을 단번에 알 수 있을 것입니다. 이런 상황에서 내일이라도 프랑스와 독일 간에 전쟁이 일어난다고 가정할 때 어떤 끔찍한 일이 일어날지 상상해 보시기 바랍니다. 우리가 총 한 발 쏘기도 전에, 전쟁을 제대로 시작해 보기도 전에 독일이 에스테라지 문서를 팸플릿으로 세상에 공개한다면, 그건 곧 우리의 패배를 의미하는 것입니다. 우리는 미처 제대로 싸워 보기도 전에 전 세계 사람들 앞에서 참담한 패배를 당하게 될 것입니다. 우리 군인들은 상관들에 대한 존경심과 신뢰를 잃게 되고, 우리의 세 군사법원이 불공정하고 사악한 무리의 하수인 노릇을 했음이 밝혀지게 될 것입니다. 극악무도한 모든 범죄행위들이 찬란한 태양 아래 우리의 실추를 재촉하면서 나라가 무너져 내리게 될 것입니다. 우리 프랑스는 온 세상 사람들 앞에서 거짓말쟁이들과 사기꾼들의 나라로 전락하고 마는 것입니다.

그런 끔찍한 생각이 들 때마다 나는 전율했습니다. 어떻게 그런 사실을 다 알고 있는 정부가 단 1분이라도 그런 위협 속에서 살아갈 생각을 할 수 있는 것인지? 어떻게 나라의 안정을 위한다는 핑계로 그런 위험을 감수하면서 침묵할 것을 강요할 수 있는지? 그건 나로서는 도저히 이해할 수 없을 뿐만 아니라, 최악의 상황 속에서 적국에 의해 진실이 밝혀지기 전에 어떻게든 즉각 진실을 밝히지 않는 것은 나라에 대한 반역이라고까지 생각합니다. 아무 죄 없는 사람이 복권되고 진정한 범죄자들이 처벌을 받는다면, 그리하여 프랑스가 스스로 자신의 과오를 인정하고 바로잡는다면, 그때 비로소 우리는 독일이 가지고 있는 무기의 효력을 무효화할 수 있을 것입니다.

사면법은 이처럼 진실을 향해 열려 있는 마지막 문을 닫아 버리는 것입니다. 내가 몇 번이고 반복해 말한 것처럼, 저들은 한마디만 하면 이 사건의 진실을 밝혀 줄 수 있는 유일한 증인인 무슈 슈바르츠코펜의 말을 들으려고 하지 않았습니다. 그는 베르사유 중죄재판소에서 열릴 내 재판의 증인이 될 수 있습니다. 나는 사법공조 의뢰를 통해 그에게 증언을 해 줄 것을 요청할 것입니다. 그는 마침내 모든 진실을 밝히고 그가 가지고 있는 문서로써 그 진실을 입증해 달라는 청을 거절하지 못할 것입니다. 이 문제에 대한 최상의 해결책은 바로 거기에 있습니다. 다른 데서는 결코 찾을 수 없을 것입니다. 어떤 비극적인 상황 속에서 다른 이들이 진실로 우리의 얼굴을 후려치기를 기다리는 대신, 우리의 명예를 지키면서 조만간 모든 걸 끝낼 수 있는 방법이 있는데도 아무런 시도도 하지 않는 것은 어리석기 짝이 없는 일입니다.

　내가 여러분의 위원회에 출두하던 날, 총리를 대신해서 의장이 내게 한 질문은 나를 경악케 했습니다. 그는 내게 베르사유의 재판에 제출할 새로운 사실을 가지고 있는지 물었습니다. 그 말은 즉, 내 주머니에 손수건을 가지고 있는 것처럼 진실을 가지고 있지 않다면, 나는 항의조차 하지 말고 사면법을 받아들이라는 의미였습니다. 나는 총리에게서 그런 질문을 받는다는 사실이 무척 놀라웠습니다. 일국의 총리라면 적어도 진실은 주머니 속에 넣고 다니는 것이 아니며, 재판은 바로 심문과 증언, 변론을 통해 진실이 드러나게 하는 데 그 목적이 있다는 것을 잘 알고 있을 테니까요. 무엇보다 그동안 내 입을 막기 위해 행해졌던 모든 일들을 생각해 볼 때, 총리가 내게 그런 질문을 하는 것이 얼마나 엄청난 아이러니인지 잘 알 수 있을 것입니다. 지금까지 진실을 찾고자 했던 나를 가로막았던 정부가 이제 와서 내게 그 진실을 주머니 속에 가지고 다니는지 묻다니요. 나는 위원회 의장에게, 진실을 주머니에 가지고 있지는 않지만 그것을 어디서 찾을 수 있는지는 잘 알고 있다고 대답했습니다. 그리고 한 가지만 부탁했습니다. 법무장관에게 청하여, 베르사유 중죄재판소의 재판장에게 무슈 드 슈바르츠코펜을 심문해 줄 것을 요청할 때 나의 사법공조 의뢰를 중단시키지 않도록 해 달라고 말입니다. 그럴 수만 있다면 드레퓌스 사건을 완전히 끝낼 수 있을 것이며, 프랑스는 최악의 재앙으로부터 무사할 수 있을 것입니다.

그러니 사면법에 투표하십시오, 상원의원 여러분. 그리하여 끝끝내 진실의 목을 죄도록 하십시오. 델고르그 재판장처럼 '질문은 허용되지 않는다'고 말하십시오. 페리비에 제1재판장처럼 라보리 변호사를 압박하십시오. 그리고 언젠가 프랑스가 전 세계 사람들 앞에서 수치를 당하는 일이 생긴다면, 그 책임은 전적으로 여러분이 져야 할 것입니다.

상원의원 여러분, 여러분이 이미 사면법에 투표하고자 마음을 굳혔을 것이라고 추측되는 바, 나는 이 편지가 단 한순간이라도 여러분의 마음을 움직일 수 있을 거라고 기대하지 않습니다.[104] 여러분이 사면법에 투표를 하리라는 것은 쉽게 예측할 수 있는 일이니까요. 이러한 행보는 오랫동안 누적된 여러분의 나약함과 무력함의 결과이기 때문입니다. 그러면서 여러분은 달리 어쩔 수 없었다고 생각하면서 스스로를 합리화할지도 모릅니다. 사실은 다르게 행동할 수 있는 용기가 없었던 것인데도 말입니다.

---

104 졸라의 예상대로 이 편지는 아무런 효력을 발휘하지 못했다. 상원은 1900년 6월 1일과 2일에 걸쳐 사면법에 관한 법안을 심의하고 231 대 32로 법안을 투표에 붙이기로 결의했다. 1900년 12월 6일, 이번에는 의회가 법안을 심의하고 약간의 수정을 거쳐 12월 18일, 155 대 2로 법안을 가결시켰다. 결정적인 법안은 상원에서 12월 24일, 194 대 10으로 통과되어 12월 27일에 공포되었다.

그런데도 내가 이 편지를 쓰는 것은 이러한 글을 쓰는 것이 영광스럽기 때문입니다. 이제 나는 내 의무를 다했습니다. 그리고 여러분이 여러분의 의무를 다할 것이라고 생각지 않습니다. '파기원 형사부의 단독 재판권 해제 법안'은 사법부가 저지른 범죄였습니다. 사면법은 공민 정신에 대한 반역행위이자, 사악한 적들의 손에 공화국을 넘겨주는 행위가 될 것입니다.

그러니 사면법에 투표하십시오. 여러분은 머지않아 그에 대한 처벌을 받게 될 것이며, 그런 행위는 훗날 여러분의 수치로 기억될 것입니다.

13
공화국 대통령, 무슈 루베에게 보내는 편지

1899년 2월 18일, 펠릭스 포르 대통령의 뒤를 이어 공화국의 새 대통령으로 취임한 에밀 루베는 1899년 9월 19일 드레퓌스의 사면장에 서명한 이후 발데크-루소 내각의 '정국 안정'을 최우선으로 생각하는 정책에 전혀 관여하지 않았다. 특별사면법부터 일반사면법에 이르기까지 사면법에 대해 줄곧 반대 의견을 표명해 온 졸라는 여전히 포기하지 않고 마지막으로 〈로로르〉지에 대통령에게 보내는 공개편지를 발표했다. 그는 1900년 12월 24일, 사면법 법안이 상원에서 최종적으로 가결되어 12월 27일에 공포될 때까지 그 추이를 가까이에서 지켜보면서 마지막 싸움을 전개할 준비를 하고 있었다. 힘겨운 오랜 투쟁 끝에 주요 드레퓌스파 인사들 사이에서도 불화의 조짐이 보이는 지금, 새로운 재심 캠페인을 벌인다는 것은 새로운 문제들을 야기함과 동시에 얼마가 될지 모르는 오랜 시간을 요하는 지난한 일이 될 터였다. 사면법 법안이 의회에서 최종적으로 가결되리라는 것은 의심할 여지가 없었다. 정부는 이제 또 다른 법안들과 사건들을 처리해야만 했다. 그중에서도 첫 번째로 추진하는 것은 반교권주의 정책이었다. 1900년 1월 3일, 장 조레스는 사면법에 반대하지 않을 것이라고 선언했다. 드레퓌스 사건의 재개가 '공화국 방위'를 최우선으로 두는 내각의 정책 추진에 걸림돌이 될 것을 염려했기 때문이었다. 졸라 역시 자신의 마지막 시도가 국회의원들이 사면법 법안을 통과시키는 것을 막을 수 없음을 잘 알고 있었다. 하지만 그런 사실이 그를 침묵하게 할 수는 없었다. '상원에 보내는 편지'에서도 역설했듯이, 졸라는 "드레퓌스 사건은 완전히 끝이 나기 전까지는 결코 끝나지 않을 것이며, 어떤 인간의 힘도 진실이 전진하는 것을 멈추게 하지 못할 것"이라는 믿음을 갖고 있었다.

졸라는 1900년 12월 1일 드레퓌스와 파리에서 처음으로 만났다. 그리고 〈로로르〉지에 '공화국 대통령, 무슈 루베에게 보내는 편지'를 발표하기 전날인 12월 21일 졸라 가족은 드레퓌스의 집에서 함께 식사를 했다.

졸라는 '편지'에서 "정의를 집행하는 게 아직 가능했을 때 정의를 무장해제시킴으로써 사면의 필요성이 대두되게 했으며", "진실을 은폐하고 땅에 파묻기로 결정한" 정부를 규탄하면서 "절대적 정의는 정녕 정당의 이해가 시작되는 곳에서 끝나고 마는 것인가요?"라고 외치고 있다. 그는 사면법에 의해 강요된 침묵의 장막을 걷어 젖히고 사면법에 도전장을 던졌다. 1898년 1월 13일, '공화국 대통령에게 보내는 편지'에서 그랬던 것처럼, 이번에는 과거 시제로 '나는 고발했다...!'를 외친 것이다. 그러면서 그의 '고발은 정당했고, 심지어 지나치게 온건했으며 불충분했다는 것'을 분명히 했다. 어쩌면 졸라는 당시 '나는 고발한다...!'로 멜린 정부를 덫에 걸리게 만든 것처럼 이번에도 정부로 하여금 자신을 기소하게 만들려던 것은 아니었을까? 하지만 그가 도전장을 던진 이들은 하나같이 어떤 반응도 보이지 않은 채 침묵으로 일관했다. 졸라는 '머지않아 저 멀리 미래가 자라나는 들판으로부터 커다랗게 자라난 진실과 정의가 우리에게로 달려오는 것을 보고 싶다는 끈질긴 희망'을 간직한 채 '이제 결정적으로 침묵 속으로 빠져들고자 한다'고 선언했다. 그리고 그 침묵은 영영 그의 죽음으로 이어졌다.

LETTRE À M. LOUBET, PRÉSIDENT DE LA RÉPUBLIQUE

공화국 대통령, 무슈 루베에게 보내는 편지

이 글은 1900년 12월 22일자 〈로로르〉지에 실린 것이다.

먼젓번 글을 발표한 이후 또다시 일곱 달이 흘렀다. 만국박람회는 11월 12일에 폐막을 했고, 저들은 진실과 정의의 목을 죄어 드레퓌스 사건을 결정적으로 끝내야만 했다. 그리고 저들이 의도한 대로 일이 진행되었다. 베르사유에서 열리기로 돼 있던 내 재판은 결코 열리지 않을 것이며, 저들은 내게서 궐석재판의 판결에 불복할 수 있는 절대적인 권리를 빼앗아 갔다. 느닷없이 내게서 진실을 밝히고 정의를 실현할 수 있는 기회를 박탈해 버린 것이다. 또한 세 명의 필적감정사 무슈 벨롬, 무슈 바리나르, 무슈 쿠아르는 주머니에 3만 프랑을 넣고 줄행랑을 쳤다. 그 바람에 나는 민사 법정에서 모든 걸 다시 시작해야 하는 입장에 처했다. 나는 지금 불평을 하려는 게 아니다. 단지 있는 사실 그대로를 이야기할 뿐이다. 어쨌거나 나로서는 내 할 일을 다 했기 때문이다. 참고로 덧붙이자면, 1901년 2월 오늘까지도 나는 레지옹 도뇌르 훈장 수훈자 자격이 정지돼 있는 상태이다.[105]

대통령 각하,

지금으로부터 약 3년 전인 1898년 1월 13일, 나는 당신의 전임자인 펠릭스 포르 전 대통령에게 공개서한을 보냈습니다. 하지만 유감스럽게도 그는 자신의 이름을 명예롭게 할 수 있었던 그 편지를 진지하게 받아들이지 않았습니다. 이제 지하에 잠들어 있는 그는 내가 그에게 고발했던 사악한 범죄행위들로 그 이름이 더럽혀진 채 사람들의 기억 속에 어둡게 남아 있습니다. 그는 국가의 최고 권력이 부여하는 모든 권한으로 범죄자들을 비호함으로써 스스로 그들의 공범이 되기를 선택한 것입니다.

---

[105] 1901년 3월 10일, 졸라의 《전진하는 진실》이 출간된 후 상원의원 뤼도빅 트라리외(Ludovic Trarieux)는 졸라에게 보낸 편지에서 사면법에 의거해 사실상 그의 수훈자 자격이 다시 회복되었음을 알렸다. 1898년 7월 18일 그에게 유죄를 선고한 판결이 확정되지 않은 상태에서 사면법에 의거해 무효가 되었기 때문이다. 하지만 졸라는 이런 식의 자동적인 복권에 불만을 표시하면서 다음과 같이 답장을 보냈다. "내게는 심히 불필요한 모욕으로 느껴지는 사면법을 그토록 요란하게 발표한 후에는 적어도 내게 아무런 죄가 없음을 정중하게 공개적으로 발표해야만 할 것입니다. 정식으로 바로잡아야 하는 잘못들이 있는 법입니다."

그리고 이제 당신이 그의 자리를 물려받았고, 끔찍한 드레퓌스 사건은 공범이거나 비겁했던 정부들을 차례로 불명예 속에 빠뜨린 후에 이제 최악으로 기록될 정의의 부인 속에서 끝나려 하고 있습니다. 얼마 전 의회가 마지못해 통과시킨 사면법은 사악한 사면법으로 역사에 기록될 것입니다. 당신이 이끄는 정부는 앞선 다른 정부들과 똑같은 과오를 저질러 추락하면서 역사에 더 없이 무거운 책임을 지게 되었습니다. 분명히 말씀드리지만, 지금 저들이 더럽히고 있는 것은 당신 삶의 한 페이지입니다. 당신 정부 역시 결코 씻을 수 없는 오점을 남긴 이전 정부처럼 불명예로 더럽혀질 위기에 처해 있음을 알아야 할 것입니다.

따라서 대통령 각하, 당신에게 나의 불안한 심경을 털어놓는 것을 이해해 주시기 바랍니다. 나는 사면법이 공포되는 다음 날부터 이 편지를 마지막으로 침묵할 것입니다. 내가 쓴 첫 번째 편지가 바로 문제의 사면법을 야기한 원인 중 하나였기 때문입니다. 하지만 그 누구도 내게 말이 많다고 나무라지는 못할 것입니다. 나는 1898년 7월 18일 영국으로 떠나 1899년 6월 5일에야 돌아올 수 있었습니다. 그 열한 달 동안 나는 침묵했습니다. 그리고 1899년 9월 렌의 재판이 있은 후에야 다시 입을 열었습니다. 그리고 다시 완전한 침묵 속으로 빠져들었다가 지난 5월에 꼭 한 번 상원에 사면법에 관한 항의 발언을 하기 위해 그 침묵을 깼을 뿐입니다. 나는 18개월이 넘도록 정의가 집행되기만을 손꼽아 기다렸습니다. 하지만 내게는 석 달에 한 번씩 법원으로부터 소환장이 발부되었다가 석 달에 한 번씩 다음 번 개정기로 재판이 연기되는 일이 반복되었습니다. 참으로 어이없고 우스꽝스럽기 짝이 없는 일이 아닌가요? 그런데 이제 와서 내게 통고된 것은 정의가 아니라 사악하고 모욕적인 사면이었습니다. 따라서 그동안 선량한 시민으로 살아오면서, 비록 더디지만 언젠가는 정의가 실현될 것이라는 믿음으로 인내하며 장애물이 되거나 분란의 소지를 제공하고 싶지 않아 침묵했던 나로서는 이제는 당당히 말할 권리와 의무가 있다고 생각합니다.

거듭 말하지만, 나는 이제 결론을 내리고자 합니다. 지금 이 순간, 사건의 첫 번째 단계가 끝난 것입니다. 나는 그것을 범죄 단계라고 부르겠습니다. 그리고 또다시 침묵 속으로 빠져들기 전에 우리가 지금 어디쯤 와 있는지, 그동안 우리가 무엇을 이루었으며 내일에 대한 우리의 확신은 어떤 것인지를 이야기하고자 합니다.

하지만 사건이 처음 시작되던 끔찍한 날까지 거슬러 올라갈 필요는 없을 것입니다. 렌의 군사법원에서 파렴치한 판결을 내린 다음 날부터 시작하는 것으로도 충분할 테니까요. 그날, 그 뻔뻔하고 사악한 도발에 전 세계가 분노하며 치를 떨었습니다. 대통령 각하, 바로 여기서 당신이 이끄는 정부의 실책, 즉 당신의 실책이 시작된 것입니다.

장담하건대, 언젠가 증거자료와 함께 렌에서 있었던 일을 이야기하게 되는 날이 반드시 올 것입니다. 당신이 이끄는 정부가 사악한 무리에게 어떻게 기만당했는지, 그리고 어떻게 해서 그 정부가 우리를 기만할 생각을 하게 되었는지 모든 게 낱낱이 밝혀질 것입니다. 장관들은 드레퓌스가 무죄판결을 받을 것을 확신하고 있었습니다. 파기원이 군사법원에 그토록 명확하게 판결의 범위를 규정지어 주었고, 심의조차 필요 없이 그의 결백이 분명한 사실로 드러난 상황에서 어떻게 그 사실을 의심할 수 있었겠습니까? 그들의 아랫사람들, 중개자들, 증인들, 심지어 드라마의 주역들마저 만장일치는 아니더라도 적어도 재판부의 과반수가 무죄판결을 내릴 것이라고 장담한 마당에 어떻게 그 사실에 대해 조금이라도 불안해할 수 있었겠습니까? 그들은 우리의 염려를 비웃으며 태연하게 법정으로 하여금 공모와 거짓 증언, 압박과 위협을 동원한 명백한 사기극의 희생자가 되도록 방치했습니다. 그들의 맹목적인 확신이 대통령인 당신에게 그 사실을 알리지도 않은 채 당신의 평판을 위태롭게 만든 것입니다. 적어도 나는 그렇게 믿고 싶습니다. 조금이라도 의문을 가졌더라면 당신은 랑부예의 연설에서 군사법원의 판결이 어떻게 내려지든 그것을 겸허히 받아들이겠노라는 약속 따위는 하지 않았을 것이라고 생각하기 때문입니다.[106] 하지만 나라를 통치하려면 그런 일쯤은 미리 예상할 수 있어야 하지 않을까요? 정의의 올바른 실현을 위

---

[106] 렌에서 재판이 열리기 3주 전인 1899년 7월 14일, 랑부예에서 행한 연설에서 루베 대통령은 이렇게 선언했다. "온 국민은 렌의 군사법원이 완전하고 철저한 독립성을 유지한 채 내리는 판결을 겸허하게 받아들여야 할 것입니다."

해 임명된 내각은 파기원의 판결이 정당하게 집행되는지를 살폈어야 합니다. 온갖 사악한 열기에 휩쓸려 양심을 저버린 사악한 자들의 손에서 그 판결이 변질될 수도 있음을 잘 알고 있었을 테니까요. 하지만 그들은 아무것도 하지 않았습니다. 그저 무사태평하게 백주에 범죄가 저질러지는 것을 수수방관했을 뿐입니다! 그런데도 나는 그 장관들이 정의가 집행되기를 바랐다는 것을 믿습니다. 그래서 묻고 싶습니다. 만약 그들이 정의를 원하지 않았다면 대체 어떤 일이 일어났을까요?

그리고 판결이 내려졌습니다. 무고한 사람에게 두 번씩이나 유죄를 선고한 미증유의 잔악함을 보여 준 판결이었습니다. 렌에서는 파기원의 조사가 이루어진 후 드레퓌스의 명백한 무죄를 의심하는 사람은 아무도 없었습니다. 그런데 마른하늘에 날벼락이 떨어진 겁니다. 프랑스와 전 세계 사람들은 경악을 금치 못했습니다. 배신당하고 기만당하고 우롱당한 정부, 이해할 수 없는 직무 유기로 나라를 이 지경으로 만든 정부는 이제 무엇을 할 수 있을까요? 나는 여전히, 모든 정의로운 이들에게 쓰라린 한 방으로 다가온 사악한 판결이 정의의 승리를 보장해야 할 의무가 있는 당신의 장관들에게도 커다란 충격을 안겨 주었을 거라고 믿고 싶습니다. 이제 그들은 어떤 반응을 보일까요? 그들은 그들의 확신이 무너져 내림과 동시에, 진실과 공정함의 대변자가 되었어야 할 그들의 우유부단함과 무관심으로 인해 회복에 오랜 시간이 걸릴 프랑스의 도덕적 붕괴가 야기되었음을 똑똑히 지켜보았습니다. 이제 그다음 날 그들은 어떤 조치를 취하게 될까요? 대통령 각하, 바로 여기서 당신이 이끄는 정부와 당신 자신의 과오가 시작된 것입니다. 바로 이 지점에서, 계속 커져 가는 의견과 감정의 차이로 인해 우리는 당신과 노선을 달리할 수밖에 없었던 것입니다.

우리에게 망설임이란 있을 수 없었습니다. 프랑스를 좀먹는 악을 도려내 나라를 치유하고 나라에 진정한 평화를 되찾아 줄 수 있는 방법은 딱 한 가지밖에 없었습니다. 국민의 양심을 평안하게 하지 않는 한 이 나라에 안정이란 있을 수 없습니다. 저들에 의해 저질러진 불의가 뿜어내는 독이 우리 몸속에서 느껴지는 한 우리에게 건강한 삶이란 있을 수 없을 것입니다. 따라서 즉각 또다시 파기원에 제소하는 방법을 찾았어야만 합니다. 그건 불가능했다는 말은 하지 말기 바랍니다. 정부는 권력을 남용하지 않고도 얼마든지 그럴 수 있었을 테니까요. 진행 중이던 모든 소송의 분쟁 요소를 없애고, 정의가 스스로 힘을 발휘해 한 사람의 범죄자도 정의의 법망을 빠져나가지 못하게 했어야 합니다. 곪아 터진 곳을 남김없이 도려내고, 우리 국민에게 진실과 공정함의 고귀한 교훈을 일깨워 주며, 전 세계 사람들이 지켜보는 앞에서 프랑스의 도덕성을 명예롭게 회복시켰어야 합니다. 그때에야 비로소 프랑스가 치유되고 안정을 되찾았다고 말할 수 있었을 것입니다.

그런데 당신 정부는 그렇게 하는 대신 또다시 진실을 은폐하고 땅에 파묻기로 결정했습니다. 마치 진실을 땅에 파묻으면 그 진실이 더 이상 존재하지 않게 된다고 믿는 것처럼 말입니다. 정부는 아무 죄 없는 사람에게 내려진 두 번째 유죄판결에 경악하면서도 먼저 드레퓌스를 사면한 다음 사면법으로 함구령을 내리는 이중의 조치만을 취했습니다. 서로 일맥상통하면서 서로를 보완하는 격인 두 조치는 직무 유기로 인해 궁지에 몰린 내각이 손바닥으로 하늘을 가리는 격으로 취해진 것이었습니다. 그들이 문제 해결을 위해 한 것이라고는 국익을 위한다는 핑계 뒤로 숨는 것밖에는 없었습니다. 대통령 각하, 그들은 당신을 이 일에 연루되게 한 것이 잘못이었음을 깨달은 순간부터 당신을 비호하고자 했습니다. 그리고 어쩌면 위험에 처한 공화국을 구하기 위해 유일하게 할 수 있는 현명한 조치를 취했다고 생각하면서 자신들에게 닥친 위기를 모면하고자 했는지도 모릅니다.

그리하여 그날 정부는 올바른 조치를 취함으로써 조국에 존엄성과 힘을 되찾아 줄 수 있는 마지막 기회가 있었는데도 그것을 외면한 채 커다란 과오를 저지르고 말았습니다. 그러고 나자 내가 예상한 대로 날이 갈수록 정국은 점점 더 깊은 혼란 속으로 빠져들었습니다. 정부는 출구 없는 상황으로 내몰렸고, 상원과 하원의 의원들 앞에서 만약 사면법을 거부하면 더 이상 정국을 운영할 수 없다고 말한 것은 결코 과장된 말이 아니었습니다. 그런데 정의를 집행하는 게 아직 가능했을 때 정의를 무장해제시킴으로써 사면의 필요성이 대두되게 한 것은 바로 정부 자신이 아니었던가요? 말하자면 나라를 혼란에서 구해 줄 수 있을 것이라는 기대와 함께 선택된 정부가 최악의 재앙 속에서 모든 게 무너져 내릴 때까지 사태를 방관했다는 얘기입니다. 그러다 가장 이 상적인 해답을 찾았다는 것이 고작 멜린 총리와 뒤퓌 총리의 정부가 시작했던 데서 끝나는 것이었습니다. 진실을 목 조르고, 정의를 살해하는 것. 이것이 당신 정부가 내놓은 해결책이었던 것입니다.

프랑스의 정치인들 중에서 정국을 제대로 이해하고 국민들에게 진실을 외침으로써 국민들이 그를 따르게 할 만큼 강하고 지혜로우며 용맹한 사람이 단 한 명도 없다는 것은 정녕 프랑스의 수치가 아닐까요? 3년 전부터 새로운 권력자들이 줄줄이 집권을 했지만, 그들은 하나같이 모두 비틀거리다가는 똑같은 과오를 범하며 무너져 내렸습니다. 나는 악의 화신이나 다름없는 무슈 멜린이나 일찌감치 권력자들 편에 붙은 줏대 없는 무슈 뒤퓌 얘기를 하려는 게 아닙니다. 나는 재심을 요구할 줄 아는 용기를 지녔던 무슈 브리송의 이야기를 하려는 것입니다. 그런데 그랬던 그가 앙리의 허위 문서가 탄로 난 다음 날 피카르 중령의 체포를 허락함으로써 씻을 수 없는 과오를 저지른 것은 정말 통탄할 일이 아닙니까? 그다음으로는 '파기원 형사부의 단독 재판권 해제 법안'에 반대하는 용기 있는 연설로 양식 있는 모든 이들의 마음에 고귀한 울림을 주었던 무슈 발데크-루소의 경우[107]를 보겠습니

---

[107] 발데크-루소는 1899년 3월 1일 상원에서 '파기원 형사부의 단독 재판권 해제 법안'에 반대하는 연설을 한 바 있다.

다. 그랬던 그가 너무나도 급작스럽게 정의를 저버리고 문제의 사면법에 그의 이름을 더해야만 한다고 생각하다니, 이런 재앙이 또 어디 있단 말입니까? 이럴 바에는 차라리 내각에 우리의 적을 앉혀 놓는 게 더 낫지 않을까 하는 생각마저 들 지경입니다. 진실과 정의의 수호자라는 사람들이 권력에 발을 들여놓기만 하면 사악한 무리와 마찬가지로 거짓과 불의로서 나라를 구할 생각밖에는 하지 못하니까요.

대통령 각하, 상원과 하원의 의원들이 마지못해 사면법에 투표를 했다면 그건 물론 나라의 안녕을 위해서였을 것입니다. 막다른 골목에 처한 당신 정부로서는 공화국 방위라는 공고한 체제를 지키기 위한 선택을 할 수밖에 없었을 테지요. 드레퓌스 사건은 과거의 모든 반동 세력들의 이름으로 행동하는 교권주의와 군국주의의 이중의 음모로 인해 공화국이 겪어야 했던 위험들을 명백하게 드러내 보였기 때문입니다. 그때부터 내각의 정치적 전략은 간단하게 요약될 수 있었습니다. 드레퓌스 사건을 땅속에 파묻어 버림으로써 더 이상 문제 삼는 일이 없도록 하고, 다수파로 하여금 고분고분 말을 듣지 않으면 애초에 약속된 개혁은 없을 것임을 분명히 알게 하는 것. 참으로 안타깝기 그지없는 일입니다. 교권주의와 군국주의라는 독으로부터 나라를 구하기 위해, 3년 전부터 이 나라를 죽어 가게 만드는 거짓과 불의라는 또 다른 독에 나라를 방치할 생각을 하다니요.

물론 정치적 관점에서 볼 때 드레퓌스 사건은 전혀 달갑지 않은 무거운 짐이었을 것입니다. 시작은 그렇지 않았더라도, 정부가 사악한 무리와 저급한 언론이 일으킨 흙탕물 속에 국민을 방치해 둠으로써 그렇게 되어 버리고 말았으니까요. 거듭 말하지만, 지금으로서는 어떤 행동을 취한다는 것은 무척 힘든 일이고 불가능해 보이기까지 한다는 것은 인정합니다. 그렇다고는 해도 한 민족을 좀먹는 악으로부터 그들을 구해 내기 위한 수단으로 그 악이 더 이상 존재하지 않는다고 공표하는 것은 지극히 근시안적인 생각이 아닐 수 없습니다. 사면법이 발효되면 재판은 더 이상 열리지 않을 것이며 따라서 더 이상 범죄자들을 기소할 수도 없을 것입니다. 하지만 그렇다고 해서 무고한 드레퓌스가 두 번씩이나 유죄판결을 받은 사실이 바뀌는 것도 아니며, 사악한 불의를 바로잡지 않는 한 프랑스는 계속 끔찍한 악몽 속에서 망상에 시달리게 될 것입니다. 당신이 진실을 아무리 땅속에 파묻어도 아무 소용 없습니다. 진실은 땅속에서도 계속 전진하여 언젠가 사방으로 뚫고 나와 거대한 복수의 초목으로 자라나게 될 것입니다. 당신이 저지른 더 큰 잘못은 대중이 정의에 관해 지닌 생각을 왜곡시킴으로써 그들의 도덕적 타락을 부추기는 데 일조했다는 사실입니다. 처벌받은 사람이 아무도 없다는 것은 죄를 지은 사람이 아무도 없다는 것을 의미합니다. 사악한 무리의 썩어 빠진 거짓말에 세뇌된 대중이 어떻게 진실을 알 수 있을 것이라고 생각하십니까? 당신은 교훈으로 국민을 일깨우는 대신 그들의 양심을 흐려 놓고 결정적으로 그들을 타락하게 했습니다.

모든 문제의 핵심은 바로 거기에 있습니다. 정부는 자신들이 만든 사면법으로 나라에 안정을 가져올 수 있다고 주장하고, 우리는 그 반대로 그로 인해 나라에 또 다른 재앙이 닥칠 수 있다고 주장하고 있습니다. 다시 한 번 말하지만, 불의로써 얻어지는 평화란 있을 수 없습니다. 그날그날 단기적인 관점으로 살아가는 정치권은 고작 6개월간의 침묵을 벌었을 뿐인데도 마치 영원한 승리를 쟁취한 것으로 믿는 듯합니다. 물론 그로 인해 약간의 휴식을 맛볼 수는 있을 것입니다. 그 휴식을 유용하게 사용할 수도 있겠지요. 하지만 언젠가는 진실이 다시 깨어나 외치면서 거센 폭풍우를 몰고 올 것입니다. 어디로부터? 그건 나도 알지 못합니다. 하지만 언젠가는 반드시 거센 비바람이 우리를 덮치고 말 것입니다. 그때가 되면 행동하기를 거부했던 사람들은 스스로의 무력함으로 인해 무너져 내리게 될 것이며, 정직한 사람들과 무뢰한들을 한데 몰아넣은 이 사악한 사면법이 그들을 엄청난 무게로 짓누르게 될 것입니다! 국민들이 진실을 알게 되고 분노한 그들이 정의를 바로 세우기를 원할 때 그들의 분노가 어디로 향할 거라고 생각하십니까? 그들에게 진실을 알릴 시간이 충분히 있었을 때 그렇게 하지 않은 사람들이 그 대상이 되지 않을까요?

내가 존경하는 친구 라보리 변호사도 그의 빛나는 진술 가운데서 이렇게 말한 바 있습니다. "사면법은 위정자들의 나약함과 무력함을 입증하는 법입니다." 연이은 정부들의 비겁함이 차곡

차곡 누적돼 있는 듯한 이 법은 혐오스러운 불의 앞에서 그것을 막을 힘도 바로잡을 힘도 없는 정치가들의 무능력의 소산인 것입니다. 고위층을 처벌해야 하는 필요성 앞에서 모두들 고개를 숙였고 모두들 뒤로 물러났습니다. 그토록 많은 범죄가 저질러진 끝에 우리에게 마지막으로 주어진 것은 망각과 용서가 아니라, 엄연히 존재하는 법을 적용하는 것조차 하지 못하는 장관들의 무능함과 나약함과 두려움이었습니다. 그들은 우리에게 상호 간의 양보로써 우리를 진정시키기를 원한다고 말했습니다. 하지만 그 말은 사실이 아닙니다. 그들에게는 썩어 빠진 낡은 사회에 철퇴를 내리칠 용기가 없었던 것입니다. 그리고 자신들의 비겁함을 감추기 위해 관용을 내세우면서 나라의 반역자인 에스테라지와 후세에게 추앙받을 영웅인 피카르 같은 인물을 동급으로 취급했습니다. 이러한 행위는 반드시 응분의 대가를 치르게 될 것입니다. 이는 양심적인 사람들을 모욕하는 것일 뿐만 아니라 나라의 도덕성을 타락시키는 것이기 때문입니다.

이것이 공화국이 말하는 올바른 교육입니까? 국익을 위해서는 진실과 정의를 외면해야 하는 순간이 있다고 가르치면서 우리의 민주주의에 어떤 교훈을 줄 생각인가요? 이거야말로 군주제와 가톨릭교회에서의 국익우선주의를 비난했던 자유로운 사람들에 의해 재정립된 새로운 국익우선주의가 아닙니까? 정치인들은 정말로 사람들의 영혼을 타락시키는 데 일가견이 있는 듯합니다. 우리의 친구였던 이들이, 처음부터 우리와 함께 그토록 용맹하게 투쟁을 이끌었던 이들이 위선적인 궤변에 넘어가 사면법이 꼭 필요한 정치적 조치라며 목소리를 높이다니! 그토록 심지가 곧고 용감했던 랑[108] 같은 친구가 피카르의 의사에 반하여 그를 옹호하면서 사면법이 군사법원의 가혹한 판결로부터 그를 구해 줄 것이라며 기뻐하던 모습은 내 가슴을 찢어지게 했습니다. 랑은 사면법으로 인해 피카르의 명예를 되찾을 길이 영영 막혀 버렸음을 왜 몰랐던 것일까요. 그리고 조레스는 또 어땠습니까. 탐욕스러운 선거판에서 자신의 의원직을 기꺼이 희생하면서까지 열정적으로 대의에 자신을 내던질 줄 알았던 고귀하고 관대한 조레스! 그런데 그 역시 우리를 사면하는 데 기꺼이 찬성표를 던진 것입니다.[109] 피카르와 에스테라지, 레나크와 뒤 파티 드 클람, 나와 메르시에 장군을 모두 똑같은 부류로 취급을 하다니요! 절대적 정의는 정녕 정당의 이해가 시작되는 곳에서 끝나고 마는 것인가요? 아! 혼자라는 게 얼마나 다행한 일인지 모르겠습니다! 그 어떤 당파에도 속하지 않고 자신의 양심만을 따를 수 있다는 게 얼마나 고마운 일인지요! 그리하여 진실만을 사랑하고 진실만을 원하면서 흔들림 없이 자신의 길을 갈 수 있다는 게 얼마나 행복한 일인지요! 그 진실이 대지를 뒤흔들고 하늘을 무너져 내리게 할지라도 말입니다!

대통령 각하, 드레퓌스 사건의 해결이 희망적으로 보였을 시절, 우리는 아름다운 꿈을 꾸었습니다. 인류의 자유로운 진보에 걸림돌이 되는 모든 반동 세력들이 공모하여 꾸민 드레퓌스 사건 같은 범죄는 아마도 인류 역사상 전례를 찾아보기 힘들 것입니다. 지금까지 이보다 더 역사에 결정적인 영향을 미친 사건이 일어난 적이 없었고, 민중에게 이보다 더 고귀한 가르침을 주는 사건은 앞으로도 결코 일어나지 않을 것입니다. 단 몇 달 만에 우리는 민중의 의식을 일깨울 수 있었을 것이며, 민중을 가르치고 성숙하게 하기 위해 한 세기 동안의 정쟁이 해냈던 것보다 훨씬 더 많은 일을 이룰 수 있었을 것입니다. 그러기 위해서는 가증스러움의 극치를 보여 주는 범죄, 무고한 사람을 짓밟고 형언하기조차 힘든 고문으로 인류 전체로 하여금 분노의 외침을 토해 내게 만든 극악무도한 범죄의 공범자들인 사악한 세력들이 한 짓을 민중에게 그대로 보여 주기만 하면 되었을 것입니다.

그리고 우리는 진실의 힘을 굳게 믿으며 승리가 찾아오기를 기다려 왔습니다. 진실에 눈을 뜬 민중이 분연히 일어서서 드레퓌스의 프랑스 송환에 환호를 보내고, 양심을 회복한 조국이 다시

---

108 아르튀르 랑은 1897년 11월 클레망소에게 드레퓌스가 결백하다는 사실을 알렸던 인물이다. 그리고 1898년 2월에 열린 졸라의 재판에서 그에게 열렬한 찬사를 보낸 바 있다. 그는 1899년 가을, 사면법에 관한 법안에 지지를 표했다.

109 1900년 1월 3일, 〈라 데페슈 드 툴루즈(La Dépêche de Toulouse)〉지에 실린 글에서 조레스는 사면법에 반대하지 않을 것이라고 선언한 바 있다. 발데크-루소를 지지하는 의원들은 그가 이끄는 내각이 사면법을 통과시키지 못해 사임을 하고 그 때문에 공화국 방위 내각이 무너지게 될 것을 두려워했다. 특히 그들이 보기에는 사면법보다 더 위급한 사안인 정교분리(政敎分離)를 추진하기 위해 펴는 교구(敎區)에 대한 공세가 중단될 것을 염려했다.

찾은 지고하고 명예로운 인권의 축제를 벌이며 공정함의 제단을 세우는 것. 그리하여 정의의 찬란한 개화를 보여 주는 것. 그리고 마지막으로 전 세계 사람들의 연대 속에서 하나가 된 시민들이 평온을 되찾으며 다 함께 화합의 입맞춤을 하는 것. 이것이 우리가 바라던 것이었습니다. 아! 하지만 대통령 각하, 당신도 어떤 일이 일어났는지 잘 알고 있을 것입니다. 승리는 불투명해졌고, 진실이 한 조각씩 찢겨져 나갈 때마다 혼란이 일었으며, 불행한 민족의 의식 속에서는 정의의 개념이 더욱더 흐릿해졌습니다. 어쩌면 우리가 승리를 너무 즉각적이고 너무 막연한 것으로 생각했던 탓인지도 모르겠습니다. 그러한 변화는 단번에 이루어지는 게 아니라 부단한 노력과 고통 속에서만 이루어지는 것인 듯합니다. 하지만 투쟁은 결코 끝난 게 아니며, 앞으로 내딛는 걸음 하나하나마다 고통이 동반될 것입니다. 그리고 아버지들이 이룩한 승리의 열매를 거두는 것은 그 아들들의 몫이 될 것입니다. 우리 프랑스 국민을 깊이 사랑하는 나로서는 드레퓌스 사건이 포함한 훌륭한 교훈을 시민 교육에 활용하게 하지 못한 것이 못내 아쉬울 것입니다. 하지만 나는 조금도 조급하게 생각하지 않습니다. 오래전부터 민중이 서서히 진실을 받아들이는 것을 인내를 가지고 지켜보는 데 익숙하기 때문입니다. 나는 그들이 충분히 성숙해져서 자유와 형제애로 충만한 미래의 주인이 될 그날까지 인내하며 기다릴 것입니다.

우리의 관심사는 처음에는 드레퓌스뿐이었습니다. 그런데 이 내 드레퓌스 사건은 사회적이고 인간적인 사건으로 확대되었습니다. 아무 죄 없는 사람이 악마도에서 고통받는 것은 결코 있어서는 안 될 불행한 일이라는 공감대가 확산되었고, 진실과 정의를 파렴치하게 짓밟는 사악한 무리의 발굽 아래 모든 민중이 그와 함께 고통을 받았습니다. 우리가 그를 구하는 것은 불의로 인해 박해받고 희생된 모든 이들을 구하는 것이었습니다. 그런데 무엇보다, 드레퓌스가 자유의 몸이 되어 사랑하는 가족의 품으로 돌아간 후에까지도 우리가 드레퓌스 사건을 재개하려고 한다며 비난하는 음흉하고 멍청한 무리들이 대체 누구입니까? 바로 그들이 끊임없이 거짓으로 나라를 혼란에 빠뜨리면서, 수상한 정치적 책략을 동원해 정부로 하여금 사면을 요구하게 한 것입니다. 물론 드레퓌스는 모든 법적인 방법을 동원해 렌의 판결을 재검토하게 할 수 있습니다. 그건 지극히 당연한 일이며, 기회가 주어진다면 우리는 힘닿는 데까지 그를 도울 것입니다. 심지어 나는 파기원이 최고 사법기관의 명예를 지키기 위해 이 문제에 대한 마지막 결정권을 가질 수 있음을 기뻐할 것이라 생각합니다.[110] 다만 그것은 사법적인 차원의 문제일 뿐이며, 우리 중에서 드레퓌스 사건의 문제점을 다시 들추어내고자 하는 어리석은 생각을 한 사람은 아무도 없었습니다. 이제 우리에게 남겨진 유일하게 바람직한 과제는 이 사건에서 정치적이고 사회적인 결과물을 이끌어 내는 것입니다. 드레퓌스 사건을 계기로 그 긴급함이 드러난 다양한 개혁의 수확물을 거둘 수 있도록 해야 합니다. 그것만이 저들이 우리에게 퍼붓는 가증스러운 비난들에 대한 우리의 변론이자, 더 나아가 우리의 결정적인 승리가 될 것입니다.

대통령 각하, 들을 때마다 나를 몹시 화나게 하는 말이 하나 있습니다. 드레퓌스 사건이 프랑스에 큰 피해를 입혔다는 상투적인 표현이 바로 그것입니다. 내가 만나는 사람들마다 그런 말을 하고, 글마다 그런 말이 등장하며, 심지어 내 친구들도 그 말을 수시로 하곤 합니다. 어쩌면 나 자신도 그렇게 말한 적이 있을지도 모르겠습니다. 하지만 나는 이보다 더 잘못된 표현은 없다고 생각합니다. 나는 이 사건으로 인해 프랑스가 전 세계에 제공했던 놀라운 광경, 즉 정의를 위한 거대한 싸움, 이상의 이름으로 다양한 세력들이 치열하게 충돌했던 일에 대해 말하려는 게 아닙니다. 또한 이미 얻어진 결과들에 대해서도 더 이상 왈가왈부할 생각이 없습니다. 국방부의 참모본부가 쇄신되었고, 드라마의 음흉한 주역들이 물러남으로써 어쨌거나 정의가 어느 정도는 실현되었다고 볼 수 있으니까요. 하지만 드레퓌스 사건이 프랑스에 엄청나게 공헌한 점은 무엇보다도 부패한 우리 사회의 문제점을 세상에 드러내 보였다는 것, 피부에 부스럼을 일으켜 몸속에서 곪아 터진 종양을 만천하에 드러나게 해 주었다는 사실이 아닐까요? 사람들이 교권주의의 위험에 시큰둥한 반응을 보이고, 시대에 뒤떨어진 우스꽝스러운 볼테르주의자 무슈 오메(Homais)[111]를 두고 우스갯소리를 하는 게 고상하게 취급받던 시대를 돌이켜 보십시오. 온갖 반동 세력들은 현 체제가 무너져 내리는 날 프랑스와 도시를 차지할 생각으로 서서히 공화국을 좀먹어 가면서 우리의 위대한 파리의 거리를 활보했습니다. 그런데 그들이 공화국의 목을 결정적으로 죄기 전에 드레퓌스 사건이 그들의 가면을 벗겨 낸 것입니다. 공화주의자들은 마침내 하루속히 대책을 세우지 않으면 그들이 자신들의 공화국을 빼앗아 갈지도 모른다는 것을 깨달았습니다. 공화국 방위를 위한 모든 움직임은 바로 거기서 출발한 것이며, 프랑스가 반동주의의 오랜 음모에서 살아남는다면 그건 드레퓌스 사건 덕분이라고 할 수 있을 것입니다.

나는 정부가 의회로부터 사면법에 관한 투표를 이끌어 내기 위해 내세운 공화국 방위의 과제를 훌륭히 완수할 수 있기를 바랍니다. 그것만이 정부가 그래도 용감하고 쓸모 있다는 것을 입증할 수 있는 유일한 방법이기 때문입니다. 하지만 부디 드레퓌스 사건을 부정하는 일은 없기를 바랍니다. 정부는 프랑스에 드레퓌스 사건이 일어날 수 있었던 것을 오히려 크나큰 다행으로 생각하면서 타산지석으로 삼아야 할 것입니다. 그리고 우리와 함께,

---

110 졸라는 이미 1903~1906년 말 사이에 있을 논쟁의 중요한 쟁점을 예상하고 있음을 알 수 있다. 의회에서 렌의 판결의 재검토를 요구한 조레스의 연설(1903년 4월 6일)과, 2년 반 동안의 추가 조사에 의거해 렌의 판결을 환송 없이 파기하여 드레퓌스의 완전한 무죄를 선언한 파기원의 판결(1906년 7월 12일)이 그것이다.
111 플로베르가 《보바리 부인》에서 희화적으로 그린 인물(약제사)로, 허영기 많은 프티부르주아의 전형이자 반교권주의자이며 과학만능주의자이다. 볼테르의 영향을 받아 이성적인 신을 믿는 이신론자(理神論者)이기도 하다. 여기서 졸라는 교권주의의 위험을 등한시했던 공화국 이전 세대를 비판하고 있다.

드레퓌스 사건이 일어나지 않았더라면 프랑스는 지금쯤 어쩌면 반동주의자들의 손으로 넘어갔을 수도 있음을 인정해야 할 것입니다.

대통령 각하, 분명히 말씀드리지만 나는 개인적인 문제에 관해서는 이러니저러니 불평을 늘어놓을 생각이 추호도 없습니다. 벌써 40년간 작가로서의 삶을 살아오면서, 내 작품들에 관한 어떤 비난이나 찬사에도 신경 쓰지 않으며 후세가 최종적인 평가를 내려 줄 것이라고 믿고 있기 때문입니다. 따라서 기약도 없이 재판이 미루어진 사실도 내게는 별다른 영향을 미치지 못합니다. 후세가 평가를 내려 줄 일이 하나 더 추가된 것뿐이니까요. 물론 새로운 재판이 열려 그토록 갈구했던 진실이 세상 밖으로 솟구쳐 나오는 것을 보지 못하는 것이 유감스럽긴 하지만, 그 또한 진실은 언젠가는 다른 길을 통해서라도 반드시 밝혀지리라고 확신하며 아쉬운 마음을 달래고자 합니다.

하지만 솔직히 고백하면, 새로운 재판에서 새로운 배심원들이 내가 첫 번째로 받은 판결에 대해 어떻게 생각할지 궁금한 생각이 드는 건 어쩔 수가 없군요. 그 판결이라는 것이 어처구니없는 앙리의 허위 문서를 몽둥이처럼 휘두르던 장군들의 위협 아래 강제로 내려진 것이니까요. 물론, 순전히 정치적인 재판에서 배심원들을 절대적으로 믿을 수 있을 거라고 생각하는 것은 아닙니다. 그런 상황에서 그들의 판단력을 흐리게 하고 그들에게 겁을 주는 것은 식은 죽 먹기보다 쉬운 일일 테니까요. 하지만 그렇다고 해도 그동안 파기원의 추가 조사를 통해 내가 고발했던 모든 사람들의 혐의가 입증된 후에 다시 심리가 시작되는 것을 지켜보는 것은 내게는 흥미로운 기회였습니다. 어떤 상황인지 이해가 되십니까? 조작된 허위 문서를 근거로 유죄판결을 받은 후, 그 문서가 가짜라는 것이 밝혀지고 당사자가 자백을 하고 나서야 다시 법정으로 돌아올 수 있었던 한 남자가 있었습니다! 그리고 훗날 최고법원의 조사에 의해 완전한 진실이 입증된 사실들에 근거해 다른 사람들을 고발했던 또 다른 남자가 있었던 것입니다! 새로운 재판이 열렸다면, 거기서 나는 잠시나마 유쾌한 시간을 보낼 수 있었을 듯합니다. 무죄판결은 나를 기쁘게 했을 테니까요. 하지만 행여 또다시 유죄판결을 받는다고 해도, 나는 그 가운데서도 여전히 무언가를 배울 수 있었을 것입니다. 인간의 비겁한 어리석음이나 맹신은 언제나 나의 관심을 끌었던 나름대로의 특별한 아름다움을 지니고 있으니까요.

대통령 각하, 이제 좀 더 구체적으로 얘기를 해야 할 것 같습니다. 나는 이 사건과 관련된 모든 것을 마무리하기 위해 이 글을 쓰는 것입니다. 그리고 이제 당신의 전임자인 무슈 펠릭스 포르 앞에서 고발했던 것을 여기서 다시 반복하고자 합니다. 나의 고발은 정당했고, 심지어 지나치게 온건했으며 불충분했다는 것을 밝히고, 당신이 이끄는 정부의 작품인 사면은 아무 죄 없는 나를 사면하는 것에 불과하다는 사실을 확실히 해 두기 위해서입니다.

나는 뒤 파티 드 클람 중령을 고발했습니다. 그는 "사법적 오판을 야기한 원흉이었으며—미처 그 심각성을 자각하지 못했을 거라고 믿고 싶지만—그런 후에도 3년간 더없이 기괴하고 범죄적인 술책들로 자신의 사악한 작품을 비호하고자 했기 때문입니다."—그렇지 않습니까? 앙리의 허위 문서를 비난했던 퀴녜 대위의 끔찍한 보고서를 읽은 사람으로서는 너무나 신중하고 정중한 고발장이었던 것입니다.[112]

나는 메르시에 장군을 고발했습니다. 그는 "심약한 성정을 고려한다고 하더라도, 희대의 흉악한 범죄를 공모한 씻을 수 없는 잘못을 저질렀기 때문입니다."— 여기서 나는 내 잘못을 인정하고 용서를 구하면서 '심약한 성정'이라는 항목을 철회하고자 합니다. 하지만 메르시에 장군의 성정이 심약하지 않다면, 그는 파기원의 조사에 의해 입증되고 형법에 의거해 범죄행위로 규정된 자신의 행위에 대해 완전한 책임을 져야 할 것입니다.

나는 비요 장군을 고발했습니다. 그는 "드레퓌스의 결백을 입증하는 확실한 증거들을 확보했음에도 불구하고 그것들을 묵살했으며, 정치적인 목적과 위기에 처한 참모본부를 구하기 위해 반인륜적이며 정의를 침해하는 극악한 범죄를 저질렀기 때문입

---

[112] 1898년 8월, 퀴녜 대위는 당시 국방부 장관이던 카베냑의 요청으로 드레퓌스에 관한 비밀문서들을 상세히 검토한 결과 앙리가 제출한 문서가 허위로 조작된 것임을 발견했다. 그는 그 사실을 꾸며 낸 것이 뒤 파티 드 클람 중령이라고 결론지었다. 하지만 퀴녜는 여전히 맹렬한 반드레퓌스파로 남아 있었다.

니다."—오늘날 공개된 모든 문서들은 비요 장군이 자기 부하들의 범죄적 술책들을 분명 알고 있었음을 입증하고 있습니다. 그리고 한 가지 덧붙이자면, 저들이 내 아버지에 관한 비밀문서를 쓰레기 같은 신문사에 넘긴 것도 그의 지시에 따른 것이었습니다.

나는 드 부아데프르 장군과 공스 장군을 고발했습니다. "한 사람은 아마도 종교적 광신으로 인해, 다른 한 사람은 국방부의 참모본부를 신성불가침의 성소처럼 여기는 군부의 연대 의식으로 인해 모두 같은 범죄를 저질렀기 때문입니다." 드 부아데프르 장군은 앙리의 문서가 조작된 가짜였음이 드러난 다음 날 사임을 함으로써 스스로를 심판하고 세상 무대에서 사라져 갔습니다. 군부의 가장 높은 지위까지 올랐다가 하루아침에 바닥으로 추락한 사람의 비극적 말로를 잘 보여 준 것이지요. 공스 장군은 사면법 덕분에 명백하게 입증된 그의 무거운 책임에서 벗어날 수 있었던 사람 중 하나입니다.

나는 드 펠리외 장군과 라바리 소령을 고발했습니다. "그들의 죄목은 사악한 수사를 진행한 것입니다. 라바리 소령의 보고서에서도 알 수 있듯이, 그들의 수사는 역사에 길이 남을 뻔뻔한 대담함으로 뭉쳐진 편파적이고도 사악한 수사의 최고봉이었습니다."—파기원의 조사 기록을 다시 읽어 보십시오. 그러면 그 속에서 문서와 명백한 증언에 의해 사실로 밝혀지고 입증된 그들의 공모 사실을 알 수 있을 것입니다. 또한 그들이 주도한 에스테라지 사건의 심리는 파렴치한 한 편의 법정 코미디에 불과했습니다.

나는 세 명의 필적감정사 무슈 벨롬, 무슈 바리나르, 무슈 쿠아르를 고발했습니다. "그들의 죄목은 날조된 허위 보고서를 작성한 것입니다. 그들은 시력과 판단력에 의학적으로 문제가 있다는 의사의 소견이 없는 한 명백한 범죄를 저지른 것입니다."—내가 이 말을 한 것은, 명세서의 필체가 에스테라지의 것이 아니라고 주장한 세 감정사의 기막힌 진술을 듣고 난 후였습니다. 그들은 열 살짜리 아이도 저지르지 않을 과오를 범한 것입니다. 이제는 에스테라지가 문제의 명세서를 쓴 장본인임을 인정했음을 모두가 알고 있을 것입니다. 또한 발로-보프레 재판장[113]은 보고서에서 그로서는 그 문제에 관해 한 점 의혹도 갖고 있지 않다고 엄숙하게 선언한 바 있습니다.

나는 국방부의 참모본부를 고발했습니다. "그들은 여론을 오도하고 자신들의 잘못을 은폐하기 위해 〈레클레르〉지와 〈레코드 파리〉지와 같은 신문을 이용해 가증스러운 언론 캠페인을 벌였기 때문입니다."—이 얘기는 다시 강조하지 않겠습니다. 그 이후 우리가 아는 모든 사실과 범죄자들이 스스로 고백한 것에 의

---

113 알렉시스 발로-보프레(Alexis Ballot-Beaupré)는 드레퓌스의 복권을 이끌어 낸 파기원의 두 번째 재판 당시 제1재판장이었다. 그는 1899년 5월 29일, 명세서의 필체가 에스테라지의 것임을 확신한다고 선언했으며, 5월 30일에는 다음과 같은 말과 함께 드레퓌스의 무죄를 확정했다. "1894년의 재판부에게는 알려지지 않았던 사실이 드레퓌스의 결백을 확신하게 했다."

해 그들의 혐의가 입증되었으니까요.

마지막으로 나는 첫 번째 군사법원을 고발했습니다. "그들은 공개되지 않은 비밀문서를 근거로 피고인에게 유죄판결을 내림으로써 법을 위반했기 때문입니다." 나는 두 번째 군사법원 또한 고발했습니다. "그들은 상부의 명령에 따라 의도적으로 범죄자에게 무죄를 선고함으로써 불법적인 행위를 은폐했기 때문입니다."—첫 번째 군사법원에 관해서는, 존재하지도 않는 비밀문서를 증거로 내세웠던 사실이 파기원의 조사에 의해 밝혀졌으며, 렌의 재판에서도 똑같은 일이 반복되었습니다. 두 번째 군사법원에 관해서는, 마찬가지로 파기원의 조사를 통해 드 펠리외 장군의 끊임없는 개입과 또 다른 군 수뇌부들과의 공모 사실, 그리고 수뇌부들의 바람대로 무죄판결을 이끌어 내기 위한 명백한 압력 행사가 있었음이 모두 밝혀졌습니다.

보십시오, 대통령 각하, 저들의 잘못과 범죄행위가 백일하에 모두 드러남으로써 그들을 향한 나의 고발이 정당했음이 입증되었습니다. 그리고 거듭 말하지만, 사악한 무리에 의해 저질러진 끔찍한 일들에 비하면 나의 고발장은 아주 미미하고 소박하기까지 합니다. 솔직히 말하면, 나 자신도 그렇게 많은 만행이 저질러졌을 거라고는 짐작하지 못했으니까요. 그리고 이제 당신에게 묻고 싶습니다. 정직한 법정, 아니 단지 이성적이기라도 한 법정은 대체 어디에 있는 것입니까? 이제 내가 고발했던 사실들이 명명백백하게 입증된 지금, 자신들에게 붙은 불명예의 딱지를 나를 다시금 단죄함으로써 떼어 버릴 수 있는 그런 법정 말입니다. 그리고 나를, 아무 죄 없는 나를 사면시킴으로써 내가 고발했던 범죄자 무리와 나를 함께 싸잡아 취급하는 당신 정부의 법이 진정 사악한 법이라는 생각이 들지 않습니까?

대통령 각하, 이제 모두 끝났습니다. 지금으로서는 일단 사면법이 강제적으로 종결시킨 사건의 첫 번째 단계가 끝난 셈입니다.

사람들은 그 보상으로 역사의 심판을 약속했습니다. 하지만 그건 마치 가톨릭에서 말하는 천국과도 같은 게 아닐까요. 이 땅에서 굶주림으로 죽어 가는 가난한 이들의 불만을 잠재우고 그들에게 계속 인내를 강요하기 위해 둘러대는 핑계 같은 것 말입니다. 여러분, 계속 고통 속에서 살아가십시오. 맨 빵으로 배를 채우고 딱딱한 바닥에서 잠을 자면서 말입니다. 그러는 동안 부유한 사람들은 깃털 이불을 덮고 잠자면서 호의호식하겠지요. 또한 사악한 자들이 좋은 지위를 차지하고 편히 살아가도록 내버려 두십시오. 여러분은, 정의로웠던 여러분은 시궁창으로 내몰리면 좀 어떻습니까. 그러면서 그들은 이렇게 덧붙이더군요. 우리가 모두 죽고 난 후에 후세가 동상을 세워 줄 이들은 바로 우리들이라고 말입니다. 물론 그것도 나쁘진 않겠지요. 거기에 더하여 나는 역사의 심판이 천국에의 약속보다 더 엄중하게 행해질 수 있기를 바랍니다. 하지만 이 땅에 머무는 동안 얼마간이라도 정의가 실현되는 것을 볼 수 있다면 그보다 더 나를 기쁘게 하는 일은 없을 것입니다.

나는 지금 우리의 신세를 한탄하는 게 아닙니다. 나는 흔히 말하는 것처럼, 우리가 유리한 고지를 점하고 있음을 확신하고 있습니다. 거짓은 언제까지나 지속될 수 없다는 결정적인 결함을 지니고 있으니까요. 반면에, 오직 하나뿐인 진실은 영원함을 누릴 수 있습니다. 따라서 대통령 각하, 당신 정부는 사면법이 나라에 평화를 가져다줄 것이라고 선언하지만, 우리는 그 반대로 사면법이 새로운 재앙을 불러올 것이라고 믿고 있습니다. 이제 머지않아 우리 중 누가 옳은지 알 수 있을 것입니다. 이미 수없이 말했듯이, 프랑스의 온 국민이 진실을 알게 되고 불의를 바로잡지 않는 한 사건은 결코 끝날 수가 없습니다. 나는 렌에서 제4막이 열렸으니, 반드시 제5막이 열리게 될 것이라고 말한 바 있습니다. 내 마음속에는 여전히 그에 대한 두려움이 남아 있는데, 사람들은 여전히 독일 황제의 손에 우리의 진실이 쥐여 있음을 잊고 있는 듯합니다. 그가 선택한 때가 오면 그는 언제라도 그 진실로 우리의 얼굴을 후려칠 수도 있다는 것을. 그것이 바로 무시무시한 제5막이 될 것입니다. 그것이 바로, 내가 오래전부터 두려워했던 제5막, 프랑스 정부가 잠시라도 그 끔찍한 가능성을 받아들여서는 안 되는 제5막의 실체인 것입니다.

대통령 각하, 사람들은 우리에게 역사의 심판을 약속했습니다. 나 또한 당신을 역사의 심판에 맡기고자 합니다. 역사는 후세에게 당신이 한 일을 들려줄 것이고, 당신은 역사 속에 한 페이지를 차지하게 될 것입니다. 불쌍한 펠릭스 포르 전 대통령을 생각해 보십시오. 피혁상 출신으로 대중의 인기를 한 몸에 받았던 대통령, 민주적 선정으로 나마저 감동시켰던 그가 지금 우리의 기억 속에 어떻게 남아 있는지를 생각해 보십시오. 이제 그는 사악한 무리가 무고한 사람을 순교자로 만드는 것을 방관했던 부당하고 나약한 정치가로 후세의 기억 속에 영원히 남게 되었습니다. 그보다는 진실과 정의를 실현한 정치인으로 대리석 좌대 위에 우뚝 서게 되는 게 더 낫지 않겠습니까.

나는 구석에 틀어박혀 오로지 글 쓰는 일에만 몰두하는 작가이자 고독한 이야기꾼일 뿐입니다. 나는 선량한 시민은 조국을 위해 자신이 가장 잘할 수 있는 일을 해야 한다고 생각해 왔고, 그것이 바로 내가 책 속에 파묻혀 사는 이유입니다. 따라서 이제 나는 책들 속으로 다시 파묻히고자 합니다. 이제 내게 주어진 임무는 끝났기 때문입니다. 나는 최선을 다해 정직하게 내가 할 수 있는 모든 역할을 완수했으며, 이제 결정적으로 침묵 속으로 빠져들고자 합니다.

다만, 내 귀와 눈은 언제나 커다랗게 열려 있을 것임을 알려 드립니다. 나는 마치 동화 속에 나오는 안느 언니[114]처럼 먼 지평선에서 무슨 일이 일어나는지를 밤낮으로 지켜보고 있을 것입니다. 좀 더 솔직히 말하면, 머지않아 저 멀리 미래가 자라나는 들판으로부터 커다랗게 자라난 진실과 정의가 우리에게로 달려오는 것을 보고 싶다는 끈질긴 희망을 버리지 못하고 있습니다.

나는 언제까지나 기다릴 것입니다.

대통령 각하, 깊은 경의를 표하면서 이만 인사드립니다. 안녕히 계십시오.

114 '안느(sœur Anne)'는 샤를 페로의 동화 《푸른 수염》에 등장하는 인물로, 푸른 수염의 젊은 아내의 언니이다. 안느는 푸른 수염이 자신의 동생을 처형하는 것을 막기 위해 먼 지평선을 바라보며 형제들이 오기를 초조하게 기다린다. 그 후 대중의 언어 속으로 스며든 "안느, 안느 언니, 아직 아무것도 보이지 않나요?"라는 표현처럼 안느는 누군가를 초조하게 기다리는 인물의 전형으로 여겨지고 있다.

III

에밀 졸라의 인터뷰 기사들

당시 프랑스에서는 미국에서 들여온 '인터뷰'가 대유행이었으며, 언론에서는 일상적으로 인터뷰가 행해지고 있었다. 대중은 당시 유명 인사들과의 개인적인 접촉을 시도하는 인터뷰에 열광했으며, 특히 유명 작가들의 집을 방문하여 이루어지는 인터뷰는 기자들의 특종에 속했다. 대부분의 문인들은 기꺼이 인터뷰에 응했으며, 그중에서도 졸라는 프랑스에서 대중이 가장 열광하는 인터뷰의 대상이었다. 따라서 그의 집을 찾아오는 신참 편집자나 유명 기자 들이 무수히 많았지만 졸라가 늘 유쾌한 심경으로 그들을 맞이하는 편은 아니었다. 때로는 퉁명스럽게 서둘러 인터뷰를 끝내기도 했다. 하지만 그는 대중의 무지나 충족되지 않은 호기심에서 비롯되는 불건전하고 허황된 소문보다는 임기응변으로 신속하게 진행되는 대화를 선호했다.

여기에 소개되는 열두 편의 인터뷰 기사들은 졸라가 드레퓌스 사건에 뛰어들기 직전인 1897년 11월 4일부터, 드레퓌스가 사면되고 졸라의 《풍요(*Fécondité*)》가 파스켈 출판사에서 출간된 직후인 1899년 10월 24일까지의 졸라의 삶과 드레퓌스 사건과 관련한 그의 열정과 비전을 잘 보여 주고 있다. 우리는 인터뷰를 통해 그의 소설 작품이나 《전진하는 진실》에서는 볼 수 없었던 그의 사생활의 한 단면과 말년의 모습을 간략하게나마 엿볼 수 있을 것이다.

1897년, 에밀 졸라는 쉰일곱 살이었다. 여름이 끝나 갈 무렵인 8월 31일, 그는 메당의 시골집에서 3부작 소설 《세 도시 이야기》의 마지막 권인 《파리(*Paris*)》의 집필을 막 끝낸 참이었다. 이제 그는 비로소 약간의 휴식을 취할 수 있게 된 것이다. 그는 자전거를 타고 주변 시골길을 달리거나,[1] 시골집의 지하실에 직접 꾸며 놓은 작업실에서 시간을 보내는 것을 즐겼다.[2]

그는 짧은 지적인 휴식의 순간을 즐기고 있었던 것이다……. 훗날, 드레퓌스 사건에 뛰어든 졸라는 조제프 레나크에게 이렇게 고백했다. "그때 내가 소설을 집필 중이었다면 어찌했을지 모르겠소."

졸라는 10월 10일경 메당을 떠나 —그는 봄과 여름에는 으레 그곳에서 집필을 하곤 했다— 파리의 집으로 돌아오기로 결심했다. 〈르 주르날〉지에 《파리》를 연재하기로 했기 때문이었다. 게다가 문인으로서의 공식적인 삶이 파리에서 그를 기다리고 있었다.

이미 작가로서의 명성과 부를 모두 이룬 졸라는 이렇게 시골집과 파리의 집을 오가며 성실한 소설가로서의 평온한 삶을 이어가고 있었다. 그 사건이 작가로서의 일상을 포함한 그의 모든 것을 송두리째 뒤흔들어 놓기 전까지.

1 졸라는 1893년부터 자전거를 꾸준히 타 왔다. 심지어 '프랑스 자전거 여행회'의 명예 회원 자격을 수여받기도 했다. 당시 '자전거와 작가들'은 언론이 즐겨 다루는 기사의 주제였다.
2 사진은 자전거와 더불어 졸라의 가장 큰 열정에 속했다. 1888년부터 사진에 관심을 가졌던 그는 세 곳에 꾸며 놓은 작업실에서 사진의 현상과 인화를 직접 했으며, 가족사진과 만국박람회의 자료 사진을 비롯해 수많은 사진을 남겼다. 하지만 작품의 구상을 위해서는 사진을 결코 사용하지 않았다.

인터뷰 목차

1. 무슈 졸라가 국회의원에 출마하지 않는 이유   395
《루공-마카르》작가의 자택에서

2. 무슈 졸라와의 대화 : 드레퓌스 소송에 관하여   404

3. 무슈 졸라와의 대화 :   410
〈레 노보스티〉— 드레퓌스에 관한 책 — 역사 이야기

4. 무슈 졸라와 의회의 투표   417
무슈 에밀 졸라의 자택에서

5. 오늘 소송에 관하여 : 무슈 에밀 졸라와의 인터뷰   424

6. 소송 주변 이야기   427
브뤼셀 가에서

7. 무슈 에밀 졸라의 자택에서 :   430
꽃과 꽃다발 — 공감과 경의 — 휴식을 취하다 — 희망과 용기

8. 에밀 졸라의 자택에서   434

9. 무슈 에밀 졸라의 시골집에서 :   440
자전거 산책 — 지급(至急) 전보로 통보받다

10. 무슈 졸라의 시골집에서 :   444
자전거와 사진 — 평안과 휴식

11. 에밀 졸라의 시골집에서 :   448
자전거와 사진 — 샤르팡티에의 기념 메달 — 졸라가 렌에 가지 않는 이유
— 드레퓌스 사건에 관한 극이나 소설을 쓰지 않는 이유
— 오직 역사만이 이야기할 수 있다 — 유배 생활의 앨범

12. 시평(時評) : 에밀 졸라의 자택에서   455

I

무슈 졸라가 국회의원에
출마하지 않는 이유
《루공-마카르》 작가의 자택에서

1897년 11월 초, 아직 드레퓌스 사건에 관한 여론이 형성돼 있지 않았을 때, 에밀 졸라가 의회에 후보로 출마할 것이라는 소문이 나돌았다. 아래에 실린 인터뷰에서 졸라가 부인하긴 했지만 소문이 전혀 근거 없는 것은 아니었다. 실제로 졸라는 개인적으로 아주 은밀하게 정치권으로부터 제안을 받은 적이 있었다. 물론 그는 제안을 거부했다. 하지만 이 기회에 그는 평소 늘 고수해 왔던 자신의 입장을 밝히고자 했다. 그는 문인으로서 정치적 삶과는 거리를 둔 채 글쓰기에만 몰두하고자 했다. 드레퓌스 사건의 소용돌이 속에 뛰어들기 직전에 이루어진 이 인터뷰는 흥미로운 역사의 아이러니를 보여 주듯, 두 달 후 졸라의 '나는 고발한다…!'를 발표하게 될 〈로로르〉지에 실린 것이다.

<u>무슈 졸라, 다음 번의 국회의원 선거에 입후보하신다는 게 사실입니까?</u>

《루공-마카르》의 작가는 우선 내게 자리에 앉을 것을 권했다. 그리고 실내복의 옷자락을 바로잡으면서 내 앞에 자리를 잡고 앉았다.

"누가 그런 말을 하던가요?"

그가 내게 물었다. 나는 그에게 다음과 같은 속보가 실려 있는 신문 〈라 가제트 드 콜로뉴(La Gazette de Cologne)〉를 내밀었다. "에밀 졸라는 국회의원 출마를 진지하게 고려하고 있다고 밝혔다. 그는 의회에서 많은 이야기를 할 것으로 기대된다. 자주 의회의 연단에 올라 무정부주의 이론을 주로 설파하게 될 것이다."

무슈 에밀 졸라가 기사를 살펴보는 동안 나는 그가 나를 맞이한 방을 재빨리 둘러보았다. 천장이 아주 높은 너른 방에는 실내 장식품들이 가득했고, 그림과 초상화 들이 벽을 가득 메우고 있었다. 무슈 에밀 졸라의 초상화도 두 점 있었는데, 그중 하나는 마네의 작품이었다. 그 맞은편에는 블로크라는 서명이 곁들여진, 나무로 만든 졸라의 흉상이 보였.

기사를 다 읽은 무슈 졸라는 어깨를 으쓱해 보이면서 말했다.

"이건 모두 헛소문입니다. 하지만 이런 소문이 어떻게 생겨난 건지는 알 것 같군요. 나의 새 소설《파리》가 좋은 반응을 얻고 있습니다. 처음 연재되는 신문의 발행 부수가 계속 늘고 있지요. 그런데 소설 속에서 살바라는 한 노동자가 테러를 꾸미는 이야기가 나옵니다. 그리고 내가 상당히 엄격한 시각으로 바라보는 국회의원들에 관한 이야기도 나오지요. 독자들로 하여금 의회가 어떤 곳인지를 알게 하려는 내 시도를 보면서 아마도 나 자신이 국회의원이 되려는 생각을 품은 것으로 지레짐작을 한 것 같군요. 의회에 들어가서 몸소 살바의 이론을 펼쳐 보려고 말입니다. 내 추측으로는, 당신이 보여 준 터무니없는 기사는 아마도 그런 오해에서 비롯된 게 아닐까 생각되는군요."

무슈 졸라는 오래된 기억을 떠올리듯 시선을 아래로 향하면서 이야기를 계속했다.

"결코 아닙니다, 나는 이미 오래전에 의회에 들어가려는 생각을 접었습니다."

<u>그렇다면 그런 생각을 해 보신 적이 있다는 얘기군요?</u>

"굳이 그 사실을 감출 이유가 있을까요? 사실 한때는 잠시 글쓰기를 중단할까 하는 생각을 한 적도 있습니다. 지금까지 마흔

다섯 권의 책을 펴내는 동안 쉼 없이 달려온 게 사실이니까요. 그래서 2년이나 2년 반 정도 의회에서 내 언변이 허락하는 한에서 몇몇 중요한 사회문제들을 해결하는 데 열정을 바치고 싶다는 생각을 하기도 했습니다. 이를테면 노인들의 퇴직연금 문제 같은 것 말입니다."

<u>그러니까 의회정치의 효율성을 믿으셨다는 얘긴가요?</u>

"전혀 아닙니다. 나는 정치에는 전혀 관심이 없습니다. 어떤 내각이 실각하거나 또 다른 내각이 새로 들어서거나 하는 것은 내겐 중요하지 않습니다. 내가 정말 싫어하는 것은 스스로의 주체적 행동이 결여된 채 그룹의 규율에만 순순히 따르는 의원들입니다. 문인들 가운데서 모리스 바레스나 보귀에[3]처럼 국회의원이 되고 나서는 논쟁에도 전혀 참여하지 않고 투표함에 투표용지나 넣는 걸로 족하면서 자리나 지키고 있는 사람들을 보면 참으로 딱하다는 생각이 듭니다."

"나도 한때는 아름다운 꿈을 꾼 적이 있었습니다. 강력하고 설득력 있는 웅변가가 되고 싶다는 꿈이었지요. 웅변술로 의회에서 자신의 생각을 관철시키지는 못하더라도 비옥한 땅에 씨를 뿌리

---

[3] 모리스 바레스는 1889년부터 1893년까지, 소설가 외젠 드 보귀에(Eugène de Vogüé)는 1893년부터 1898년까지 하원의원을 지냈다.

는 농부처럼 자신의 이상을 나라 전체에 전파시킬 수 있는 근사한 웅변가가 되고 싶다는 꿈이었지요."

"책은 아주 강력한 힘을 지니고 있습니다. 우리에게 흥미를 불러일으키고 감동을 주지요. 또한 우리를 매혹시키면서 가르침을 줍니다. 책이 지니고 있는 생각들은 단단한 바윗덩어리를 서서히 뚫기 시작합니다. 마치 두더지처럼 길을 열어 가는 것입니다. 그러다 어느 날 마침내 구멍이 뚫리고 환한 햇살을 발견하게 되는 것이지요. 책을 통해 무언가를 얻는 데는 시간이 걸리지만 그 효과는 확실합니다. 책은 영원히 남기 때문입니다. 반면, 말은 지나가는 것입니다. 하지만 말 역시 강력한 무기가 될 수 있습니다. 그 말을 잘 사용할 줄 아는 이에게는 의회의 연단만큼 훌륭한 연단이 없을 것입니다."

무슈 졸라에게 속내를 털어놓도록 부추길 필요조차 없었다. 그는 열정적이고 확신에 찬 어조로 거침없이 이야기를 풀어 나갔다. 그의 이야기를 듣는 것은 진정한 기쁨이었다.

<u>그런데 무슈 졸라, 왜 당신의 꿈을 실행에 옮기지 않으셨나요?</u>

"나는 결코 좋은 웅변가가 될 수 없을 거라는 확신이 들었기 때문입니다. 이 이야기는 대략 내가 문인협회 회장으로 선출될 무렵으로 거슬러 올라갑니다. 그때까지 나는 대중 앞에서 연설을

해 본 적이 없었습니다. 그런데 나의 새로운 직무 때문에 어쩔 수 없이 프랑스와 영국에서 연설을 해야만 했습니다. 그 후《로마》 집필에 필요한 자료 수집차 이탈리아에 가게 되었을 때 나를 위해 열린 수차례의 연회에 참석해야만 했지요. 나는 다른 이의 건배에 답하거나 나 자신이 건배를 제안해야만 했습니다. 그때 확실히 깨달았지요. 다른 사람들처럼 연설문을 미리 준비하고 읽는 건 할 수 있지만 나는 결코 타고난 웅변가는 아니라는 사실을 말입니다. 사람들 앞에 서면 신경이 곤두서면서 말문이 막히곤 했거든요. 유감스럽지만 그런 것은 뭐 어쩔 수 없는 거죠. 그래서 다시 집필에만 전념하기로 마음먹었습니다. 다시 예전처럼 중단 없이 고집스럽게 오직 글 쓰는 일에만 매달리기 시작한 것이지요."

나는 무슈 졸라에게 마지막 질문을 했다.

<u>그럼 의회에는 문인을 위한 자리는 없다는 말씀인가요?</u>

"물론 문인도 정치를 할 수는 있습니다. 하지만 글쓰기를 중단하고 정치에만 전념한다는 각오가 돼 있어야 할 것입니다. 중대한 사회문제의 해결에 자신의 뛰어난 언변을 바치겠다는 각오 말입니다. 정치는 헛된 짓거리에 불과합니다. 하지만 사회문제는 생각할 줄 알고 깊이 생각하는 사람이라면 누구나 늘 관심을 가져

야 하는 것입니다. 기독교는 노예제도를 없애는 대신 임금노동자를 만들어 냈습니다. 이제 임금노동자를 없애고 다른 무언가를 만들어 내야 합니다. 이제 머지않아 중대한 사건들이 터지리라는 건 누구나 알 수 있을 것입니다."

내가 가브리엘레 단눈치오[4]의 이름을 꺼내자마자 무슈 졸라는 기다렸다는 듯이 말했다.

"누구라도 이탈리아를 여행해 본 사람이면 그 나라가 지금 얼마나 비참한 가난에 시달리고 있는지를 보고 충격을 받을 것입니다. 바로 거기에 나라 전체를 위협하는 심각한 문제가 있습니다. 이런 상황 속에서는 단눈치오의 선거공약에 놀라지 않을 수가 없습니다. 그는 사회학자로서가 아니라 작가이자 예술가로서 국회의원에 출마했습니다. 인류의 행복이라는 문제를 도외시하는 예술의 자유란 과연 어떤 의미가 있을까요?"

시각은 어느덧 정오를 가리켰다. 무슈 졸라가 자리에서 일어나면서 우리의 대화도 끝이 났다.

---

[4] 열렬한 민족주의자로 알려진 가브리엘레 단눈치오(Gabriele D'Annunzio)는 이 인터뷰가 있기 얼마 전에 이탈리아 하원의원으로 선출되었다.

필리프 뒤부아

〈로로르〉, 1897년 11월 4일

이 인터뷰가 있은 지 불과 며칠 후인 11월 6일부터 13일 사이에 졸라는 드레퓌스 사건과 관련하여 정치적 무관심에서 벗어나 열정적으로 사건에 뛰어들게 된다. 졸라가 심경의 변화를 일으키게 된 것은 무엇보다도 베르나르-라자르의 방문과 루이 르블루아와 나눈 대화 때문이었다. 그는 11월 8일에 아내 알렉상드린에게 이렇게 편지를 썼다. "나는 그들이 내게 보여 준 문서들을 보면서 드레퓌스의 결백을 확신할 수 있었소. 끔찍한 사법적 오판이 저질러졌으며, 그에 대한 책임은 국방부의 장교들 모두가 져야 할 것이오. 이 문제로 인해 온 나라가 엄청난 스캔들에 휘말리게 될 것이오. 군부의 파나마운하 사건처럼 말이오." 졸라는 어떤 태도를 취하게 될 것인가? "나로서는 이 문제에 개입할 생각이 없소. 내겐 그럴 만한 힘이 없기 때문이오." 그는 11월 10일까지만 해도 아내에게 그렇게 말했다. 하지만 졸라는 11월 13일, 상원의 부의장인 쉐레르-케스트네르 상원의원과 드레퓌스 사건에 대해 오랫동안 얘기한 끝에 상원의원이 보여 준 태도에 깊은 감명을 받고 그에게 매료되었다.

5   본문 89페이지 참조.

11월 20일, 졸라는 그에게 자신의 지지를 약속하는 편지를 보냈다.[5] 그리고 마침내 11월 24일, 주사위는 던져졌다. 그날, 졸라는 〈르 피가로〉지에 쉐레르-케스트네르를 위한 긴 변론의 글을 싣는 것과 동시에 진실과 정의를 위한 싸움에 뛰어들기로 마음먹었다.

2

무슈 졸라와의 대화 : 드레퓌스 소송에 관하여

나는 어제 에밀 졸라와 드레퓌스 사건에 대하여 긴 대화를 나누었다. 나는 기자가 아닌 친구로서 그를 보러 갔다. 따라서 신문사에서 원하는 것처럼 우리가 나눈 대화를 상세하게 공개할 권리가 내게는 없다. 다만 대략적인 내용을 간추려 이야기할 수 있을 뿐이다. 게다가 무슈 졸라는 상황이 그를 부추기고 있는 와중에도 언론 캠페인을 벌이는 것을 자제하고 있는 입장이었다.

"지금 진행되고 있는 조사[6]가 재심을 이끌어 내지 못한다면—이미 그럴 것으로 예상하고 있지만—나는 진실이 승리하는 날까지 글로써 투쟁을 계속할 것입니다. 그리고 어떤 어려움이 있더

---

[6] 에스테라지에 관한 조사를 가리킨다.

라도 결국에는 진실이 승리하게 될 것입니다. 나 홀로 모든 언론과 정부 그리고 여론에 맞서 싸우게 될지라도 말입니다. 게다가 그 결과에 대해서는 조금도 불안해하지 않습니다. 우리 시대에 진실이 영영 묻혀 버린다는 것은 있을 수 없는 일이기 때문입니다. 나는 드레퓌스 대위의 결백을 믿습니다. 저열한 언론이 내게 온갖 욕설을 퍼붓고 모욕을 주어도 나를 침묵하게 하지는 못할 것입니다."

우리는 진행 중인 조사에 관해 이야기를 나누었다. 무슈 졸라는 이렇게 말했다.

"저들은 지금 연극을 하고 있는 것입니다. 저들은 이미 오래전부터 진실을 알고 있었습니다. 그중에서도 특히 소시에 장군은 나처럼 드레퓌스 대위가 결백하다는 것을 잘 알고 있었습니다."

이 문제와 피카르 중령에 관해 무슈 졸라가 이야기한 것을 여기서 공개할 수는 없다. 적당하다고 생각되는 때가 오면 그가 직접 모든 것을 말하게 될 것이다. 이 문제와 또 다른 것들까지 모두를!
그리고 드레퓌스 사건은 이 시대의 가장 수치스러운 사건으로 남게 될 것이다.

"저들이 아무리 거짓말을 하고 사실을 부인해도 아무 소용 없습니다. 함께 작당해서 여론을 속이려는 그 어떤 사기꾼 무리보다 진실의 힘이 훨씬 더 강하기 때문입니다. 지금 당장 정의를 집행함으로써 상처를 아물게 하지 않는다면 상처는 더욱더 깊어지면서 곪아들어 가게 될 것입니다. 정의의 집행은 곧 재심을 의미합니다. 현재 재심의 당위성이 더욱더 강력하게 대두되고 있고요. 저들이 드레퓌스를 기소한 이유이자 재판의 쟁점이 되고 있는 문제의 명세서가 드레퓌스에 의해 쓰인 게 아니라는 것이 분명해졌기 때문입니다."

"명세서의 장본인이 에스테라지가 아니라고 진지하게 주장할 수 있는 사람은 아무도 없을 것입니다. 지극히 악의적인 의도를 가진 사람이 아니라면 이처럼 명백한 사실을 반박할 수는 없을 테니까요. 또한 에스테라지의 해명은 받아들이기가 불가합니다. 모든 사실이 그를 진범으로 지목하고 있고 필체도 일치합니다. 게다가 그는 1896년 11월 10일, 한 신문이 명세서의 복사본을 공개한 이후 자신의 필체를 변형하려고 함으로써 스스로 진범임을 드러내기까지 했습니다. 무엇보다 이 명세서가 드레퓌스의 것이라는 사실은 그 어떤 이유로도 해명이 되지 않지만, 에스테라지의 경우라면 모든 사실과 말이 완벽하게 들어맞습니다."

<u>하지만 드레퓌스를 기소한 이유가 단지 명세서만은 아니지 않습니까?</u>

"아뇨, 단지 그것뿐입니다. 나는 다른 이유는 없다고 생각합니다. 설령 있다고 해도 심각한 게 아니거나 아무것도 입증하지 못하는 것들뿐입니다. 그 문제에 관해서는 여기서 더 상세하게 얘기하기 곤란합니다."

나는 그의 확고하고도 강한 믿음을 느낄 수 있었다. 여기서 무슈 졸라와 나눈 대화를 그대로 옮길 수 없음을 유감스럽게 생각한다. 이 올곧고 위대한 작가의 강력하고 엄숙한 말은 내게 깊은 감동을 안겨 주었다. 아마 내가 드레퓌스의 결백을 확신하고 있지 않았더라도, 그의 이야기를 들은 후에는 분명 생각을 달리하게 되었을 것이다.

내가 그의 집을 나서려고 할 때 무슈 졸라는 마지막으로 내게 이렇게 말했다.

"나는 드레퓌스가 결백하다는 확실한 증거를 갖고 있습니다. 그는 유형지에 오래 머물지 않을 것입니다. 내가 그렇게 놔두지 않을 것입니다."

폴 브륄라
〈레벤느망〉, 1897년 12월 1일

―

1897년 11월, 개인적으로 드레퓌스 사건에 뛰어들었을 때부터 졸라는 시간이 감에 따라 약해지기는커녕 점점 더 커지는 에너지와 열정을 보여 주었다. 드레퓌스의 결백에 대한 확신과 도덕적 신념과 더불어 분노도 함께 커져 감에 따라 졸라는 〈르 피가로〉지의 기사에서 팸플릿 그리고 다시 〈로로르〉지에 '나는 고발한다...!'를 발표하기까지 언론 캠페인의 방식을 바꾸어 가면서 투쟁을 계속했다. 졸라를 겨냥한 잇따른 소송도 이런 그의 확고한 의지를 꺾지는 못했다. 여기에 실린 인터뷰들에서 우리는 언제나 자신의 신념과 확신을 지키면서 당당하고 쾌활하기까지 한 모습으로 재판에 임하며 법정투쟁을 해 나가는 졸라의 면면을 엿볼 수 있다. 드레퓌스 사건 내내 졸라를 지지하며 물심양면으로 그를 도왔던 작가 옥타브 미르보는 어느 날 아침 졸라가 중죄재판소로 떠나기 전에 보여 주었던 평온한 모습을 떠올리며 이렇게 말한 바 있다.

"아침 식사를 막 끝낸 그는 무척 차분해 보였다. 오랜 시간 진행되는 혹독한 재판도 그를 지치게 하지는 못한 듯했다. 그가 법원을 들어가고 나올 때마다 그의 죽음을 외쳐 대는 광포한 무리들도 그를 자극하지는 못했다. 민간의 정의가 군부의 정의의 시녀 노릇을 하고, 군인의 검에 법관의 모자를 씌워 주는 광경을 지켜보면서도 그는 조금도 절망하지 않았다. 오히려 온화하고 생기 넘치는 그의 얼굴에서는 경쾌한 평온함마저 느껴졌다."

그리고 미르보는 이렇게 덧붙였다.

"이토록 순수하면서도 강인한 그를 보면서, 이 비극적인 시간 동안 일말의 흔들림도 없이 모욕과 위협으로 인해 더욱더 강해지고 위대해지는 그를 보면서 형언할 수 없는 벅찬 감동이 몰려왔다……. 나는 이제 진정한 영웅이 어떤 것인지를 알 것 같다."

3

무슈 졸라와의 대화 :
〈레 노보스티〉 — 드레퓌스에 관한 책 — 역사 이야기

졸라는 〈르 피가로〉지에 드레퓌스 사건과 관련한 첫 번째 기고문 '무슈 쉐레르-케스트네르'를 발표한 후인 11월 30일. 상트페테르부르크의 〈레 노보스티(Les Novosti)〉지의 기자인 외젠 세메노프에게 인터뷰를 허락했다. 특종이 될 만한 기삿거리에 목말라 있던 〈르 마탱〉지의 편집진은 그로부터 며칠 후 〈레 노보스티〉지에 실린 기사를 번역해 싣는 데 성공했다.

〈레 노보스티〉지의 파리 특파원인 무슈 외젠 세메노프는 신문의 최근호에 무슈 에밀 졸라와의 인터뷰를 게재했다. 우리는 자료적 가치가 있다는 판단하에 무슈 졸라와의 인터뷰 기사를 이곳에 옮겨 싣기로 결정했다.

선생님의 기고문을 읽어 보면 드레퓌스 사건에 대해 어떤 견해를 갖고 계신지 확연하게 알 수 있을 것 같습니다. 오늘 제가 이렇게 선생님을 찾아온 것은 자극적인 질문으로 세간의 관심을 끌 만한 대답을 얻고자 해서가 아닙니다. 제가 알고 싶은 것은 단 한 가지뿐입니다. 혹시 드레퓌스 사건처럼 극적이고 특별한 사건을 다음 번 작품의 주제로 사용하실 생각은 없으신지요?

"당신이 프랑스인이었다면 난 아무 대답도 하지 않았을 겁니다. 그 이유는 굳이 설명하지 않아도 잘 아시리라 생각합니다. 하지만 당신은 러시아 독자를 위해서 러시아어로 기사를 쓸 것이기 때문에 질문에 대답해 드리도록 하겠습니다. 그렇습니다, 이 사건을 접하게 되고 더 깊이 알게 되면서 나는 자연스럽게 이 사건을 작품에 반영할 생각을 하게 되었습니다. 하지만 어떤 것을 어떤 방식으로 그리게 될지는 나 자신도 아직 모릅니다. 이 사건은 비통하고도 고귀한 한 편의 인간 드라마이며, 그 속에서는 수많은 이해관계가 서로 얽혀 있으면서 갈등을 조장하고 있습니다! 이 이야기 속의 인물들을 되살리는 것은 무척 흥미로운 작업이 될 것입니다! 물론 무대에 올리거나 '스캔들'을 조장하기 위해서가 아니라, 진실과 정의를 위한 투쟁이 중심이 되는 작품을 쓰기 위해서 말입니다. 그것이 처음에 내가 생각했던 것입니다. 그런데 다시 생각해 보니 그런 형식의 글은 이 사건과는 어울리지 않는다는 판단이 들었습니다. 그래서 다른 방식의 글쓰기를 모색했지요. 그리고 결론적으로 실제로 있었던 일들을 그대로 들려주는 역사 이야기보다 더 흥미롭고 감동적인 방식의 글은 없을 거라는 생각을 하게 되었습니다."

이 시대의 유명 작가는 점점 더 열을 올리면서 이야기를 이어 갔다.

"그렇습니다, 난 이 사건에 대한 이야기를 글로 남길 생각입니다. 나는 이 사건의 전모를 있는 그대로 잘 알고 있기 때문입니다. 나는 진실을 알고 있습니다. 역사에서 이보다 더 감동적이고 희귀한 일은 본 적이 없습니다. 한때는 파나마운하 사건에 관한 이야기를 쓸까 생각해 보기도 했습니다. 하지만 그 사건은 비열하고 추잡한 일들로 가득 차 있어서 내키지가 않았지요. 그런데 이 드레퓌스 사건에서는 강인한 의지와 열정을 가진 사람들과 비극적인 아름다움, 더없이 사악한 범죄행위—국제 관계에서 흔하게 볼 수 있는 첩보 행위를 말하는 게 아닙니다—그리고 우리 시대에 보기 드문 독특한 인물들을 모두 만날 수 있습니다. 그러니 이 사건의 세세한 내막과 주요 등장인물들의 심리적 동기를 그려 내는 이야기보다 더 흥미로운 게 어디 있겠습니까? 게다가 이보다 더 교육적인 게 또 있을까요? 인간의 심리를 그려 내는 게 직업인 나로서는 내게 꼭 알맞은 영역을 발견한 셈이지요. 무엇보다 개성이 더없이 뚜렷한 등장인물들을 보십시오! 이 사건을 이끌어 가는 세 인물과 같은 예는 그 어디에서도 찾아보기 힘들 겁니다. 이 세 인물은 전형적인 세 가지 유형을 이루고 있습니다. 앞서 얘기한 쉐레르-케스트네르, 결백한 드레퓌스 그리고 진짜 반역자……."

졸라는 그의 집 전체를 지배하는 깊은 침묵 속에서 우렁차고 또렷한 목소리로 자신의 생각을 막힘없이 풀어 나갔다.
"이 세 인물 외에도 거짓에 현혹되어 진실에 맞서 싸우는 인물들과 그 진실을 요구하며 진실을 위해 싸우는 인물들이 있습니다! 역사학자에게 이보다 더 흥미로운 이야기는 없을 것이며, 역사에서 이보다 더 숭고한 주제는 없을 것입니다. 이 모든 것은 종국에는 진실과 정의를 위한 투쟁으로 귀결되니까요. 당신은 내게 그 인물들이 누구인지 어떤 사람들인지 물었습니다. 내 기고문을 읽었다면, 내 말을 주의 깊게 듣는다면 그들이 누구인지 짐작할 수 있을 것입니다. 그리고 대략 짐작이 된다면, 어째서 내가 머지않아 진실이 밝혀지리라고 믿는 대다수 사람들의 확신에 동의하지 않는지를 이해할 수 있을 겁니다. 그렇습니다, 사건 자체는 아주 단순하고 명백합니다. 하지만 너무나 중요한 인물들과 그들의 이해관계가 진실의 목소리를 억누르고 있어서 진실을 밝히는 데는 시간이 걸릴 것입니다. 언젠가는 반드시 모든 진실이 만천하에 드러나고 말겠지만 말입니다. 인내와 노력을 요하는 힘들고 긴 여정이 되겠지만 모든 것은 반드시 밝혀질 것입니다! 지금 자신들의 강력한 힘을 이용해 진실과 맞서 싸우는 사람들은 시인의 이 말을 되새겨야 할 것입니다. 언젠가는 반드시 이렇게 되고 말 테니까요. '제우스는 벌주려는 사람들을 광기에 휩싸이게 한다'[7]."

"물론 나는 이 사건이 모두 해결된 후에야 비로소 사건에 관한 이야기를 쓸 것입니다. 한편으로는, 내게는 매일 어김없이 해야 할 일과 정해진 기일 내에 마쳐야 할 원고가 있고, 역사를 제대로 평가하기 위해서는 그 결말을 기다려야 하기 때문입니다. 역사는 나름대로의 흐름이 있는 법이니까요. 따라서 나는 지금까지 한 얘기 외에는 더 이상 아무 말도 하지 않을 것이며 아무것도 쓰지 않을 것입니다. 이렇게라도 이야기하는 것은 당신이 러시아인이기 때문입니다. 보시다시피 지금 프랑스 언론은 아주 약간의 예외를 제외하고는 모두가 고삐 풀린 말처럼 미쳐 날뛰고 있습니다. 온갖 스캔들이 난무하고 인간의 감정들마저 왜곡돼 있는 실정입니다! 맙소사, 이렇게 당신과 이야기하면서 위대한 러시아를 떠올리다 보니 마음이 참으로 착잡해지는군요. 풍속과 국민성 등 모든 게 우리와는 다른 러시아인들이 우리에 대해 어떻게 생각할지? 이처럼 광분하는 언론을 보며 우리를 어떻게 생각할까요? 어쩌면 상트페테르부르크에서는 지금 프랑스에서 일어나는 일들을 전해 듣고 상황을 이해할 수 있을지도 모릅니다. 하지만 지방에서나 다른 도시들에서는 이 엄청난 거짓말들과 누가 보아도 명백한 진실을 의도적으로 파묻으려고 하는 추악한 시도들에 대해 어떤 생각들을 할까요, 이처럼 역사적으로 전례를 찾아보기 힘든 끔찍한 비극에 대해서? 하지만 지금으로서는 더 이상 자세히는 말할 수 없음을 이해해 주시기 바랍니다. 나는 침묵할 수밖에 없습니다. 작업에 몰두해야 하는 터라 개인적으로는 아무것도 할 수가 없기 때문입니다."

<u>지금 어떤 작품을 준비하고 계신가요? 그리고 앞으로의 계획에 대해 말해 주실 수 있으신가요?</u>

"내가 구상 중인 작품들에 대해 말하는 걸 좋아하지 않는다는 것을 잘 아실 텐데요. 지금으로서는 그중에서 어떤 작품을 먼저 시작하게 될지 나도 아직 모릅니다. 하지만 지금부터 한 달이나 6주 후에 이번 소설[8]의 인쇄가 끝나는 대로 앞으로의 계획과 구상에 대해 말씀드릴 수 있을 듯합니다."

외젠 세메노프

〈르 마탱〉, 1897년 12월 4일

12월 4일, 의회에서는 드레퓌스 사건에 관한 알베르 드 묑의 대정

---

[7] 고대 그리스의 3대 비극 시인의 하나인 에우리피데스가 한 말이다.
[8] 당시 〈르 주르날〉 지에 연재 중이던 소설 《파리》를 가리킨다. 신문 연재가 끝나고 1898년 3월 1일에 샤르팡티에 출판사에서 단행본으로 출간되었다.

부 질문에 이어 오랜 시간 동안 토론이 이어졌다. 총리인 쥘 멜린은 모든 반대 의견들을 묵살하면서 의원들의 박수갈채 속에서 거듭 강조했다. "드레퓌스 사건은 존재하지 않습니다. 지금도 그렇고 앞으로도 그럴 것입니다." 그리고 국방부 장관인 비요는 다음과 같이 덧붙였다. "나는 군부의 수장이자 군인으로서 양심에 맹세코 군사법원의 판결이 정당하게 내려졌으며 드레퓌스가 유죄임을 굳게 믿고 있음을 선언합니다." 의회는 '기왕의 판결의 권위'를 강조하며 토론을 끝마쳤다. 그리고 최종적인 선언에서 '군부에 대한 국방부 장관의 경의에 동참하며 정부의 발표를 승인한다'고 밝혔다.

이런 말들 앞에서 어떻게 분개하지 않을 수 있겠는가? 졸라는 〈로로르〉지에 허락한 인터뷰에서 엄청난 분노를 폭발시켰다.

4
무슈 졸라와 의회의 투표
무슈 에밀 졸라의 자택에서

어제 아침 나는 무슈 에밀 졸라에게 물었다.

<u>드레퓌스 사건에 관한 의회의 투표에 대해 어떻게 생각하십니까?</u>

내 말에 대가의 얼굴이 시뻘게졌다. 그는 분노를 참지 못하고 두 주먹을 불끈 쥐면서 대답했다.

"의회는 수치스럽게도 또다시 불명예를 자초했습니다. 어제, 저들은 역겨운 짓거리를 자행함으로써 스스로의 얼굴에 침을 뱉은 것입니다. 나는 오늘 잠에서 깬 후부터 어떻게 저들에게 내 분노를 알게 해 줄지 그 방법을 찾고 있습니다. 이렇게 기막힌 일이 일어나는 시대에 살고 있다니 참으로 통탄스럽습니다! 이처럼 부끄럽고 추한 광경을 지켜보아야 하다니!"

"연단에 올라가서 이성적이고 양식 있는 연설을 할 수 있는 의원이 단 한 사람도 없다니! 이렇게 외칠 수 있는 용기 있는 의원이 단 한 명도 없다니! '오, 이 옹졸하고 근시안적인 무리여, 이것은 당신들의 허황된 정치 책략에서 비롯된 일시적이고 하찮은 이해관계를 넘어선, 당신들의 증오심과 앙심을 넘어선 인류애와 정의의 문제임을, 프랑스의 명예가 걸려 있는 문제임을 왜 알지 못하는가! 당신들은 지금 옳지 못한 일을 하고 있으며 의회의 술책에 말려들고 있음을 어째서 깨닫지 못하는가! 하늘마저 분노하고 있으며, 온 유럽이 그대들을 지켜보고 그대들이 하는 말에 귀 기울이며 그대들을 판단하고 있음이 정녕 느껴지지 않는가!'"

"평소 나는 많은 사람들의 방문을 받습니다. 그런데 요즘 나를 찾아오는 외국인들은 하나같이 내게 이렇게 묻곤 합니다. '프랑스는 이제 더 이상 우리가 예전에 알던 그 위대한 프랑스가 아닌 것입니까? 관대하고 정의로운 나라 프랑스는 어디로 갔나요? 이 나라에서 대체 무슨 일이 일어나고 있는 겁니까?' 그러면 나는 나의 열렬한 애국심에 상처를 받고 슬픔과 수치심에 몸 둘 바를 모르면서 그들에게 어떻게 대답해야 할지 심히 난감해지곤 합니다."

"그렇습니다, 안타깝게도 프랑스는 더 이상 예전의 프랑스가 아닙니다. 건드리는 것마다 썩게 만드는 부패한 정권이 이 나라를 통치하고 있기 때문입니다. 더 이상 확신도 원칙도 없이, 오직 돈에 대한 사랑과 정치적 책략만이 난무하는 그런 정권 말입니다."

"이것이 바로 지금 우리가 처한 현실입니다. 더러운 진흙탕이 따로 없지요! 의회에는 양심적인 인물이 단 한 사람도 없습니다. 그래요, 단 한 명도 없습니다. 자신의 의무가 무엇인지를 알고, 어리석은 자들이 야유를 보내건 말건 소신을 가지고 그 의무를 다할 사람이 단 한 사람도 없다는 게 말이 됩니까?"

"아! 라마르틴이나 루이 블랑,[9] 빅토르 위고 같은 이들이 있었다면 일이 이 지경에 이르지는 않았을 것입니다. 위고 같은 이는 우렁찬 목소리로 정의를 외치고 인권을 옹호함으로써 역겨운 술책이 횡행하는 것을 막았을 것입니다. 그는 뛰어난 웅변술과 관대한 말들로써 그가 목표하는 바를 반드시 이루었을 테니까요."

"내일을 두려워하면서 교묘한 거짓말과 말장난으로 자신들을 보호하기에 급급한 각료들을 보십시오! 우리는 저들이 하는 말의 행간을 읽어야 합니다. 저들은 일이 잘못되었을 때 빠져나갈 문을 만들어 놓으려고 의도적으로 모호함을 연출하고 있습니다. 아마 저들보다 더 파렴치하면서 동시에 어리석은 사람들을 찾기는 불가능할 것입니다."

"한 예를 들어 보자면, 천하의 바보가 아니고서야 어떻게 드레퓌스 사건과 에스테라지 사건이 관련이 없다고 주장할 수 있겠습

---

9 Louis Blanc(1811~1882). 프랑스의 역사가이자 사상가로 보통선거제를 주장하고 노동조합을 결성, 영세업자와 노동자의 빈곤을 없애야 한다고 역설하였다. 저서에 《프랑스혁명사》등이 있다.

니까? 에스테라지는 다름 아닌 드레퓌스를 유죄로 만든 명세서의 장본인으로 고발을 당한 것인데도 말입니다."

"오늘날 군대는 모든 사람을 의미합니다. 프랑스인 모두가 군인이기 때문입니다. '군부의 명예'를 언급하기만 하면 반대파들은 즉시 입을 다물고 의회의 의원들은 순한 양처럼 고분고분해집니다. 군부를 공격한다는 게 대체 무슨 뜻입니까? 그런 건 아무 의미도 없는 말입니다. 첫 번째 군사법원으로 소환된 에스테라지가 군부를 대표하는 인물입니까? 설령 반역자가 아니라고 해도 적어도 그럴 소지가 다분한 인물과 비요 장군이 연대감을 느낀다는 게 말이 됩니까?"

"참으로 딱한 사람들입니다! 다른 때 같았으면 아마 한바탕 웃고 말았을 겁니다. 군사법원이 단죄했던 과거의 혁명가들이 군사법원은 결코 과오를 범할 수가 없다고 주장하다니, 이거야말로 코미디가 아니고 무어겠습니까?"

"오! 나는 저들을 잘 알고 있습니다, 군사법원 말입니다! 1871년에도 저들이 어떤 짓을 했는지 똑똑히 보았기 때문입니다."

"나는 이미 여러 차례 저들의 마수에 걸려든 친구들을 구하기 위해 애쓴 적이 있습니다. 그래서 저들이 어떤 식으로 판결을 내리는지 잘 압니다. 어떤 식이냐고요? 저들의 방식은 우리의 상상을 초월합니다."

"아뇨, 결코 틀리지 않는 군사법원 같은 건 없습니다. 게다가 선의를 가진 군사법원의 재판관들도 다른 사람들보다 더 잘못된 판단을 내릴 수도 있으며, 무고한 사람에게 유죄판결을 내릴 수도 있습니다."

"정치인들은 그런 점을 이해하려고 하지 않는 것입니다. 그게 바로 그들이 부끄러움을 느껴야 하는 이유입니다. 마지막으로 당신에게 한 가지 부탁이 있습니다. 저들이 내게 불러일으키는 경멸과 역겨움을 충분히 나타낼 수 있는 표현을 아직 찾지 못했는데, 혹시 적절한 표현이 떠오르면 그걸로 기사를 써 주시기 바랍니다. 그리하면 무척 감사하게 생각할 것입니다."

무슈 졸라는 자리에서 일어나 나를 배웅했다.

<u>선생님은 어제 투표가 어떤 결과를 초래할 거라고 생각하십니까?</u>

그는 계단을 내려가면서 대답했다.

"아무것도요. 우리 국회의원들은 허공에서 움직이는 꼭두각시들과 같습니다. 그들의 말은 바람에 쓸려 가고 마는 허황된 것에 불과합니다. 구름이 하늘을 가리고 있다고 해서 빛이 우리에게 오는 것을 막을 수는 없는 것처럼 저들은 진실이 계속 전진하는 것을 막지는 못할 것입니다."

무슈 졸라는 현관으로 통하는 유리문 틈으로 이렇게 덧붙였다.

"의회의 투표는 스캔들에 목말라 하는 쓰레기 같은 언론에 일시적인 만족감을 줄 뿐입니다. 올바른 소신을 지키기보다는 판매 부수를 늘리는 것에만 급급하면서 프랑스를 혼란에 빠뜨리고 와해시키는 그런 언론 말입니다."

필리프 뒤부아

〈로로르〉, 1897년 12월 6일

12월 5일, 졸라는 〈르 피가로〉지에 세 번째 기고문 '조서'를 발표했고, 신문의 보수적인 구독자들로부터 구독을 중단하겠다는 위협이 점점 더 커져 갔다. 그리하여 졸라는 〈르 피가로〉지와의 언론 캠페인을 중단하고, 그의 발행인인 외젠 파스켈과 뜻을 같이하여 12월 14일, 처음으로 공개편지 형식의 글을 팸플릿으로 펴냈다. 그는 가능한 한 많은 수의 새로운 독자를 겨냥했고, 그 첫 번째 대상으로 청년들을 선택했다('청년들에게 보내는 편지'). 졸라는 쉐레르-케스트네르의 집 근처에서 있었던 학생들의 시위 현장을 보고 글의 주제를 떠올렸다고 한다. 당시 쉐레르-케스트네르는 철저하게 고립돼 있었다. 12월 7일, 상원의 동료들 앞에서 드레퓌스 사건의 재심의 필요성을 역설하는 긴 연설을 했지만 그에게 돌아온 것은 비아냥거림과 야유뿐이었다. 쉐레르-케스트네르의 주장은 누구의 공감도 얻어 내지 못했고 정부의 태도를 변화시키지도 못했다.

다음에 이어질 세 번의 인터뷰는 파리의 중죄재판소에서 열린 졸라의 재판 전후를 극적으로 보여 주면서 그 쟁점을 가늠해 보게 한다. 처음 두 번의 인터뷰는 2월 7일로 예정된 졸라의 재판이 열리기 직전에, 마지막 세 번째 인터뷰는 2월 23일 그에게 유죄판결이 내려진 직후에 이루어진 것이다.

5

오늘 소송에 관하여 :
무슈 에밀 졸라와의 인터뷰

무슈 에밀 졸라가 센의 법정으로 출두하기 직전에 우리는 운 좋게도 그 용기 있는 저명한 작가를 신속하게 인터뷰할 수 있었다. 그는 우리에게 조심스럽게 자신의 생각을 밝히는 데 동의했고, 우리는 그의 선언에 전적으로 지지를 표하는 바이다.

"보시다시피 엄숙한 심리의 순간이 다가올수록 생각이 더욱더 차분해지면서 나 자신에 대해 강한 확신을 느끼고 있습니다. 물론 이 끔찍한 사건의 초기부터 그 확신은 나를 떠난 적이 없습니다."

"언뜻 생각하기에는, 전투를 시작하기 직전에 이렇게 개인적인 느낌을 얘기하는 것은 그 좁은 시각으로 인해 프랑스와 전 세계의 주목을 받고 있는 중대한 사건의 의미를 축소시키는 것처럼 보일지도 모릅니다."

"하지만 이 순간부터 에밀 졸라라는 이름의 나 자신은 사라지고 없음을 주목해 주시기 바랍니다. 이제부터는 내가 아닌, 내가 부각시킨 사실들만이 서로 대립하며 움직이게 될 것입니다. '진실이 전진하고 있고, 그 무엇도 그 발걸음을 멈추게 하지 못하리라'라고 말했던 내가 잘못 생각했던 걸까요? 아니, 그렇지 않습니다. 빗발치는 항의에도 불구하고 내일 열리게 될 재판은, 우리가 알지 못하는 새에 진실이 전진하기 위한 진지한 첫 번째 행보로 기록될 것입니다."

"나는 약간의 노력만으로 이러한 결과를 이끌어 낼 수 있었다는 것에 기쁨을 느낍니다. 그럼으로써 내 역할은 끝나는 것이며, 이제 사건은 순리대로 흘러갈 것입니다. 그리하여 짙은 어둠을 뚫고 솟아 나온 환한 빛이 우리를 비추어 줄 것임을 확신합니다."

"따라서 오늘 나는 진실을 위한 캠페인에 동참한 것을 조금도 후회하지 않습니다. 아니, 그 어느 때보다도 그 사실을 더 자랑스럽게 생각하며, 정의와 인류애라는 대의를 위해 글을 쓸 수 있으며, 오랫동안 글을 써 온 작가로서의 내 지명도가 사건을 널리 알리는 데 보탬이 될 수 있음을 기쁘게 생각합니다. 따라서 나는 편안한 마음으로 저 배심원들 앞에 서게 될 것입니다. 진실이 어디에 있건 그 진실을 지켜 낸다는 강한 신념만이 나를 이끌어 줄 유일한 힘이 될 것입니다."

이와 같은 말에 달리 무슨 코멘트가 필요하겠는가?

〈르 디즈-뇌비엠 시에클〉, 〈르 라펠〉, 1898년 2월 8일

6

소송 주변 이야기
브뤼셀 가에서

무슈 에밀 졸라는 중죄재판소로 향하기 전에 그에게 지지를 표명하기 위해 찾아온 몇몇 친구들과 잠시 이야기를 나누었다. 그의 자택의 응접실과 당구대가 놓인 접견실은 마담 졸라가 섬세하게 배치해 놓은 꽃들과 식물들로 둘러싸여 있었다.

저명한 소설가에게서는 재판의 결과에 대해 염려하는 기색을 전혀 찾아볼 수 없었다.

"재판의 결과가 어떠하든 간에 나는 만족할 것입니다. 양심에 거리낄 것이 없으니까요. 나는 오직 내 양심에 따라 행동했을 뿐이며, 양심이 내리는 판결이 그 어떤 판결보다도 중요합니다. 인류의 양심 앞에서 진행되는 재판에서는 무죄판결이나 유죄판결과 같은 결과는 중요하지 않습니다. 내가 유죄판결을 받음으로써 나의 안식과 명예를 건 이 싸움의 결말을 앞당길 수만 있다면 나는 기꺼이 유죄판결을 받는 쪽을 택할 것입니다."

진실과 정의라는 아름다운 대의를 위해 석 달 전부터 작품 집필을 중단한 무슈 졸라는 미소를 지으면서 이렇게 덧붙였다.

"내가 만약 유죄판결을 받는다면 감옥은 내게 자유를 되돌려 줄 것입니다. 나는 새로운 은둔처에서 홀로 차분하게 중단했던 글쓰기를 다시 시작할 수 있을 테니까요."

"나는 드레퓌스 가족과 아무런 관계가 없습니다. 무슈 마티외 드레퓌스를 만나 본 적도 없으며, 마담 드레퓌스도 전혀 알지 못합니다. 거취를 자유롭게 하기 위해 지금까지 모든 만남을 거절해 왔기 때문입니다. 따라서 나는 배심원들 앞에서 당당하게 말할 권리가 있습니다. 지금까지 나는 독자적으로 행동해 왔으며, 나를 이끄는 유일한 동기는, 사법적 오판이 저질러진바 그것을 바로잡기를 거부하는 맹목적인 고집은 개인과 공공의 자유에 커다란 위험을 초래하게 될 것이라는 굳은 확신뿐이라고 말입니다."

"내게 드레퓌스의 결백은 햇빛처럼 명백하고 부인할 수 없는 것입니다."

"나는 우리가 반드시 승리할 것이라는 절대적인 확신을 갖고 있습니다."

아침나절에 무슈 에밀 졸라의 자택 앞에는 몇몇 사람들이 무리를 지어 기다리고 있었다. 하지만 브뤼셀 가를 지키고 있던 열두 명의 경관들이 개입할 일은 일어나지 않았다.

무슈 졸라는 10시 45분에 그를 기다리고 있던 승합 마차에 올라타고 법원으로 향했다.

R. 라코

〈로로르〉, 1898년 2월 8일

―

열다섯 차례의 공판 끝에 2월 23일, 졸라는 명예훼손죄에 대한 법정 최고형인 징역 1년에 3천 프랑의 벌금형을 선고받았다.

7

무슈 에밀 졸라의 자택에서 :
꽃과 꽃다발―공감과 경의―휴식을 취하다―희망과 용기

엊그제 무슈 에밀 졸라가 유죄판결을 받았다는 소식이 전해지자 그의 자택이 있는 브뤼셀 가에는 그를 지지하는 편지들이 답지하기 시작했다. 그때부터 끊임없이 배달되는 편지가 수북이 쌓여갔고, 자택의 현관은 꽃과 꽃다발로 발 디딜 틈이 없었다. 편지들은 졸라에게 존경과 애정, 지지와 성원을 보내는 내용들로 가득했다.

하인을 따라 2층의 접견실로 들어가자 가구 위마다 꽃다발이 가득 쌓여 있었다. 당구대 위에는 커다란 월계관이 놓여 있었다.

무슈 졸라가 먼저 입을 열었다.

"먼저 한 가지 부탁이 있습니다. 내게 격려 카드와 전보를 보내준 분들에게 내 이름으로 감사 인사를 좀 드려 주십시오. 내가 아는 친구들도 있고 알지 못하는 분들도 있는데, 그 수가 너무 많아서 일일이 답장을 할 수가 없군요."

우리는 재판에 관해 이야기했다. 무슈 졸라는 매우 차분했고, 자신이 유죄판결을 받은 사실에 대해 이야기하는 중에도 어떤 동요의 빛도 보이지 않았다.

"이미 예상했던 결과입니다. 드 펠리외 장군과 드 부아데프르 장군이 개입해 내가 군대의 명예를 해쳤다는 터무니없는 주장으로 배심원들에게 압력을 행사할 때부터 이런 결과가 나올 것으로 확신하고 있었으니까요. 이 재판은 기소의 동기 자체가 왜곡돼 있었습니다. 배심원들의 평결이 애국심의 문제와 연관되어 있었으니까요. 그때부터 라보리 변호사의 훌륭한 변론과 클레망소의 치밀한 논증도 저들이 나를 단죄하는 것을 막을 수 없었습니다."

<u>항소를 하실 건가요?</u>

"물론입니다, 이미 그리했습니다. 하지만 오늘은 좀 쉬고 싶군요. 당분간은 가까운 친구들만 만날 생각입니다. 열다섯 차례의 공판을 거치느라 몹시 피곤하거든요. 몇 시간 정도는 쉬어도 되지 않을까 생각합니다."

무슈 졸라와 대화를 하던 중에 우리는 엊그제 그에게 유죄를 선고한 파리의 중죄재판소 앞에서 있었던 격렬한 시위에 관해 이야기했다. 대가는 내게 이렇게 말했다.

"나는 파리가 그 일에 책임이 있다고 생각하지 않습니다. 그건 내가 알던 파리의 모습이 아닙니다. 내가 그토록 사랑하는 파리는 그런 짓을 할 리가 없으니까요. 내겐 진실의 목소리를 파묻어 버리기 위해 끔찍한 구호를 외쳐 대는 파리는 존재하지 않습니다. 나는 돈을 받고 끔찍한 구호를 외쳐 대는 광신자 무리와 우리의 위대하고 관대한 파리 시민을 혼동하지 않습니다."

대가는 나를 배웅하면서 이렇게 덧붙였다.

"내 신념에는 변함이 없습니다. 진실은 반드시 밝혀질 테니까요. 내가 재판을 받는 중에도 이미 진실이 드러나기 시작하지 않았습니까. 나는 낙담하기는커녕 정당한 대의를 위해 나 자신을 바친다는 확신과 용기와 희망으로 가득 차 있습니다."

필리프 뒤부아

〈로로르〉, 1898년 2월 25일

4월 2일, 파기원의 형사부는 형식상의 문제를 들어 졸라와 〈로로르〉지에 유죄판결을 내린 중죄재판소의 판결을 파기했다. 졸라를 고소할 수 있는 것은 에스테라지에게 무죄판결을 내린 군사법원이지 국방부가 아니라는 이유 때문이었다. 이를 위한 졸라 측 변호인은 앙리 모르나르 변호사[10]였다. 그는 효과적인 변론으로 졸라의 재판을 무효화할 수 있었다. 졸라의 소송에 있어서 새로운 전개를 기대하게 하는 기회를 맞이하여 폴 드자키(훗날 드레퓌스 사건에 관한 기념비적인 연보를 작성했다)는 〈르 라펠〉지와 〈르 디즈-뇌비엠 시에클〉지를 위해 다음의 인터뷰를 진행했다.

10 파기원과 참사원의 변호사였던 앙리 모르나르(Henry Mornard)는 파리 중죄재판소와 베르사유의 판결에 대한 졸라의 항소심을 변호했다. 또한 1898년 10월, 뤼시 드레퓌스의 재심 청구와, 1904년에는 렌의 재판의 재심을 위해, 1906년에는 드레퓌스 재판의 환송 없는 파기를 위해 변호했다.

8

에밀 졸라의 자택에서

에밀 졸라는 중죄재판소에서 그에게 내린 선고를 파기한 파기원의 판결 이후 그 어떤 인터뷰에도 응하지 않았다. 수많은 기자들이 브뤼셀 가에 위치한 그의 자택의 문을 두드렸지만 허사였다. 그러다 그중 몇몇 인터뷰에 응한 것은 그들이 그의 힘든 시절에 늘 그에게 힘이 되어 주었던 친구들이기 때문이었다. 그럼에도 불구하고 그는 그들에게조차 몹시 신중한 태도를 보였다. 그들의 잘못된 해석으로 그가 느꼈을 만족감을 왜곡하는 것을 원치 않았기 때문이었다.

우리는 존경받는 작가의 뜻을 존중하기로 했다. 게다가 그의 마음을 헤아리는 건 그리 어려운 일이 아니었다. 정의와 인권을 부르짖는 그가 마침내 칠흑 같은 어둠을 뚫고 한 줄기 빛이 비치는 것을 보면서 느꼈을 커다란 안도감을 충분히 짐작할 수 있었다.

하지만 에밀 졸라의 단호한 의지에 따라 그가 최고법원의 결정에 대해 어떤 평가를 내렸는지를 공개할 수는 없다고 하더라도, 지금 그의 '기분'이 어떤지를 이야기하고, 최종 판결이 내려지기 몇 시간 전에 그와 함께 나눈 대화를 여기에 싣는 것은 별문제가 없으리라고 판단했다.

이미 그때부터 행복한 결론에의 기대가 싹트고 있었기 때문이다. 중죄재판소에서 권위를 인정받는 검찰위원 무슈 샹바로는 재판부로 하여금 사건을 좀 더 공정한 시각으로 보게 했다. 또한 무슈 마노 검사장은, 수많은 사람들이 피해 간 위험 앞에서 서슴없이 자신의 모든 것을 내던짐으로써 나약한 이들을 일깨우고 그의 주변으로 강한 확신을 전파시킨 대작가의 고귀한 행위를 언급하면서 반 카셀 차장검사나 파이요의 독설이 담긴 논고에 답했다.

하지만 이러한 긍정적인 징조들에도 불구하고 무슈 졸라는 자신에게 유죄판결을 내린 재판이 무효화된다는 사실을 믿으려고 하지 않았다.

"아니, 그럴 리가 없소. 어떻게 그런 일이 있을 수 있겠소. 나로서는 믿기가 힘들군요."

그는 그 말밖에 하지 않았지만 나는 그 순간 그의 심경이 어떠할지 어렴풋이 짐작할 수 있었다. 드레퓌스 대위의 단죄로부터 겁에 질린 배심원들에 의한 그 자신의 단죄에 이르기까지, 끔찍한 혼돈 속에서 끝없이 반복되는 부당함과 불의, 치명적인 쇠사슬로 엮여 있는 것처럼 서로를 부추기며 함께 그릇된 길로 빠져드는 사악한 이들의 집요한 음모와 술책…… 졸라는 우리의 정당한 기대에도 불구하고 여전히 불의가 지배적이라는 생각을 떨쳐버리지 못하고 있었다. 그는 최고 사법기관에 아직까지 자유로운 생각을 가진 사람들이 남아 있을 것이라고 믿지 않았다. 모두들 자신들이 무슨 짓을 하는지도 모르는 무지한 대중의 분노와 궁지에 몰린 정부의 파렴치한 위협으로부터 자기 자리를 지키고자 전전긍긍하는 때가 아닌가.

하지만 나는 무슈 졸라가 사람들에게 진실을 밝히면서 해명하고 그들을 설득하는 글을 발표한 이후 여론이 어떻게 돌변했으며, 머지않아 싹을 틔울 씨처럼 그의 말이 대중 한가운데까지 파고들어 널리 퍼져 나가고 있음을 알렸다.

또한 전날, 그처럼 진실을 열렬히 추구하는 또 다른 위대한 작가 아나톨 프랑스와 나눈 이야기를 전했다. 아나톨 프랑스 역시 파리 사회와 그의 주위에서도 진실이 지속적으로 퍼져 나가고 있음을 느끼고 있었다. 그는 사법부 내의 친분 덕분에 곧 파기원에서 일어날 일을 미리 전해 들을 수 있었다. 아나톨 프랑스는 검찰위원이 졸라의 재판을 무효화하는 것으로 결론을 내리던 그날 아침까지도 그 이야기를 반복했다. 그리고 그의 말은 곧 사실임이 확인되었다.

내 말에 에밀 졸라는 이렇게 말했다.

"그래요, 어쩌면 그럴지도 모르지요. 주사위가 던져진 지금 나 역시 진실의 빛이 조금씩 사람들의 마음속을 비추고 있음을 느끼니까요. 하지만 그렇다고 해서 우리가 두려워할 일이 모두 사라진 걸까요? 소심한 배심원들을 겁주기 위해 자신들이 수호해야 할 나라를 위협하기까지 했던 자들이 또 어떤 압력을 가해 올지 모르는 일입니다. 그렇지 않다면 내 변호인인 무슈 모르나르는 검찰위원이 내린 결론에 기뻐해야 당연한 거겠지요. 그런데 공판 후에 내게 보내온 편지에서 그는 회의적인 전망을 얘기하고 있었어요. 그 역시 당신이 말한 것처럼 서서히 진실의 부화(孵化)가 진행되고 있음을 느끼고 있으면서도 말입니다. 그의 최근 편지에서는 이제는 그도 조금은 기쁜 결말을 기대하고 있다고 하더군요."

"분명히 말씀드리지만, 나로서는 공판의 결과가 어떠하든 아무 상관없습니다. 나는 내 양심이 시키는 대로 내게 주어진 절대적인 의무를 다했을 뿐이니까요. 내가 감당해야 할 모든 책임과 결과에 대해 충분히 숙고했고 말입니다. 나는 내가 가야 할 길을 곧장 나아갔습니다. 그리고 어제 했던 일을 오늘 똑같이 다시 할 수도 있습니다."

"그 길 끝에 어떤 희생이 나를 기다리고 있을지 그런 건 개의치 않습니다. 만약 내 짐작대로, 여러분의 기대에도 불구하고 내 변호사가 주장하는 파기 건을 법정이 받아들이지 않는다면, 나는 메당에서 몇 가지 일을 처리한 후 4월 15일에서 20일 사이에 감옥에 수감될 것입니다. 아무리 나를 적대시하는 사람들이라 할지라도 내게 꼭 필요한 단 며칠간의 자유마저 앗아 가진 않겠지요. 긴 시간 동안 영어(囹圄) 생활을 하기 전에 내가 그토록 사랑하는 전원 풍경 위로 봄을 알리는 햇살이 비치는 것을 볼 수 있게 해 주리라 믿습니다."

존경하는 대작가여, 머지않아 봄을 알리는 태양이 떠오를 것입니다. 하늘은 파랗고, 햇빛은 더없이 투명하며, 우리의 마음속에는 거대하고 충만한 기쁨이 넘쳐흐르게 될 것입니다. 새벽녘, 저 너머 지평선의 구름이 물러간 자리에서 우리에게 손짓하는 것은 환한 햇살처럼 눈부시게 빛나는 '정의'라는 이름의 태양이기 때문입니다.

폴 드자키

〈르 라펠〉, 1898년 4월 4일

―

4월 8일, 에스테라지에게 무죄판결을 내렸던(1898년 1월 10~11일) 군사법원이 파리의 셰르슈미디 군사교도소에서 다시 모임을 가졌다. 그리고 군사법원만이 졸라를 고소할 수 있다는 파기원의 판결에 따라 손해배상 청구인으로서 그를 고소하기로 결정했다. 그 소식이 알려지자마자 현지에서 졸라의 반응을 취재하기 위해 〈르 마탱〉의 리포터가 즉시 메당으로 달려갔다. 인터뷰는 다음 날 신문에 실렸고, 졸라는 앞으로의 소송에 대비하기 위해 그의 변호사에게 편지를 보냈다.

9

무슈 에밀 졸라의 시골집에서 :
자전거 산책―지급(至急) 전보로 통보받다

군사법원의 공식적인 결정이 알려지자마자 우리는 생라자르 역에서 기차를 타고 메당으로 향했다. 무슈 에밀 졸라는 4~5일 전부터 그곳에 머물고 있었다.

우리는 저녁 9시가 되어서야 무슈 졸라의 시골집에 도착했다. 그의 집에서는 어떤 빛도 새어 나오지 않았다. 우리의 초인종 소리가 작은 시골 마을의 고요한 정적을 흔들어 놓았다. 무슈 졸라의 집 앞 정원에서는 그가 아끼는 스패니얼이 큰 소리로 짖어 대기 시작했다. 마침내 누군가가 굵은 목소리로 물었다. "거기 누구시오?"

그는 하인이었다. 그는 우리에게 무슈 졸라는 오후에 내내 자전거를 타고 난 후 몹시 피곤한 탓에 일찍 잠자리에 들 준비를 하고 있음을 알렸다. 하지만 우리는 그에게 명함을 전해 줄 것을 부탁했고, 무슈 졸라는 늦은 시각에도 불구하고 우리를 반갑게 맞아 주었다.

우리의 방문 이유를 짐작하고 있던 무슈 에밀 졸라는 우리를 보자마자 경쾌하고 다정한 분위기 속에서 군사법원의 결정에 대해 이미 알고 있음을 알렸다. 파리의 한 친구가 저녁에 보낸 지급 전보로 그 사실을 알게 되었다는 것이다. 게다가 무슈 졸라는 저들이 새로이 그를 기소할 것을 예상하고 있던 터였다. 하지만 군사법원이 졸라에게서 레지옹 도뇌르 수훈자 자격을 박탈하기를 바란다는 성명을 발표한 사실은 알지 못했다. 우리는 그에게 처음으로 그 소식을 전했다.

"이렇게 찾아와 주셔서 고맙습니다. 이제 모든 소식을 다 전해 들은 셈이군요."

이제 어떻게 하실 생각인가요?

"그런 건 묻지 말아 주십시오. 지금으로서는 여러분께 아무것도 말씀드릴 수 없으니까요. 우선 내 변호인과 상의를 해야 합니다."

하지만 군사법원이 이런 결정을 내릴 거라고 예상하셨는지 정도는 말해 주실 수 있지 않나요?

"물론입니다. 이미 예상했던 일입니다. 나는 애초부터 파기원의 판결이 사건을 모두 끝낼 수 있으리라는 기대 같은 건 하지 않았습니다."

"나는 이미 저들이 나를 또다시 기소할 것이라고 예상했습니다. 그렇게 굳게 믿고 있었습니다. 그런데 며칠 전부터 언론의 상당수와 다수의 동료들이 전혀 반대되는 의견을 내놓는 바람에 그런 확신이 다소 흔들린 게 사실입니다. 오늘 아침까지도 나도 내 마음을 잘 몰랐을 정도니까요. 내 재판으로 인해 심경의 변화를 일으킨 사람들이 이제는 다시 잘못이 반복되지 않도록 좀 더 신중하게 처신할 거라고 생각하기 시작했으니까요. 그런데 보십시오, 나의 처음 생각이 옳았던 겁니다. 따라서 나는 이번 결정에 별로 놀라지도 않았습니다. 그건 정부도 마찬가지일 거라고 생각합니다."

"사람들은 우리에게 '혼란에 빠진 프랑스를 생각하라'고 충고했습니다. 이제 국민들은 깨달았을 것입니다. 오늘 군사법원의 결정을 보면서, 이 나라에 또다시 혼란을 불러일으키고자 하는 것은 우리가 아니라는 사실을 말입니다."

무슈 에밀 졸라는 그 밖의 다른 질문에는 대답하기를 거부했다. 하지만 그가 지키고자 하는 대의를 위해서는 처음과 마찬가지로 절대적인 확신을 간직하고 있음을 거듭 강조했다.

"그렇습니다, 내 확신은 결코 흔들리지 않습니다. 조만간 진실은 찬란한 승리를 거두게 될 것입니다."

무슈 졸라는 그 말을 끝으로 우리에게 손을 내밀었고, 우리는 인사를 하고 그의 집을 나섰다.

〈르 마탱〉, 1898년 4월 9일

―

4월 10일, 졸라에게 또다시 소환장을 보낸 군사법원은 이번에는 '나는 고발한다…!'에서 '상부의 명령에 따라'라는 표현을 포함한 석 줄만을 문제 삼았다. 그럼으로써 재판의 규모와 심리의 범위를 가능한 한 축소하기 위해서였다. 졸라는 4월 14일, 〈로로르〉지에 군사법원의 소환에 항의하는 글 '새로운 불명예(Une nouvelle ignominie)'를 발표했다. 그 속에서 그는 법의 가면을 쓰고 벌이는 가면극과 같은 행위들에 대한 혐오감을 드러내며 다음과 같이 경고했다. "내가 그들이었다면 결코 발을 뻗고 편히 잠들지 못했을 것이다. 석 줄은 충분히 많은 것이다. 아니, 지나치게 많다. 누가 알겠는가? 이 석 줄 속에 갑자기 창문이 생겨나 그곳으로 자유의 햇살이 통과하게 될지?"

며칠 사이에 많은 일들이 일어났다. 필리프 뒤부아는 〈로로르〉지의 독자들에게 정확한 소식을 전하기 위해 메당으로 무슈 졸라를 찾아갔다.

10

무슈 졸라의 시골집에서:
자전거와 사진—평안과 휴식

파기원이 센의 중죄재판소의 판결을 무효화하는 판결을 내리던 날, 무슈 에밀 졸라는 평온하게 짐을 꾸려서 야외로 나갈 준비를 하고 있었다.

대작가에게는 오래전부터 매년 빠짐없이 치르는 연례행사가 있었다. 무슈 졸라는 해마다 이른 봄이면 그로 인해 유명해진 이 조그만 시골 마을 메당에 처음으로 봄을 알리는 잎들이 피어나는 것을 관찰하러 길을 나서곤 했다.

무슈 졸라로서는 이번에는 특별히 악취 풍기는 공기로부터 벗어날 수 있었다는 만족감이 더해져 자연의 깨어남을 지켜보는 즐거움이 배가되었다. 독을 품은 악취에 시달린 끝에 잠시나마 신선한 공기를 호흡할 수 있게 된 것이다.

드레퓌스의 용기 있는 옹호자는 자신의 의무를 다한 것에 만족하며 앞으로 일어날 일에 대한 염려를 잠시 접어 둔 채 친근한 들판과 숲 속에서 깊은 정적에 잠겨들고자 서둘러 길을 떠나려던 참이었다.

새로운 소환장이 메당에서 휴식을 취하고 있는 그를 다시 뒤흔들어 놓은 터였다. 참모본부의 기관지들은 욕설과 명예훼손, 중상모략으로 점철된 역겨운 언론 캠페인을 다시 시작했다.

무슈 졸라는 〈로로르〉지가 발표하는 영광을 누린 '나는 고발한다...!'를 통해 그들에게 응수했다. 그의 글은 전 세계에 반향을 불러일으켰다. 그런 다음 무슈 졸라는 다시 평온한 휴식을 취하러 길을 떠났다.

나는 〈로로르〉지의 독자들에게 무슈 졸라가 파리에서 벗어나 어떻게 시간을 보내는지를 들려주고 싶다는 생각이 들었다. 그곳으로 그를 찾아간 것도 그런 이유에서였다.

무슈 졸라의 시골집은 고요함과 고독을 좋아하는 사람에게는 안성맞춤인 곳에 자리 잡고 있었다. 길 끝에, 아니 좀 더 자세히 말하면 사람이 거의 지나다니지 않는 오솔길 끝에 위치하고 있었다.

마을의 나지막한 곳, 조그만 교회 뒤편으로 아름드리나무들이 무성한 가운데에 지어진 집이었다. 구불구불 아득하게 흘러가는 센강의 정경이 파노라마처럼 근사하게 펼쳐지는 강가와도 멀지 않은 곳이었다.

"무슈 졸라께서는 집에 계신가요?"

나는 초인종을 누르자마자 달려온 가정부에게 물었다.

"네. 지금 손님을 맞을 수 있으신지 여쭤 보고 올게요."

그녀는 즉시 다시 돌아와 1층의 조그만 응접실로 나를 안내했다. 데물랭이 그린 빅토르 위고 초상화 외에는 별다른 장식이 보이지 않는 방이었다.

곧이어 무슈 졸라가 나타났다. 자전거를 타는 차림으로.

"작업실에서 사진을 현상하던 중이었습니다. 요즘은 사진에 많은 시간을 할애하고 있지요. 풍경과 인물 사진을 모두 찍는데 아주 재밌어요. 그 밖에는 아주 가끔씩 찾아오는 몇몇 친구들 외에는 아무도 만나지 않고 신문에서 바깥소식을 아는 데 꼭 필요한 것만 읽으면서 지냅니다."

"한마디로, 가능한 한 완벽한 휴식을 취하려고 하고 있습니다."

"아침에는 느지막하게 일어나는 편입니다. 그리고 급한 편지들만 추려서 답장을 쓰지요. 오후에는 날씨가 아주 나쁘지만 않으면 자전거를 타고 몇 시간이고 달립니다."

"나머지 시간에는 지금까지 읽을 기회가 없었던 책들을 읽습니다. 그리고 저녁에는 일찍 잠자리에 들지요. 그게 답니다."

나는 무슈 졸라에게 한 가지 놀랄 만한 소식을 전했다. 에스테라지를 찬양하는 한 삼류 신문이 그가 파리 12구의 제2선거구에서 의원으로 출마할 것이며, 무정부주의자들이 그를 지지할 것이라고 발표했음을 알렸다. 그러자 대작가는 커다랗게 폭소를 터뜨렸다.

"무슨 그런 말도 안 되는 얘기를! 다음에는 또 무슨 허황된 얘기를 지어내려고 그러는지, 원! 우리 그런 얘기는 그만둡시다. 말했다시피, 지금은 아무것도 신경 쓰고 싶지 않습니다."

내가 자리에서 일어나자 무슈 졸라는 나를 정문까지 배웅했다. 그리고 내가 파리 방향으로 향하는 동안, 《루공-마카르》의 작가는 자전거를 타고 베르누예 숲으로 향했다.

필리프 뒤부아
〈로로르〉, 1898년 4월 16일

―

다음 해(1899년) 8월 7일, 렌의 군사법원에서 알프레드 드레퓌스의 재심이 열리기로 되어 있었다. 졸라는 그곳에 참석하지 않기로 했다. 그는 인터뷰를 위해 다시 메당으로 그를 찾아간 필리프 뒤부아에게 그 이유를 설명했다. 또한 새 소설의 집필에 관한 계획과 영국에서의 유배 생활을 담은 사진에 관한 이야기도 들려주었다.

11

에밀 졸라의 시골집에서 :

자전거와 사진—샤르팡티에의 기념 메달—졸라가 렌에 가지 않는 이유—드레퓌스 사건에 관한 극이나 소설을 쓰지 않는 이유—오직 역사만이 이야기할 수 있다—유배 생활의 앨범

나는 아침의 신선한 공기에 취한 채 들판과 숲의 기분 좋은 내음을 마음껏 들이마시면서 메당을 향해 자전거 페달을 밟았다. 그러다 문득 혼잣말로 중얼거렸다.

"이런 날 무슈 졸라를 집에서 만날 수 있다면 아주 운이 좋은 거지!"

나는 《풍요》의 작가가 열렬한 자전거광이라는 사실을 기억해 냈다. 해마다 여름이면 그곳의 농부들은 매일같이 짤막한 검정 벨벳 재킷과 밀짚모자 차림으로 자전거를 타고 지나가는 졸라와 마주치곤 했다.

그런데 졸라가 오래전부터 많은 시간을 보내고 있는 조그만 교회 뒤쪽의 유명한 집에 도착하자 그가 집에 있다는 것을 확신할 수 있었다. 정문의 철책 너머 정원에서 그의 하인이 정성스레 자

전거에 윤을 내고 있는 게 보였다. 나는 그 광경에 마음을 놓을 수 있었다.

"무슈는 지금 작업실에 계십니다. 사진을 현상하고 계세요. 오셨다고 말씀드리겠습니다."

자전거와 사진은 졸라가 휴식을 취하는 동안 심취하는 일들이었다. 잠시 후, 검정 줄무늬의 흰색 플란넬 재킷과 슬리퍼 차림의 졸라가 1층의 조그만 응접실로 들어섰다. 그는 환하게 웃으면서 내게 손을 내밀었다.

"잘 지내느냐고요? 물론 잘 지냅니다. 아니, 이젠 좀 나아졌다고 해야겠군요. 영국에서 돌아온 이후에 몸이 좀 안 좋았거든요. 아직 완전히 나은 것은 아닙니다. 하지만 이까짓 것쯤은 괜찮습니다. 시골의 맑은 공기와 자전거가 모두 치유해 줄 테니까요."

무슈 졸라는 내게 메당에 와 있은 지 사흘밖에 되지 않는다고 말했다. 파리에서는 그의 변호사들에게 가능한 한 오랜 시간을 할애하면서, 외출도 거의 하지 않고 아주 가까운 지인들만을 만나며 어떤 식으로건 소요가 일어나지 않도록 조심하면서 지내야 했다. 그리고 그가 굳이 파리에 머물 이유가 없다고 생각되자 마침내 시골로 떠나올 수 있었다.

"아직 승리를 얘기하기는 이릅니다. 드레퓌스 대위가 여전히 감옥에 있으니까요. 그래서 친구들이 나를 위해 제작한 기념 메달[11]도 작년에 보관해 둔 크레디 리오네의 금고에 그대로 놔두라고 얘기했습니다. 난 아직 그걸 받을 수가 없습니다."

선생님도 드레퓌스 대위의 재판이 열리는 렌에 가실 거라고 하던데요, 사실입니까?

"전혀 사실이 아닙니다. 주변의 한 성을 비롯해서 내게 숙소를 제공하겠다고 나선 곳이 여럿 있었지만 모두 거절했습니다. 내가 무엇 때문에 렌에 가겠습니까? 호기심을 충족시키러? 나는 증인이 아닙니다. 내가 그곳에 간다면 우리의 적들이 그런 상황을 이용할 수도 있을 거고요. 내가 움직인다면 누구에게든지 내가 재판 결과에 대해 회의적이라는 추측을 불러일으킬 수도 있습니다. 나는 아무런 불안감도 갖고 있지 않은데 말입니다. 나는 메당에서 매일 그곳에서 전해 오는 소식을 기다릴 것입니다. 물론 초

---

[11] 1898년 3월, 졸라의 지지자들은 〈르 시에클〉지의 제안으로 졸라의 '나는 고발한다…!'의 발표를 기념하여 메달을 제작하기로 결정했다. 그를 위해 모두 1만 683프랑이 모금되었으며, 조각가 알렉상드르 샤르팡티에에게 의뢰해 순금으로 제작된 기념 메달의 앞면에는 졸라의 얼굴 옆모습이, 뒷면에는 졸라의 말 "진실이 전진하고 있고, 그 무엇도 그 발걸음을 멈추게 하지 못하리라."가 새겨져 있다. 메달은 2천여 명의 기부자 명단이 적힌 붉은색 가죽 장정의 노트와 함께 1900년 1월 12일에야 공식적으로 졸라에게 전달되었다. 졸라는 사면법의 발효에 대해 비통함을 금치 못하며, 아직 승리자의 노래를 부르기에는 이르다고 소감을 밝혔다. 졸라의 부인은 1926년 11월 5일, 프랑스 국립도서관에 메달을 기증했다.

조하고 떨리기도 하겠지만요. 하지만 여기서 꼼짝하지 않고 결과를 기다릴 것입니다. 다시 말하지만 나는 재판의 결과에 대해서는 굳은 확신을 갖고 있습니다. 렌의 군사법원은 드레퓌스에게 무죄판결을 내리고 그를 복권시키게 될 것입니다. 그의 결백은 이미 만천하에 명명백백한 사실로 입증되었으니까요."

나는 무슈 졸라에게 현재 어떤 작품을 집필 중인지 조심스럽게 물었다.

"〈로로르〉지에 《풍요》를 연재하기 시작한 후로 지금 진지하게 쓰고 있는 것은 없습니다. 다만 다양한 작품 구상을 하고 있을 뿐입니다. 이참에 분명히 밝혀 둘 것이 한 가지 있습니다. 나는 드레퓌스 사건으로 어떤 문학적 이익을 얻을 생각이 추호도 없습니다. 영국에서는 내 작품의 번역가인 무슈 비즈텔리(Vizetelly)에게 내게 온갖 종류의 제안을 해 줄 것을 요청하는 수많은 편지들이 답지했습니다. 미국에서의 컨퍼런스에 응하는 조건으로 엄청난 금액을 제안받기도 했고요. 드레퓌스 사건을 소재로 하는 극작품을 쓴다면 10만 프랑의 계약금과 수익에 대한 인세를 지불하겠다는 제안도 있었습니다. 소설을 써 달라는 요청도 있었지요. 하지만 모두 거절했습니다."

"나로서는 드레퓌스 사건을 이용하는 것은 비열하고 수치스러운 일이라고 생각합니다. 오직 역사만이 드레퓌스 사건을 이야기할 권리가 있기 때문입니다. 이 사건은 그 자체로서 너무도 장엄하고 완벽해서 그것을 연극 무대에 올린다는 것은 생각할 수가 없습니다. 게다가 드레퓌스 사건은 실제로 존재하는 인물들이 그 주역입니다. 그런데 극으로 만들고자 하면 어쩔 수 없이 사건을 왜곡시키게 되는 소설적인 부분을 덧붙여야 합니다. 그것 또한 있을 수 없는 일입니다."

무슈 졸라는 다소 격앙된 채 놀라운 달변으로 자신의 생각을 펼쳐 나갔다.

"다시 말하지만, 나는 드레퓌스 사건에 관한 어떤 소설이나 극도 쓰지 않을 것입니다. 그 대신 어쩌면 이제는, 재판을 하는 동안 받았던 인상이나 유배 생활 동안 느낀 점 등을 몇 페이지 정도로 정리해 볼 수는 있을 것 같습니다. 그런 기록들로 역사에 약간의 기여를 할 수 있지 않을까 생각하기 때문입니다. 예를 들어, 지금부터 50년 후쯤 한발 물러서서 우리 시대의 사건들을 객관적으로 연구해 보고 싶은 사람들에게 일말의 도움이 될 수 있기를 바라는 것이지요."

이제 우리는 드레퓌스 사건 얘기를 그만하고 사진에 관해 이런 저런 이야기를 나누었다.

<u>조금 전에 현상하시던 사진들이 어떤 건지 여쭤 봐도 실례가 되지 않</u>

을는지요?

"물론 괜찮습니다. 지금 작업하고 있는 것은 영국에서 찍어 온 사진들입니다. 런던의 호텔과 거리, 선술집 그리고 안타깝게도 그곳에서 흔히 볼 수 있는 비참한 모습을 한 걸인이나 하층민의 모습도 담겨 있습니다. $6\frac{1}{2} \times 9$ 규격의 조그만 쌍안경을 이용해서 3백여 장의 사진을 찍었지요. 자전거를 타고 나갈 때면 핸들에 언제나 쌍안경을 매달고 다녔습니다. 그걸로 놀라울 정도로 깨끗하고 선명한 화질의 사진을 찍을 수 있었습니다. 나는 그동안 찍은 사진들을 모아 유배 생활을 기록한 앨범을 만들 생각입니다. 아주 흥미로운 자료들과 기억들로 가득한 모음집이 될 것입니다. 그런데 안타깝게도 프랑스로 돌아오는 길에 이미 현상을 마친 필름 네 개가 망가져 버렸습니다. 그중 하나는 근사한 꽃집의 진열장을 찍은 것이었어요. 런던으로 나를 보러 왔던 아내가 두 달 동안 아팠을 때 매일 아침 그 꽃집에서 아내를 위한 꽃을 사곤 했지요."

무슈 졸라는 대부분의 사진 애호가에게서 볼 수 있듯이 안타까움이 묻어나는 얼굴로 덧붙였다.

"망가진 필름들은 내가 찍은 사진 중에서 가장 멋진 것들이었습니다."

내가 인사를 하고 그곳을 나오자 무슈 졸라는 작업실로 되돌아갔다.

필리프 뒤부아
〈로로르〉, 1899년 7월 29일

―

아래에 이어지는 긴 인터뷰에서 졸라는 인구 감소 문제를 다루는 그의 소설 《풍요》의 의미를 설명하면서 프랑스에서 행해지고 있는 맬서스식의 인구 억제책을 신랄하게 비난했다. 그는 이 작품의 탄생 과정을 밝히면서 동시에 그의 유배 생활에 관한 이야기를 함께 들려주었다.

12

시평(時評) : 에밀 졸라의 자택에서

요전 날, 나는 그의 멋진 책 선물에 감사하기 위해《풍요》의 작가를 찾아갔다. 이야기를 나누던 중에 무슈 졸라에게 재판과 유배 생활이 집필 활동에 지장을 초래하지 않았는지 묻자 그는《풍요》의 탄생 과정과 앞으로 출간될 세 작품 그리고 영국에서의 생활에 관한 이야기를 들려주었다.

그 얘기들이 너무나 흥미로워서 나는 무슈 졸라에게 그의 말을 기록해서 독자들에게 들려주어도 되겠느냐며 허락을 구했다. 그는 흔쾌히 동의해 주었다. 따라서 다음에 실린 이야기는 무슈 졸라의 말을 그대로 옮긴 것임을 밝혀 둔다. 이 경우에 나는 충실한 속기 타이피스트의 역할에 머물렀을 뿐이다.

"나는 오래전부터《풍요》의 주제에 관해 생각해 왔습니다. 처음에는 소설의 제목을《실추》라고 지으려고 했지요. 그때는 아직, 다양한 악행과 가족의 와해, 최악의 재앙을 야기하는 일부 부르주아 계층의 자발적 불임이나 맬서스식의 인구 억제책과 같은 문제와, 본성을 왜곡하지 않고 풍요로움의 근원이 되는 다산(多産)에 동참하는 사회 그룹의 예를 대조할 생각은 하지 않았습니다. 그런데 지극히 어두운 현실을 있는 그대로 그려 낸《실추》만으로는 소설을 읽는 독자에게 너무나 고통스러운 경험을 안겨 주게 될 것 같았습니다. 그리고《세 도시 이야기》를 끝낸 다음에야 비로소 다른 아이디어가 떠오른 겁니다. 나는 잘못된 것과 그 치유법을 함께 이야기하기로 결심했습니다. 그 결과로 여러분이 알고 있는 작품이 탄생하게 된 것입니다."

"그런데 〈르 피가르〉지의 필리프 질 같은 이는 내가 사실을 과장하고 있으며 숫자를 왜곡해서 난소절개술을 받는 여자들의 수를 부풀려 말하고 있다고 주장하기까지 했습니다. 분명히 말하지만, 나는 그 반대로 그 수를 축소시켜 이야기한 것입니다. 그리고 내가 알고 있는 모든 것을 다 말한 것도 아닙니다. 작품을 집필하기 전에 내가 얼마나 자료 조사를 철저히 하는지 아는 사람은 다 알 겁니다. 나는 공식적인 통계를 참고하고 그 분야의 전문가들을 인터뷰하고 그 문제를 다룬 책들을 공부했습니다. 그리고 영아보호소와 조산부들의 사무실을 방문해서 살펴보았고요. 결론적으로 나는 엄격하게 추려진 명백한 자료들을 근거로 소설을 써 나간 것입니다. 그런 점에서 내가 틀렸다고 반박할 수 있는 사람이 있을지 한번 보고 싶군요. 우리 사회의 재앙은 내가 소설에서 그린 대로 분명히 존재하는 것입니다. 아주 끔찍한 일이지요."

"《풍요》에 관한 자료를 수집하기 시작한 것은 1897년 12월 말부터였습니다. 결코 쉬운 작업이 아니었지요! 나는 소설의 전체적인 구상을 마치고 마티외 프로망(Mathieu Froment)의 열두 자녀에 관한 가족 연표를 작성했습니다. 그 준비 작업으로 한창 바빴을 때 내 재판이 처음으로 열린 것입니다. 그리고 나만의 작업 방식 덕분에 소설의 초안 작성과 드레퓌스 캠페인을 동시에 진행할 수 있었습니다."

"베르사유에서 재판이 열렸을 때는 소설의 초안이 마무리된 상태였습니다. 작품의 뼈대가 서 있었고, 제1장을 막 시작하려 하고 있었지요. 하지만 법정에서 나서면서 체포될 거라는 생각이 지배적이었기 때문에 아내에게 이렇게 일러두었습니다. '혹시라도 내가 즉시 감옥에 가게 된다면 그동안 모아 둔 자료를 내게 가져다주시오.'"

"나는 곧바로 체포되진 않았습니다. 하지만 친구들 몇몇이 내게 파리에 계속 머무는 것은 위험하다면서 프랑스를 떠날 것을 충고했습니다. 어쩌면 그들의 말이 옳았던 건지도 모릅니다. 그런데 솔직히 말하면 나로서는 감옥에 가는 것도 그다지 나쁘지 않았을 거라고 생각합니다. 거기서 마음 편하게 작업하면서 나로서는 새로운 체험을 할 기회가 되었을 테니까요."

"어쨌거나 나는 친구들의 충고를 따르기로 했습니다. 그리고 느닷없이 런던으로 떠나는 바람에 내 원고와 속옷조차 챙겨 가지 못했지요. 그런데 한 호텔에 투숙했더니 사람들이 금세 나를 알아보더군요. 벌 떼처럼 몰려올 취재진도 겁났고, 아무에게도 방해받지 않고 철저하게 혼자 있고 싶어서 런던의 교외로 숙소를 옮겼습니다. 그곳에서는 보샹[12]이라는 가명을 사용했는데, 처음에는 외딴 곳에 있는 조그만 시골집에서 머물다가 시드넘 부근의 노우드로 갔습니다. 거기서 퀸즈 호텔이라는 곳에 머물렀는데, 프리드리히 황제가 암 치료차 몰래 영국 의사들을 만나러 왔다가 머물렀다는 방을 내주더군요. 거기서 비로소 조용히 지낼 수 있었습니다! 내가 그곳에 머문다는 것을 아는 사람은 내 아내와 친구 한 사람뿐이었습니다. 그들이 내게 서류와 옷가지 등을 보내 주었지요. 그들과 편지를 주고받기 위해서 내 편지를 이중의 봉투 속에 넣어서 런던의 한 지인에게로 보냈습니다. 그럼 그가 직접 파리 주소를 적어서 부쳐 주는 식이었지요."

"그리고 1898년 8월 4일에 제1장을 쓰기 시작했고 곧 바쁜 나날이 이어졌습니다. 신문도 전혀 보지 않았고 아무도 만나지 않았습니다. 오전 내내 글을 쓰고 오후에는 자전거를 탔습니다. 말하자면 창작하기에 아주 좋은 상황에 놓여 있었던 겁니다."

"9월 초에 일곱 장을 끝냈을 때 내 친구[13]에게서 전보 한 통을 받았습니다. 거기에는 이렇게만 쐬어 있었습니다. '즉시 보샹에게 승리를 전해 주시오.' 난 그 전보를 받고 궁금해 견딜 수가 없었습니다. 처음에는 너무 이른 기대를 하는 게 아닐까 하는 생각이 들었지요. 어쩌면 피카르 중령이 석방된 걸지도 모른다고 생각하기도 했고요. 그러다 이렇게 결론지었습니다. '저기서는 아직 치열한 싸움이 벌어지고 있는 상황이다. 따라서 별것 아닌 일도 크게 확대해서 받아들일 수도 있는 것이다. 그러니 좀 더 기다려 보도록 하자.' 당시만 해도 나는 우리가 일시적으로 싸움에서 패배한 것으로 생각했던 게 사실입니다."

"그리고 그날 밤에는 그런대로 잘 잤습니다. 그런데 다음 날 아침이 되자 다시 그 수수께끼 같은 전보 생각이 나는 겁니다. 그 내용이 너무나 궁금해서 도무지 글이 써지지가 않는 거예요. 그래서 자전거를 타고 달려가서 영국 신문 몇 부를 사 왔지요. 그런데 내가 영어를 잘 모르잖아요. 하지만 호텔 사람들한테 물어보고 싶진 않았습니다. 그러다 내 신분이 드러날 수도 있으니까요. 그래서 사전과 문법책을 구해서 전보의 내용이 앙리의 자살과 관련된 것임을 알아낸 겁니다."

"당연히 엄청나게 놀랐지요. 그때부터 나는 프랑스 신문을 다시 읽기 시작하면서 여러분이 겪었던 것과 똑같은 희망과 절망의 부침을 겪었습니다. 하지만 그렇다고 소설 집필을 중단할 수

---

12 Beauchamp. 라틴어로 전장(戰場)을 의미하는 'bellus campus'에서 유래된 지명. 파리에서 북서쪽으로 20킬로미터 떨어진 곳에 위치하는 코뮌의 이름이기도 하다. 졸라는 진실과 정의의 승리를 기원하며 이런 가명을 쓴 것으로 추측된다.
13 졸라와 그의 아내 사이의 연락을 담당했던 쥘 라라 박사를 가리킨다. 라라 박사는 1898년 8월 30일 앙리 중령이 허위로 문서를 조작한 사실을 자백하고 체포되자 즉시 졸라에게 전보를 보냈다.

는 없었습니다. 매일같이 하루도 빠짐없이 소설을 써 내려갔습니다. 하루에 몇 시간은 문학만을 생각하도록 부단히 노력했지요. 덕분에 《풍요》의 집필이 순조롭게 진행되어서 1899년 5월 27일, 마침내 원고 아래쪽에 '끝'이라는 말을 쓸 수 있었습니다. 그리고 6월 4일, 나는 프랑스로 돌아왔고 나머지는 여러분이 아는 대로입니다."

<u>《풍요》와 함께 《네 복음서》의 시리즈를 이루게 될 나머지 세 권에 관한 구상을 말씀해 주실 수 있을까요?</u>

"오! 그에 관해서는 아직 구체적으로 정해진 건 아무것도 없습니다. 지금으로서는 두 번째 책이 될 《노동(Travail)》에 관한 자료를 모으기 시작한 정도입니다. 그런데 조금 고민스러운 점이 있습니다. 난 이미 탄광과 공장에 관한 소설을 펴냈습니다. 그리고 마찬가지로 중요한 게 땅에 관한 이야기입니다. 그런데 대지에 관해서는 《풍요》에서, 그리고 예전에 펴낸 《대지》라는 책에서 이미 자세히 다룬 적이 있습니다. ……어쨌거나 어떤 걸 다루게 될지는 좀 더 고민을 해 보아야 할 것 같습니다. 언젠가 무슈 조레스가 내게 카르모의 유리 공장 얘기를 한 적이 있습니다. 그래서 그곳을 한번 살펴볼까 합니다. 《노동》에서는 아마도 사회주의 도시국가의 이상을 그리게 되지 않을까 생각합니다. 하지만 아까도 말씀드렸다시피 아직 결정된 것은 아무것도 없습니다."

<u>그럼 다른 책들은요?</u>

무슈 졸라는 열정적인 몸짓과 함께 앞으로의 계획을 설명했다.

"물론 그 후속편들도 나오게 될 것입니다. 과학에 근거를 둔 《진실》[14]이 시리즈의 세 번째 책이 될 것입니다. 나는 언제나 과학에 대한 믿음을 간직하고 있었습니다. 과학만이 더딘 진보와 사회의 퇴보에도 불구하고 미래 사회의 도덕과 미학을 제시해 줄 수 있을 것이기 때문입니다. 또한 노동이 형벌이자 고통이기를 바라는 가톨릭 교리에 맞서서 노동이야말로 선이며 신성한 임무라

---

14 《진실》은 애초 구상과는 다르게 당시 프랑스의 교육 현실을 반영하는 이야기로 이루어져 있다. 드레퓌스 사건에서 대략의 얼개를 빌려 온 소설은 졸라가 평생 추구해 온 이념 중 하나인 '(사회와 교육에서의) 정교분리'를 염두에 두고 마르크 프로망이라는 교사가 살인 누명을 쓴 유대인 동료를 구하기 위해 진실을 밝히고자 고군분투하는 이야기를 그린다. "이 소설은 다음과 같은 생각으로부터 시작되었다. 인류의 발전이 이토록 더딘 것은 사람들의 대부분이 '알지 못하기 때문이다.' 안다는 것, 무엇보다 진실을 아는 것은 모든 발전의 신속한 실현을 가능하게 하며, 모든 사람의 행복을 보장해 줄 수 있다. 드레퓌스 사건이 그 좋은 반증인 것이다. 프랑스가 우리와 함께하지 않은 것은 '알지 못했기 때문이며 알 수 없었기 때문이다.' 거짓말에 현혹되었을 뿐만 아니라, 체계적으로 추론하는 법과 이성에 의해 확신을 갖는 법을 몰랐기 때문이다. 따라서 정의를 행하는 법도 알지 못했던 것이다."(《진실》의 초안 중에서) 졸라가 소설의 집필을 끝낸 것은 1902년 8월 7일이었다. 당시 프랑스 사회는 말 그대로 '학교 전쟁'으로 사회 전체가 들끓고 있었다. 콩브(Combes) 내각은 2천5백 개가 넘는 종교학교를 강제로 문 닫게 했다. 졸라는 소설의 전체적인 교정쇄를 수정할 기회도 갖지 못한 채 1902년 9월 29일 갑작스런 죽음을 맞이했다. 《진실》은 1902년 9월 10일에서 1903년 2월 15일까지 〈로로르〉지에 연재된 후 1903년 2월 20일 파스켈 출판사에서 출간되었다. 책의 표지에는 졸라의 죽음을 애도하는 검은 띠가 둘렸다. 그리고 1905년 12월 9일, 졸라가 그토록 중요성을 역설했던 '정교분리법(La loi de séparation des Églises et de l'État)'이 의회에서 가결되어 공포되었다.

는 것을 보여 주고자 합니다. 우리는 일을 할 때만이 건강하고 행복할 수 있는 것입니다. 그것은 내가 가진 가장 확고한 신념 중 하나입니다."

"그리고 시리즈의 마지막 권이 될 《정의》[15]에서는 진정한 유토피아를 그릴 생각입니다. 아름다움과 선을 향해 전진하는 인류에 대한 서정적인 예찬론이 될 것입니다. 한마디로, 인류의 꿈을 담은 한 편의 위대한 시를 써 나갈 생각입니다."

<u>그런 다음에는 뭘 하실 생각입니까?</u>

"당분간 좀 쉴 생각입니다. 나도 이제 아무것도 하지 않을 자격이 있지 않을까요? 발레아레스제도에 가서 한동안 머물고 싶다는 꿈을 꾸고 있습니다. 날씨도 온화하고 아주 근사한 곳이라고 하더군요. 그곳에서 내가 어떤 사람이었는지를 잊고 지내고 싶습니다. 치열했던 투쟁과 패배와 승리의 모든 기억들을 내게서 떼어 내고 싶습니다. 그리고 내게 남은 시간을 완전한 평온함 속에서 자연을 음미하며 보내고 싶군요."

<u>11월로 예정된 재판에서 예전처럼 부당한 일들이 반복될 거라고 보시는지요?</u>

---

15 졸라의 죽음으로 《정의》는 세상의 빛을 보지 못한 채 영원히 초안 상태로 남게 되었다.

"오! 아닙니다. 우린 이미 승리한 것이나 다름없으니까요. 드레퓌스 대위의 완전한 복권은 이젠 시간문제일 뿐입니다. 나에 관한 것은 앞으로 의회가 어떻게 하는지에 달려 있겠지요. 지금으로서는 그에 관해 확실하게 아는 것은 없습니다. 어쨌거나 나는 내가 한 일에 대해 만족하고 있습니다. 나는 내 의지와 양심에 따라 싸웠고, 내 조국을 위해 일했습니다. 이젠 마음이 편안합니다."

"일과 의지, 삶에서 가장 중요한 건 바로 그것입니다."

그런 것 같군요, 무슈 졸라. 당신은 우리에게 그 사실을 온몸으로 입증해 보여 주었습니다. 그것이 우리가 위대한 작가이자 진실한 인간으로서의 당신을 존경하는 이유입니다.

나는 인사를 하고 그의 집을 나섰다.

아돌프 르테
〈르 디즈-뇌비엠 시에클〉, 1899년 10월 24일

부록

드레퓌스 사건
상세 연보

1894년

9월 20~26일 상데르 대령이 이끄는 육군참모본부의 정보국(Section de statistique, '통계부서'라는 명칭으로 불림)이 프랑스 장교가 파리의 독일 대사관에 근무하는 무관 슈바르츠코펜 앞으로 보낸 편지 한 통을 입수함. 편지는 독일 첩보 당국의 관심을 끌 만한 일련의 정보들을 포함하고 있어서 일명 '명세서(le bordereau)'로 불림.

9월 27일 당시 국방부 장관이던 메르시에 장군의 지시로 참모본부 내에서 즉시 수사가 시작됨.

10월 6일 필체가 비슷하다는 이유와 반유대주의에 근거한 편견에 의해 당시 참모본부에서 수습장교로 근무 중이던 알프레드 드레퓌스 대위에게 혐의를 둠.

10월 9일 필적감정사 고베르가 명세서와 드레퓌스 대위의 필체를 비교 감정함.

10월 13일 고베르가 결론이 불분명한 감정 보고서를 제출함. 베르티용(Bertillon)에게 새로운 감정을 맡김.

10월 15일 국방부로 소환된 알프레드 드레퓌스는 수사를 맡은 뒤 파티 드 클람 소령이 진행한 약식 신문 후 반역죄로 체포됨. 메르시에 장군의 지시로 셰르슈미디 군사교도소에 수감된 드레퓌스는 자신의 결백을 강력하게 주장함. 그 후 가택수색과 보름간 일곱 번의 신문이 행해짐.

10월 23일 반유대주의자로 유명한 베르티용이 드레퓌스의 유죄를 확신하는 감정 보고서를 제출함. 10월 29일에는 또 다른 필적 감정사인 샤라바이(Charavay)와 테소니에르(Teyssonnières)도 같은 결론을 내림. 또 다른 감정사 펠티에(Pelletier)는 의문을 표명함.

10월 31일 뒤 파티 드 클람 소령은 국방부 장관인 메르시에 장군에게 수사 결과를 보고함. 보고서에는 어떤 구체적인 결론도 언급되지 않음. 명세서의 필적 감정은 서로 상반된 견해를 보여 주고 있으며, 뒤 파티 드 클람이 매일같이 드레퓌스에게 덫을 놓았음에도 불구하고 그의 기소장은 텅 비어 있었음. 셰르슈미디 군사교도소의 소장 포르지네티 소령은 처음부터 드레퓌스 대위의 결백을 확신함. 메르시에 장군은 기소에 대한 강력한 의지를 표명함.

11월 1일 샤를 뒤퓌 내각이 만장일치로 드레퓌스와 관련한 예심을 열 것을 결의함. 〈라 리브르 파롤〉지와 〈르 수아르〉지가 처음으로 드레퓌스의 이름을 언급함.

11월 3일 메르시에는 각의의 승인과 함께 드레퓌스 관련 문서를 파리의 사령관인 소시에 장군에게로 넘김. 소시에는 베송 도름슈빌(Besson d'Ormescheville) 대령에게 증거조사를 지시함. 반유대주의 신문들이 사건을 덮으려고 한다면서 정부를 맹렬하게 비난하고 나섬.

11월 9일 에드가 드망주 변호사가 드레퓌스의 변호를 맡을 것을 수락함.

11월 28일 메르시에가 법을 무시하고 〈르 피가로〉지에 드레퓌스의 유죄에 대한 명백하고 단호한 증거가 있음을 밝힘. 그는 11월 17일에도 이미 〈르 주르날〉지와 〈르 마탱〉지에서 똑같이 한 바 있음.

11월 30일 아바스 통신사에서 비공식적으로 외국 대사관들의 연루설을 부인하는 짤막한 기사를 내보냄.

12월 4일 소시에 장군은 드레퓌스의 유죄를 입증하는 증거가 전무한 도름슈빌의 보고서를 받은 후 재판을 열 것을 지시하고 12월 9일 군사법원을 소환함. 반드레퓌스파와 반유대주의의 광기가 언론을 휩쓺. 도름슈빌의 보고서는 1898년 1월 7일 〈르 시에클〉지에 공개됨.

12월 16일 졸라와 그의 아내 알렉상드린은 10월 29일부터 이탈리아에 체류했다가 다시 파리로 돌아옴. 당시 두 사람은 드레퓌스 사건에 별다른 관심을 갖지 않음.

12월 19일 드레퓌스 사건의 재판이 시작됨. 셰르슈미디 교도소에서 열린 군사법원에서는 일부 언론의 항의에도 불구하고 비공개로 재판이 진행됨. 모렐(Maurel) 대령이 주도한 군사법원은 모두 군인 신분인 일곱 명의 판사들로 구성됨.

12월 20일 정보국의 앙리 소령은 재판에서 허위 증언을 하면서 드레퓌스의 유죄를 확신한다고 진술함.

12월 22일 군사법원은 만장일치로 드레퓌스를 요새화된 담으로 둘러싸인 곳에서의 종신 유형과 공개적인 군적 박탈의 형에 처함. 훗날, 재판부가 판결 전에 회의실에서 국방부 장관으로부터 모종의 '비밀문서'를 (불법적으로) 넘겨받은 사실이 드러남. 12월 24일 하원에서 발언한 조레스를 포함해 대부분의 언론은 이구동성으로 드레퓌스를 사형에 처하지 않은 것에 유감을 표명함.

12월 31일 피고 측과 그의 변호사가 신청한 재심 청구가 기각됨. 드레퓌스는 아내 뤼시에게 죽을 때까지 자신의 결백을 입증하기 위해 싸울 것임을 맹세함.

1895년

1월 1일 드레퓌스는 메르시에 장군에게 보낸 편지에서 자신이 완전하게 결백함을 거듭 주장함.

1월 5일 육군사관학교 연병장에서 군중이 지켜보는 가운데 공개적으로 알프레드 드레퓌스 대위의 군적 박탈식이 거행됨. 울타리 너머의 군중이 그의 죽음을 요구하는 동안 드레퓌스는 끊임없이 절규하며 자신의 결백을 외침. 그날 저녁부터 드레퓌스가 르브룅-르노(Lebrun-Renault) 대위에게 자신의 반역 사실을 자백했다는 소문이 퍼져 나감. 참모본부는 연이은 증언들이 허위로 밝혀짐에도 불구하고 그 사실을 끊임없이 원용함.

1월 6일 레옹 도데와 모리스 바레스가 〈르 피가로〉지와 〈라 코카르드(La Cocarde)〉지에 알프레드 드레퓌스를 모욕하는 인종차별적인 글을 실음. 독일 대사가 프랑스 각의에 요청해 모든 외국 대사관이 이 사건과 무관함을 알리는 단신을 언론에 발표하게 함.

1월 15일 공화국 대통령 장 카지미르-페리에가 사임함.

1월 17일 드레퓌스는 군적 박탈 후에 수감되었던 상테(Santé) 교도소를 떠나 기차로 라로셀로 향함. 손에는 수갑이 채워지고 다리에는 쇠사슬이 묶인 상태에서 군중에게 집단폭행을 당할 뻔함. 레도(île de Ré)로 옮겨져 수감된 그는 여러 가지 시달림을 당함. 뤼시 드레퓌스에게는 2월 8일부터 면회가 허락됨. 펠릭스 포르가 공화국 대통령으로 선출됨.

1월 28일 메르시에 장군이 국방부 장관직에서 물러남.

2월 7일 드레퓌스 대위의 형 마티외 드레퓌스가 상원의 부의장이자 같은 알자스 출신인 오귀스트 쉐레르-케스트네르를 찾아가 도움을 요청함. 쉐레르-케스트네르는 개입하기를 거절함.

2월 22일 드레퓌스는 몹시 열악한 조건 속에서 따로 격리된 채 190명의 다른 죄수들과 함께 기아나 해안 가까이 있는 구원 제도[16]로 떠남.

2월 말 마티외 드레퓌스는 문인이자 신문기자인 베르나르-라자르에게 드레퓌스의 결백을 입증하는 문서들과 논증거리를 모아 줄 것을 요청함.

4월 14일 왕도의 도형장에 수감돼 있던 드레퓌스가 악마도로 이감됨. 식민지 장관이던 에밀 쇼탕(Émile Chautemps) 스스로도 드레퓌스의 수감 환경을 '야만적'이라고 규정함. 드레퓌스는 철저하게 격리된 채 하루 스물네 시간을 군인에게 감시당하며, 그가 쓰기 시작한 일기에서 밝힌 것처럼 지옥 같은 조건 속에서 고통스런 나날을 보냄.

1~5월 의회는 '유대인들이 공공 기관에 대거 몰려오는 것'을 막기 위한 대정부 질문을 여러 차례 진행함.

7월 1일 병든 상데르 대령의 후임으로 피카르 소령이 참모본부의 정보국장에 임명됨. 그의 임명은 상데르의 부관인 앙리 소령의 질투를 유발함.

11월 1일 리보(Ribot) 내각의 뒤를 이어 레옹 부르주아(Léon Bourgeois)가 이끄는 급진주의 내각이 성립됨.

1896년

3월 초 프랑스 정보국이 독일 대사관의 무관 슈바르츠코펜이 에스테라지 소령에게 보낸 전보(일명 '푸른 엽서'로 알려짐)를 가로챔. 피카르 소령은 에스테라지에 대한 조사를 진행하기로 하고

---

16 아이러니한 이름의 구원 제도는 삼각형을 이루고 있는 왕도와 생조제프도(île Saint-Joseph) 그리고 악마도 세 개의 섬으로 이루어져 있다. 그중 악마도는 거센 물살 때문에 접근이 불가능한 곳으로 알려져 있다.

4개월 동안 그를 미행하게 했지만 아무런 성과를 얻지 못함.

4월 6일 조르주 피카르가 중령으로 진급함.

4월 29일 사임한 레옹 부르주아의 뒤를 이어 쥘 멜린 내각이 성립됨. 비요 장군이 국방부 장관으로 임명됨. 식민지 장관인 앙드레 르봉(André Lebon)은 드레퓌스에 대한 감시 조치를 더욱더 잔인한 방식으로 강화함.

5월 16일 에밀 졸라가 〈르 피가로〉 지에 당시 프랑스 사회에 팽배했던 반유대주의를 규탄하는 '유대인을 위하여(Pour les juifs)'를 발표함.

8월 5일 피카르는 참모총장이던 드 부아데프르 장군에게 에스테라지에 대한 의혹을 알림. 다음 날에는 비요 장군에게도 같은 사항을 보고함. 드 부아데프르와 비요는 피카르에게 신중하게 조사를 계속할 것을 지시함.

8월 말 에스테라지가 쓴 편지 두 통을 손에 넣은 피카르는 그 속의 필체가 명세서의 것과 일치함을 확인함. 드레퓌스에게 유죄를 선고하게 한 '비밀문서'에 관해 알게 된 피카르는 명세서가 에스테라지에 의해 쓰인 것임을 확신함.

9월 2일 한 영국 신문이 드레퓌스의 탈옥 사실을 알리는 기사를 실음. 기사는 허위로 밝혀졌지만 마티외 드레퓌스는 이 기회를 이용해 여론과 정치권으로 하여금 드레퓌스 사건에 관한 주의를 환기시키고자 함. 악마도에서는 앙드레 르봉 장관의 지시로 드레퓌스를 이중 쇠사슬로 묶고 감시를 강화함.

9월 3일 피카르로부터 그가 새롭게 발견한 사실을 전달받은 참모차장 공스 장군은 그에게 신중을 기할 것을 지시함.

9월 5~14일 피카르와 공스가 서로 편지를 주고받음.

9월 15일 〈레클레르〉지는 1894년 드레퓌스 재판 때 사용된 '비밀 문서'의 일부('이 망할 놈의 D가……', 훗날 드레퓌스와 아무 상관없는 것으로 밝혀짐)를 발표함. 이로 인해 1894년의 재판에서 불법적인 행위가 저질러졌음이 처음으로 세상에 알려짐. 피카르 중령은 공스 장군과 대화를 하던 중에 이렇게 얘기함. "나는 이 비밀을 무덤까지 가져가지 않을 것입니다."

9월 18일 뤼시 드레퓌스는 의회에 사건의 재심을 요구하는 청원서를 제출함. 청원이 기각됨.

10월 27일 사건이 돌아가는 양상에 불안감을 느낀 피카르의 상관들은 그를 파리에서 먼 곳으로 보내기로 결정함. 피카르는 새로운 임무를 띠고 프랑스 동부로 배속됨.

10월 31일 앙리는 드레퓌스를 유죄로 몰고 간 비밀문서를 보강하기 위해 훗날 '가짜 앙리(le faux Henry)'로 알려진 허위 문서를 조작하고자 함. 그는 이탈리아 대사관의 무관 파니차르디가 독일 대사관의 무관 슈바르츠코펜에게 보내는 가짜 편지 속에서 드레퓌스의 이름을 언급하도록 꾸밈.

11월 2일 앙리는 그가 조작한 파니차르디의 편지를 공스에게 건넴으로써 비요 장관에게 전달되도록 함. 그러면서 드레퓌스의 유죄를 명백하게 입증해 줄 문서를 독일 대사관에서 입수했다고 거짓말을 함.

11월 6일 베르나르-라자르가 브뤼셀에서 처음으로 드레퓌스 사건에 관한 팸플릿을 발행함(《사법적 오판. 드레퓌스 사건에 관한 진실》). 이후 몇 주간 졸라와 장 조레스를 포함한 문인들과 정치인들에게 팸플릿을 전달하면서 드레퓌스가 무죄임을 알리고자 노력했지만 별다른 반응을 이끌어 내지 못함.

11월 10일 〈르 마탱〉지가 1894년에 명세서를 감정했던 테소니에르에게서 사들인 명세서의 복사본을 공개함. 드레퓌스의 형 마티외 드레퓌스가 명세서의 복사본과 동생의 편지들을 나란히 실은 유인물을 파리 전역에 배포하여 두 필체의 차이점을 확인시키고자 함.

11월 16일 강제로 정보국장직에서 물러난 피카르가 새로운 임무를 부여받은 프랑스 동부로 떠남. 앙리가 그의 자리를 대행함. 베르나르-라자르가 파리에서 두 번째 팸플릿(스톡 출판사)을 발행함.

11월 18일 의회에서 하원의원 카스틀랭이 정부에 드레퓌스 옹호자들의 소요를 더 강력하게 진압할 것을 요구하는 내용의 대정부 질문을 함. 비요 장관은 '이미 판결이 내려졌으며, 그 누구도 그 판결에 이의를 제기하는 것을 허용할 수 없다'고 응답함.

11~12월 앙리는 거짓말을 거듭하면서 피카르에게 기밀 누설의 죄목을 덮어씌우고 그를 유대인들의 공범으로 만들고자 함. 심지어 그가 문제의 '푸른 엽서'를 쓴 장본인이라고 주장하기까지 함. 그사이 공스 장군은 피카르와 다정한 편지들을 주고받음.

12월 28일 참모본부는 피카르에게 다음 날 북아프리카로 떠나라는 지시를 내림.

1897년

1월 1일 알프레드 드레퓌스에 대한 감시를 강화하는 조치가 취해짐. 납치나 탈옥을 막기 위해서는 '가장 강력한 방법'을 써도 좋다는 공문이 내려옴.

1월 6일 피카르가 반란의 위험이 도사리고 있는 튀니지 남쪽의 변방으로 떠나라는 지시를 받고 2월 1일에 수스에 도착함.

4월 2일 피카르가 만일의 경우를 대비해 공화국 대통령을 수신인으로 하는 드레퓌스 사건의 전모를 밝히는 문서를 작성함.

5월 18일 피카르가 6개월 전부터 끊임없이 그를 모함하는 앙리에게 짤막한 항의 서한을 보냄.

5월 22일 알제리 오랑에서 반유대주의 소요가 일어남.

5월 31일 공스 장군의 용인하에 앙리가 피카르에게 협박 편지를 보냄.

6월 21일 잠시 파리로 돌아온 피카르는 그의 친구이자 변호사인 루이 르블루아에게 비밀을 지켜 준다는 약속을 받고 그가 알아낸 사실들과 앙리의 협박 사실을 알리고 공스의 편지들을 맡김. 피카르는 자신이 죽임을 당할 경우에는 모든 것을 밝히고 편지를 대통령에게 보내 줄 것을 당부하면서 르블루아를 자신의 변호인으로 임명함.

7월 13일 르블루아는 상원의 부의장이자 그와 피카르와 같은 알자스 출신인 오귀스트 쉐레르-케스트네르 상원의원을 찾아가 비밀을 지켜 줄 것을 요구하면서 피카르로부터 알게 된 사실들을 털어놓음. 쉐레르-케스트네르는 다음 날 상원의 동료 의원들 앞에서 드레퓌스의 결백을 확신함을 밝히고 그의 복권을 위해 캠페인을 벌일 것을 선언함.

8월 1일 비요 장관은 에스테라지에게 모든 행위를 중단하고 물러나 있을 것을 명령함.

8~9월 지식인들 중에서 처음으로 드레퓌스를 지지하는(드레퓌스파, dreyfusard) 핵심 그룹이 형성됨. 뤼시앵 에르, 레비-브륄(Lévy-Bruhl), 가브리엘 모노, 레옹 블룸 등등. 7월 20일에서 10월 22일까지 파리에 없던 쉐레르-케스트네르와 루이 르블루아 사이에 편지가 오고 감.

정치권과 언론에 쉐레르-케스트네르가 드레퓌스의 무죄를 확신하고 있으며, 그 증거를 가지고 있다는 소문이 퍼져 나감.

10월 16일 공스와 앙리, 뒤 파티 드 클람은 드레퓌스 사건의 재심이 열리는 것을 막기 위해 에스테라지에게 그가 위험에 처해 있음을 알리기로 함.

10월 18일 에스테라지에게 '희망(Espérance)'이라고 서명된 익명의 편지(참모본부에서 작성된 것)가 전달됨. 편지는 피카르가 알아낸 사실들로 인해 그가 위험에 처해 있음을 알리고 있었음.

10월 19일 에르네스트 보강이 이끄는 〈로로르〉지의 창간호가 발행됨. 주요 필진은 조르주 클레망소, 베르나르-라자르, 위르뱅 고이예 등.

10월 23일 에밀 졸라의 3부작 《세 도시 이야기》 중 세 번째 권인 《파리》가 〈르 주르날〉지에 연재되기 시작함.

10월 29일 상원의원인 쉐레르-케스트네르는 펠릭스 포르 대통령을 만나 자신이 드레퓌스의 무죄를 확신하고 있음을 알림. 에스테라지가 11월 5일까지 세 차례에 걸쳐 대통령에게 편지를 보냄.

10월 30일 쉐레르-케스트네르는 오랜 친구인 비요 장관에게 드레퓌스 사건에 관한 수사를 다시 해 줄 것을 요청함. 비요는 그러겠다고 약속을 했지만 끝내 아무런 조치도 취하지 않음. 다음 날부터, 르블루아와의 약속 때문에 드레퓌스가 무죄라는 증거를 밝힐 수 없는 상원의원을 조롱하며 집중 공격하는 '쓰레기 같은 언론(졸라의 표현) 캠페인'이 시작됨.

11월 1일 클레망소가 〈로로르〉지에 드레퓌스 사건에 관한 첫 번째 기고문을 발표함.

11월 3일 쉐레르-케스트네르가 총리인 멜린과 법무부 장관인 달랑(Darlan)을 만나 자신의 소신을 전했지만 아무런 성과를 거두지 못함. 아르튀르 랑과 조제프 레나크가 그를 지지하고 나섬.

11월 5일 가브리엘 모노가 〈로로르〉지에 드레퓌스의 결백을 주장하는 기고문을 발표함.

11월 6일 베르나르-라자르가 1년 만에 또다시 졸라를 방문함. 아직 드레퓌스의 무죄를 완전히 확신하지 못한 졸라는 여전히 싸움에 뛰어드는 것을 망설임.

11월 7일 은행가 드 카스트로가 명세서의 복사본에서 자신의 예전 고객인 에스테라지의 필체를 알아봄. 에스테라지가 피카르에게 협박 편지를 보냄.

11월 8~10일 루이 르블루아가 연이어 졸라를 방문하여 드레퓌스 사건 관련 문서를 보여 줌.

11월 9일 내무부 장관인 루이 바르투(Louis Barthou)가 언론에 드레퓌스는 '합법적이고 정당하게 유죄판결을 받았다'고 확언함.

11월 10일 앙리가 피카르에게 '모든 행위를 중단할 것'을 촉구하면서 피카르가 '푸른 엽서'를 쓴 장본인임을 암시하는 두 통의 거짓 전보를 보냄. 전보에는 각각 '스페란자(Speranza)'와 '블랑슈(Blanche)'라고 서명되어 있었음. 피카르는 에스테라지가 보낸 협박 편지의 복사본을 해당 장관에게 보내고 추후에 두 통의 거짓 전보에 대한 고소장을 제출함.

11월 11일 드 카스트로가 마티외 드레퓌스에게 자신이 가지고 있던 에스테라지의 편지들을 보여 줌. 마티외 드레퓌스는 쉐레르-케스트네르를 찾아가 증거를 보여 주면서 진범이 에스테라지임을 밝힘. 비로소 비밀을 지키겠다는 맹세에서 벗어난 쉐레르-케스트네르는 마티외 드레퓌스에게 에스테라지의 유죄를 확신하고 있음을 밝힘.

11월 12일 베르나르-라자르가 스톡 출판사에서 그가 펴냈던 팸플릿의 개정 증보판을 발행함(《사법적 오판 : 드레퓌스 사건》). 쉐레르-케스트네르의 집에서 마티외 드레퓌스와 르블루아, 〈르 피가로〉지의 기자인 엠마뉘엘 아렌(Emmanuel Arène)이 모임을 가짐.

11월 13일 쉐레르-케스트네르의 집에서 다시 모임을 가짐. 상원의 부의장인 쉐레르-케스트네르에게 초대를 받은 졸라는 루이 르블루아와 소설가 마르셀 프레보, 변호사 사뤼(Sarrut)와 함께 모임에 참석함. 〈르 피가로〉지에 단계적으로 진실을 밝히는 캠페인을 전개하며, 르블루아가 재심 청원서를 작성해 쉐레르-케스트네르가 법무부 장관에게 제출하기로 뜻을 모음. 아렌이 〈르 피가로〉지에 '비디(Vidi)'라는 제목으로 쉐레르-케스트네르 문서에 관한 글을 발표함.

11월 15일 쉐레르-케스트네르가 〈르 탕〉지에 아르튀르 랑에게 보내는 공개편지 형식으로 드레퓌스는 결백하며 진범이 밝혀졌음을 알리는 글을 발표함. 앙리와 그의 옹호자들의 사주로 〈라 리브르 파롤〉지가 '비디(Vidi)'에 응수하는 '빅시(Vixi)'라는 제목의 글을 발표함. 독일 무관 슈바르츠코펜이 독일로 소환되어 파리를 떠남.

11월 16일 마티외 드레퓌스가 국방부 장관에게 보내는 공개편지에서 에스테라지가 명세서의 장본인임을 밝힘. 에스테라지가 국방부 장관인 비요에게 진상을 밝히는 수사를 해 줄 것을 요청함. 포르지네티가 파리 군사교도소 소장직에서 해임됨.

11월 17일 마티외 드레퓌스에게 고발당한 에스테라지 건의 수사를 맡은 드 펠리외 장군은 에스테라지가 결백하다는 확신과 함께

'그에 대한 증거조사를 거부하기'로 결론을 내림.

11월 20일 졸라가 쉐레르-케스트네르 상원의원에게 존경과 찬사로 가득한 편지를 보냄.

11월 25일 졸라가 〈르 피가로〉지에 드레퓌스 사건과 관련한 첫 번째 기고문 '무슈 쉐레르-케스트네르'를 발표함. 그는 다음과 같은 말로 글을 끝맺음. "진실이 전진하고 있고, 그 무엇도 그 발걸음을 멈추게 하지 못하리라."

11월 26일 드 펠리외 장군이 신문을 하기 위해 피카르를 파리로 소환함. 피카르에 대한 가택수색이 실시됨.

11월 28일 〈르 피가로〉지가 에스테라지가 그의 정부였던 드 불랑시 부인에게 보낸 편지들을 공개함. 그중에서 '울란의 편지'로 불리는 편지는 프랑스와 프랑스 군대를 모욕하는 위협적인 내용들로 가득 차 있었음.

11월 29일 "나는 사건을 확대시켜 인류애와 정의를 위한 거대한 논쟁의 장으로 만들 생각이오."(졸라가 그의 아내 알렉상드린 졸라에게 보낸 편지 중에서)

12월 1일 졸라가 〈르 피가로〉지에 두 번째 기고문 '조합'을 발표함. 졸라는 드레퓌스의 무죄를 주장하며 그의 재심을 위해 전개된 캠페인에 적극 동참할 것임을 분명히 밝힘.

12월 3일 에스테라지는 드 펠리외 장군에게 자신을 군사법원으로 이송해 줄 것을 요구함.

12월 4일 증거조사를 다시 하라는 소시에 장군의 지시에 따라 에스테라지 소송 건은 라바리 소령에게로 넘어감. 내각의 수장인 쥘 멜린은 의회에서 열린 대정부 질문 중에 다음과 같이 선언함. "드레퓌스 사건은 존재하지 않으며, 지금도 그렇고 앞으로도 그럴 것입니다."

12월 5일   졸라가 〈르 피가로〉지에 세 번째 기고문 '조서'를 발표함. 신문의 정기 구독자들이 구독을 중단하는 사태가 줄줄이 이어짐.

12월 7일   쉐레르-케스트네르가 상원에서 드레퓌스 사건에 관한 대정부 질문을 했지만 실패로 끝남.

12월 14일   졸라가 파스켈 출판사에서 네 번째 기고문 '청년들에게 보내는 편지'를 발표함.

12월 18일   구독을 중단하겠다고 위협하는 독자들로 인해 〈르 피가로〉지가 드레퓌스의 재심을 위한 캠페인을 포기함.

12월 26일   라바리 소령에게 위협을 받은 필적감정사 벨롬, 바리나르, 쿠아르가 명세서의 필체가 에스테라지의 것이 아니라고 선언함.

12월 31일   라바리 소령은 에스테라지에 관해 면소 판결을 내리면서 수사를 종결함.

1898년

1월 1일   소시에는 에스테라지 소송을 군사법원으로 넘기기로 결정함. 에스테라지는 완전한 무죄판결을 기대함.

1월 7일   〈르 시에클〉지가 1894년 11월에 작성한 도름슈빌의 기소장을 공개함. 졸라가 파스켈 출판사에서 팸플릿으로 다섯 번째 기고문 '프랑스에 보내는 편지'를 발표함.

1월 10일 베르나르-라자르가 세 번째 고발서《무고한 사람을 어떻게 단죄하는가》를 발표함.

1월 10~11일 세르슈미디 군사교도소에서 에스테라지 재판이 열림. 개정 몇 시간 후부터 비공개로 재판이 진행됨. 만장일치로 무죄판결이 내려짐. 앙리 브리송이 하원의 의장으로 재선됨.

1월 13일 졸라가 〈로로르〉 지에 '나는 고발한다...!'라는 부제가 달린 '공화국 대통령에게 보내는 편지'를 발표함(30만 부가 팔림). 하원의회에서 알베르 드 묑이 대정부 질문을 함. 의회는 312 대 122로 졸라를 기소하기로 결의함. 쉐레르-케스트네르가 상원의 부의장직을 잃음. 피카르가 군사기밀을 누설한 죄로 몽발레리앵 감옥에서 60일간의 중금고형에 처해졌고 사문(查問) 회의에 넘겨짐.

1월 14일 소위 '지식인들'이 처음으로 〈로로르〉 지에 1894년 판결의 재심을 요구하며 서명한 성명서를 발표함. 졸라가 〈로로르〉 지에서 자신이 군부를 공격했다는 사실을 부인함.

1월 16일 지식인들의 두 번째 성명서가 발표됨.

1월 17일 반유대주의자들의 공개 집회가 재심에 호의적인 백여 명의 사회주의자들과 무정부주의자들에 의해 저지됨.

1월 18일 국방부 장관 비요가 졸라와 〈로로르〉 지의 주간인 페랑을 명예훼손죄로 고소함. 법무부 장관에게 제출한 고소장에서는 졸라의 편지 중에서 군사법원을 고발하는 부분(열다섯 줄)만을 문제

삼고 있음.

1월 19일 32명의 사회당 하원의원들이 유대인들이 옹호하는 부르주아 장교와 관련된 사건에 참여하는 것을 반대하는 '프롤레타리아 성명서'를 발표함. 이에 서명한 조레스는 얼마 지나지 않아 노선을 달리하게 됨. 파리와 지방의 대도시들에서 반유대주의 시위가 일어남. 알프레드 드레퓌스의 유배 생활에 관한 편지들이 《어느 결백한 이의 편지들》이라는 제목으로 스톡 출판사에서 출간됨.

1월 20일 졸라와 페랑이 센의 중죄재판소에 출두하라는 소환장을 받음. 졸라는 페르낭 라보리를 변호사로 선임함.

1월 21일 세 명의 필적감정사 벨롬, 바리나르, 쿠아르가 졸라를 경범 재판소에 명예훼손죄로 고소함.

1월 22일 의회에서 쥘 멜린이 졸라를 비난하고 모욕함. 장 조레스가 정부의 모호한 태도와 거짓말과 비겁함을 질타함. 〈로로르〉지에 '소환에 대한 답변서(Réponse à l'assignation)'가 발표됨. 답변서는 클레망소가 작성하고 졸라가 서명한 것임.

1월 18~25일 알제리에서 프랑스인 선동가들이 일으킨 피비린내 나는 반유대주의 폭동이 일어남.

1월 24일 독일의 제국의회에서 독일의 그 어떤 비밀 요원도 드레퓌스와는 아무런 관계가 없다는 공식 발표를 함. 2월 1일, 이탈리아 정부도 똑같은 발표를 함.

2월 7일 센의 중죄재판소에서 졸라의 재판이 열림. 변호인들이 사건의 핵심에 다가가려고 할 때마다 델고르그 재판장은 다음과 같은 말을 반복함. "질문은 허용되지 않습니다." 조레스를 비롯한 주요 정치인들과 지식인들은 졸라를 위해 증언하며 열렬한 지지를 표명함. 재판이 열리는 중죄재판소(팔레 드 쥐스티스) 주위에서 민족주의자들과 반유대주의자들의 소요가 계속됨. 〈르 시에클〉지의 대표인 이브 기요(Yves Guyot)와 루이 르블루아가 공격받음.

2월 11~12일 피카르가 졸라의 재판에서 증언함.

2월 17일 드 펠리외 장군이 드레퓌스를 확실하게 단죄하는 데 사용된 새로운 문서를 공개하는 것으로 믿으며 몇 달 후 허위로 판명될 문서('가짜 앙리')에 대해 언급함. 이는 드레퓌스를 단죄하는 데 비밀문서가 불법적으로 사용되었음을 스스로 고백한 격임.

2월 18일 드 부아데프르 장군이 재판에 개입하면서 졸라에게 무죄 판결을 내릴 경우 사임하겠다며 위협함. 피카르가 드 펠리외 장군이 언급한 문서는 가짜라고 선언함.

2월 21일 반 카셀 차장검사의 논고. 졸라가 '배심원들을 향한 최후 진술'을 낭독함(22일 〈로로르〉지에 발표).

2월 23일 열다섯 차례의 공판 끝에 졸라에게 명예훼손죄에 대한 법정 최고형인 징역 1년에 3천 프랑의 벌금형이 선고됨.

2월 24~25일 뤼도빅 트라리외와 쉐레르-케스트네르의 집에서 열린 모임에서 인권과 시민의 권리를 보호하기 위한 '프랑스 인권 보호 연맹'을 창립하기로 결정함. 멜린은 재심파들을 기소하겠다고 위협함. 의회는 멜린의 연설문을 전국에 게시할 것을 지시함.

2월 26일 피카르가 '군복무 중에 중대한 과실'을 저질렀다는 이유로 강제로 퇴역당함. 졸라가 항소함. 클레망소와 드뤼몽이 결투를 벌임. 이 시기에 여러 차례의 결투가 벌어졌음.

3월 1일 졸라의 《세 도시 이야기》의 세 번째 권인 《파리》가 출간됨.

3월 5일 피카르와 앙리가 결투를 벌임.

3월 15일 〈르 시에클〉지의 발의로 졸라에게 경의를 표하는 기념 메달 제작(조각가 알렉상드르 샤르팡티에에게 위임함)을 위한 위원회가 발족됨. 르블루아는 변호사협회에 의해 6개월간 변호사 자격이 정지됨.

3월 24일 재심 캠페인을 이끄는 주요 인사들의 부인들이 모여 뤼시 드레퓌스에게 지지를 보내자고 여성들에게 호소함.

3월 27일 폴 알렉시스(Paul Alexis)가 졸라와의 연대를 촉구하며 문인협회에 제출한 동의안이 거절당함(졸라는 1891년 6월부터 1898년 4월까지 두 번에 걸쳐 문인협회 회장을 역임함).

2~3월 졸라는 《법정 감상기》라는 제목의 책 또는 기고문이 될 글의 초안을 작성했지만 끝내 완성하지는 못함.

4월 2일 파기원이 형식상의 문제를 들어 졸라에게 유죄판결을 내린 중죄재판소의 판결을 파기함. 졸라를 고소할 수 있는 것은 에스테라지에게 무죄판결을 내린 군사법원이지 국방부가 아니라는 이유 때문임.

4월 8일 군사법원이 졸라를 기소하기로 결정함. 군사법원은 이번에는 '나는 고발한다…!'에서 '상부의 명령에 따라'라는 표현을 포함함 석 줄만을 문제 삼음. 또한 졸라의 레지옹 도뇌르 수훈자 자격을 박탈하기를 바란다는 성명을 발표함.

4월 10일 메당 부근에서 졸라가 아홉 명의 군인이 포함된 무리에게서 공격을 받음.

4월 14일 졸라가 〈로로르〉지에 군사법원의 소환에 항의하는 '새로운 불명예'를 발표함.

5월 8일, 22일 하원의원 선거에서 드레퓌스파인 장 조레스와 조제프 레나크가 재선에 실패함. 에두아르 드뤼몽이 알제의 선거에서 승리함.

5월 23일 베르사유의 중죄재판소에서 졸라의 재판이 열림. 라보리 변호사가 법원 관할위반의 이유로 항고한 후 심리가 중단됨. 에르네스트 쥐데가 〈르 프티 주르날〉지에 졸라의 아버지 프랑수아 졸라(1847년 사망함)를 비방하는 기사를 발표함.

5월 24일 졸라가 쥐데를 명예훼손죄로 고소함.

5월 26일 아카데미프랑세즈의 선거에서 졸라는 한 표도 얻지 못함. 12월 8일의 선거에서도 마찬가지였음.

5월 28일 졸라가 〈로로르〉지에 '내 아버지(Mon père)'를 발표함.

6월 15일 멜린 내각이 사임함.

6월 16일 5월 23일 라보리 변호사가 제기한 항고가 기각됨.

6월 28일 앙리 브리송이 새 내각의 총리로 임명됨. 비요 장관의 뒤를 이어 카베냑이 국방부 장관이 됨.

7월 3일 뤼시 드레퓌스가 군사법원의 재판부에 은밀히 비밀문서가 전해진 사실을 근거로 법무부 장관에게 1894년의 판결을 무효화해 줄 것을 요청함. 사리앵 장관은 증거가 없다는 이유로 요청을 기각함.

7월 7일 카베냑이 의회에서 재심파에 반대하는 연설을 함. 그는 하원의원들 앞에서 '드레퓌스 문서'의 비밀문서들을 낭독함. 그는 그중 하나가 훗날 '가짜 앙리'라고 불릴 허위 문서임을 알지 못했음. 의회는 그의 연설문을 게시하기로 결정함. 클레망소와 조레스는 카베냑에 의해 공식적으로 밝혀진, 1894년의 재판의 불법성을 맹렬하게 비난함.

7월 9일 졸라는 세 명의 필적감정사가 그를 상대로 한 소송에서 2개월의 징역형과 집행유예, 2천 프랑의 벌금형과 세 사람 모두에게 각각 5천 프랑씩의 손해배상금을 지불하라는 판결을 받음. 피카르가 총리에게 보내는 공개편지에서 카베냑이 제시한 증거들이 무효함을 주장함.

7월 12일 에스테라지가 사기죄로 체포됨. 카베냑은 피카르와 그의 변호사인 르블루아를 군사기밀을 누설했다는 이유로 고발함.

7월 13일 카베냑의 고발로 피카르가 체포됨.

7월 16일 졸라가 〈로로르〉지에 '무슈 브리송에게 보내는 편지'를 발표함.

7월 18일 졸라의 세 번째 재판(베르사유에서는 두 번째)이 열림. 또다시 2월 23일의 재판에서와 같은 형을 궐석재판으로 선고받음. 졸라는 라보리와 친구들의 충고에 따라 형이 선고되기 전에 법정을 떠나 그날 저녁 영국으로 향함. 라보리가 상고함.

7월 26일 레지옹 도뇌르 협회에서 졸라의 훈장 수훈자 자격을 정지시킴. 졸라는 영국에 도착하자마자 《망명 시대의 기록들》을 기록하기 시작함.

8월 3일 쥐데와 〈르 프티 주르날〉이 졸라에 대한 명예훼손죄로 5천 프랑의 손해배상금을 지불하라는 판결을 받음.

8월 5일 베르사유 중죄재판소의 판결에 대한 졸라의 상고가 기각됨.

8월 10일 경범죄 항소부는 필적감정사들에 대한 소송의 판결을 확정하면서 졸라에 대한 형량을 높여서 선고함. 졸라는 궐석재판으로 집행유예 없는 1개월의 징역형과 2천 프랑의 벌금, 세 사람 각각에게 1만 프랑씩의 손해배상금을 지불하라는 판결을 받음. 조레스가 〈라 프티트 레퓌블리크〉지에 카베냑의 연설을 반박하면서 비밀문서들이 허위로 조작된 것임을 밝히는 기고문 '증거들'을 연재하기 시작함.

8월 11일 카베냑이 내각의 각료들에게 저명한 드레퓌스파 인사들(마티외 드레퓌스, 쉐레르-케스트네르, 아르튀르 랑, 졸라, 조레스, 클레망소, 레나크, 베르나르-라자르……)을 국가의 안전을 침해하고 헌법의 권위에 도전하는 음모를 꾸민 죄로 특별정치재판소(la Haute Cour de Justice)의 법정에 세울 것을 제안함. 브리송은 제안에 반대를 표명함.

8월 12일 에스테라지가 면소 판결을 받고 즉시 석방됨.

8월 13일 카베냐의 부관 퀴녜 대위가 카베냐의 지시로 '비밀문서'를 다시 검토하던 중에 장관이 의회에서 낭독한 핵심 문서('가짜 앙리')가 허위로 조작된 것임을 발견하고 카베냐에게 알림.

8월 27일 사문 회의에서 에스테라지의 퇴역이 타당하다는 결론을 내림.

8월 30일 앙리가 카베냐에게 자신이 문서를 허위로 조작했음을 고백함. 드 부아데프르 장군이 사임함.

8월 31일 몽발레리앵 교도소에 수감된 앙리 대령이 자살함. 드 펠리외 장군이 퇴역을 요청함. 그는 나중에 퇴역 요청을 철회함. 졸라가 프랑스로부터 드레퓌스 사건을 재개하게 할 중대한 사건이 일어났음을 알리는 전보를 받음.

9월 3일 재심에 적대적인 카베냐은 재심의 필요성을 인정한 브리송 내각에서 물러남. 드레퓌스 부인은 남편의 판결에 대한 재심을 요구함. 9월 26일, 법무부 장관이 파기원의 형사부에 재심 요청을 전달함.

9월 4일 8월 31일자로 퇴역당한 에스테라지가 프랑스를 떠나 브뤼셀을 거쳐 영국으로 감. 에스테라지는 1923년 5월 21일 영국에서 사망함.

9월 5일 카베냐과 마찬가지로 반드레퓌스파인 쥐르린덴(Zurlinden) 장군이 국방부 장관이 됨.

9월 17일 쥐르린덴 장군이 드레퓌스의 재심에 앞장서는 것을 피하기 위해 국방부 장관직을 사임함. 샤누안(Chanoine) 장군이 그의 뒤를 이어 국방부 장관이 됨.

9월 20일 다시 파리의 사령관으로 부임한 쥐르린덴이 피카르에 대한 증거조사를 지시함.

9월 22일 피카르가 셰르슈미디 교도소에 수감됨.

9월 26일 앙리 브리송이 각의에서 다수결로 1894년 재판의 재심을 결정하게 함. 데룰레드는 '애국자 연맹'의 이름으로 클레망소와 드레퓌스를 죽이겠다고 위협함.

10월 11일 필적감정사들과의 소송에 들어간 비용과 벌금을 지불하기 위한 경매가 졸라의 자택에서 진행됨. 졸라의 출판인인 외젠 파스켈은 그에 필요한 기금인 3만 2천 프랑에 테이블을 구매함으로써 경매를 중단시킴. 그를 위한 기금은 조제프 레나크가 마련함.

10월 25일 재심에 반대하는 샤누안이 사임함. 브리송 내각이 실각함.

10월 29일 파기원의 형사부는 드레퓌스 부인이 신청한 재심 요청이 수리될 수 있음을 선언하고 조사를 시작함. 이로써 드레퓌스 사건이 의회와 거리, 군사법정에서 벗어나 민간 정의를 실현하는 기관인 파기원으로 넘어가는 일대 전환점을 맞이하게 됨.

10월 31일 재심에 더욱더 적대적인 뒤퓌 내각이 들어섬. 프레시네(Freycinet)가 국방부 장관에 임명됨.

11월 7일 조제프 레나크가 〈르 시에클〉지에 앙리가 에스테라지의 공범이었음을 밝히는 기고문을 발표함.

11월 15일 드레퓌스가 재심 요청이 수리 가능한 것으로 받아들여졌음을 통고받음.

11월 24일 피카르가 군사법원으로 이관되어 12월 12일자로 소환됨.

11월 25일 〈로로르〉지가 수많은 사람들의 서명이 첨부된 '피카르에게 보내는 경의'를 발표함. 의회에서는 푸앵카레가 피카르 중령에 대한 박해를 규탄함.

11월 26일 파기원이 지정한 두 필적감정사가 명세서와 에스테라지의 편지 두 통의 필체가 일치한다는 결론을 내림.

12월 31일 반드레퓌스파와 민족주의자들이 모인 '프랑스 애국 연맹(Ligue de la Patrie française)'이 창설됨. 브륀티에르(Brunetière)와 부르제, 르메트르(Lemaitre)를 비롯한 다수의 아카데미프랑세즈 회원들과 바레스가 참여함.

1899년

1월 3일 조르주 클레망소가 런던의 노우드(Norwood)에 머물고 있는 졸라를 방문함.

1월 21일 파리의 졸라 저택에서 다시 경매가 진행됨. 외젠 파스켈이 또다시 거울과 테이블을 2천5백 프랑에 사들임.

1월 30일 의회에서 르브레가 '형사부 단독 재판권 해제 법안(르브레 법안)'을 발의함. 반드레퓌스파들은 재심에 우호적인 형사부의 단독 재판권을 박탈하고 파기원의 세 합의부에 재심에 관한 전권을 부여함으로써 그들이 재심 요청을 기각해 줄 것을 기대함. 하지만 그들의 예상과는 달리 1899년 6월 3일 세 합의부가 모인 재판부는 1894년의 판결을 파기함. 르브레 법안은 1908년에 폐지됨.

2월 9일 파기원의 형사부가 재심에 관한 조사를 마침. 관련 서류가 마노 검사장에게로 넘어감.

2월 10일 하원이 '형사부 단독 재판권 해제 법안'을 324 대 207로 의결함.

2월 16일 강경한 재심 반대파였던 펠릭스 포르 대통령이 사망함.

2월 18일 에밀 루베가 새 대통령에 당선됨.

3월 1일 상원은 근소한 표차(155 대 123)로 르브레 법안을 통과시켜 그날 즉시 법안을 공포함.

3월 10일 조레스가 졸라를 방문함.

3월 27~28일 라보리가 졸라를 방문함.

3월 31일 〈르 피가로〉지가 파기원 형사부가 작성한 재심 관련 조서를 발표하기 시작함.

4월 8일 런던에서 졸라와 뤼도빅 트라리외 상원의원이 대화를 나눔.

5월 15일 〈로로르〉지에 졸라의 연작소설 《네 복음서》 중 첫 번째 권인 《풍요》가 연재되기 시작함.

6월 1일 뒤 파티 드 클람이 체포됨.

6월 3일 파기원의 세 합의부가 모인 재판부가 1894년의 판결을 파기함. 드레퓌스가 새로운 군사법원으로 이송됨.

6월 4일 '쓰레기 같은 언론(〈라 리브르 파롤〉, 〈로토리테〉, 〈랭트랑지장>>'이 파기원의 재판부를 맹렬히 비난하고 나섬.

6월 5일 졸라가 파리에 도착함. 〈로로르〉지에 기고문 '정의'를 발표함. 1898년 7월 18일자 베르사유 재판의 판결을 통고받음. 드레퓌스가 재심 요청에 대한 판결을 전달받음.

6월 9일 졸라가 베르사유 판결에 대해 상고함. 피카르가 석방됨. 드레퓌스가 스팍스(Sfax) 순양함을 타고 악마도를 떠남.

6월 12일 뒤퓌 내각이 실각함.

6월 22일 '공화국 방위 내각'을 표방하는 발데크-루소 내각이 새로이 성립됨. 드 갈리페(Gallifet) 장군이 국방부 장관에 임명됨. 새로운 국방부 장관은 군부로 하여금 재심을 받아들이게 하는 임무를 띰.

7월 1일 드레퓌스가 프랑스에 도착하여 렌의 군사교도소에 수감됨.

7월 6일 졸라가 처음으로 알프레드 드레퓌스에게 편지를 보냄.

7월 18일 에스테라지가 〈르 마탱〉지에 자신이 명세서의 장본인임을 밝히면서 상관들의 지시에 따라 그것을 썼을 뿐이라고 말함.

8월 7일 렌의 군사법원에서 드레퓌스의 재판이 재개됨.

8월 9일 전 법무부 장관이자 '프랑스 인권 보호 연맹'의 초대 의장인 트라리외 상원의원이 '드레퓌스 소송은 이제 자유를 위협받는 우리 모두의 소송이 되었다'고 선언함.

8월 14일 반유대주의 소요가 늘어나는 가운데 렌에서 라보리에 대한 살해 시도가 미수로 그침.

8월 22일 졸라가 루피나치라는 이탈리아 기자에게 편지를 보내 이탈리아 무관인 파니차르디에게 증언해 줄 것을 요청해 달라고 부탁했지만 아무런 성과를 얻지 못함.

8월 31일 졸라가 11월 23일자로 베르사유 중죄재판소에 출두하라는 소환장을 받음.

9월 5일 라보리 변호사가 독일 황제와 이탈리아 국왕에게 그들이 가지고 있는 드레퓌스 사건에 대한 정보를 공개해 줄 것을 요청했지만 실패함.

9월 8일 드레퓌스 재심에서 드망주 변호사가 변론함. 동료의 타협적인 전략에 실망한 라보리 변호사는 변론을 포기함.

9월 9일 드레퓌스에게 또다시 유죄판결이 내려짐. 그가 적과 공모했다는 이유로 '정상참작'과 함께 10년의 금고형에 처해짐. 전국에 소요와 시위가 발생함. 전 유럽에 1900년의 만국박람회를 보이콧하자는 움직임이 퍼져 나감.

9월 12일 졸라가 〈로로르〉지에 '제5막'을 발표함.

9월 19일 루베 대통령이 드레퓌스를 사면함. 쉐레르-케스트네르가 사망함.

9월 21일 드 갈리페 장군이 군대에 '사건은 종결되었다'라고 선언함. 〈르 시에클〉지가 쉐레르-케스트네르에게 경의를 표하는 기념물을 세우기 위한 모금 운동을 시작함. 알프레드 드레퓌스가 다음과 같이 선언함. "나는 여전히 피해자로 남아 있는 끔찍한 사법적 오판을 바로잡기 위한 투쟁을 멈추지 않을 것입니다."

9월 22일　졸라가 〈로로르〉지에 '알프레드 드레퓌스 부인에게 보내는 편지'를 발표함.

10월 12일　졸라의 《풍요》가 파스켈 출판사에서 출간됨.

11월 23일　졸라의 베르사유 재판이 무기한으로 연기됨.

1900년

3월 1일　법무부 장관인 에르네스트 모니가 드레퓌스 사건과 관련하여 국가반역죄를 제외한 모든 범죄 사실에 대한 사면을 단행하는 사면법에 관한 법안을 상원에 제출함.

3월 8일　알프레드 드레퓌스가 사면법에 항의하는 편지를 상원에 보냄.

3월 14일　졸라가 상원의 위원회에서 사면법에 반대하는 연설을 함.

5월 22일　의회에서 정부에 '어떤 쪽에서건' 드레퓌스 사건을 재개하는 것에 강력하게 대응할 것을 촉구하는 의사일정을 가결함.

5월 28일　드 갈리페 장군이 사임하고 앙드레 장군이 국방부 장관에 임명됨.

5월 29일　졸라가 〈로로르〉지에 사면법 법안에 반대하는 '상원에 보내는 편지'를 발표함.

12월 1일　졸라와 드레퓌스가 파리에서 처음으로 만남.

12월 18일　의회에서 사면법을 거의 만장일치로 가결함.

12월 21일　졸라 가족이 알프레드 드레퓌스집에서 함께 식사함.

12월 22일　졸라가 〈로로르〉지에 사면법 투표를 규탄하는 '공화국 대통령, 무슈 루베에게 보내는 편지'를 발표함.

12월 24일 상원에서 사면법을 투표로 가결함.

12월 27일 사면법이 공포됨.

1901년

2월 16일 졸라의 《전진하는 진실》이 파스켈 출판사에서 출간됨.

3월 10일 상원의원 트라리외가 졸라에게 사면법이 발효됨에 따라 그의 레지옹 도뇌르 수훈자 자격이 다시 회복되었음을 알림. 졸라가 〈로로르〉 지에 '돈은 그들보고 가지라고 하시오(Qu'ils gardent l'argent)'를 발표함. 졸라는 쥐데와 필적감정사들에 대한 민사소송을 포기함.

3월 12일 졸라가 〈로로르〉 지에 트라리외에게 보내는 공개편지를 발표함. 그는 정부에서 자신의 수훈자 자격이 회복되었음을 공개적으로 발표하지 않은 것에 대한 유감을 표명함. "정식으로 바로잡아야 하는 잘못들이 있는 법입니다."

5월 졸라의 《네 복음서》의 두 번째 권 《노동》이 파스켈 출판사에서 출간됨. 장 조레스는 '사회혁명이 마침내 그를 대변하는 시인을 만났다'고 극찬함.

1902년

6월 중순 졸라가 메당으로 떠남.

9월 29일 전날 메당에서 돌아온 졸라가 브뤼셀 가의 자택에서 잠을 자던 중에 가스중독으로 사망함. 훗날(1952년과 1978년), 앙리 뷔롱포스(Henri Buronfosse)라는 난로공이 이웃집 지붕을 고치던 중에 고의로 졸라 침실의 벽난로 굴뚝을 막아 그의 죽음을 야기했음이 밝혀짐.

10월 5일 몽마르트르 묘지에서 졸라의 장례식이 거행됨. 아벨 에르망(Abel Hermant)과 쇼미에(Chaumié), 아나톨 프랑스가 추도사를 읽음. 아카데미프랑세즈 회원인 아나톨 프랑스는 다음과 같은 말로 졸라를 기림.

"그를 부러워합시다. 그의 운명과 그의 용기는 그를 가장 위대한 사람으로 만들었습니다. 그는 인간적 양심의 위대한 한 순간이었습니다."

1903년

1월 31일 장 조레스가 드레퓌스 사건을 재개할 의사를 밝힘.

2월 말 졸라의 《네 복음서》 중 드레퓌스 사건에서 영감을 받은 세 번째 권 《진실》이 사후 출간됨. 《네 복음서》의 마지막 권 《정의》는 초안 상태로 남게 됨.

4월 6~7일 조레스가 의회에서 렌의 재판에 대한 재심을 요구하는 연설을 함. 국방부 장관은 그에 필요한 조사를 할 의향을 밝힘.

4월 21일 알프레드 드레퓌스가 사건에 대한 조사를 요청함.

9월 1일 베르나르-라자르가 사망함.

9월 29일 메당으로 떠나는 첫 번째 문학 순례가 시작됨.

11월 26일 알프레드 드레퓌스가 법무부 장관에게 렌의 재판의 재심을 요구함.

12월 25일 법무부 장관이 파기원의 검사장에게 렌의 판결을 형사부에 일임할 것을 지시함.

1904년

3월 5일 파기원의 형사부는 재심 요청이 받아들여짐을 선언하고 추가 조사를 실시할 것을 결정함.

11월 18일 형사부가 합의부로 관련 서류를 넘김.

1905년

12월 9일 사회당의 하원의원인 아리스티드 브리앙(Aristide Briand)의 발의로 '정교분리법'이 가결되어 공포됨.

1906년

7월 12일 파기원이 렌의 판결을 환송 없이 파기하고 무효화함. 드레퓌스는 완전히 누명을 벗고 무죄가 됨. 제1재판장 알렉시스 발로-보프레가 판결을 낭독함. 판결은 프랑스의 전 코뮌에 게시됨. 반유대주의 언론이 강력하게 반발함.

7월 13일 의회에서 격론 끝에 드레퓌스가 기병 중대장(포병대 소령)의 계급으로 군대에 복귀함. 피카르도 여단장의 계급으로 복귀함. 의회는 졸라의 유해를 팡테옹으로 이전할 것을 결의함.

7월 21일 알프레드 드레퓌스가 육군사관학교 연병장에서 열린 엄숙한 의식 중에 레지옹 도뇌르 슈발리에 훈장을 수훈함.

10월 25일 클레망소가 내각의 총리로 임명됨. 클레망소는 피카르 장군을 국방부 장관으로 임명함.

12월 11일 상원에서 에밀 졸라의 유해를 팡테옹으로 이전하는 문제를 논의함. 당시 총리인 클레망소의 개입으로 호의적인 결과를 이끌어 냄.

1907년

8월 5일 알프레드 드레퓌스의 퇴역 요청이 받아들여짐.

1908년

2월 11일 뤽상부르 공원에서 쉐레르-케스트네르를 기리는 기념탑의 제막식이 거행됨.

3월 19일 의회에서 졸라의 유해 이전 문제로 예산 의결 투표가 진행됨. 조레스는 졸라를 극찬하는 연설을 함.

6월 4일 공화국 대통령과 총리가 참석한 가운데 졸라의 유해를 팡테옹으로 이전하는 의식이 성대하게 거행됨. 민족주의자 신문기자인 루이 그레고리(Louis Grégori)가 알프레드 드레퓌스에게 총을 쏘아 오른팔에 부상을 입힘. 그레고리가 체포됨.

9월 11일 그레고리가 무죄로 풀려남.

1914년

8월 2일 제1차 세계대전이 발발하자 알프레드 드레퓌스 소령이 포병대 장교로 생드니의 요새화된 지역에 배속됨. 그의 아들 피에르 드레퓌스도 하사 계급으로 전쟁에 참가함.

1917년

2월 막시밀리안 폰 슈바르츠코펜이 사망함. 알프레드 드레퓌스가 그의 요청으로 전선으로 배속됨.

1918년

알프레드 드레퓌스가 중령으로 진급하고 레지옹 도뇌르 오피시에 훈장을 수훈함.

1921년

조제프 레나크가 사망함.

1923년

5월 21일 에스테라지가 영국에서 사망함.

1930년

에스테라지와의 관계를 기록한 독일 무관 슈바르츠코펜의 《회고록》이 사후 출간됨.

1935년

7월 12일 알프레드 드레퓌스가 75세로 사망함. 7월 14일 몽파르나스 묘지에서 그의 장례식이 거행됨.

부록

드레퓌스 사건의
주요 등장인물 소개

바레스, 모리스(Maurice BARRÈS, 1863~1923) 작가, 정치가. 젊은 세대를 대표하는 작가로서 젊은 드레퓌스파들의 큰 기대를 받았으나 잠시 망설인 끝에 반드레퓌스파로 돌아섰다. 1899년과 1906년에 하원의원을 지냈고, 맹렬한 반유대주의를 표방하며 졸라를 비롯한 드레퓌스 지지자들과 맞서 싸웠다. 1908년에는 졸라의 유해를 팡테옹으로 이장하는 문제로 조레스와 논쟁을 벌였다.

베르나르-라자르(BERNARD-LAZARD, 1865~1903) 〈라 나시옹(La Nation)〉지의 문학비평가, 무정부주의 정기간행물과 주요 일간지 등의 기고가로 활동했다. 1894년 드뤼몽의 반유대주의 캠페인에 대응하여 《반유대주의, 그 역사와 원인들》을 펴냈다. 마티외 드레퓌스를 만난 후 드레퓌스 사건의 진실을 밝히는 팸플릿 《사법적 오판. 드레퓌스 사건에 관한 진실(1896)》, 《사법적 오판 :

드레퓌스 사건(1897)》을 발표했다. 1896년부터 테오도르 헤르츨의 영향으로 이스라엘에 유대 국가를 건설하는 계획을 옹호했다.

비요, 장-바티스트(Jean-Baptiste BILLOT, 1828~1907)   1871년에 코레즈의 하원의원에 선출되었으며 1875년부터 종신 상원의원을 지냈다. 프레시네 내각(1882)과 뒤클레르 내각(1882~1883), 멜린 내각(1896~1898)에서 국방부 장관을 역임했다. 오랜 친구였던 쉐레르-케스트네르 상원의원이 드레퓌스의 결백을 알리기 위해 그를 찾아갔을 때 비요 장군은 '좋지 않은 사건에 더 이상 관여하지 말 것'을 충고했다.

블룸, 레옹(Léon BLUM, 1872~1950)   프랑스의 정치가. 문학·사회비평가로도 유명하다. 사회당(SFIO) 하원 지도자, 사회당 당수, 반파시즘 인민전선내각의 수반, 총리 겸 외무장관 등을 역임했다. 에콜노르말쉬페리외르(ENS, 고등사범학교)에서 친분을 쌓은 뤼시앵 에르와 가깝게 지냈으며, 나탕송 형제들이 이끄는 〈라 르뷔 블랑슈〉에 글을 기고했다. 레옹 블룸은 드레퓌스 사건 동안 정치에 뛰어들며 '지식인들'의 결집에 커다란 역할을 했다. 그 때문에 그때까지 문학적 스승으로 여겼던 모리스 바레스와 결별했다. 1897년부터 장 조레스의 영향으로 사회주의로 나아가기 시작했다.

드 부아데프르, 샤를 르 무통(Charles Le Mouton de BOIDEFFRE, 1839~1919)   장군, 전직 러시아 대사. 1893년 9월에 육군참모본부의 수장인 참모총장에 임명되었으며, 드레퓌스의 재심이 열리지 못하게 하려는 부하 장교들의 술책을 비호했다. 졸라의 재판에서는 증인으로 나서서 졸라와 드레퓌스 지지자들에게 유리한 판결을 내리지 못하도록 배심원들을 위협했다. 1898년 8월 31일 앙리가 자살함으로써 '가짜 앙리'의 존재가 드러나자 참모총장직에서 사임하고 공적 생활에서 물러났다.

부르주아, 레옹(Léon BOURGEOIS, 1851~1925) 여러 차례 장관을 지냈고, 하원 의장, 상원 의장, 내각의 총리(1895~1896) 등을 고루 역임했다. 처음에는 드레퓌스의 재심에 적대적이었으나 앙리 중령이 자살한 후 재심 찬성파가 되었다. 1898년 11월 28일 의회에서 푸앵카레가 국방부의 권력 남용을 폭로할 때 그의 편에 섰다. 1920년 노벨평화상을 수상했다.

브리송, 앙리(Henri BRISSON, 1835~1912) 내무부 장관과 하원 의장(네 번), 내각의 총리(두 번)를 고루 역임했으며 여러 차례 대통령 후보로 나서기도 했다. 1895년 1월에 치러진 대통령 선거에서는 430 대 361로 펠릭스 포르에게 패했다. 1898년 7월 7일, 하원의원들 앞에서 '드레퓌스 문서'의 비밀문서들('가짜 앙리'를 포함한)을 공개한 카베냑에게 속아 넘어가 정부로 하여금 재심 반대파를 지지하게 했다. 하지만 앙리의 자백으로 인해 드레퓌스의 무죄를 확신하고 여러 각료의 반대에도 불구하고 정부를 재심 찬성파 쪽으로 기울게 했다. 브리송은 1906년 7월 13일, 드레퓌스와 피카르가 군대에 다시 복귀하는 것을 격렬하게 반대하는 한 하원의원에 맞서며 이렇게 외쳤다. "나는 내가 가장 비난을 받았던 행위(1898년 9월 26일 내각에서 재심 결정을 이끌어 낸 것)를 가장 영광스럽게 여기고 있소."

브륄라, 폴(Paul BRULAT, 1866~1940) 언론인. 1890년 졸라를 처음으로 인터뷰했으며 그와 가까이 지냈다. 1897년 언론 세계에 관한 명제 소설 《르포라이터》를 펴냈다. 〈로로르〉지가 벌이는 언론 캠페인에 참여하며 드레퓌스 사건에 적극적으로 뛰어들었다. 1898년 스톡 출판사에서 그의 기사들을 모은 《폭력과 이성》이 출간되었다.

카베냑, 고드프루아(Godefroy CAVAIGNAC, 1853~1905) 하원의원과 해양과 식민지부 장관을 거쳐 1898년 6월 브리송 내각의 국방부 장관으로 임명되었다. 1898년 7월 7일, 드레퓌스 사건을 종결지을 수 있을 것이라고 믿으며 1894년의 비밀문서 세 건을 공개했다. 하지만 몇 주 후 그 문서들이 허위임이 밝혀지면서 9월 3일에 국방부 장관직에서 물러났다. 반드레퓌스파와 민족주의자들이 모인 '프랑스 애국 연맹'의 회원으로 마지막까지 반드레퓌스파로 남았다.

클레망소, 알베르(Albert CLEMENCEAU, 1861~1927) 조르주 클레망소의 동생으로 정치인이자 변호사. '나는 고발한다…!'의 발표로 졸라와 함께 기소된 〈로로르〉지의 주간 알렉상드르 페랑을 변호했다.

클레망소, 조르주(Georges CLEMENCEAU, 1841~1929) 1871년 하원의원으로 정계에 진출한 이후 1893년까지 급진파 공화당원으로 활약했다. 뛰어난 언변과 저돌적인 추진력을 갖춘 정치인으로 '호랑이' 또는 '승리의 아버지'라는 별명으로 불렸고, 연이어 내각을 실각시켜 '내각의 탄핵자'라고도 불렸다. 처음에는 조레스와 마찬가지로 드레퓌스의 유죄를 믿었으나 그의 결백을 알고 난 후부터 내내 그의 무죄 석방을 위해 싸웠다. 3년간 드레퓌스를 옹호하는 650편의 글을 발표했고, 1898년 2월에는 졸라와 〈로로르〉지의 편에 서서 투쟁했다. 1899년 11월에는 사면에 반대하여 싸웠다. 1902년에는 바르의 상원의원에 선출되었고 1906년에는 내무부 장관, 1906년부터 1909년까지 총리를 역임했다. 1917년에는 다시 총리가 되어 레이몽 푸앵카레 대통령과 함께 전시 내각을 이끌면서 대독일 강경책으로 프랑스를 승리로 이끌었다. 전쟁 후에는 파리평화회의에 프랑스 전권대표로 참석했다. 1920년 대통령선거에 입후보했다가 낙선한 후 정계에서 은퇴했다.

퀴녜, 루이(Louis CUIGNET) 카베냑 국방부 장관의 부관(대위)으로 '가짜 앙리'를 발견하여 상관들에게 알렸다. 그 후에도 계속 반드레퓌스파로 남았다.

델고르그, 알렉상드르(Alexandre DELEGORGUE) 파리(센) 중죄재판소의 재판장으로 1898년 2월 7일에서 23일까지 열린 졸라의 재판을 주관했다. 심리가 열리는 동안 드레퓌스 사건이 직접적으로 언급되는 것을 막기 위해 졸라의 변호인들에게 "질문은 허용되지 않습니다"를 반복한 것으로 유명하다.

드망주, 에드가(Edgar DEMANGE, 1841~1925) 변호사. 1894년 12월과 1899년 8~9월에 열린 드레퓌스 재판에서 그를 변호했다. 공동변호를 맡았던 페르낭 라보리 변호사와 견해를 달리하면서 드레퓌스에 대한 음모를 꾸몄던 전직 장군들과 전직 국방부 장관들의 범죄 사실에 대해서는 침묵한 채 드레퓌스의 유죄에 대한 증거의 부재와 의심되는 점을 피고에게 유리하게 해석하는 원칙만을 내세우며 드레퓌스의 무죄를 주장하는 데 그쳤다.

데룰레드, 폴(Paul DÉROULÈDE, 1846~1914) 시인이자 극작가로 1872년 독일에 대한 복수를 부르짖은 호전적인 시집 《병사의 노래(*Chants du soldat*)》를 발표하였다. 독일에 대한 복수를 맹세하며 1882년 '애국자 연맹'을 창설했다. 불랑제주의와 민족주의를 표방했으며, 드레퓌스 사건 때에는 군부를 옹호하면서도 드레퓌스의 무죄를 믿었다. 유대인에 대한 편견에도 불구하고 반유대주의를 정치적으로 이용하는 것에는 반대했다. 1899년 2월 펠릭스 포르 대통령 장례식 때에 쿠데타를 일으켰다가 실패하고 10년간 국외로 추방되었다가 1905년에 사면되었다.

데물랭, 페르낭(Fernand DESMOULIN, 1853~1914) 화가, 판화가, 삽화가로 활동했으며 1887년부터 졸라와 매우 가까이 지냈다. 1890년, 1893년, 1898년에 졸라의 초상화를 그렸다. 드레퓌스 사건 동안 졸라를 변함없이 지지했으며, 졸라의 재판이 열리는 동안에는 곁에서 그를 경호했다. 졸라가 영국에 망명해 있는 동안 여러 차례 그를 방문했다.

드레퓌스, 알프레드(Alfred DREYFUS, 1859~1935) 알자스 지방의 뮐루즈 출신. 면방적 공장을 운영하던 그의 가족은 1871년 알자스 로렌 지방이 독일에 합병된 후 프랑스 국적을 택해 알자스를 떠나 파리에 정착했다. 드레퓌스는 1878년 에콜폴리테크니크에

들어가 포병대 장교가 되었다. 포병대 대위로 참모본부에 근무하던 중에 1894년 10월 독일을 위해 스파이 노릇을 했다는 혐의를 받고 12월 22일 파리의 군사법원에서 종신 유형을 선고받았다. 1895년 1월 5일 군적 박탈을 당한 후 2월에 기아나의 악마도로 유배를 당했다. 드레퓌스는 유배 기간 동안 그에게 가해진 비인간적인 처우에도 끝까지 희망을 잃지 않고 강인한 정신력으로 버텼다. 1899년 6월, 파기원에서 1894년 재판의 파기를 선언하자 1899년 7월 1일에 비로소 프랑스로 되돌아올 수 있었다. 하지만 1899년 9월 9일 렌의 군사법원에서 또다시 유죄를 선고받고 정상참작과 함께 10년의 금고형에 처해졌다. 1904년 3월 5일 파기원의 형사부가 재심 요청을 받아들임에 따라 1906년 7월 12일 드레퓌스의 완전하고도 전적인 복권이 이루어졌다. 7월 13일, 기병중대장(포병대 소령)으로 군대에 복귀했다가 8월 5일에 퇴역했다. 그 후 제1차 세계대전이 발발하자 포병대 소령으로 전쟁에 참가했다가 1918년 중령으로 진급하고 레지옹 도뇌르 오피시에 훈장을 수훈했다. 1935년 파리에서 심장마비로 사망했다.

드레퓌스, 뤼시(Lucie DREYFUS, 1869~1945) 결혼 전 이름은 뤼시 아다마르로 1890년 알프레드 드레퓌스와 결혼해 피에르(1891)와 잔(1893) 남매를 두었다. 알프레드 드레퓌스가 유형지에서 아내에게 보낸 편지들은 《내게 자주, 길게 편지해 주시오(*Écris-moi souvent, écris-moi longuement*)》라는 제목으로 2005년 출간되었다.

드레퓌스, 마티외(Mathieu DREYFUS, 1857~1930) 알프레드 드레퓌스의

형으로, 뮐루즈에서 가족의 전통을 이어받아 면방직 공장을 운영하던 실업가였다. 1895년부터 '사법적 오판'이 저질러졌음을 확신하고 자신의 모든 것을 걸고 1894년 재판의 재심을 위한 언론 캠페인을 시작했다. 1897년 11월 16일, 국방부 장관이던 비요 장군에게 보내는 공개편지를 신문에 발표하여 에스테라지가 명세서의 장본인임을 밝혔다. 1978년 파리에서 그의 회고록 《내가 겪은 드레퓌스 사건》이 출간되었다.

드뤼몽, 에두아르(Édouard DRUMONT, 1844~1917) 광적인 반유대주의자로 당시 엄청난 성공을 거둔 《유대 프랑스(1886)》와 《유대 국가(1896)》의 저자. 1892년에는 반유대주의 선전용의 〈라 리브르 파롤〉지를 창간했다. 1898년에는 알제의 하원의원에 선출되었다.

뒤클로, 에밀(Émile DUCLAUX, 1840~1904) 파스퇴르의 제자이며 프랑스 과학아카데미 회원으로 1895년부터 파스퇴르 연구소를 이끌었다. 1898년 2월부터 드레퓌스 사건에 적극적으로 뛰어들면서 '프랑스 인권 보호 연맹'[17]의 창립에 앞장섰고 부의장이 되었다. 드레퓌스 사건에 관한 팸플릿들을 펴냈으며, 그중에는 1898년 스톡 출판사에서 발간한 《드레퓌스 사건. 어느 고독한 이의 이야

---

17 본래의 명칭은 'La Ligue française pour la défense des droits de l'homme et du citoyen'이나 좀 더 간단하게는 'La Ligue des droits de l'homme(프랑스 인권 연맹)' 또는 'LDH'라고 불린다. 1898년 6월 4일, 알프레드 드레퓌스의 인권 옹호를 계기로 공화파 상원의원 뤼도빅 트라리외가 1789년의 인권선언문에 의거하여 개인적인 인권 옹호를 주창하며 만든 단체이다. 수많은 공화파 정치인들과 지식인들이 참여했다.

기》와《드레퓌스 사건, 소송 이전》등이 있다.

뒤퓌, 샤를(Charles DUPUY, 1851~1923) 1892년에 교육부 장관, 1894년과 1898~1899년에 총리를 역임했다. 드레퓌스 사건의 재심에 적대적이었던 뒤퓌 내각은 1899년 2월 10일 의회에서 '형사부 단독 재판권 해제 법안'을 의결하게 했다. 재심 반대파들은 파기원의 민사부와 심리부의 재판부 대부분이 재심 요청을 기각할 것으로 기대하면서 재심에 우호적인 형사부의 단독 재판권을 박탈하고 파기원의 세 합의부에 재심과 관련된 모든 문제에 대한 결정권을 부여하고자 했던 것이다. 하지만 그들의 예상과는 달리 1899년 6월 3일 세 합의부가 모인 재판부는 1894년의 판결을 파기했다. 그리고 6월 12일, 하원의 불신임 투표 후 뒤퓌는 총리직에서 물러났다.

에스테라지, 페르디낭(Ferdinand ESTERHAZY, 1847~1923) 보병 연대 소속 소령. 도박과 유흥으로 방탕한 생활을 하면서 빚이 쌓여 궁지에 몰리자 1894년 7월부터 독일 대사관의 무관 슈바르츠코펜의 정보원을 자청해 군사정보를 빼돌렸다. 1896년 피카르 중령에 의해 정체가 밝혀지고 1897년 마티외 드레퓌스에 의해 '명세서'의 장본인으로 고발당했다. 하지만 1898년 1월 11일 군사법원에서 무죄판결을 받았다. 그리고 그해 8월 31일 앙리 중령이 자살하자 강제로 퇴역당했다. 그 후 영국으로 망명하여 다양한 가명으로〈라 리브르 파롤〉지와〈레클레르〉지 등에 기고문을 보냈다. 그는 한 번도 단죄되지 않은 채 1923년 영국에서 사망했다.

파스켈, 외젠(Eugène FASQUELLE, 1863~1952) 1891년 조르주 샤르팡티에의 동업자가 되었고 1896년 파스켈 출판사 대표가 되었다. 졸라를 비롯해 마테를링크, 피에르 루이스, 자리, 에드몽 로스탕, 클레망소의 출판 발행인이었다. 드레퓌스 사건의 우여곡절을 겪는 동안 알프레드 브뤼노, 페르낭 데물랭, 옥타브 미르보와 함께 졸라를 적극 옹호하며 지지했다. 졸라가 센의 중죄재판소에서 재판을 받는 동안 곁에서 그를 경호했으며 졸라의 유언 집행인이었다.

포르, 펠릭스(Félix FAURE, 1841~1899) 피혁상 출신으로 1881년부터 여러 차례 하원의원을 역임했고, 식민지부 차관과 해양부 차관, 해양부 장관(1894) 등을 고루 거쳐 1895년 공화국 대통령으로 선출되었다. '나는 고발한다…!'가 발표되기 전에 드레퓌스 사건과 상관없이 졸라를 세 차례 만난 적이 있는 그는 차츰 드레퓌스의 결백을 믿게 되면서도 끝까지 재심에 적대적인 입장을 고수했다.

포르지네티, 페르디낭(Ferdinand FORZINETTI, 1839~1909) 1894년 파리의 셰르슈미디 군사교도소 소장(소령)으로 재직 당시 10월 15일 수감된 드레퓌스를 처음으로 만났다. 그는 처음부터 드레퓌스의 무죄를 확신하며 재심 캠페인을 적극적으로 지지했다. 1895년 은퇴한 후에도 소장직을 맡고 있다가 드레퓌스를 지지한다는 이유로 1897년 해임되었다. 렌의 재판 당시 드레퓌스 대위를 위해 증언했다. 1906년 드레퓌스가 복권되자 다음과 같은 말을 남겼다. "참으로 멋진 복수가 아닌가!"

프랑스, 아나톨(Anatole FRANCE, 1844~1924) 본명은 프랑수아 아나톨 티보(François Anatole Thibault). 프랑스 제3공화정 시대의 가장 영향력 있는 작가 중 하나이자 중요한 문학평론가이다. 20세기 초반의 다양한 사회적·정치적 대의를 위해 투쟁했던, 그 시대의 가장 양심적인 인물 중 하나로 평가받고 있다. 처음부터 드레퓌스의 무죄를 확신한 재심 찬성파로서 졸라의 '나는 고발한다…!'가 발표된 후 가장 먼저 그에게 지지의 뜻을 표한 '지식인들' 중 하나였으며, 아카데미프랑세즈 회원 중에서 유일하게 드레퓌스의 편에 섰던 인물이다. 아나톨 프랑스는 1898년 7월, 정부에서 졸라의 레지옹 도뇌르 훈장의 수훈자 자격을 박탈하자 자신의 레지옹 도뇌르 훈장을 반납했다. 1902년 10월 5일, 몽마르트르 묘지에서 거행된 졸라의 장례식에서 후세에 명문으로 길이 남게 된 추도사를 낭독했다. 1921년에는 그의 작품 전체를 인정받아 노벨 문학상을 수상했다. 아나톨 프랑스를 몹시 존경했던 젊은 작가 프루스트의 《잃어버린 시간을 찾아서》에 저명한 작가로 나오는 베르고트의 모델로도 알려져 있다.

공스, 샤를(Charles GONSE, 1838~1917) 육군 참모차장으로 참모본부 정보국의 책임자였다. 드레퓌스의 결백을 주장하는 피카르 중령을 멀리 보내 버리고 메르시에 장군과 앙리 중령을 비롯한 참모본부 장교들의 음모에 동조했다. 1898년 10월 1일 퇴역했다.

앙리, 조제프(Joseph HENRY, 1846~1898) 1893년 1월, 참모본부의 정보국에 배속되어 드레퓌스 대위에 대한 음모에 처음부터 가담했다. 새 정보국장으로 부임한 피카르 중령이 드레퓌스 사건과 관련된 진실을 밝히려 하자 드레퓌스의 유죄를 입증하는 '가짜 앙리'를 위조했다. 1897년 11월, 중령으로 진급해 피카르의 뒤를 이었다. 1898년 8월 30일, 허위 문서('가짜 앙리')를 위조했음을 자백한 후 다음 날 감옥에서 자살했다.

에르, 뤼시앵(Lucien HERR, 1864~1926) 에콜노르말쉬페리외르(ENS) 출신의 사회주의 철학자. 1986년 철학교수 자격시험(아그레가시옹)에 합격했으며, 1888년부터 죽을 때까지 ENS의 도서관 사서로 일하면서 평생 책과 함께 지냈다. 그곳에 있는 모든 책을 다 읽은 것으로 유명한 뤼시앵 에르는 사회주의 사상과 인권을 옹호하면서 수많은 학생들과 사회주의 지도자들에게 많은 가르침과 영향을 주었다. 드레퓌스 사건이 일어나자 드레퓌스파 지식인들(졸라, 클레망소, 조레스, 베르나르-라자르, 쉐레르-케스트네르, 페기 등)의 만남을 주선했으며 드레퓌스의 재심을 위한 청원에 앞장섰고 '프랑스 인권 보호 연맹'의 창립에 참여했다. 조레스를 사회주의로 이끈 것도 뤼시앵 에르였으며, 1904년 조레스와 함께 〈뤼마니테(L'Humanité)〉지를 창간했다.

조레스, 장(Jean JAURÈS, 1859~1914) 여러 차례 타른(Tarn)의 하원의원을 지냈으며, 쥘 게드와 함께 프랑스 사회주의를 대표하는 인물이다. 처음에는 사회주의자들이 드레퓌스 사건에 개입하는 것을 반대했지만 드레퓌스의 결백을 알고 난 후부터는 그의 재심을 위해 열정적으로 투쟁했다. 1898년 졸라의 재판에서 증언했으며, 1898년 8~9월에는 〈라 프티트 레퓌블리크〉지에 드레퓌스 관련 비밀문서들이 허위로 조작된 것임을 밝히는 기고문 '증거들'을 연재했다. 그로 인해 1898년 5월 하원의원의 재선에 실패했으나 1902년 다시 하원의원에 선출되었다. 1904년에는 〈뤼마니테〉지를 창간하여 사회주의와 프랑스 평화주의의 대변자가 되었다. 1914년 7월 31일, 그의 평화주의에 불만을 품은 광신적 민족주의자 라울 빌랭에게 살해당했다.

라보리, 페르낭(Fernand LABORI, 1860~1917) 파리의 촉망 받던 젊은 변호사로 1893년 무정부주의자 오귀스트 바이앙을 변호하면서 유명세를 탔다. 1898년 1월 에스테라지 재판 때 뤼시 드레퓌스를 변호했고, 이후 졸라와 피카르 중령 그리고 조제프 레나크의 변호인이 되었다. 1899년 8~9월 렌에서 열린 드레퓌스의 재심에서 드레퓌스를 변호하던 중(8월 14일)에 총에 맞았지만 다행히 목숨을 건졌다. 드레퓌스의 공동 변호인이던 드망주 변호사와의 전략 차이 때문에 변론을 포기했다. 1906~1910년에는 센에마른의 하원의원을 지냈다.

라라, 쥘(Jules LARAT, 1857~?) 의사이며 페르낭 데물랭의 사촌. 졸라가 영국에서 망명 생활을 하는 동안 그의 아내 알렉상드린 졸라를 돌보아 주면서 그녀와 졸라 사이의 연락을 담당했다. 1898년 8월 31일, 앙리 중령이 체포된 다음 날 졸라에게 전보를 보내 정의의 승리를 예고했다. 그 후 졸라에게 〈르 피가로〉지와 〈르 탕〉지 등 신문을 보내 주었다.

르블루아, 루이(Louis LEBLOIS, 1854~1928) 조르주 피카르 중령의 친구로 변호사이다. 1897년 피카르는 그에게 비밀을 지켜 달라는 조건으로 드레퓌스 사건에 관한 진실을 털어놓았다. 르블루아는 역시 비밀을 지켜 달라는 조건으로 자신의 친구인 쉐레르-케스트네르 상원의원에게 그 사실을 알렸다. 그로 인해 변호사협회로부터 6개월간 자격정지를 받았다. 드레퓌스 사건에 관한 중요한 자료적 가치를 지닌 그의 저서 《드레퓌스 사건》이 1929년 사후 출간되었다.

루베, 에밀(Émile LOUBET, 1838~1929) 하원의원, 상원의원, 장관, 총리, 상원 의장 등을 고루 거쳤다. 드레퓌스 사건에 관해 중립적인 입장을 취했던 그는 재심 찬성파의 지지와 함께 공화국 대통령(1899~1906)이 되었다. 대통령에 선출되자마자 민족주의자와 반유대주의자 들의 적대적인 시위에 직면했다. 1899년 9월 19일 드레퓌스를 사면했고, 드레퓌스 사건과 관련한 모든 범죄 사실에 대한 사면을 요구했다.

마노, 장-피에르(Jean-Pierre MANAU, 1822~1908) 프랑스 파기원의 검사장으로 1898년 2월 23일 졸라에게 유죄판결을 내렸던 센 중죄재판소의 판결을 파기해야 한다는 논고를 펼쳤다. 1899년 6월에는 드레퓌스에게 유죄선고를 내렸던 1894년의 판결을 파기해야 한다고 주장함으로써 드레퓌스를 렌의 군사법원으로 되돌려 보냈다. 그의 후임인 마뉘엘 보두앵 검사장은 그에게 '공민적 용기의 모범'을 보여 준 인물이라는 찬사를 보냈다.

멜린, 쥘(Jules MÉLINE, 1838~1925) 1896년 4월부터 1898년 6월까지 총리를 지냈다. 드레퓌스 사건에 관해서는 '이미 판결이 내려졌음(기왕의 판결)'을 강조하며 1894년 드레퓌스 재판의 재심에 줄곧 반대 입장을 취했다. 1897년 12월 4일 의회에서 열린 대정부 질문 중에 한 그의 선언은 두고두고 언급될 정도로 유명하다. "드레퓌스 사건은 존재하지 않습니다. 지금도 그렇고 앞으로도 그럴 것입니다."

메르시에, 오귀스트(Auguste MERCIER, 1838~1921) 1893년 12월부터 1895년 1월까지 국방부 장관을 지냈다. 참모본부의 정보국에서 문제의 '명세서'를 입수한 후 불분명한 필적 감정 결과에도 불구하고 처음부터 드레퓌스를 반역자로 확신했으며 끝까지 자신의 생각을 바꾸지 않았다. 드레퓌스의 재판 때에는 군사법원의 재판부에 은밀히 비밀문서들(후에 허위 문서로 밝혀짐)을 넘길 것을 지시했다. 드레퓌스가 유죄판결을 받자마자 반역죄에 대한 사형을 부활할 것을 주장하는 법안을 제출했다. 드레퓌스 사건 관련 문서의 파기를 주장한 후 국방부 장관에서 물러났다. 졸라는 '나는 고발한다…!'를 발표할 당시 드레퓌스 사건에 있어서 메르시에의 역할에 대해 아직 제대로 알지 못한 채 그의 역할을 과소평가했다. 1898년 2월 졸라의 재판에 증인으로 소환된 메르시에는 드레퓌스는 정당하게 법적으로 유죄판결을 받은 반역자라고 선언하면서 비밀문서들의 존재에 대한 답변을 거부했다. 메르시에는 1898년 11월 파기원의 형사부에서 1894년 재판의 재심과 관련한 심문을 받는 중에도 드레퓌스가 유죄임을 재차 선언하면서 형사부가 드레퓌스파 '조합'에 매수되었다고 비난했다. 그는 1900년 12월 27일 공포된 사면법에 의해 그의 음모와 술책에 대한 어떤 처벌도 받지 않았다. 그리고 1900~1920년에 상원의원을 지냈다.

미르보, 옥타브(Octave MIRBEAU, 1848~1917) 소설가, 극작가, 저널리스트, 예술비평가로 활동했다. 문학과 예술의 전위파들에게 찬사를 받았으며 온 유럽과 대중의 인기를 동시에 얻었다. 무시무시한 풍자문 작가로도 유명하다. 대표작으로는 《형벌의 정원(1899)》, 《어느 하녀의 일기(1900)》, 《사업은 사업이다(1903)》 등이 있다. 진실과 정의의 가치를 지키기 위해 열렬한 드레퓌스파가 되어 1898년 1월 16일자 신문에 실린 지식인들의 '청원서'를 작성했다. 1898~1899년에 〈로로르〉 지에 드레퓌스 사건에 관한 글을 기고하면서 맹렬한 언론 캠페인을 전개했으며, 광신적인 민족주의자들과 반유대주의자들에게 공격받을 것을 무릅쓰면서 파리와 프랑스 전국 각지에서 열린 공개 집회에 적극적으로 참여했다. 미르보는 1898년 8월, 졸라에게 부과된 엄청난 배상금(소송비용을 포함하여 7555프랑)을 자신의 돈으로 대신 지급했다.

모니, 에르네스트(Ernest MONIS, 1846~1928) 하원의원과 상원의원을 거쳐 발데크-루소 내각에서 법무부 장관(1899~1902)을 지냈다. 1900년 3월 1일 드레퓌스 사건과 관련하여 국가반역죄를 제외한 모든 범죄 사실에 대한 사면을 단행하는 사면법에 관한 법안을 상원에 제출했다.

모노, 가브리엘(Gabriel MONOD, 1844~1912) 역사학자로 프랑스 고등연구실천원(École pratique des hautes études)의 원장, 〈라 르뷔 이스토리크(La Revue historique)〉의 발행인을 지냈다. 문제의 '명세서'를 처음으로 감정했던 그는 그 필체가 드레퓌스의 것이 아니라고 결론 내렸다. 전형적인 좌파 지식인이었으며 확고한 드레퓌스 지지자 중 한 사람이었다.

파니차르디, 알레산드로(Alessandro PANIZZARDI) 이탈리아 대사관의 무관으로 독일 대사관의 무관인 슈바르츠코펜과 첩보 활동에 관한 정보를 서로 주고받았다. 그는 1894년 드레퓌스 사건이 일어나자마자 자신의 상관들에게 알프레드 드레퓌스를 전혀 알지 못한다는 것을 분명히 밝혔다.

뒤 파티 드 클람, 아르망(Armand du PATY DE CLAM, 1853~1916) 1894년 10월 드레퓌스 사건 초기에 참모차장인 공스 장군의 지휘 아래 드레퓌스의 수사를 맡아 진행했다. 조사가 끝난 후 뒤 파티 드 클람 소령은 1894년 10월 31일 메르시에 장군에게 제출한 보고서에서 드레퓌스의 반역 행위에 대한 구체적인 증거가 희박하다는 이유로 기소를 포기하는 게 좋겠다는 의견과 함께 결론을 내리는 것을 보류했다. 1897년 가을에는 에스테라지 소령이 완전한 무죄판결을 받을 수 있도록 심리를 조작하는 데 앞장섰다. 1899년 6월 1일 체포되었다가 면소 판결을 받았다.

페기, 샤를(Charles PÉGUY, 1873~1914) 프랑스의 시인, 극작가이자 사

상가. 고등사범학교에 입학하여 베르그송에게 사사했다. 희곡 《잔 다르크(1897)》에서는 잔 다르크를 민중과 사회주의의 영웅으로 묘사하였다. 뤼시앵 에르와 레옹 블룸의 친구로 일찍부터 반유대주의에 역겨움을 느끼고 있던 그는 1898년을 "결코 잊을 수 없는 혁명적 지복(至福)의 시대"라고 표현했다. 1월 13일 졸라의 '나는 고발한다…!'가 발표된 후 드레퓌스의 재심을 위해 〈로로르〉지에 실린 모든 청원서에 서명했으며 여러 차례 반드레퓌스파와 맞서 싸웠다. 제1차 세계대전 발발 직후 전투에 참가했다가 전사했다.

드 펠리외, 조르주(Georges de PELLIEUX, 1842~1900) 맹렬한 반유대주의자로 드레퓌스 사건 동안 드레퓌스의 결백을 입증하는 사실들이 속속 밝혀지는데도 끝까지 재심에 반대했던 장교들 중 하나이다. 1897년 11월과 12월, 소시에 장군의 지시에 따라 마티외 드레퓌스에게 고발당한 에스테라지 소령에 관한 수사를 진행한 후 에스테라지에게 아무런 혐의가 없다는 결론을 내렸다. 1898년 2월 17일, 센 중죄재판소에서 열린 졸라의 재판에 검찰 측 증인으로 나선 드 펠리외 장군은 드레퓌스를 확실하게 단죄하는 데 사용된 비밀문서를 공개하는 것으로 믿으며 몇 달 후 허위로 판명될 문서('가짜 앙리')에 대해 언급했다. 이는 1894년의 재판에서 드레퓌스를 단죄하는 데 비밀문서가 불법적으로 사용되었음을 스스로 고백한 셈이었다. 드 펠리외 장군은 1898년 8월 31일, 앙리 대령이 허위 문서를 조작한 사실을 자백한 후 감옥에서 자살하자 자신이 속았음을 깨닫고 퇴역 요청을 했다가 즉시 철회했다.

피카르, 조르주(Georges PICQUART, 1854~1914) 1894년 12월에 열린 드레퓌스의 재판에 메르시에 장군과 드 부아데프르 장군의 보좌관 자격으로 참석했으며, 1895년 1월 5일 육군사관학교 연병장에서 거행된 드레퓌스 대위의 군적 박탈식을 참관했다. 1895년 7월 1일, 참모본부의 정보국장으로 부임해 1896년 4월 1일 중령으로 진급했다. 드 부아데프르 장군의 지시에 따라 드레퓌스 관련 문서들을 다시 살펴보던 중에 에스테라지가 진짜 반역자라는 사실을 알아냈다. 피카르의 상관들은 그의 입을 막기 위해 그를 강제로 정보국장직에서 물러나게 한 다음 프랑스 동부를 거쳐 멀리 북아프리카 튀니지의 변방으로 보내 버렸다. 1897년 가을부터 드레퓌스의 재심을 위한 언론 캠페인에 뛰어든 피카르는 1898년 1월 13일 군사기밀을 누설한 죄목으로 체포되어 2월 26일 강제로 퇴역당했으며, 1898년 7월 13일부터 1899년 6월 9일까지 교도소에 수감되었다. 1906년 여단장의 계급으로 군대에 복귀했으며 석 달 후 새로이 들어선 클레망소 내각에서 국방부 장관(1906년 10월~1909년 7월)을 지냈다.

푸앵카레, 레이몽(Raymond POINCARÉ, 1860~1936) 여러 차례 장관과 내각의 총리 등을 역임하고 1913년~1920년에 공화국 대통령을 지냈다. 1894년 메르시에 장군과 함께 뒤퓌 내각의 각료였던 그는 1898년 11월 28일의 연설에서 피카르 중령을 옹호하며 재심 반대파들과 반대 노선을 택했다. 푸앵카레는 의회에서 발의한 '형사부 단독 재판권 해제 법안'에 반대표를 던졌으나 메르시에 장군의 기소에 관한 결의안에는 투표하지 않았다. 드레퓌스 사건이 일어나자 처음에는 국익우선주의에 의거해 스캔들이 일어나는 것을 막아야 한다는 입장을 취했다가 나중에 재심 찬성파로 돌아섰다.

프루스트, 마르셀(Marcel PROUST, 1871~1922) 조제프 레나크의 친구로 일찍부터 드레퓌스를 지지했다. 1898년 2월 졸라의 재판을 죽 지켜보았다. 그의 대표작《잃어버린 시간을 찾아서》의《게르망트 쪽》과《소돔과 고모라》에는 드레퓌스 사건을 둘러싼 당시 사회 분위기가 상세하게 묘사돼 있다.

랑, 아르튀르(Arthur RANC, 1831~1906) 하원의원과 상원의원 등을 역임했다. 1894년 드레퓌스의 재판이 비공개로 진행된 것에 대해 격렬하게 항의했다. 1897년 11월 클레망소에게 드레퓌스의 결백을 알렸다. 1898년 2월 졸라의 재판에서 그에게 열렬한 찬사를 보냈다.

라바리, 알렉상드르(Alexandre RAVARY) 1897년 12월 4일, 에스테라지 소송 건으로 소시에 장군으로부터 증거조사를 할 것을 지시받고 12월 31일 에스테라지에게 면소 판결을 내렸다.

레나크, 조제프(Joseph REINACH, 1856~1921) 1889~1893년에 하원의원을 지냈다. 1897년과 1898년에 〈르 시에클〉지를 통해 드레퓌스의 재심을 위한 언론 캠페인을 벌였다. 그 때문에 맹렬한 민족주의 언론의 공격을 받아 1898년과 1902년 재선에 실패했다가

1906년 다시 하원의원에 선출되었다. 언론인이자 정치인으로 수많은 정치적, 역사적 저서들을 남겼으며, 드레퓌스 사건에 관한 방대한 기록인 여섯 권짜리《드레퓌스 사건의 역사(1901~1908)》를 펴냈다.

드 로데, 페르낭(Fernand de RODAYS, 1845~1925) 〈르 피가로〉지의 주필이자 공동발행인. 드레퓌스의 무죄를 확신하고 1897년 11월 25일부터 12월 5일까지 졸라의 기고문 세 편을 신문에 발표했다. 그 후 보수적인 독자들의 항의와 이어지는 구독 철회에 굴복해 졸라의 글을 신문에 싣는 것을 포기해야만 했다. 하지만 신문의 판매 부수가 급격히 감소하는데도 〈르 피가로〉지는 애초의 입장을 고수했고 끝내 반드레퓌스파로 돌아서지 않았다.

소시에, 펠릭스(Félix SAUSSIER, 1828~1905) 1884년부터 파리의 사령관을 지냈다. 메르시에 장군의 드레퓌스에 대한 기소에 의문을 표하면서 1894년 11월 3일 드레퓌스에 대한 증거조사를 지시했다. 1897년 11월 17일에는 드 펠리외 장군에게 마티외 드레퓌스에게 고발당한 에스테라지에 대한 수사를 할 것을 지시했다. 12월 4일, 완전한 무죄판결을 기대하며 군사법원에서 재판을 받게 해 달라는 에스테라지의 요청에 따라 소시에 장군은 다시 증거조사를 할 것을 지시했다.

쉐레르-케스트네르, 오귀스트(Auguste SCHEURER-KESTNER, 1833~1899) 알자스의 뮐루즈 출신으로 본래 화학자이자 실업가였다. 1871년 하원의원에 당선되면서 정치에 입문해 1875년 종신 상원의원이

자 상원의 부의장이 되었다. 1897년 7월부터 드레퓌스의 결백을 확신하고 그의 재심을 위해 노력했다. 그로 인해 온갖 비난과 모욕을 감수해야만 했고, 상원의 부의장직에서 물러나야 했다. 졸라로 하여금 재심을 위한 언론 캠페인에 뛰어들게 한 것도 쉐레르-케스트네르였다. 1899년 9월 19일, 드레퓌스가 사면을 받던 날 사망했다.

폰 슈바르츠코펜, 막시밀리안(Maximilian Von SCHWARTZKOPPEN, 1850~1917)
6년간 파리 독일 대사관의 무관으로 지내면서 프랑스 내에서의 첩보 활동을 담당했고 에스테라지와 교류했다. 1897년 11월, 마티외 드레퓌스가 에스테라지를 '명세서'의 장본인으로 고발하던 날 파리를 떠났다. 1903년 그는 에스테라지와의 관계를 상세히 밝히는《회고록》을 남겼고,《회고록》은 1930년에 사후 출간되었다.

트라리외, 뤼도빅(Ludovic TRARIEUX, 1840~1904) 변호사, 하원의원을 거쳐 1888년부터 종신 상원의원, 1895년 1월 26일부터 11월 1일까지 법무부 장관을 지냈다. 드레퓌스 사건 초기부터 그의 유죄 사실에 의문을 가졌던 트라리외는 1897년부터 드레퓌스의 재심을 위해 적극적으로 투쟁했다. 1897년 12월 7일, 쉐레르-케스트네르가 상원에서 쥘 멜린에게 대정부 질문을 할 때 유일하게 그를 지지했다. 1898년 2월 졸라의 재판에서 그를 위해 증언했다. '프랑스 인권 보호 연맹'을 창립하고 그 정관을 작성했으며 1898년 6월 10일 초대 의장이 되었다.

보강, 에르네스트(Ernest VAUGHAN, 1841~1929) 1897년 10월 위르뱅 고

이예, 조르주 클레망소와 함께 〈로로르〉지를 창간했다. 클레망소와 함께 졸라의 '나는 고발한다...!'를 탄생시킨 주역이다.

발데크-루소, 피에르(Pierre WALDECK-ROUSSEAU, 1846~1904) 변호사, 하원의원(1879~1889)을 거쳐 강베타 내각과 쥘 페리 내각에서 내무부 장관을 역임했다. 1894년 상원의원이 되었고, 1899년 6월부터 1902년 6월까지 '공화국 방위 내각'을 이끌었다. 사면법의 주창자이자, 1901년 7월 1일 공표된 '결사법(結社法, Association loi de 1901)'의 발안자이다.

'나는 고발한다…!' ('공화국 대통령에게 보내는 편지')
1898년 1월 13일자 〈로로르〉지 1면에 실린 졸라의 격문
"'공화국 대통령에게 보내는 편지'는 내 안에서 하나의 외침처럼 쏟아져 나왔다.
나는 언론 소송을 당하기 위해 팸플릿 대신 신문을 택했다."

폴 나다르가 찍은 에밀 졸라의 모습
졸라의 외손자 장 클로드 르 블롱 졸라(Jean-Claude Le Blond-Zola) 소장

드레퓌스 대위

쉐레르-케스트네르 상원의원

베르나르-라자르

라보리 변호사

피카르 중령

드레퓌스와 드레퓌스파의 주역들

에스테라지 소령

공스 장군(참모차장)

뒤 파티 드 클람 소령

드 부아데프르 장군(육군 참모총장)

드 펠리외 장군

메르시에 장군(국방부 장관)

**'명세서'를 쓴 진범인 에스테라지 소령과
반드레퓌스파의 주역들**

알프레드 드레퓌스 대위의 군적 박탈식 광경
1895년 1월 13일자 〈르 프티 주르날〉지의 표지

'어느 가족의 저녁 식사 광경'(카랑 다슈의 캐리커처)
(위) 절대로! 드레퓌스 사건 얘기는 하지 맙시다!
(아래) 하지만 그들은 결국 얘기를 하고 말았다……。

'진실에 관해 일절 함구할 것!'을 지시받고 센의 중죄재판소로 향하는 군인들(페팽 그림)

괴기 박물관: 엘리제궁의 무도회(아래 왼쪽)
에밀 루베 대통령에게 초대 받은 에밀 졸라, 알프레드 드레퓌스, 피카르 중령, 조제프 레나크, 위대한 랍비 자도크 칸을 희화한 석판화

괴기 박물관: 반역자(아래 오른쪽)
알프레드 드레퓌스를 '반역자'로 희화한 캐리커처(프랑스 국립도서관 소장)

졸라의 재판 당시 반드레퓌스파들이 배포한 전단지
1898년 2월 센의 중죄재판소에서 열린 졸라의 재판에 대한 배심원단의 평결을 희화화하고 있음. 위로부터 '졸라의 재판, 평결, 심리 결과'라고 쓰여 있으며, 아래의 왼쪽에는 '프랑스를 프랑스인들에게!', 오른쪽에는 '유대인들을 죽여라! 반역자들을 처단하라!'라고 씌어 있음.

재판 중에 생각에 잠긴 에밀 졸라
(사바티에 그림)

졸라의 장례식에서 추도사를 읽는 아나톨 프랑스
1902년 10월 5일, 몽마르트르 묘지

**에밀 졸라와 그의
'나는 고발한다...!'를 기리는 기념 메달**
앞면에는 졸라의 초상과 함께
'에밀 졸라에게 바치는 경의!'라는 문구가,
뒷면에는 졸라의 '진실이 전진하고 있고,
그 무엇도 그 발걸음을 멈추게 하지 못하리라.
에밀 졸라. 1898년 1월 13일.'이 새겨짐.

도판 정보

1페이지

'J'accuse…!' page de titre du journal L'Aurore, 20 année, n 87, Paris, 13 janv. 1898 c) akg-images
〈로로르〉지는 단 몇 시간 만에 30만 부가 팔려나갔으며, 졸라의 글은 프랑스와 전 세계에 커다란 반향을 불러일으키면서 드레퓌스 사건을 새로운 국면으로 접어들게 했다.

2페이지

Zola, photograpie de Paul Nadar. Coll. J.C. Le Blond-Zola

3페이지

Le capitaine Dreyfus, photo Roger-viollet
Scheurer-Kestner, photo Harlingue Viollet
Me Labori, photo Roger-viollet
Le lieutenant-colonel Picquart, photo Roger-viollet
Bernard-Lazare, photo Roger-Viollet

4페이지

Estherazy, photo Roger-Viollet
Le général Gonse, photo Roger-Viollet
Le général de Boisdeffre, photo Aron frères
Le général Mercier, photo Harlingue Viollet
Le général de Pellieux, Fred. C. Conybeare
Le lieutenant-colonel du Paty de Clam, BAN

5페이지

1) Dégradation de Dreyfus, Document de Le Petit Journal
이와 함께 '반역자'라는 제목의 기사가 대문짝만하게 실렸다.
군적 박탈식은 주로 높은 계급의 군인을 해임 또는 강등시킬 때 행해지는 의식으로, 지위의 상징들을 공개적으로 훼손시키는 행위들로 이루어진다. 군부는 수많은 사람들이 지켜보는 앞에서 드레퓌스 대위 어깨의 견장을 뜯어내고 배지와 계급장을 떼어냈으며, 그로 하여금 자신의 검을 직접 부러뜨리게 했고, 그의 군모와 훈장을 땅바닥에 팽개친 다음 발로 밟아 훼손시켰다.
2) Un dîner en famille ; caricature de Caran d'Ache, Coll. J.-L. Charmet

6페이지

1) Le consigne est de se taire! (Dessin : Pépin)
2) Couverture du Musée des Horreurs, B.N.F
3) Un bal à l'Élysée; Le Musée des Horreurs n 26, lithographie de V. Lenepveu représentant le Grand Rabbin Zadoc Kahn, le lieutenant-colonel Picquart, Joseph Reinach, Alfred Dreyfus et Émile Zola, invités à l'Élysée par le Président Émile Loubet. (Roger-Viollet)

7페이지

1) verdict Affichette distribuée par les antidreyfusards au moment du procès (février 1898)
2) Émile Zola pendant son procès (Dessin : Sabattier)

8페이지

1) Les obsèques; le discours d'Anatole France (d'après L'Illustration, 11 octobre 1902)
에밀 졸라의 오랜 벗이자 동지였던 아나톨 프랑스는 "그를 부러워합시다. 그의 운명과 그의 용기는 그를 가장 위대한 사람으로 만들었습니다. 그는 인간적 양심의 위대한 한 순간이었습니다." 라는 역사에 길이 남은 추도사로 졸라를 기렸다.
2) Médaille à l'effigie de Zola, par Alexandre Charpentier, B.N.F
이 메달은 조각가 알렉상드르 샤르팡티에에 의해 순금으로 제작되었다. 졸라의 '나는 고발한다…!' 발표 직후 〈르 시에클〉지의 제안으로 모금된 후원금으로 제작된 메달은 2천여 명의 기부자 명단이 적힌 붉은색 가죽 장정의 노트와 함께 1900년 1월 12일에야 공식적으로 졸라에게 전달되었다. 정의가 승리할 때까지는 메달을 받을 수 없다면서 졸라가 사양했기 때문이다. 졸라의 부인은 1926년 11월 5일, 프랑스 국립도서관에 메달을 기증했다.

제2부

죽음으로 지켜 낸 진실과 정의

I

에밀 졸라의 죽음 : 사고인가, 타살인가?

졸라는 1902년 9월 29일 이른 아침, 파리 브뤼셀 가에 위치한 집에서 잠자던 중에 침실의 벽난로에서 새어 나온 일산화탄소 중독으로 사망한 것으로 알려져 있다. 하지만 훗날 밝혀진 여러 가지 정황과 새롭게 등장한 증언 등으로 인해 그의 죽음이 사고사가 아닌 타살이라는 데 더 큰 무게가 실리고 있는 편이다. 졸라는 정말 누군가의 지시에 따라 살해된 것일까? 그는 정확히 어떤 상황 속에서 죽음을 맞이한 것일까? 처음 결론 내린 대로 침실의 벽난로가 작동을 제대로 하지 않은 데서 비롯된 사고사일까, 아니면 누군가가 고의로 굴뚝을 막아 놓았던 것일까? 졸라의 죽음 이후 그의 죽음을 언급할 때마다 늘 똑같은 의문이 반복되곤 했다. 그동안 많은 조사와 연구가 이어졌지만 그 누구도 결정적인 결론을 내리지는 못했다. 하지만 졸라의 죽음을 단순한 사고사로 단정

짓기에는 여전히 많은 의문과 논란이 남아 있는 게 사실이다. 이제 졸라의 죽음의 정황과 원인을 둘러싼 다양한 의견들을 살펴보도록 하자.

1902년 여름 여느 때처럼 메당에서 휴식을 취한 졸라와 그의 아내 알렉상드린은 9월 28일 일요일 오후 파리의 집으로 돌아왔다. 그들의 하인 쥘 들라알은 그들 부부보다 먼저 파리로 돌아왔다.

"나는 무슈와 마담보다 두 시간 먼저 돌아와서는 습기를 제거하기 위해 종이와 조개탄으로 벽난로에 불을 지폈습니다. 그러자 짙은 연기가 피어났습니다. 나는 벽난로의 철판 덮개에 석고 가루와 시커먼 먼지가 잔뜩 끼어 있는 것을 보고는 깜짝 놀랐습니다. 초여름에 시골로 떠나기 전에 벽난로에 통풍이 잘되는지 확인하려고 조개탄으로 불을 지펴 보았거든요. 그때까지만 해도 아무런 문제가 없어 보였습니다. 늘 그렇듯이 작년 10월에 굴뚝 청소를 했으니까요. 그런데 이번에 시험 삼아 불을 지피려는데 불이 잘 붙지 않는 겁니다. 하지만 나는 더 신경 쓰지 않은 채 덮개를 내리고 불이 저절로 꺼지도록 내버려 두었습니다. 그러자 조개탄이 아주 서서히 타들어 갔습니다."

그러니까 메당으로 떠나기 전에 정상적으로 가동되었던 벽난로가 석 달 후 막혀 있었다는 얘기였다!

그날 밤, 알렉상드린 졸라는 한밤중에 머리가 깨질 듯이 아파서 잠에서 깨어났다. 더불어 심한 복통도 느껴졌다. 그녀는 방에

붙어 있는 화장실에 가려다가 문 앞에서 쓰러졌다. 몸을 다시 일으키려고 했지만 눈앞이 빙빙 돌았다. 알렉상드린이 다시 침대로 와서 누우면서 신음 소리를 내자 졸라는 아내를 안심시키기 위해 이렇게 말했다.

"나도 몸이 안 좋아서 당신을 돌봐 줄 수가 없구려. 하지만 별일 아닐 거요. 개들도 아픈 걸 보니까. 아무래도 상한 음식을 먹은 탓인 것 같소."

알렉상드린은 졸라에게 하인들을 부르자고 했지만 그는 그들을 성가시게 하고 싶어 하지 않았다.

"공연히 번거롭게 그럴 필요까진 없어요. 내일이면 괜찮아질 거요."

끔찍한 두통이 엄습하는 것을 느낀 졸라는 침대에서 일어나 창문을 열러 가면서 이렇게 말했다.

"신선한 공기를 쐬면 좀 나아질 거요."

그리고 그것이 졸라의 마지막 말이 되었다. 이미 침대 위에서 의식을 잃은 그의 아내는 바닥에 쓰러진 그를 다시 일으켜 줄 수 없었다.

9월 29일 오전 8시, 벽난로를 점검하기 위해 난로공들이 도착했다. 하인들은 부부의 침실에서 아무런 소리가 나지 않자 난로공들을 기다리도록 했다. 9시가 지나자 그들은 마침내 열쇠로 잠겨 있는 문을 부수고 들어가기로 마음먹었다. 알렉상드린은 의식을 잃은 채 침대 위에 누워 있었지만 아직 숨을 쉬고 있었다. 졸라는 바닥에 길게 누워 있었다. 그들은 방에 있는 조그만 철제 침대 위에 그를 눕히고 의사를 부르러 달려갔다. 졸라의 몸에는 아직 온기가 남아 있었다. 하지만 의사 마르크 베르만은 그가 더 이상 숨을 쉬지 않는 것을 확인했다. 곧바로 인공호흡을 실시했지만 허사였다. 의사는 졸라가 8시 조금 전에 사망한 것으로 추정했다. 부부와 같은 방에서 잠들어 있던 조그만 개들, 팽팽과 팡팡은 살아남았다.

병원으로 옮겨진 알렉상드린은 약간의 처치 후에 의식을 되찾았다. 사고 현장을 조사한 경찰은 졸라가 일산화탄소 중독으로 사망한 것으로 조사를 마무리했다. 졸라의 사체에 대한 검시 결과도 일치했다. 그의 사망 원인이 일산화탄소 중독이라는 데에는 이견이 없었다. 하지만 벽난로의 굴뚝이 저절로 막힌 것인지 혹은 누군가가 고의적으로 막아 놓은 것인지에 대한 의문이 아직 남아 있었다. 하지만 예심판사는 그 사실을 더 이상 캐려고 하지 않았다. 그리고 졸라의 죽음을 일산화탄소 중독으로 인한 사고사로 결론지었다. 졸라가 살해당했음을 확신하는 일부 드레퓌스파들의 의문을 해소하지 못한 채.

졸라가 죽던 날 생겨난 살해 의혹은 그로부터 정확히 반세기가 지난 1952년, 〈리베라시옹(Libération)〉지의 기자가 '나는 고발한다…!'의 저자가 고의로 야기된 가스중독으로 질식사했다고 선언하면서 다시 세상 밖으로 불거져 나왔다. 20대의 젊은 기자 장 브델(Jean Bedel)은 그가 접한 새로운 정보로 1953년 9월 29일에서 10월 7일까지 '졸라는 살해당했나?'라는 제목 아래 일련의 기사를 발표했다. 그에게 정보를 제공한 사람은 바스노르망디 주의 테시쉬르비르에 거주하는 피에르 아캥(Pierre Hacquin)이라는 사람이었다.

피에르 아캥은 전쟁 전에는 파리 교외의 사르셀이라는 곳에 살았다. 그는 1920년대에 우파 상인들이 모인 조그만 지역 위원회에서 정치를 했다. 그곳에서 한 난로 설치 청부업자를 알게 되어 서로 친구가 되었다. 피에르 아캥은 1927년 4월 그 친구[1]가 털어놓은 놀라운 사실을 〈리베라시옹〉지의 기자인 장 브델에게 알렸다. X는 25년 전, 졸라 부부가 메당에서 돌아오기 직전에 그들의 방에 있는 벽난로 굴뚝을 막아 놓았다가 그다음 날 다시 뚫어 놓았다고 고백했다. 〈리베라시옹〉지는 그 증언을 뒷받침하는 증거 자료로 피에르 아캥의 사진을 공개했다. 또 다른 자료는 1926년에 과거 전투원들의 시위 현장에서 찍힌 X의 사진이었다. 하지만 그의 얼굴은 하얗게 빈칸으로 처리되었고, 그의 이름에 관해서는 피에르 아캥과 장 브델 모두 함구했다! 문제의 인물 X는 기이한 고백을 한 지 한 달 만에 사망했다.

---

[1] 기사에서는 문제의 인물을 가리킬 때 이니셜 'Z'를 사용했지만 여기서는 졸라와의 혼동을 피하기 위해 이니셜 'X'를 사용하기로 한다.

다음은 피에르 아캥이 장 브델에게 털어놓은 이야기를 옮긴 신문 기사의 일부이다.

1927년 4월 어느 날, 우연히 졸라에 관한 이야기를 나누던 중에 X는 느닷없이 고백을 하고 싶은 충동에 사로잡힌 듯했습니다. 머지않아 자신이 죽을 것을 예감했던 걸까요? (그는 심장병 환자였고, 그로부터 한 달 후 세상을 떠났다.) 그는 내게 이렇게 말했습니다. "아캥, 에밀 졸라가 어떻게 죽었는지 알고 싶지 않소? 지금부터 내가 하는 말을 잘 들으시오. 당신을 믿으니까 얘기하는 거요. 어차피 시효도 곧 끝나지만 말이오. 졸라는 의도적으로 야기한 가스중독으로 죽은 거요. 우리가 그의 방의 벽난로 굴뚝을 막아 놓았던 거요. 어떻게? 이런 식으로 말이오. 이웃집에서 지붕과 굴뚝 보수 작업이 있었지요. 우리는 그 틈을 이용해 건물 위를 오가며 그의 집의 굴뚝을 찾아내 막아 놓았소. 그리고 다음 날 아침 일찍 다시 굴뚝을 뚫어 놓았던 거요, 누구의 눈에도 띄지 않은 채. 그다음 일은 당신도 잘 알 거요."

그리고 피에르 아캥은 이렇게 덧붙였다.

이런 얘기를 왜 진작 털어놓지 않았느냐고 묻고 싶으신 거지요? 당시만 해도 정계에 있는 지인들에게 이런 비극을 털어놓을 용기가 없었습니다. …(중략)… 이젠 내 나이가 벌써 예순여덟 살이고 살날이 얼마 남지 않았으니 이렇게 얘기할 수 있는 겁니다. 이러는 게 죽기 전에 내가 반드시 해야만 하는 의무처럼 느껴졌기 때문입니다.

그의 입장은 충분히 이해가 될 만했다. 당시에도 여전히 반드레퓌스파들이 득세했던 정계에 그의 분노가 제대로 받아들여질 리가 없었다.

게다가 문제의 X는 어떤 정당을 위해 졸라를 살해하는 데 동조했는지에 대해서는 아무런 언급을 하지 않았다. 물론 그 역시 반드레퓌스파였다. 노동자 계급과 프티부르주아 계급의 중간쯤 되는 난로공은 공범과 함께 그을음과 콜타르로 졸라의 침실 벽난로 굴뚝을 막음으로써 노동자 계급의 열렬한 옹호자를 살해했던 것이다. 졸라가 죽고 난 후 그는 어떤 이유에서인지는 모르지만 자신의 이름 앞에 '에밀'이라는 이름을 덧붙였다. 그리고 국방부의 공식 공급업자가 되었다.

장 브델은 1978년 5월 12일, 〈르 코티디앵 드 파리(Le Quotidien de Paris)〉지에 X의 이름이 앙리 뷔롱포스임을 밝혔다. 피에르 아캥은 장 브델에게 자신이 죽고 난 후 친구의 이름을 밝혀도 좋다고 허락을 했던 것이다.

또한 장 브델은 신문에 발표한 일련의 기사에서 졸라의 아들인 자크 에밀-졸라 박사와의 인터뷰를 상세하게 보도했다. 그 자신이 의사인 자크 에밀-졸라는 공식적인 수사에 의문스러운 점들이 있음을 강조하면서 졸라가 살해되었다는 주장이 매우 신빙성 높다고 주장했다. 당시 9월 29일 이후 졸라의 죽음에 대한 정황을 정확하게 재구성할 수 없었던 이유는 침실의 벽난로 굴뚝이 다시 뚫려 있었기 때문인 것이다!

자크 에밀-졸라는 아버지 졸라의 죽음의 의문스런 정황에 대해 다음과 같이 설명했다.

아버지의 사망 원인에 대해서는 의심의 여지가 없습니다. 혈액 분석 결과 일산화탄소 중독임이 밝혀졌으니까요. 하지만 전문가들이 내놓은 설명은 지금도 여전히 받아들이기가 힘듭니다. 나 역시 의사로서 아버지가 어떻게 일산화탄소 중독으로 돌아가실 수 있었는지 이해가 되질 않거든요. 아버지가 돌아가신 방에서 똑같은 방식으로 진행된 실험에서 모르모트가 살아남은 것도 이상하고 말입니다. 굴뚝의 그을음이 내려앉아서 자연적으로 벽난로가 막혔다는 주장도 받아들이기가 힘듭니다.

장 브델이 평범한 난로공이 의도적으로 그런 엄청난 범죄를 저질렀다는 사실을 믿기 힘들다고 반박하자 자크 에밀-졸라는 이렇게 대답했다.

'나는 고발한다...!'의 작가가 얼마나 끔찍한 살해 위협에 시달리고 있었는지를 알게 되면 그분에 대한 정치적 살해 가능성을 이해할 수 있을 것입니다. 아버지에게는 온갖 욕설과 협박으로 가득한 편지들이 끊임없이 배달되었습니다.

과연 당시 사회 분위기와 정세를 고려해 볼 때 졸라에 대한 테러 가능성도 배제할 수 없었다. 지금의 우리들로서는 당시 '나는 고발한다…!'의 작가가 불러일으킨 증오와 분노의 격렬함의 정도를 가늠하기 힘든 게 사실이다. 하지만 당시에는 테러가 정치 풍속도의 한 단면에 속할 정도로 빈번히 발생했으며, 졸라와 그의 주변 사람들은 끊임없이 크고 작은 위협에 시달리며 온갖 모욕과 봉변을 당했다.

1898년 2월, 재판이 열릴 당시 졸라는 여러 차례 죽음의 위협에 직면해 지속적으로 경찰의 보호를 받아야만 했다. 몇 달 후, 1898년 4월 14일자 〈르 수아르〉지에는 라울 페녜라는 인물이 졸라가 센의 중죄재판소를 나설 때 어떤 식으로 그를 살해할 것인지 그 방법을 묘사하면서 구체적인 계획을 밝히기도 했다.

1898년 7월 18일, 졸라가 영국으로 망명하자 반드레퓌스파들은 이번에는 졸라의 아내와 그의 하인들을 죽이겠다고 위협했다. 7월 23일에는 졸라의 하인들 앞으로 보낸 편지가 브뤼셀 가의 자택 관리인실로 배달되었다. "앞으로 일주일 내로 더러운 반역자 졸라의 집을 떠나지 않으면 집과 당신들을 모두 날려 버릴 것을 경고한다. 졸라 같은 악당을 위해 일하는 놈들은 누구라도 그와 똑같이 다루어 줄 것이다." 10월 9일에는 특별히 알렉상드린 졸라를 겨냥한 협박 편지가 배달되었다. "마담, 지금부터 일주일 내로 그 집을 떠나지 않으면 당신이 죽는 데 필요한 것을 당신 배에 찔러 넣을 것이오. 하인들은 당신을 지켜 주지 못할 것이오. 비열한 당신 남편이 도망을 갔으니 이젠 그의 가족들을 공격할 차례요. 우리는 아무도 봐주지 않을 것이며, 유대인들과 그들을 옹호하는 자들에게는 오직 죽음이 있을 뿐이라는 것을 명심하시오."
1901년 7월 31일에는 졸라의 자택 건물의 마차 출입문 아래에 놓인 상자에서 사제 폭탄이 발견되기도 했다. 1899년 8월, 렌에서 드레퓌스의 재심이 열릴 당시 졸라의 변호사 라보리가 등에 총을 맞은 사건과 1908년 6월 4일, 졸라의 유해를 팡테옹으로 이장할 때 그레고리가 총을 쏘아 알프레드 드레퓌스의 팔에 부상을 입힌 사건은 졸라가 죽어서까지도 얼마나 격렬한 증오와 공격의 대상이었는지를 잘 보여 주고 있다.

졸라의 죽음에 관한 자크 에밀-졸라 박사의 이야기를 좀 더 들어 보도록 하자.

아버지의 적들은 그분의 죽음이 자살이라는 주장을 하기도 했습니다. 부인에게 독살당한 것이라는 소문도 나돌았지요. 이처럼 악의적인 비방이 판을 치자 아버지의 친구들은 수사관들이 주장한 사고사의 소견을 받아들이고는 더 이상 문제를 확대시키지 않기로 했습니다. 설사 그 사실을 믿지 않았다고 해도 정부로서는 가능한 한 조용히 사건을 마무리하고 싶어 했을 겁니다. 당시는 1900년도에 사면이 단행된 후 바야흐로 정국이 '진정 국면'으로 접어든 때였으니까요. 만약 졸라가 누군가에게 살해당한 것으로 결론이 났다면 드레퓌스 사건의 망령이 되살아날 수도 있었을 테니까요. 게다가 예심판사가 누군가로부터 사건을 더 이상 캐지 말라는 압력을 받았을 가능성도 있고 말입니다.

그리고 자크 에밀-졸라는 이런 말로 결론을 내렸다.

나는 아버지 졸라의 죽음이 가스중독으로 인한 사고사가 아니라 정치적 타살로 인한 것이라고 믿고 있습니다.

II

에밀 졸라의 장례식 : 진실과 정의의 수호자에게 바치는 경의

검시를 마친 졸라의 시신은 방부 처리 후 뚜껑이 열린 관에 눕혀진 다음 브뤼셀 가의 자택 1층의 방에 안치되었다. 위대한 작가에게 경의를 표하기 위해 찾아온 친구들은 차례로 졸라의 앞을 지나가며 그에게 마지막 작별 인사를 했다. 알프레드 브뤼노,[2] 페르낭 데물랭, 조르주 샤르팡티에,[3] 외젠 파스켈, 프란츠 주르댕(Frantz Jourdain), 테오도르 뒤레(Théodore Duret), 옥타브 미르

---

2 Alfred Bruneau(1857~1934), 작곡가, 오케스트라 단장이자 음악비평가. 각색된 졸라의 작품 《꿈(1891)》과 《방앗간 공격(1893)》의 오페라 음악과 졸라 자신이 각본을 쓴 오페라 《메시도르(1897)》, 《루라강(1901)》 등의 음악을 작곡했다. 졸라와 아주 가까운 친구로서 1898년 졸라의 재판 당시 그를 경호한 사람 중 하나이다. 1931년 졸라에게 바치는 회고록 《위대한 이의 그늘에서》를 썼다.
3 Georges Charpentier(1846~1905). 1896년 외젠 파스켈에게 출판사를 넘기기 전까지 졸라의 발행인이었다. 졸라와는 아주 가까운 사이였다.

보, 생-조르주 드 부엘리에,[4] 피카르, 모리스 르 블롱,[5] 폴 브륄라……. 브뤼노는 자신의 절친한 친구와 한참 동안 작별 인사를 나누었다. "그의 얼굴은 평소 무언가를 생각할 때마다 너른 이마에 잡히곤 했던 주름마저 모두 지워진 듯 보였다. 어쩌면 그는 생전에 아득한 꿈속에서 언뜻 보았던 행복과 형제애로 충만한 나라에 벌써 도달했던 게 아니었을까." 훗날 그는 그 순간을 그렇게 회고했다.

알프레드 드레퓌스는 다음과 같은 말을 적은 띠가 둘린 화환이 그곳에 놓이기를 원했다. "알프레드 드레퓌스가 에밀 졸라에게, 감사와 우정의 표시로 드립니다."

훗날 드니즈 르 블롱-졸라는 그녀가 남긴 책[6]에서 아버지 졸라의 마지막 모습을 이렇게 회상했다. "지극히 위엄 있고 엄숙하며 평온한 아름다운 대리석 석상처럼 누워 있는 아버지의 모습에 우리의 눈물이 멎으면서 깊은 존경심이 우리를 지배했다. 어머니는 죽음이 뿜어내는 신성한 오라에 둘러싸인 채 편안히 잠든 아버지의 모습을 가슴에 새긴 다음 양손에 우리 손을 하나씩 잡고 그 자리를 떠났다."

처음에는 10월 3일 금요일로 예정되었던 장례식은 10월 5일 일요일로 연기되었다. 적대적인 시위가 벌어질 것을 염려했기 때문이었다. 알렉상드린, 조제프 레나크 그리고 경찰청장이 보낸 사절 등은 알프레드 드레퓌스가 장례식에 참석하지 못하도록 압력을 가했다. 드레퓌스는 처음에는 그러겠다고 했다가 이내 생각을 바꾸었다. 그는 무슨 일이 있어도 자신의 책임하에 참석하겠다는 뜻을 전해 왔다. 언론은 드레퓌스의 장례식 참석에 관한 논쟁을 1면 기사로 실었다. 민족주의자 진영은 '반역자' 드레퓌스의 참석에 반대하는 시위를 벌이자고 당원들을 부추겼다.

또 다른 문제는 군대식 의식에 관한 것이었다. 졸라의 친구들은 정부로부터 국장 허가를 받아 내지 못했다. 하지만 레지옹 도뇌르 훈장 수훈자인 졸라는 군대식 예우를 받을 자격이 있었다. 졸라의 가까운 친구들은 잠시 망설인 끝에 그에게 합당한 군대식 의식을 거행하기로 결정했다.

1902년 10월 5일, 엄청난 인파가 곧바로 몽마르트르 묘지로 향하는 졸라의 유해를 뒤따랐다. 졸라의 장례식은 종교의식이 동반되지 않는 세속적인 장례식으로 치러졌다. 정부에서는 교육부 장관인 조제프 쇼미에만을 대표로 파견했을 뿐이었다. 오후

---

4 Saint-Georges de Bouhélier(1876~1948), 프랑스의 극작가. 모리스 르 블롱과 함께 자연주의(naturisme)를 제창하며 1897년 1월 〈르 피가로〉지에 '자연주의 선언문'을 발표했다.
5 Maurice Le Blond(1877~1944), 작가이자 언론인. 1895년 생-조르주 드 부엘리에와 함께 상징주의의 추상성과 신비주의에 반대하며 일상적인 삶 속에서의 자연 본연의 모습과 가치로 돌아갈 것을 주장하는 자연주의를 제창했다. 1896년 《자연주의에 관한 에세이》를 발표했다. 1908년, 드레퓌스 사건 당시 열렬하게 지지했던 에밀 졸라의 딸인 드니즈와 결혼하여 세 자녀를 두었다. 그 후 《에밀 졸라 전집(1927~1929)》과 《서간집》을 비롯하여 졸라가 남긴 작품들을 다시 정리하여 펴내는 일에 열정을 바쳤으며, 해마다 졸라의 기념관이 된 메당을 방문하는 순례 행사를 기획했다.
6 《딸이 이야기하는 아버지 에밀 졸라》(Denise Le Blond-Zola, *Émile Zola raconté par sa fille*, Paris: Fasquelle, 1931. rééd. 1968.)

1시가 되자 제28 보병연대의 중대를 지휘하는 올리비에 대위는 군인들로 하여금 졸라의 자택을 마주 보며 여러 줄로 정렬하게 했다. 그리고 뚜껑을 닫은 관이 밖으로 나오자 우렁찬 소리로 외쳤다. "차렷! 받들어, 총!"

그런 다음 관이 영구차로 옮겨지자 올리비에 대위는 부하들을 5열종대로 세우고 장례 행렬의 앞장을 섰다. 그다음으로는 꽃으로 뒤덮인 영구차가 군인들 뒤를 따라갔다. 장례 행렬을 이끈 이들은 알베르 라보르드(Albert Laborde), 조르주 루아조(Georges Loiseau), 페르낭 데물랭, 쥘 라라 박사, 앙리 뒤타르(Henri Dutar) 등이었다. 관포(棺布) 네 귀에 늘어진 끈을 잡은 이들은 조르주 샤르팡티에, 알프레드 브뤼노, 외젠 파스켈, 테오도르 뒤레, 옥타브 미르보, 문인협회 회장 아벨 에르망, 극작가협회 회장 뤼도빅 알레비(Ludovic Halévy), 노동조합 사무소 사무국장 에두아르 브리아(Édouard Briat) 등이었다. 알프레드 드레퓌스는 장 조레스, 베르나르-라자르, 가브리엘 모노와 함께 행렬의 맨 앞줄에서 걷고 있었다. 하지만 그의 존재는 거의 눈에 띄지 않고 지나갔고, 군중으로부터 어떤 적대적인 반응도 야기하지 않았다. 또한 페르디낭 뷔송(Ferdinand Buisson)이 이끄는 '프랑스 인권 보호 연맹'의 공식 대표단도 행렬의 앞장을 섰다. 민족주의자 신문들은 몇 백 명 정도의 사람들만이 호기심으로 구경을 나왔다고 비아냥거렸고, 〈로로르〉지는 5만 명이 넘는 사람들이 위대한 작가의 마지막 가는 길을 지켜보았다고 보도했다. 또한 졸라의 장례식이 정치적으로 이용되기를 바라지 않는 알렉상드린의 바람에도 불구하고 드레퓌스파들은 이 기회를 이용해 다시 뭉칠 것을 시도하기도 했다.

브뤼셀 가에서 몽마르트르 묘지까지 파리를 가로지르는 장엄한 장례 행렬 중에는 노동자들의 모습도 보였다. 전대미문의 광경이 모두의 이목을 집중시켰다. 언론은 노동자 대표단들의 모습을 상세히 보도했다. 광부와 농부 그리고 대장장이의 대표단들이 작업복을 그대로 입은 채로 졸라의 장례 행렬을 뒤따르고 있었다. 맨발에 커다란 나막신을 신은 광부들은 흰색 천으로 만든 옷을 입고 요대에는 양철 수통을 차고 머리에는 조그만 램프가 달린 가죽 모자를 쓰고 있었다. 흰색 바지와 헐렁한 작업복을 입은 농부들은 머리에는 짚으로 만든 커다란 머리 덮개를 쓰고 어깨에는 낫을 메고 있었다. 그들 각자는 국화꽃과 들꽃으로 만든 꽃다발을 하나씩 들고 있었는데, 그 꽃다발에 매달린 붉은 리본에는 금빛 글씨로 '제르미날, 대지, 노동'이라고 씌어 있었다. 대장장이들은 가슴팍까지 올라오는 작업복에 기다란 가죽 앞치마를 두르고 있었다. 그들이 이루는 광경은 부르주아 계층으로 이루어진 긴 장례 행렬 가운데서 노동자들이 졸라에게 바치는 마지막 경의이자 최고의 찬사이며 살아 있는 알레고리였다.

클리시 광장에서 묘지 가장자리까지 이어진 길에는 5만 명이 넘는 사람들이 졸라의 유해가 도착하기를 초조하게 기다리고 있었다. 드디어 그의 관을 실은 영구차가 보이자 이구동성으로 커다란 환호가 터져 나왔다. "졸라 만세!"

묘지의 안쪽에는 졸라를 추모하기 위한 연단이 세워졌다. 처음으로 추도사를 낭독한 사람은 정부를 대표하는 교육부 장관 조제프 쇼미에였다. 그는 드레퓌스 사건을 언급하지 않으려고 애쓰면서 무미건조하게 졸라의 문학적 업적을 오랫동안 열거하는 데 그쳤다. 문인협회 회장인 아벨 에르망과 아카데미프랑세즈 회원인 아나톨 프랑스는 뚜껑을 닫지 않은 묘혈 앞에서 추도사를 낭독했다. 그중에서도 마지막으로 추도사를 낭독한 아나톨 프랑스는 명문으로 후세에 길이 남게 된 추도사에서 졸라의 숭고한 삶과 열정에 대한 감동적인 찬사로 많은 이들의 심금을 울렸다.

그런 다음 졸라의 묘혈 앞에서 세 시간이 넘도록 낯선 얼굴들의 행진이 이어졌다. 졸라에게 마지막 경의를 표하기 위해 프랑스 북부의 드냉[7]에서 먼 길을 달려온 '검은 얼굴들(gueules noires)'의 대표단이었다. 그들은 졸라의 묘혈 앞에 온통 붉은색[8] 꽃들로 된 꽃다발을 내려놓으며 끊임없이 "제르미날……. 제르미날……."을 연호했다.

---

[7] Denain. 노르파드칼레(Nord-Pas-de-Calais) 주의 노르 데파르트망에 속한 코뮌.
[8] 《제르미날》을 대표하는 색은 검은색과 붉은색이다. 그중에서 붉은색은 불과 피, 혁명을 상징한다.

에밀 졸라의 죽음에 바치는
아나톨 프랑스의 조사 전문

1902년 10월 5일, 몽마르트르 묘지에서 거행된 에밀 졸라의 장례식에서

여러분,

에밀 졸라의 친구들의 요청으로 그를 추모하는 이 자리에서 먼저 한 여인에게 그들의 존경과 애도의 마음을 전하고자 합니다. 알렉상드린 졸라는 40년간 에밀 졸라의 삶의 동반자로서 그의 곁을 지키면서 초기의 어려움을 함께 나누었고 영광스런 날들을 더욱더 빛나게 했으며, 잔인하게 요동치던 시절에는 지칠 줄 모르는 헌신으로 그에게 변함없는 지지를 보냈습니다.

여러분,

친구들의 이름으로 에밀 졸라에게 합당한 경의를 표하는 이 자리에서 나는 나의 고통과 그들의 고통을 침묵하게 하고자 합니다. 우리에게 위대한 기억을 남긴 이들을 비탄에 잠긴 채 눈물

로써 기려서는 안 될 것이기 때문입니다. 우리는 그들이 우리에게 보여 준 삶과 그들이 남긴 작품들을 진지하게 되돌아보며 힘찬 박수로써 그들을 배웅해야만 합니다.

졸라는 우리에게 거대한 문학적 업적을 남겼습니다. 조금 전 문인협회 회장은 졸라의 작품 세계를 놀라우리만치 세심하게 정의 내려 주었습니다. 또한 교육부 장관은 졸라의 작품들 속에 담긴 지적이고 도덕적인 의미에 대한 설득력 있는 분석을 우리에게 들려주었습니다. 이제 내가 여러분과 함께 잠시 그를 회상하는 시간을 갖고자 합니다.

여러분, 하나하나 쌓인 돌들이 만들어 낸 거대한 탑처럼 에밀 졸라가 이루어 낸 작품들의 방대함은 우리의 감탄을 자아내기에 충분했습니다. 사람들은 감탄하고 놀라고 찬사를 보내고 비난했습니다. 찬사와 비난은 똑같은 강도로 그에게 쏟아졌습니다. 사람들은 대작가에게 솔직하지만 부당한 비난을 퍼부을 때가 종종 있습니다. 욕설과 옹호의 말들 또한 뒤섞여 퍼져 나가기 마련입니다. 그럼으로써 그의 작품들은 점점 더 위대해졌습니다.

오늘날 우리는 그의 작품들이 이루는 거대한 모습과 더불어 그 속에 깃들어 있는 정신을 새롭게 발견하게 됩니다. 그것은 선함으로 충만한 정신입니다. 졸라는 선한 영혼의 소유자였습니다. 그는 모든 위대한 영혼들이 그러하듯 위대함과 소박함을 동시에 지녔습니다. 또한 그는 철저하게 도덕적이었으며 엄격하고 거리낌 없이 인간의 악행을 그려 냈습니다. 그의 소설 속에서 느

꺼지는 어두운 기운과 표면적인 비관론조차 인류의 지성과 정의의 진보를 믿는 그의 굳건한 신념과 낙관주의를 가릴 수 없었습니다. 졸라는 우리 사회의 모습을 있는 그대로 그려 내면서 나태하고 경박한 사회와 저속하고 유해한 귀족 사회를 매섭게 질타하며 파헤쳤습니다. 그는 이 시대의 악을 대변하는 돈의 강력함과도 맞서 싸웠습니다. 그는 민주주의자이면서도 결코 대중과 영합하지 않으면서 그들에게 무지로 인한 예속 관계와, 아무런 저항 없이 모든 억압과 가난과 수치스러운 삶에 굴복하게 만드는 술의 무서움에 대해 적나라하게 보여 주고자 했습니다. 그는 사회적 악이 존재하는 곳이라면 어디든 가리지 않고 맞서 싸웠습니다. 그것이 그가 보여 준 증오심의 실체였습니다. 그는 마지막으로 남긴 소설들 속에서 그가 지닌 뜨거운 인류애를 고스란히 보여 주었습니다. 그는 더 나은 사회를 예견하고자 했습니다.

또한 그는 이 땅에서 점점 더 많은 사람들이 행복해질 수 있기를 바랐습니다. 자유로운 정신과 과학의 발전을 희망했으며, 새로운 힘과 기계와 노동자들의 점진적인 해방이 도래하기를 기다렸습니다.

에밀 졸라는 진지한 사실주의자이자 열렬한 이상주의자였습니다. 그 위대함에 있어서 그의 작품과 비견될 수 있는 것은 톨스토이의 작품밖에는 없을 것입니다. 그들의 작품은 마치 리라를 구성하는 두 개의 지주처럼 유럽 사상의 양대 기둥으로 우뚝 서면서 이상적인 거대한 나라를 이루었습니다. 그곳은 관대함과 평화가 충만한 나라입니다. 하지만 톨스토이의 나라는 체념으로 이루어진 나라입니다. 졸라의 나라는 노동이 지고한 가치를 지닌 나라입니다.

졸라는 아직 젊은 나이에 작가로서의 영광을 쟁취했습니다. 그리하여 저명 작가로서 오랜 노고의 결실을 누리며 평온한 삶을 살아가고 있었습니다. 그런데 그는 느닷없이 안락한 휴식과 그토록 열정을 바치던 글쓰기와 평온한 삶의 소박한 기쁨을 스스로에게서 앗아 갔습니다. 망자 앞에서는 차분하고 엄숙한 말만을 해야 하며, 평온함과 조화로움을 나타내는 몸짓만을 해야 합니다. 그런데 여러분, 여러분은 우리는 정의 속에서만 평온함을 누릴 수 있으며, 진실 속에서만 안식을 취할 수 있다는 것을 잘 아실 것입니다. 나는 지금 인간의 오랜 논쟁거리인 철학적 진실을 논하고자 하는 게 아닙니다. 우리 모두가 수긍할 수 있는 도덕적 진실에 관해 이야기하는 것입니다. 인간의 본성과 관련된 감성적이고 설득력 있는 진실, 우리와 아주 가까이 있어서 어린아이의 손으로도 만져지는 진실 말입니다. 나는 찬양할 만한 것을 찬양하라고 말하는 정의를 결코 저버리지 않을 것입니다. 비겁한 침묵 속에서 진실을 감추지도 않을 것입니다. 우리가 왜 침묵해야 합니까? 졸라를 모략중상한 자들은 침묵하던가요? 나는 그의 주검 앞에서 말해야 할 것만을 말할 것입니다. 말해야 하는 모든 것을 말할 것입니다.

정의와 진실을 위한 졸라의 투쟁을 되돌아보는 이 자리에서 한 무고한 이의 파멸에 집요하게 매달렸던 자들에 대해 침묵을 지키는 게 가능한 일일까요? 저들은 그의 결백이 밝혀지면 자신들이 끝장날 것이 두려워 악착같이 뻔뻔스럽게 끊임없이 그를 괴롭혔습니다. 여러분 앞에서 맨손으로 홀로 저들과 맞서 싸워야만 했던 졸라를 회상하는 이 자리에서 어떻게 저들을 언급하지 않을 수 있겠습니까? 저들의 파렴치한 거짓말을 이대로 덮어 둘 수 있다고 생각하십니까? 그건 졸라의 영웅적이고 정의로운 행동을 덮어 두는 것과 마찬가지일 것입니다. 저들이 저지른 죄악을 이대로 묵과할 수 있다고 생각하십니까? 그건 그의 덕성을 모른 체하는 것과도 같을 것입니다. 저들이 그에게 가한 모욕과 중상을 이대로 묵과하고 지나갈 수 있을까요? 그것은 그가 마땅히 받아야 할 보상과 명예를 더럽히는 일이 될 것입니다. 저들이 느껴야 할 수치스러움을 이대로 덮어 두어야만 할까요? 그것은 그의 영광을 외면하는 것이 될 것입니다. 아니, 절대로 그럴 수 없습니다! 나는 이 자리에서 모든 진실을 소리 높여 말할 것입니다.

  나는 죽음의 광경이 우리에게 부여하는 차분함과 단호함으로 정부의 각료 회의에 이기주의와 두려움이 넘쳐났던 암흑 같은 날들을 되돌아보고자 합니다. 우리는 저들이 저지른 사악한 행위들을 알게 되었습니다. 하지만 거대한 공권력이 저들을 은밀하게 옹호하고 있다는 사실이 알려지자 단호한 의지를 지닌 이들마저도 앞에 나서는 것을 꺼리게 되었습니다. 말해야 할 의무가 있는 이들마저도 침묵으로 일관했습니다. 자신에게 해가 미칠 것을 겁

내지 않는 용감한 이들은 자신들이 속한 정당을 엄청난 위험에 빠뜨리게 될 것을 두려워했습니다. 엄청난 거짓말들로 인해 판단력이 흐려지고 가증스러운 선언들에 자극받은 민중은 배신감에 치를 떨었고 여론은 날로 악화되었습니다. 여론을 이끌어 가는 지도자들은 과오를 바로잡기는커녕 사악한 무리와 영합하는 죄악을 저질렀습니다. 그리하여 암흑은 점점 더 짙어졌고 음울한 침묵이 나라를 지배했습니다. 바로 그때 졸라는 공화국의 대통령 앞으로 사법적 오판과 진정한 반역자를 고발하고 질타하는 절제되고 매서운 편지를 보낸 것입니다.

그러자 어떤 일이 일어났는지는 여러분도 모두 잘 아실 것입니다. 파렴치한 범죄자들과 이해관계 때문에 그들을 옹호하는 자들, 자신도 모르게 저들과 공범이 된 사람들 그리고 모든 반동주의자들이 서로 결탁한 정당들이 어떻게 그를 공격하고 위협했는지를. 또한 더없이 단순하고 순수했던 사람들이 돈에 매수돼 끔찍한 구호를 외쳐 대는 무리의 행렬에 가담해 그들과 닮아 가는 것을 똑똑히 지켜보았을 것입니다. 졸라의 재판이 진행된 중죄재판소까지 쫓아온 무리들이 그에게 외쳐 대는 죽음에의 위협과 추잡한 욕설 들을 여러분도 똑똑히 들으셨을 것입니다. 졸라는 군 수뇌부가 지켜보는 가운데 진실을 외면하고 거짓 증언들을 바탕으로 진행된 오랜 재판 동안 홀로 온갖 수모와 치욕을 견뎌야만 했습니다.

지금 이 자리에는 당시 그의 곁에서 위험한 시기를 함께 헤쳐

나온 동료들이 참석해 있습니다. 그분들에게 묻고 싶습니다. 지금까지 역사에서 정의로운 한 사람이 이토록 엄청난 모욕을 당한 적이 또 있었던가요? 그가 얼마나 굳은 의지로 그 모욕들을 견뎌 냈는지 말해 주실 수 있습니까? 그의 강건한 선함과 남성적인 연민, 그의 따뜻한 인간미가 단 한 순간이라도 변하거나 그의 한결같은 마음이 흔들리는 것을 본 적이 있습니까?

사악한 범죄가 온 나라를 휩쓸고 있는 요즘 다수의 선량한 시민들은 조국의 안녕과 프랑스의 도덕적 운명에 대해 불안감을 감추지 못하고 있습니다. 이러한 사태에 두려움을 느끼는 것은 현 체제의 옹호자인 공화주의자들뿐만이 아닙니다. 현 체제의 단호한 반대파 중 한 사람이자 강경하기로 소문난 사회주의자마저 씁쓸하게 탄식하는 소리를 들은 적이 있습니다. "이 사회가 이 정도로 썩었다면 그 더러운 잔해는 새로운 사회를 세우는 기반으로조차 쓸 수 없을 것이오." 정의, 영예로움, 자유로운 정신, 그 모든 것이 실종된 것처럼 여겨졌습니다.

하지만 우리는 이제 되살아났습니다. 졸라는 사법적 오판을 고발했을 뿐만 아니라, 프랑스에서 사회정의와 공화국의 이념 그리고 자유로운 정신을 모두 말살시키려는 폭력적이고 억압적인 세력들의 음모를 만천하에 고발했습니다. 그의 용기 있는 발언이 우리 프랑스를 다시 일깨운 것입니다.

졸라의 영웅적 행위의 결과들은 감히 헤아리기조차 힘들 정도여서 지금도 강력한 힘과 위엄을 간직한 채 사방으로 끝없이 퍼져 나가고 있습니다. 그는 사회적 공정성에 대한 운동을 불러일으켰고, 그것은 결코 멈추지 않고 계속될 것입니다. 그리하여 모든 사람의 권리에 대한 더 깊은 자각과 더 나은 정의에 근거한 새로운 사회질서가 자리 잡게 될 것입니다.

여러분,

이런 위대한 일이 일어날 수 있는 나라는 이 세상에서 오직 한 나라밖에는 없습니다. 참으로 놀라운 저력을 가진 나라가 아닙니까! 지난 세기들에 유럽과 전 세계에 인권의 본보기를 보여 주었던 프랑스의 정신은 또 얼마나 아름답습니까! 프랑스는 고귀한 이성과 너그러운 정신의 나라이며, 공정한 재판관과 인간적인 철학자가 존재하는 곳입니다. 또한 튀르고[9]와 몽테스키외,[10] 볼테르와 말레르브[11]가 태어난 나라입니다. 졸라는 프랑스에 정의가 존재한다는 믿음을 버리지 않음으로써 이 나라의 명예를 지키고 조국에 지대한 공헌을 하였습니다.

그가 오랜 고통을 견뎌 내야 했음을 안타까워하지 맙시다.

그를 부러워합시다. 그는 어리석음과 무지와 사악함으로 이루어진 거대한 모욕의 더미 위에 모두가 우러러볼 높다란 영광의 탑을 우뚝 쌓아 올렸습니다.

그를 부러워합시다. 그는 거대한 작품 세계와 위대한 행위로써 조국과 세상을 영광스럽게 했습니다.

그를 부러워합시다. 그의 운명과 그의 용기는 그를 가장 위대한 사람으로 만들었습니다. 그는 인간적 양심의 위대한 한 순간이었습니다.

아나톨 프랑스

《더 나은 시대를 향하여(*Vers les temps meilleurs*, 1906)》 중에서

---

9 Turgot(1727~1781), 루이 16세 시대에 재무장관을 지낸 프랑스의 정치가이자 경제학자.
10 Charles de Montesquieu(1689~1755), 《법의 정신》을 저술한 프랑스의 사상가.
11 François de Malherbe(1555~1628), 프랑스의 서정시인.

III

드레퓌스의 복권과
졸라의 팡테옹 이장 :
그래도 진실은 전진한다

졸라의 부재에도 불구하고 장 조레스와 클레망소는 드레퓌스의 복권을 위한 투쟁을 계속했다. 1903년 4월, 장 조레스는 의회에서 렌의 재판에 대한 재심을 요구하는 연설을 했다. 그리고 1903년 11월에는 알프레드 드레퓌스가 법무부 장관에게 재심을 요구했고, 1904년 초에는 드레퓌스의 친구들이 파기원에 재심을 요구하는 공식적인 청원서를 제출했다. 마침내 3월 초, 파기원은 의문을 해소하기 위해 추가 조사를 실시하기로 결정했다.

그리고 마침내 1906년 7월 12일, 파기원은 결정을 내렸다. 제1재판장인 알렉시스 발로-보프레는 다음과 같이 판결문을 낭독했다.

"본 사건을 최종적으로 면밀히 검토한 결과, 국가반역죄로 기소된 드레퓌스 대위에게서는 중죄나 경범죄에 해당하는 어떤 혐의점도 찾을 수 없었으며 …(중략)… 따라서 본 파기원은 렌의 군사법원이 내린 판결을 '환송 없이' 파기하며, 드레퓌스 대위에 대한 유죄선고는 잘못된 판단에 의한 것임을 선언하는 바이다."

판결이 내려진 다음 날, 국회의원들은 드레퓌스 사건과 관련한 정부의 책임을 묻는 하원의원 프랑시스 드 프레상세(Francis de Pressensé)의 발언에 적극적인 지지를 표명했다. 프랑시스 드 프레상세 의원은 정부는 드레퓌스 사건 동안 '저질러진 부당한 일들을 바로잡기 위해서' 그리고 '재심 과정에서 사악한 행위들이 드러난 장교들에게 그들의 죄과에 합당한 징계 처분을 내리기 위한' 조치를 취해야 한다고 주장했다. 그러자 정부는 드레퓌스뿐만 아니라 피카르의 복권을 함께 추진했다. '프랑스의 양심을 해방시키기 위해' 양원이 함께 모인 국회는 두 장교를 군대에 복귀시키는 법안을 가결했다. 드레퓌스는 기병 중대장(포병대 소령)으로 진급했으며 레지옹 도뇌르 슈발리에 훈장을 수훈했다. 피카르는 복귀와 동시에 여단장의 계급으로 진급했다.

다른 법원으로의 환송 없는 파기는 또다시 새로운 논쟁의 빌미를 제공했다. 오늘날 무엇보다 확실한 사실로 입증된 것은 드레퓌스의 결백함이다. 1917년 1월 8일, 임종을 앞둔 슈바르츠코펜은 프랑스어로 이렇게 외쳤다고 한다. "프랑스인들이여, 내 말을 잘 들으시오! 알프레드 드레퓌스는 결백하오. 저들이 한 말은 모두가 허위이고 거짓말이었소." 그의 마지막 말을 확인시키듯 1930년 사후 출간된《슈바르츠코펜의 회고록 – 1894년의 무관의 기억들》은 독일 무관에게 비밀 정보를 제공한 것은 에스테라지였음을 역사학자들에게 분명히 밝히고 있다.

1906년 10월 15일부터 생드니 구(區)에서 기병 중대장으로 복무한 포병대 소령 알프레드 드레퓌스는 1907년 10월 군대를 떠났다. 그리고 1914년, 다시 군에 복귀하여 포병대 장교로 제1차 세계대전에 참전했다. 처참했던 전쟁이 끝나면서 드레퓌스는 중령으로 진급했고 레지옹 도뇌르 오피시에 훈장을 수훈했다. 그는 1935년 75세의 나이로 파리에서 심장마비로 사망했으며 몽파르나스 묘지에 묻혔다. 훗날 그의 유해를 팡테옹으로 이장하는 문제가 거론되었지만 당시(2006년) 대통령이었던 자크 시라크는 드레퓌스 사건에 있어서 드레퓌스는 희생자일 뿐이었으며, 영웅을 한 사람 꼽는다면 단연 졸라가 되어야 마땅하다는 이유로 그 계획을 철회했다. 그리고 2006년 7월 12일, 육군사관학교에서 공화국 대통령 자크 시라크와 총리 및 여러 각료가 참석한 가운데 드레퓌스에게 경의를 표하는 의식이 엄숙하게 거행되었다.

드레퓌스와 피카르가 복권된 후 졸라 역시 국가 차원의 예우를 받을 만한 충분한 자격이 있다는 여론이 일었다. 그리하여 부르주(Bourges)의 사회당 하원의원인 쥘-루이 브르통(Jules-Louis Breton)은 그와 서른 명의 동료 의원들 이름으로 관련 법안을 제출했고, 국회는 1906년 12월 11일 상원의 인준을 받아 졸라의 유해를 팡테옹으로 이장¹할 것을 예고하는 법안을 공포했다. 그리고 이를 위해 1908년 3월 19일, 의회는 3만 5천 프랑의 예산안을 의결했다. 처음에는 졸라의 탄생일인 4월 2일로 예정되었던 이장 의식은 6월 4일로 연기되었다.

1908년 6월 4일에 열린 졸라의 두 번째 장례식에는 공화국 대통령 아르망 팔리에르(Armand Fallières)와 내각의 총리인 조르주 클레망소²를 비롯한 각료들, 알프레드 드레퓌스 등이 참석했다. 국립고등음악원의 오케스트라와 합창단은 '라 마르세예즈'³를 시작으로, 베토벤의 '영웅교향곡'의 장송곡과 '출정의 노래'⁴ 그리고 '메시도르'⁵의 서곡을 차례로 연주했다. 그날의 연사였던 교육부 장관 가스통 두메르그는 추도사에서 알프레드 드레퓌스를 위한 졸라의 캠페인을 상기하며 그의 용기에 찬사를 보냈다. 총리인 조르주 클레망소는 다음과 같은 감동적인 말로 그의 오랜 벗이자 동료였던 졸라에게 마지막 경의를 표했다.

"역사적으로 강력한 왕에게 저항한 인물은 언제나 있어 왔습니다. 하지만 다수의 강력한 무리들과 맞서 싸운 인물은 극히 드뭅니다. '그렇습니다'를 말할 것을 요구받을 때 감히 고개를 똑바로 들어 '아니오'를 외칠 수 있는 사람 말입니다."

추도사가 이어지는 동안 밖에서는 바레스와 레옹 도데의 선동으로 '프랑스 애국 연맹' 회원들이 야유와 욕설을 퍼부었다. 일부 광신자들은 인권의 열렬한 수호자였던 졸라의 관을 센강에 던져버리라고 소리쳤다. 의식이 끝나고 대통령이 군대의 사열을 받기 위해 팡테옹 앞뜰로 향하는 순간 한 남자가 튀어나와 알프레드 드레퓌스 바로 앞에서 그에게 총을 겨누었다. 그리고 두 발의 총성이 울려 퍼졌지만 다행히 드레퓌스는 팔에 가벼운 부상을 입는 것으로 그쳤다. 총을 쏜 범인은 그 자리에서 체포되었다. 그는 〈르 골루아(Le Gaulois)〉지의 편집인이자 군사 문제 전문가인 루이 그레고리였다. 살인미수죄로 법원에 소환된 그레고리는 아무런 사법적 처벌을 받지 않은 채 9월 11일 무죄방면 되었다.

1 1908년 당시 졸라는 볼테르와 루소 그리고 빅토르 위고에 이어 역사상 네 번째로 팡테옹에 잠드는 영예를 누린 작가가 되었다. 다섯 번째는 앙드레 말로였다.
2 클레망소는 1906년 10월 25일 내각의 총리로 임명되었다. 클레망소는 피카르 장군을 국방부 장관으로 임명했다.
3 프랑스의 국가인 라 마르세예즈는 1792년 프랑스가 오스트리아와 싸울 당시 군인들을 위한 행진곡으로 쓰기 위해 스트라스부르의 시장이 아마추어 작곡가인 루제 드 릴(Rouget de Lisle)이라는 군인에게 의뢰해 만들어진 노래였다. 그 후 마르세유까지 노래가 퍼져 나가면서 라 마르세예즈라는 명칭으로 불리게 되었다. 그 후 우여곡절을 겪은 끝에 1879년 프랑스 제3공화국 때 마침내 정식 국가로 인정받아 오늘에 이르게 되었다.
4 '출정의 노래(Le Chant du départ)'는 1794년 에티엔 메윌(Étienne Méhul)이 작곡한 노래로 모든 형태의 독재에 저항하기 위한 혁명의 노래이자 자유의 찬가이다. 제1차 세계대전 당시 전선으로 떠나는 군인들을 독려하기 위해 사용되기도 했다. 이 노래는 공화정 시대의 군인들에 의해 '라 마르세예즈의 형제'로 불렸다.
5 〈메시도르(Messidor)〉는 에밀 졸라가 쓴 각본에 알프레드 브뤼노가 곡을 붙인 4막짜리 오페라이다. 1897년 2월 19일 파리의 오페라 극장에서 초연되었지만 드레퓌스 사건의 악영향으로 열세 번의 공연을 끝으로 그해 4월에 막을 내려야 했다. 메시도르는 프랑스 공화력의 열 번째 달의 이름으로 '수확'을 의미한다.

부록

에밀 졸라 연보

1840년 4월 2일 파리에서 이탈리아계 토목 기사인 프랑수아 졸라와 에밀리 졸라 사이에서 출생.

1843년 가족과 함께 엑상프로방스로 이사. 프랑수아 졸라가 댐과 도수로 건설 공사를 맡음.

1847년 아버지 프랑수아 졸라가 폐렴으로 사망함으로써 극심한 생활고에 처하게 됨.

1848년 기숙사에서 마리우스 루, 필립 솔라리(훗날 각각 저널리스트와 조각가가 됨)와 친구가 됨. 2월 혁명으로 루이 필립의 7월 왕정이 종식되고, 루이 나폴레옹 보나파르트의 제2공화국이 수립됨. 루이 나폴레옹 보나파르트가 프랑스 최초의 대통령으로 선출됨.

1851년 12월 2일 루이 나폴레옹 보나파르트가 황제가 되기 위해 쿠데타를 일으킴.

1852년 엑상프로방스의 부르봉 중학교에서 장 바티스탱 바유와 폴 세잔을 알게 됨. 1852년에서 1857년까지 위고와 뮈세에 심취함. 12월 2일 제2제정 선포. 루이 나폴레옹 보나파르트가 나폴레옹 3세가 됨.

1858년 어머니와 함께 프로방스를 떠나 파리에 정착하여 생루이 고등중학교에서 학업을 계속함. 가난으로 인해 어려운 시절을 보냄. 바유와 세잔과 편지를 주고받음.

1859년 8월과 11월 두 차례 연이어 대학입학 자격시험(바칼로레아)에 실패한 후 학업을 포기.

1860~1861년 일거리를 찾지 못해 절망에 빠짐. 세잔과 함께 화가들과 친분을 쌓음. 몰리에르, 몽테뉴, 셰익스피어, 상드, 미슐레 등을 탐독함. 1861년 프랑스 국적을 취득함.

1862년 아셰트 출판사의 발송 부서에 취직함.

1863년 신문에 처음으로 콩트와 기사를 발표. 저널리스트로서의 활동을 시작함.

1864년 아셰트 출판사의 홍보 책임자가 됨. 그로 인해 출판사와 관련된 신문사, 작가들과 다양한 친분을 쌓게 됨. 스탕달과 플로베르에 심취함. 사실주의 작가들, 화가들과 가깝게 지냄.《니농에게 주는 이야기(*Contes à Ninon*)》발표. 런던에서 최초로 '국제노동자협회'가 결성됨.

1865년 리옹의 〈르 프티 주르날〉과 〈르 살뤼 퓌블릭(Le Salut

Public)〉에 정기적으로 사설을 기고함. 최초의 자전적 중편소설 《클로드의 고백(*La Confession de Claude*)》을 발표함. 연극 습작을 함. 훗날 아내가 된 가브리엘 알렉상드린 멜레를 처음 만남.

1866년 아셰트 출판사를 그만두고 이제부터는 글 쓰는 일로만 살아가기로 함. 시사평론가, 수필가, 평론가로 활발하게 활동하며 자신의 미학적 신념을 펼침. 〈레벤느망〉지의 사설에서 마네를 열렬하게 옹호함. 평론집 《나의 증오(*Mes haines*)》와 예술론집 《나의 살롱(*Mon Salon*)》, 소설 《죽은 여인의 소원(*Le Voeu d'une morte*)》을 발표. 세잔을 비롯한 화가들과 벤쿠르에서 머무름.

1867년 최초의 자연주의 소설 《테레즈 라캥(*Thérèse Raquin*)》과 연재소설 《마르세유의 신비(*Les Mystères de Marseille*)》를 발표. 센강 좌안의 바티뇰에 정착함. 파리 만국박람회가 개최됨.

1868년 서문이 추가된 《테레즈 라캥》의 재판이 나옴. 소설 《마들렌 페라(*Madeleine Férat*)》발표. 라크루아 출판사와 열 권짜리 《루공-마카르》총서에 대한 계약을 맺음.

1870년 가브리엘 알렉상드린 멜레와 결혼. 여러 군데의 공화파 신문에 사설을 기고함. 보불전쟁(프로이센-프랑스 전쟁)의 발발과 스당 전투의 참패로 제2제정이 무너짐. 제3공화국이 선포되고 국민방위군 정부가 성립됨. 신문 창간과 행정 참여 등의 뜻을 품고 마르세유와 보르도로 떠남.

1871년 파리 코뮌(3월 18일~5월 28일). '피의 1주일'이라고 불린 7일간의 시가전 끝에 코뮌이 붕괴됨. 파리로 돌아와 여러 신문에 파리 코뮌에 관한 글을 기고함.《루공 가의 운명》출간.

1872년 공화파 신문들에 왕정주의를 반대하는 기사들을 기고함. 투르게네프와 알퐁스 도데와 친분을 맺음. 총서의 두 번째 작품 《쟁탈전》출간.

1873년 총서의 세 번째 작품《파리의 배 속(*Le Ventre de Paris*)》발표.《테레즈 라캥》을 각색한 연극이 실패함.

1874년 총서의 네 번째 작품《플라상의 정복(*La Conquête de Plassans*)》과《니농에게 주는 새로운 이야기(*Les Nouveaux Contes à Ninon*)》발표. 희곡《라부르댕 가의 상속자들(*Les Héritiers Rabourdin*)》이 실패함. 마네 덕분에 알게 된 말라르메와 모파상과 가까이 지냄.

1875년 총서의 다섯 번째 작품《무레 신부의 과오(*La Faute de l'abbé Mouret*)》발표. 투르게네프의 소개로 러시아 상트페테르부르크의 잡지인〈유럽의 메신저(*Le Messager de l'Europe*)〉에도 시사평론을 기고함.

1876년 총서의 여섯 번째 작품《외젠 루공 각하(*Son Excellence Eugène Rougon*)》발표.

1877년 총서의 일곱 번째 작품《목로주점(*L'Assommoir*)》의 출간이 센세이션을 일으키면서 졸라는 부자가 됨. 4월 16일, 폴 알렉시스, 레옹 에니크, 앙리 세아르, 모파상 그리고 위스망스가 트라프(Trapp) 레스토랑에 졸라와 에드몽 드 공쿠르, 플로베르를 초대함으로써 자연주의 학파의 탄생을 알림.

1878년 파리 근교의 메당에 저택을 구입해 그때부터는 파리와 메당을 오가며 대부분의 작품을 그곳에서 집필함. 총서의 여덟 번째 작품《사랑의 한 페이지(*Une page d'amour*)》출간. 파리 만국박람회가 개최됨.

1879년 《목로주점》을 각색해 랑비귀 극장에서 상연해 대성공을 거둠. 〈르 볼테르(Le Voltaire)〉지에《나나》가 연재되기 시작함.

1880년 《실험소설론(*Le Roman expérimental*)》, 졸라와 알렉시스, 에니크, 세아르, 모파상 그리고 위스망스 등이 참여한 자연주의 소설가들의 소설 모음집《메당의 저녁(*Les Soirées de Medan*)》과 총서의 아홉 번째 작품《나나(*Nana*)》출간. 절친한 친구였던 뒤랑티와 플로베르 그리고 어머니가 연이어 세상을 떠나 깊은 상실감에 빠짐.

1881년 평론집《자연주의 소설가들(*Les Romanciers naturalistes*)》,《연극에서의 자연주의(*Le naturalisme au théâtre*)》,《문학 자료들(*Documents littéraires*)》발표. 소설 집필에 전념하기 위해 언론을 떠나 더 이상 신문 사설 등을 쓰지 않기로 함. 하지만 1896년에 〈르 피가로〉지의 사설을 다시 맡게 됨.

1882년 총서의 열 번째 작품《살림(*Pot-Bouille*)》발표.〈르 피가로〉지에 발표한 시사평론을 모은《캠페인(*Une Campagne*)》, 단편집《뷔를르 대위(*Le Capitaine Burle*)》발표. 친구인 폴 알렉시스가 졸라의 전기를 출간하여 더 유명 인사가 됨. 작품들이 외국에까지 점점 더 널리 알려짐에 따라 작가의 권리를 보호하기 위해 애쓰며 번역 조건 등을 협상함.

1883년 총서의 열한 번째 작품《여인들의 행복 백화점(*Au Bonheur des Dames*)》이〈질 블라스(Gil Blas)〉지에 연재됨. 연극으로 각색된〈살림〉이 극장에서 초연돼 대성공을 거둠. 졸라와 각별한 사이였던 마네 사망.

1884년 총서의 열두 번째 작품《삶의 기쁨(*La Joie de Vivre*)》과 단편집《나이스 미쿨랭(*Naïs Micoulin*)》발표. 광산 노동자들에 관한 소설을 쓰기 위해 앙쟁 광산(1878년 광산 노동자들이 파업을 했던 곳)에서 자료 수집을 함. 11월 26일부터〈질 블라스〉지에《제르미날(*Germinal*)》이 연재되기 시작함.

1885년 총서의 열세 번째 작품《제르미날》출간. 평단으로부터 걸작이라는 찬사를 받음. 검열 당국은 소설을 연극으로 상연하는 것을 금지함.

1886년 총서의 열네 번째 작품《작품(*L'OEuvre*)》발표. 소설의 주인공이 자신을 모델로 한 것이라고 생각한 세잔이 오랜 친구 졸라와 절교를 선언함. 다음 작품《대지(*La Terre*)》를 준비하기 위해 보스 지방을 여행함.

1887년 총서의 열다섯 번째 작품《대지》가 발표되자, 도데와 공쿠르 형제의 은밀한 부추김을 받은 자연주의 성향의 젊은 작가 다섯 명이〈르 피가로〉지에 졸라에 반대하는 공개서한 형식의 '5인 선언서(Le Manifeste des Cinq)'를 발표함. 이 일로 인해 졸라는 도데, 공쿠르 형제와 서로 소원해짐.《쟁탈전》을 각색한 5막짜리 연극 〈르네(*Renée*)〉가 초연됨.

1888년 총서의 열여섯 번째 작품 《꿈(*Le Rêve*)》 발표. 《제르미날》의 완화된 버전의 연극에 대해 검열이 철회됨. 이에 기분이 상한 졸라는 연극 상연에 참석을 거부함. 레지옹 도뇌르 슈발리에(기사) 훈장을 받음. 집에 침모로 들어온 스물한 살의 잔 로즈로에게 반해 연인 관계가 됨. 이 무렵부터 사진에 지대한 관심을 갖기 시작해, 1900년 파리 만국박람회를 면밀하게 사진으로 찍은 르포르타주를 비롯해 19세기 후반의 귀중한 기록이 되는 사진들을 남김. 에펠탑 건축이 시작됨.

1889년 잔 로즈로가 졸라의 딸 드니즈를 낳음. 파리 만국박람회가 개최됨.

1890년 총서의 열일곱 번째 작품 《인간 짐승(*La Bête humaine*)》 발표. 아카데미프랑세즈 회원으로 처음 입후보함. 그 후, 1897년까지 여러 차례에 걸쳐 입후보를 거듭하지만 끝내 받아들여지지 않음.

1891년 총서의 열여덟 번째 작품 《돈(*L'Argent*)》 발표. 문인협회 회장에 전원 만장일치로 선출됨. 그 후, 1900년까지 거듭 피선되며 저작권 보호를 위해 힘씀. 《꿈》이 알프레드 브뤼노의 음악으로 오페라로 각색돼 성황리에 초연됨. 잔 로즈로가 아들 자크를 낳음. 아내 알렉상드린이 졸라의 이중생활을 알게 돼 불화가 심해짐. 하지만 절대 가정을 버리지 않겠다는 졸라의 말에 상황을 받아들이고, 훗날 졸라 사후에 두 자녀를 졸라의 호적에 올림(알렉상드린은 평생 자녀를 두지 못했음).

1892년 총서의 열아홉 번째 작품 《패주(*La Débâcle*)》가 출간돼 엄청난 판매 부수를 기록함. 8월과 9월에 루르드와 프로방스, 이탈리아를 여행함.

1893년 총서의 마지막 권 《파스칼 박사(*Le Docteur Pascal*)》 출간. 불로뉴 숲의 샬레 데 질에서 《루공-마카르》 총서의 완간을 축하하는 성대한 연회가 열림. 졸라는 당시 문교부 장관이던 레이몽 푸앵카레에 의해 레지옹 도뇌르 오피시에(장교)로 격상됨. 하지만 1898년 드레퓌스 사건으로 1년 형을 선고받음에 따라 훈장 수훈자 자격이 정지되고 다시는 복권되지 못함. 단편소설 《방앗간의 공격(*L'Attaque du Moulin*)》이 브뤼노의 음악으로 오페라로 초연됨.

1894년 3부작 《세 도시 이야기(*Les Trois Villes*)》 중 첫 번째 권 《루르드(*Lourdes*)》 발표. 프랑스의 육군 포병대 대위였던 유대인 알프레드 드레퓌스가 독일의 스파이라는 누명을 쓰고 종신 유형을 선고받음.

1895년 드레퓌스가 강제로 불명예 전역된 뒤, 프랑스령 기아나의 악마도로 유배당함.

1896년 《세 도시 이야기》 두 번째 권 《로마(*Rome*)》 발표. 당시 사회에 팽배했던 반유대주의에 반대하는 '유대인들을 위하여'를 비롯한 글들을 차례로 〈르 피가로〉 지에 기고함. 피카르 중령이 드레퓌스가 무죄이며, 에스테라지 소령이 진범임을 알게 됨.

1897년 드레퓌스의 무죄를 확신한 졸라는 끔찍한 '사법적 오판'

이 저질러졌음을 밝히고 드레퓌스 사건의 재심을 요구하는 언론 캠페인을 벌임.

1898년 진범인 에스테라지가 형식적인 재판을 거쳐 무죄로 풀려나는 것을 본 졸라는 1월 13일, 〈로로르〉지에 당시 대통령이던 펠릭스 포르에게 보내는 공개서한 형식의 '나는 고발한다…!'를 발표함. 이로 인해 처음으로 대중이 사건의 전모를 알게 되고 프랑스 전역과 전 세계가 정치적·이데올로기적 논쟁에 휘말리게 됨. 국방부로부터 군사법원에 대한 명예훼손죄로 고소당한 졸라는 여러 차례의 재판을 거쳐 베르사유의 최고법원으로부터 1년의 징역형과 벌금형을 선고받고 영국으로 망명함. 《세 도시 이야기》 세 번째 권 《파리》가 출간됨.

1899년 드레퓌스 사건의 재판이 재기되고, 졸라는 11개월의 망명 생활을 끝내고 다시 프랑스로 돌아옴. 드레퓌스는 또 다시 유죄 선고를 받지만 사면됨. 새로운 연작소설 《네 복음서》의 첫 번째 권 《풍요》 발표.

1900년 드레퓌스 사건과 관련된 모든 사실에 대한 사면법이 공포됨. 파리 만국박람회가 개최됨.

1901년 2월 16일 드레퓌스 사건과 관련한 팸플릿과 기고문 열세 편을 모은 졸라의 《전진하는 진실》이 파스켈 출판사에서 출간됨. 《네 복음서》의 두 번째 권 《노동》이 출간됨. 좌파와 프랑스 사회당의 장 조레스를 비롯한 평단의 열렬한 찬사를 받았으며, 여러 노동자 단체들이 《노동》의 출간을 기념하는 연회를 베풂. 오랜 친구 폴 알렉시스 죽음.

1902년 메당에서 여름을 보내고 9월 28일에 파리로 돌아와 29일 아침에 가스중독으로 사망함. 졸라의 아내는 살아남음. 반드레퓌스파에 의한 암살이라는 설이 분분함. 10월 5일에 거행된 그의 장례식에서 아나톨 프랑스는 아카데미프랑세즈의 이름으로 조사를 읽음. "그는 인간적 양심의 위대한 한 순간이었습니다." 《네 복음서》의 마지막 권 《정의》는 초안 상태로 남게 됨.

1903년 드레퓌스 사건에서 영감을 받은 세 번째 권 《진실》이 사후 출간됨.

1906년 드레퓌스의 무죄가 선고되어 복권돼 육군에 복직함.

1908년 6월 4일 졸라의 유해가 팡테옹으로 이장됨.

참고문헌

Colette Becker, Gina Gourdin-Servenière, Véronique Lavielle, *Dictionnaire d'Émile Zola : Sa vie, son oeuvre, son époque suivi du dictionnaire des Rougon-Macquart*, Paris: Robert Laffont, 1993.

Eric Cahm, *L'Affaire Dreyfus : Histoire, politique et société*, Paris: Librairie Générale Française, 1994.

Christophe Charle, *Naissance des "intellectuels", 1880~1900*, Paris: Les Éditions de Minuit, 1990.

Vincent Duclert, *L'Affaire Dreyfus : Quand la justice éclaire la République*, Toulouse: Privat, 2010.

Jean-Paul Lefevre-Filleau, *Zola et l'affaire DREYFUS : L'histoire d'un double crime*, Coudray-Macouard: Cheminements, 2007.

Michael Robert Marrus, *Les Juifs de France à l'époque de l'Affaire Dreyfus*, Bruxelles: Éditions Complexe, 1985(Paris: Calmann-Lévy, 1972).

Henri Mitterand, *Zola : La Vérité en marche*, Paris: Gallimard, 1995.

_____ , *Zola(Biographie), Tome III : L'honneur(1893~1902)*, Paris: Fayard, 2002.

Alain Pagès, *Émile Zola, un intellectuel dans l'Affaire Dreyfus*, Livry-Gargan: Librairie Séguier, 1991.

_____ , *Zola au Panthéon : L'épilogue de l'affaire Dreyfus*, Paris: Presses Sorbonne Nouvelle, 2010.

Émile Zola, *L'Affaire Dreyfus : La Vérité en marche*, éd. Colette Becker, Paris: GF Flammarion, 1969.

_____ , *J'Accuse....! et autres textes sur l'affaire Dreyfus*, éd. Philippe Oriol, Paris: Librio, 1997.

은행나무 위대한 생각 02
전진하는 진실

1판 1쇄 인쇄 2014년 4월 9일
1판 5쇄 발행 2025년 3월 26일

지은이 · 에밀 졸라
옮긴이 · 박명숙
펴낸이 · 주연선

책임편집 · 박나리
편집 · 이진희 백다흠 신소희 강건모 임유진 오가진
디자인 · 김서영 손혜영
마케팅 · 장병수 김한밀 정재은
관리 · 김두만 구진아 유효정

(주)은행나무
04035 서울특별시 마포구 양화로11길 54
전화 · 02)3143-0651~2 | 팩스 · 02)3143-0654
신고번호 · 제 1997-000168호(1997. 12. 12)
www.ehbook.co.kr
ehbook@ehbook.co.kr

ISBN 978-89-5660-763-4 04800
ISBN 978-89-5660-761-0 04800(세트)

• 이 책의 판권은 지은이와 은행나무에 있습니다. 이 책 내용의 일부 또는 전부를 재사용하려면 반드시 양측의 서면 동의를 받아야 합니다.

• 잘못된 책은 구입처에서 바꿔드립니다.